权威·前沿·原创

皮书系列为
"十二五""十三五"国家重点图书出版规划项目

中国社会科学院创新工程学术出版资助项目

法治蓝皮书

BLUE BOOK OF
RULE OF LAW

中国法治发展报告
No.16（2018）

ANNUAL REPORT ON CHINA'S RULE OF LAW
No.16 (2018)

主　编／李　林　田　禾
执行主编／吕艳滨
副 主 编／王小梅

社会科学文献出版社
SOCIAL SCIENCES ACADEMIC PRESS（CHINA）

图书在版编目（CIP）数据

中国法治发展报告. No.16，2018 / 李林，田禾主编
. -- 北京：社会科学文献出版社，2018.3
（法治蓝皮书）
ISBN 978 - 7 - 5201 - 2211 - 5

Ⅰ.①中… Ⅱ.①李… ②田… Ⅲ.①社会主义法制
- 研究报告 - 中国 - 2018 Ⅳ.①D920.0

中国版本图书馆 CIP 数据核字（2018）第 029284 号

法治蓝皮书

中国法治发展报告 No.16（2018）

主　　编／李　林　田　禾
执行主编／吕艳滨
副 主 编／王小梅

出 版 人／谢寿光
项目统筹／曹长香
责任编辑／曹长香

出　　版／社会科学文献出版社·社会政法分社（010）59367156
　　　　　地址：北京市北三环中路甲29号院华龙大厦　邮编：100029
　　　　　网址：www. ssap. com. cn
发　　行／市场营销中心（010）59367081　59367018
印　　装／北京季蜂印刷有限公司

规　　格／开 本：787mm × 1092mm　1/16
　　　　　印 张：27　字 数：409 千字
版　　次／2018 年 3 月第 1 版　2018 年 3 月第 1 次印刷
书　　号／ISBN 978 - 7 - 5201 - 2211 - 5
定　　价／128.00 元

皮书序列号／PSN B - 2004 - 027 - 1/3

法治蓝皮书编委会

朱雪飞　任昱希　向　林　刘　迪　刘　颖
刘小妹　刘志强　刘洪岩　刘雁鹏　闫文光
祁建建　阮雨晴　李　霞　李　鹰　李晨龙
杨延超　杨德世　余子龙　狄行思　宋　爽
宋君杰　张　鹏　张文广　张忠利　张鹏飞
邵玉雯　林潇潇　金俊州　赵千羚　胡昌明
荆　涵　侯冰洁　胥开文　姚　佳　栗燕杰
夏小雄　徐　斌　卿务邦　高杰冉　高振娟
郭　睿　黄　芳　黄　晋　黄恩浩　葛　冰
焦旭鹏　窦海阳　廖　凡

官方微博 @法治蓝皮书（新浪）

官方微信

法治蓝皮书（lawbluebook）　　　　　法治指数（lawindex）

技术支持 北京蓝太平洋科技股份有限公司

主要编撰者简介

主 编 李 林

中国社会科学院学部委员，法学研究所研究员。

主要研究领域：法理学、宪法学、立法学、法治与人权理论。

主 编 田 禾

中国社会科学院国家法治指数研究中心主任，法学研究所研究员。

主要研究领域：刑法学、司法制度、实证法学。

执行主编 吕艳滨

中国社会科学院法学研究所研究员、法治国情调研室主任。

主要研究领域：行政法、信息法、实证法学。

副主编 王小梅

中国社会科学院法学研究所副研究员。

主要研究领域：行政法与行政诉讼法、传媒信息法、司法制度。

摘　要

"法治蓝皮书"《中国法治发展报告 No. 16（2018）》对 2017 年中国立法、司法改革、民商经济法治、社会法治、人权保障、犯罪形势及互联网金融、证券市场、自由贸易试验区、行政公益诉讼、投资者保护、资产管理业务监管、人工智能等领域的法治进展进行了总结分析，并对 2018 年中国法治发展形势进行了预测。

"法治蓝皮书"继续推出多篇法治指数评估报告。中国社会科学院法学研究所法治指数创新工程项目组以门户网站为依托，通过网站观察、电话验证等方法，继续对 54 家国务院部门和 31 家省（自治区、直辖市）、49 家较大的市、100 家县（市、区）政府的政府透明度，最高人民法院、31 家高级人民法院和 49 家较大的市中级人民法院的司法透明度，最高人民检察院、31 家省（自治区、直辖市）人民检察院和 49 家较大的市人民检察院的检务透明度，和全国 10 家海事法院的海事司法透明度进行了评估。2018 年度"法治蓝皮书"首次推出"中国警务透明度指数"，以网站公开为视角对 4个直辖市、27 个省会（自治区首府）城市公安机关的警务透明度进行了评估。本书还分析了中国儿童权利保护状况，并制订了第三方评估指标体系。

2018 年度"法治蓝皮书"推出多篇法治国情调研报告，分析了信息化助力依法治理、依法治校、平安社会建设和征地信息公开等领域法治建设的成就与发展方向。

目　录

Ⅲ 法治指数

Ⅳ　法治国情调研

皮书数据库阅读**使用指南** ☞

总 报 告

General Report

B.1
2017年中国法治状况与
2018年形势预测

中国社会科学院法学研究所法治指数创新工程项目组*

摘　要：　2017年中国在立法、法治政府、司法改革、廉政法治、民商
　　　　　经济法治、社会法治等方面取得较大进展。在立法方面，有
　　　　　序进行法律法规的制定、修改与解释，为全面深化改革奠定
　　　　　制度基础；在法治政府方面，有序推进简政放权、行政审批
　　　　　改革、"互联网＋"政务等各项改革举措；在司法领域，司
　　　　　法体制改革进入攻坚克难的深化阶段，法院信息化建设迈上

---

* 项目组负责人：田禾，中国社会科学院国家法治指数研究中心主任，法学研究所研究员；吕
艳滨，中国社会科学院法学研究所研究员、法治国情调研室主任。参与撰写人员（按照姓氏
汉字笔画排列）：马可、王小梅、卢超、刘小妹、刘洪岩、祁建建、李霞、张忠利、张鹏、
林潇潇、栗燕杰、夏小雄、黄芳、焦旭鹏、窦海阳。执笔人：徐斌，中国社会科学院法学研
究所助理研究员；刘雁鹏，中国社会科学院法学研究所助理研究员；田禾、吕艳滨。

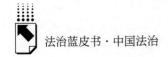

新台阶；在廉政法治方面，全面推行国家监察体制改革，反腐败取得压倒性胜利，并为国际反腐败机制建设作出贡献；在民商经济法治方面，民法典编纂取得重大突破，市场经济的监管体制有所改善；在社会法治方面，社会保障、环境保护等领域的改革持续发力，社会治理日趋精细化。

关键词： 法治　立法　法治政府　司法改革

党的十九大报告作出了中国特色社会主义进入新时代的重大战略判断，开启了新时代中国特色社会主义法治新征程。新时代的鲜明特点是中国社会主要矛盾已经转化为人民日益增长的美好生活需要和不平衡不充分的发展之间的矛盾。

新矛盾的变化，集中体现在"两个变化"上：一是以"民主、法治、公平、正义、安全、环境"为主要内容的人民对美好生活的新需要，这直接或间接关涉法治及其涵盖的民主自由、公平正义、安全环保等政治文明的内容，基本上都是广义的法律调整和法治运行需要面对的重大问题；二是"发展的不平衡不充分"包括了政治发展、法治发展、社会发展、文化发展以及新发展理念要求的"五大发展"，基本上既存在法治供给不充分、不到位、不及时的问题，也存在法治供给和法治资源配置不平衡、不协调、不合理的问题①。

2017年的中国法治建设站在新时代的起点上积极回应与解决中国社会的主要矛盾。在立法工作方面，法律、行政法规的制定、修改、解释有序进行，为国家统一、经济发展、社会稳定以及全面深化改革奠定制度基础；在法治政府建设方面，中国继续加强法治政府建设，简政放权、放管服改革、"互联网+政务服务"等各项改革举措均能够在法治框架下稳步推进；在司

---

① 李林：《开启新时代中国特色社会主义法治新征程》，《环球法律评论》2017年第6期。

法改革方面，2017 年中国司法改革进入了攻坚阶段，司法改革不断推广、落实；在廉政法治方面，中国反腐持续发力，全面从严治党的贯彻落实对反腐工作产生了质的影响，中国廉政法治建设进入了新的阶段；在民商经济法治方面，中国通过了《民法总则》，为民法典的编纂奠定了坚实的基础；在社会法治方面，中国大力开展教育、医疗、卫生方面的改革，加大了对弱势群体的保障力度。

一　推进科学民主立法

2017 年全国人大及其常委会遵循和把握立法规律，继续推进科学立法、民主立法、依法立法，积极落实本届人大常委会立法计划，加快推进支架性立法、基础性立法、重点领域立法，统筹推进社会、文化、生态等方面法律制度建设，填补立法空白，实现立、改、废、释、授权并举，立法质量进一步提高，社会主义法律体系不断完善。

（一）依法治国兼顾以德治国

社会主义核心价值观是社会主义法治建设的灵魂。2016 年 12 月，中共中央办公厅、国务院办公厅印发了《关于进一步把社会主义核心价值观融入法治建设的指导意见》，要求坚持以社会主义核心价值观为引领，恪守以民为本、立法为民理念，把社会主义核心价值观的要求体现到宪法法律、法规规章和公共政策之中，转化为具有刚性约束力的法律规定。2017 年，《民法总则》《国歌法》《公共图书馆法》《志愿服务条例》等中央立法，坚持依法治国和以德治国相结合，以问题为导向，以法治保障德治，以德治促进法治，把社会主义核心价值观融入法律和行政法规的立、改、废、释全过程，确保各项立法导向更加鲜明、要求更加明确、措施更加有力。

（二）完善社会主义法律体系

编纂民法典是健全社会主义市场经济制度，完善中国特色社会主义法律体系的必然要求。2017 年 3 月 15 日，十二届全国人大五次会议表决通过《民法总则》。产权制度是社会主义市场经济的基石。2016 年 11 月 4 日，中共中央、国务院发布了《关于完善产权保护制度 依法保护产权的意见》，明确要健全以公平为核心原则的产权保护制度，推进产权保护法治化。2017 年 9 月 1 日，全国人大常委会修订《中小企业促进法》，在权益保护、税收优惠、促进融资、创业创新、人才引进、公共服务等方面增加了新的内容，为中小企业发展营造宽松的环境。此外，《反不正当竞争法》和《标准化法》都得到了相应的修订。

2017 年全国人大常委会继续推进国家安全立法，完善国家安全法律制度体系，相继出台了《国家情报法》《核安全法》。国歌是《宪法》确立的国家重要象征和标志。2017 年 9 月，全国人大常委会审议通过《国歌法》。《国歌法》的颁布实施，对于保证《宪法》的有效实施，增强国歌奏唱的严肃性和规范性，维护国家尊严，提升公民的国家观念和弘扬爱国主义精神具有重要意义，是国家安全软实力提升的象征。

（三）平衡改革与立法的关系

改革与法治是驱动中国发展的"车之两轮，鸟之双翼"，因此立法决策要与改革决策相一致，立法既要适应、服务改革需要，又要发挥引领和推动作用。立法机关及时修改法律适应改革的需要。近年来，全国人大常委会以授权决定形式支持相关改革试点工作，已逐步制度化。2017 年全国人大常委会按照党中央的决策部署，先后作出了《关于延长人民陪审员制度改革试点期限的决定》《关于增加〈中华人民共和国香港特别行政区基本法〉附件三所列全国性法律的决定》《关于增加〈中华人民共和国澳门特别行政区基本法〉附件三所列全国性法律的决定》《关于中国人民武装警察部队改革期间暂时调整适用相关法律规定的决定》《关于延长授权国务院在北京市大兴区等三十三个试点县（市、区）行政区域暂时调整实施有关法律规定期限的决定》《关于在全国各地推开国家监察体制改革试点工作的决定》等多项授权决定，确保在法治轨道上推进改革。

二　提升政府治理能力

2017年中国的法治政府建设继续着力于提升治理能力。在一些重要的行政改革领域推进法律修改，放管服改革与"互联网＋政务服务"改革继续深化。

（一）加强重要领域行政立法

2017年6月，为推进行政决策科学化、民主化、法治化，保证决策质量，提高政府决策的公信力和执行力，国务院法制办公室起草了《重大行政决策程序暂行条例（征求意见稿）》，其突出亮点在于公众参与。截至2017年10月，中国已有17家省级政府和23家较大的市政府出台了规范重大行政决策程序的规章。

随着改革的深入和社会信息化的快速发展，《政府信息公开条例》在实施过程中遇到一些新的问题。为此，该条例的修订纳入立法进程，2017年6月，《政府信息公开条例（修订草案征求意见稿）》公开征集意见。此外，2017年国务院办公厅还出台了《关于推进重大建设项目批准和实施领域政府信息公开的意见》（国办发〔2017〕94号），要求在重大建设项目批准和实施过程中，重点公开批准服务信息、批准结果信息、招标投标信息、征收土地信息、重大设计变更信息、施工有关信息、质量安全监督信息、竣工有关信息等8类信息；出台了《关于推进公共资源配置领域政府信息公开的意见》（国办发〔2017〕97号），明确了住房保障、国有土地使用权和矿业权出让等信息公开的要求。

（二）纵深推进放管服改革

简政放权、放管结合、优化服务，是全面深化改革特别是供给侧结构性改革的重要内容，被社会各界视作全面深化改革的先手棋、转变政府职能的当头炮，一直为党中央、国务院高度重视。2017年，国务院继续深化行政管理体制改革，进一步转变政府职能，持续推进简政放权、放管结合、优化服务。在放管服改革方面，中央部门继续"发力"。2017 年 1 月，国务院印发《关于第三批取消中央指定地方实施行政许可事项的决定》，再取消 39 项中央指定地方实施的行政许可事项。本次取消的事项，多数涉及企业生产经营、个人就业创业等方面，取消这些事项有利于为企业和群众松绑减负，释放市场活力。5 月，国务院印发《关于进一步削减工商登记前置审批事项的决定》，再削减工商登记前置审批事项 5 项。至此，工商登记 87% 的前置审批事项改为后置审批或取消。6 月，国务院印发《关于调整工业产品生产许可证管理目录和试行简化审批程序的决定》，对能通过加强事中事后监管保障质量安全的输水管等 19 类产品取消事前生产许可；对与大众消费密切相关、直接涉及人体健康安全的电热毯等 3 类产品，实行强制性认证，不再实施生产许可证管理。经上述调整后，继续实施生产许可证管理的产品减至38 类。5 月，国务院办公厅印发《关于加快推进"多证合一"改革的指导意见》，在全面实施"五证合一、一照一码"登记制度改革和"两证整合"的基础上，将涉及企业（包括个体工商户、农民专业合作社）的登记、备案等有关事项和各类证照进一步整合到营业执照上，实现"多证合一、一照一码"。国家工商行政管理总局 6 月制定的《关于做好"双随机、一公开"监管工作的通知》要求，各级工商部门内部双随机抽查工作由各业务和职能机构共同参与，各省级工商部门应依托国家企业信用信息公示系统建立检查对象名录库，涵盖本辖区内现存各类市场主体，并进行动态更新，确保抽查基数的准确性。

（三）深化"互联网 + 政务服务"

推进"互联网 + 政务服务"，是贯彻落实党中央、国务院决策部署，把简政放权、放管结合、优化服务改革推向纵深的关键环节，对加快转变政府职能、提高政府服务效率和透明度、便利群众办事创业、进一步激发市场活力和社会创造力具有重要意义。2017 年 1 月，国务院办公厅印发《"互联网 + 政务服务"技术体系建设指南》，针对企业和群众反映的办事难、审批难、跑腿多、证明多等突出问题，提出了优化网上政务服务的解决路径和操作方法。5月，国务院办公厅印发《政务信息系统整合共享实施方案》，提出政务信息的"五个统一"：统一工程规划、统一标准规范、统一备案管理、统一审计监督、统一评价体系。6月，国务院办公厅印发《政府网站发展指引》，对全国政府网站的建设发展作出明确规范。中央机构编制委员会办公室等5部门印发《关于实行行政审批中公民、企事业单位和社会组织基本信息共享的通知》，要求2017年上半年，公安部、国家工商行政管理总局、民政部、国家事业单位登记管理局分别完成向各地政务服务大厅（网）开放共享相关信息。2017年下半年起，根据该通知的要求不断扩大共享信息内容，向全社会公开更多信息；已经公开的，要优化信息检索和查询模式，方便快捷查询。

三　落实司法体制改革

2017年是司法体制改革的决战之年，人民法院、人民检察院等司法机构进一步推进司法改革。法院在员额制改革、执行体制改革方面跨出较大步伐，智慧法院建设迈上新台阶。检察院的司法改革也得到全面深化。

（一）坚定不移推进司法改革

一方面，巡回法庭布局基本完成。按照中央统一部署，最高人民法院在深圳、沈阳、南京、郑州、重庆、西安设立六个巡回法庭，审理重大跨区划民商事和行政案件，完成巡回法庭总体布局。2017年1~9月，巡回法庭审结案件数占最高人民法院办案总数的45.4%，在方便群众诉讼、就地化解纠纷、统一法律适用等方面发挥了重要作用，被亲切地称为"家门口的最高人民法院"。

另一方面，执行体制机制明显理顺。最高人民法院部署开展"用两到三年时间基本解决执行难"以来，全国大多数省（自治区、直辖市）或以"两办"名义，或以政法委、人大常委会等名义出台综合治理执行难的规范性文件，许多地方党委成立基本解决执行难领导小组。在各方共同努力下，党委领导、政法委协调、人大监督、政府支持、法院主办、部门配合、社会参与的综合治理执行难工作格局进一步发展完善。

此外，员额制改革也进入新阶段，2017年12月，十二届全国人大常委会审议《法官法（修订草案）》和《人民法院组织法（修订草案）》等法律修正案，深化司法体制改革的有关成果。例如，为推进法官正规化、专业化、职业化建设，提升法官职业尊荣感，草案取消了审判员称谓，统称为法官，并提出"从事法律工作满五年"作为法官任职条件。这些法律修改逐步吸纳了《法官、检察官单独职务序列改革试点方案》等司法改革先期成果。

（二）"智慧法院"建设迈上新台阶

2017年全国法院大力推进信息化建设转型升级，全国法院第四次信息化工作会议提出"全业务网上办理、全流程依法公开、全方位智能服务"的目标，"网络化""阳光化""智能化"的智慧法院信息化体系粗具规模。

2017年3月，最高人民法院网络安全和信息化领导小组通过了《最高人民法院关于加快建设智慧法院的意见》《人民法院信息化项目建设管理办法》《最高人民法院信息化项目建设管理办法》《法院信息化基本术语》等文件。2017年9月，《最高人民法院关于贯彻〈关于实施网络内容建设工程的意见〉的落实方案》《智慧法院建设评价指标体系（2017年版）》《人民法院信息化标准制定工作管理办法》及10项人民法院信息化标准审议通过。

在最高人民法院统一部署和大力推动下，全国法院信息化建设又取得突破性进展。截至2017年底，全国范围内实现跨域立案的法院已有1575家，超过法院总数的45%。此外，网上审判也成为现实。2017年6月，中央全面深化改革领导小组审议通过《关于设立杭州互联网法院的方案》；随后，最高人民法院印发《关于设立杭州互联网法院的方案》，提出试点设立专门审理涉互联网案件的杭州互联网法院。8月，全国首家互联网法院——杭州互联网法院正式揭牌，中国在法治化治理互联网空间的道路上迈出了领先的一步。

（三）全面深化检察机关改革

2017年，最高人民检察院围绕司法改革的任务展开了一系列深化改革措施。司法责任制改革的根本要求是落实"谁办案谁负责、谁决定谁负责"。全国检察机关面上的司法责任制改革基本完成，最高人民检察院机关于2017年6月正式启动司法责任制改革，10月起全面推行检察官办案责任制。最高人民检察院积极推进以审判为中心的刑事诉讼制度改革，会同最高人民法院等制定办理刑事案件严格排除非法证据若干问题的规定。2017年6月，全国人大常委会第二十八次会议通过修改《民事诉讼法》《行政诉讼法》的决定，正式建立检察机关提起公益诉讼制度。截至12月，全国检察机关共办理公益诉讼案件2935件。检察机关提起公益诉讼改革成为全面深化改革的一个典型样本。

四 保持强劲反腐态势

中共十八大以来，党中央作出全面从严治党的战略抉择。其中，反腐败是全面从严治党的重要内容。党的十九大报告总结过往的反腐败成效，认为中央坚持反腐败无禁区、全覆盖、零容忍，坚定不移"打虎""拍蝇""猎狐"，"不敢腐"的目标初步实现，"不能腐"的笼子越扎越牢，"不想腐"的堤坝正在构筑，反腐败斗争压倒性态势已经形成并巩固发展。

（一）巡视常态化制度化

党的十八大以来，中央巡视工作领导小组扎实推进巡视全覆盖。针对以往巡视内容过于宽泛的问题，巡视组擦亮巡视利剑，聚焦问题，着力发现违反政治纪律和政治规矩、违反中央八项规定精神、违规选人用人和腐败问题，巡视监督不断做实细化，遏制作用不断增强。创新巡视方式方法，在开展常规巡视的同时，开展机动灵活的专项巡视，冲着具体事、具体人、具体问题而去，推动查处一批严重违纪违法案件，强化不敢、知止的氛围。纪检机关和组织部门对移交的问题分类处置、优先办理。中纪委立案审查的领导干部案件中，超过一半的线索来自巡视。针对发现的问题，实行整改情况党内通报和向社会公布的"双公开"。各省、自治区、直辖市党委、部分中央部委和国家机关部门党组（党委）规范巡视工作，形成了上下联动态势。巡视成为全面从严治党的重要支撑，凸显了党内监督制度的力量。

2017年6月，随着十八届中央第十二轮巡视对15所中央直接管理的高校（以下简称"中管高校"）党委巡视反馈情况的集中公布，十八届中央最后一轮巡视反馈情况全部向社会公布。这标志着党的十八大以来，中央巡视如期实现对省（自治区、直辖市）地方、中央和国家机关、国有重要骨干企业、中央金融单位和中管高校等5个板块的巡视全覆盖，实现了党的历史上首次一届任期内中央巡视全覆盖。4年多来，12轮巡视共巡视277个单位党组织，对16个省、自治区、直辖市开展"回头看"，对4个单位进行"机动式"巡视，实现了党内监督不留空白、没有死角。

中央在巡视过程中探索出许多新的巡视制度。中央巡视通过"板块轮动"的方式，陆续实现省、自治区、直辖市地方、中央和国家机关、国有重要骨干企业、中央金融单位等"板块"巡视全覆盖。巡视反馈对"问题病症"一针见血、毫不避讳，坚持透过现象看本质，对发现的普遍性、倾向性问题进行归纳提炼，为全面深化改革提供问题导向参考。巡视整改对"政治体检报告"严肃对待、照单全收，落实责任、积极整改，建章立制、堵塞漏洞，做到件件有着落、事事有回音。针对中央巡视组指出的一些地方少数领导干部配偶子女在其管辖范围内经商办企业等问题，上海市率先制定实施有关规定，进行制度化、规范化、常态化管理，随之这项改革试点在北京市、广东省、重庆市、新疆维吾尔自治区推开。针对中央巡视组指出的央企党的观念淡漠、党的领导弱化、只抓业务不抓党建等共性问题，中共中央有关部门大力推进国企党建工作，在机构设置、人员配备、领导力量、经费保障、责任落实等方面加强制度建设，设立专职党委（党组）副书记。

2017年5月，中共中央政治局审议通过《关于修改〈中国共产党巡视工作条例〉的决定》，将党的十八大以来中共中央巡视工作不断出现的新思路、新方式、新手段、新打法纳入党内法律法规①。

（二）深化国家监察体制改革

自 2016 年以来，监察体制改革逐步由试点改革向确立为正式法律制度演进。2016 年 10 月，新颁布的《中国共产党党内监督条例》首次提出创立"监察机关"。2016 年 11 月，中共中央办公厅印发《关于在北京市、山西省、浙江省开展国家监察体制改革试点方案》，正式向外界公布了本轮监察改革的基本目标和思路。2017 年 1 月，十八届中央纪律检查委员会七次全会公布了监察体制改革的"时间表"：试点地区先完成检察机关相关部门的转隶，确保 3 月底完成省级监察委员会组建工作，6 月底完成市、县两级监察委员会组建工作。

监察委员会和纪律检查委员会合署办公，代表党和国家行使监督权。试点地区实行党的纪律检查委员会、监察委员会合署办公，对党委全面负责，履行纪检、监察两项职责，监察委员会不设党组，主任、副主任分别由同级纪委书记、副书记兼任，实行一套工作机构、两个机关名称。在各级监察委员会全部组建的基础上，北京、山西、浙江 3 省市根据本地实际和工作需要，将派驻纪检组更名为派驻纪检监察组，授予部分监察职能，实现监察职能的横向延伸。改革后，北京市、山西省、浙江省纪律检查委员会、监察委员会派驻纪检监察机构分别为 40 个、35 个、35 个。试点地区还探索授予乡镇纪检干部必要的监察权限，推动国家监察向基层延伸。例如，山西省选择朔州市平鲁区、安泽县，通过县级监察委员会赋予乡镇纪检干部监察员的职责和权限，协助乡镇党委开展监察工作。

全国人大常委会在授权 3 省市试点国家监察体制改革时，授予改革地方监察委在调查中可采取谈话、讯问、询问、查询、冻结、调取、查封、扣押、搜查、勘验检查、鉴定、留置等 12 项措施。按照能试尽试原则，2017 年 1～8 月，

---

① 相关资料及数据来自专题报道，参见罗宇凡、朱基钗《高举巡视利剑　推进全面从严治党》，《人民日报》2017 年 6 月 22 日，第 1 版。

3省市已累计开具各类调查措施文书53448份，采取技术调查措施16批次，限制出境179批次633人。通过改革试点，试点地区均以留置取代"两规"，把纪律检查委员会原"两规"场所、公安机关看守所作为留置场所，对留置折抵刑期、异地留置进行探索，做好留置案件调查与审理工作对接。2017年1~8月，3省市共留置183人，其中北京市留置43人、山西省留置42人、浙江省留置98人。

2017年11月，中共中央办公厅印发《关于在全国各地推开国家监察体制改革试点方案》。11月4日，十二届全国人大常委会第三十次会议通过《关于在全国各地推开国家监察体制改革试点工作的决定》。11月7日，备受关注的《监察法（草案）》开始向社会公开征求意见。草案以《行政监察法》为基础进行修改，形成关于国家监察制度的基本法律。草案规定，国家监察委员会由全国人民代表大会产生，负责全国监察工作，监察官是依法行使监察权的监察人员。国家实行监察官等级制度，制定监察官等级设置、评定和晋升办法。在试点改革的基础上，草案确定监察机关将对六大类公职人员进行监察①。

（三）参与国际反腐贡献卓著

中国参与国际反腐工作自推进以来，成效显著。中国在双边、多边反腐交流合作中积极发声，发挥引领作用，推动建立国际反腐败新秩序。党的十八大以来，党和国家领导人在各种外事场合，主动设置反腐败国际合作议题，把握主动权和话语权，设立各项反腐合作议程，构建国际反腐新秩序，已经成为国际反腐秩序的贡献者。2017年11月，第20次中国—东盟领导人会议发表了《中国—东盟全面加强反腐败有效合作联合声明》。该联合声明就反腐败务实合作达成多项共识，包括加强反腐败执法合作，运用《联合国反腐败公约》开展引渡、司法协助和腐败资产追回合作，鼓励各方金融情报机构分享与腐败相关的反洗钱信息和情报等，为"10+1"框架下中国和东盟各国加强反腐败合作提供了重要依据。

---

① 相关资料及数据来自新华社专题调研报告，参见《积极探索实践 形成宝贵经验 国家监察体制改革试点取得实效——国家监察体制改革试点工作综述》，新华社，2017年11月5日。

五　强化刑事法治建设

（一）侮辱国歌行为入刑

2017年11月，第十二届全国人民代表大会常务委员会第三十次会议通过《刑法修正案（十）》，补充规定："在公共场合，故意篡改中华人民共和国国歌歌词、曲谱，以歪曲、贬损方式奏唱国歌，或者以其他方式侮辱国歌，情节严重的，依照前款的规定处罚。"《国歌法（草案）》于2017年6月首次提交全国人大常委会审议，在分组审议时，多位全国人大常委会组成人员建议，对于侮辱国歌情节严重的行为，应当依法追究刑事责任。2017年10月1日起正式实施的《国歌法》规定，在公共场合，故意篡改国歌歌词、曲谱，以歪曲、贬损方式奏唱国歌，或者以其他方式侮辱国歌的，由公安机关处以警告或者十五日以下拘留；构成犯罪的，依法追究刑事责任。此次，侮辱国歌行为入刑，与《国歌法》实现良好衔接，提供了前置法与刑事立法配合的范例。

（二）认罪认罚从宽制度稳步试点

根据全国人大常委会授权，先后有18个地区开展刑事速裁和认罪认罚从宽制度改革试点，推进简案快审、难案精审、宽严得当。对认罪认罚的被告人特别是轻罪、初犯、偶犯被告人，依法从宽、从简、从快处理。截至2017年9月，251个试点法院审结认罪认罚案件6.9万件7.8万人，占同期全部刑事案件的42.7%。其中，适用速裁程序审结的占69.7%，非监禁刑适用率达41.4%。试点法院坚持从快不降低标准、从简不减损权利，完善证据制度，健全诉讼权利告知程序，建立值班律师制度，促进公正和效率双提升。

六　焕发民商法治活力

2017年，《民法总则》的通过是编纂民法典的关键一步，为分编的编纂奠定了基础。此外，民事法律的执行及其配套法律也在 2017 年进一步细致化、深入化、系统化。

（一）《民法总则》正式生效

《民法总则》已由第十二届全国人民代表大会第五次会议于 2017 年 3 月 15 日通过，自 2017 年 10 月 1 日起施行。中国虽然已经颁布了 250 余部法律，其中半数以上都是民商事法律，但始终缺乏一部统辖各民商事法律的总则。中国改革开放 40 年来，社会生活发生了巨大变化，为保持法律与生活的协调，最高人民法院发布了许多司法解释，配合民事法律的适用。这也直接导致目前中国的民事法律体系纷繁庞杂，亟待法典化的整理。《民法总则》的正式生效开启了民法典的制定步伐。颁行后，后续立法任务仍非常繁重，民法典各分编的编纂都要与《民法总则》进行协调，大量的司法解释还需要做"加减法"，以统一纳入民法典的编纂之中。

（二）农村集体产权制度改革试点扩大

2017 年 3 月，第十二届全国人民代表大会第五次会议通过《关于 2016 年国民经济和社会发展计划执行情况与 2017 年国民经济和社会发展计划的决议（草案）》，要求深化农村集体产权制度改革，完善落实承包土地"三权分置"的政策措施，统筹推进农村土地征收、集体经营性用地入市、宅基地制度改革试点，赋予农民更加充分的财产权利。为此，国务院批转的国家发展改革委《关于 2017 年深化经济体制改革重点工作意见的通知》（国发〔2017〕27 号）中明确指出，加快推进农村承包地确权登记颁证，扩大整省试点范围，细化和落实农村土地"三权分置"办法，培育新型农业经营主体和服务主体。在具体实施方面，国土资源部针对江苏省南京市、江西省南昌市、上海市松江区等地区批复《完善建设用地使用权转让、出租、抵押二级市场试点实施方案》。在集体林地的"三权分置"工作实施上，地方政府也做了具体工作。另外，《利用集体建设用地建设租赁住房试点方案》（国土资发〔2017〕100 号）的出台也缓解了住房供需矛盾，推动购租并举的住房体系构建。

（三）司法机构回应商事发展需求

在侵权法领域，国家除了对《侵权责任法》以及相关司法解释进行整理、编纂外，更多的是稳步发布典型案例，有效总结司法实践。近年来，滥用个人信息的事件屡屡发生，已经成为社会关注的焦点。2017 年 5 月，最高人民法院发布 7 起侵犯公民个人信息犯罪典型案例。同月，最高人民检察院发布 6 起侵犯公民个人信息犯罪典型案例，尽管属于刑事案例，但也对侵犯个人信息的行为形态认定、在侵权法领域对相关侵权行为的认定具有深刻的启发意义。在公司法方面，最高人民法院在总结长期司法经验的基础上于2017 年 8 月发布了《关于适用〈中华人民共和国公司法〉若干问题的规定（四）》，对于司法实践中涉及的决议效力、股东知情权、利润分配权、优先购买权和股东代表诉讼等五个方面的实务难题制定了 27 条解释适用规范。2017 年，最高人民法院结合审判实践，就《保险法》中关于保险合同财产保险部分的有关法律适用问题，起草了《关于适用〈中华人民共和国保险法〉若干问题的解释（四）（征求意见稿）》，拟针对合同当事人权利义务、保险责任认定、保险代位求偿权和责任保险四个方面，对保险合同财产保险部分的法律适用难题进行规定。

七　完善经济法治体系

随着市场经济的不断发展，相关的配套法律制度也日益完善。反不正当竞争、证券市场监管、生态环境保护等重点领域的法治得以进一步完善。

（一）市场经济法治不断完善

2017 年 11 月，全国人大常委会修订《反不正当竞争法》和《标准化法》，维护公平竞争的市场秩序，着力健全统一开放、竞争有序的现代市体系。修订后的《反不正当竞争法》对不正当竞争行为的界定、行业组织预防和制止不正当竞争行为、混淆商品来源的不正当竞争行为、商业贿赂的对象、电子商务领域的虚假宣传问题、监督检查人员的保密义务与经营者登记的企业名称作出了新的规定，增加了检查、查封、扣押、查询等强制措施，突出了对不正当竞争行为的民事赔偿责任，加大了执法的处罚力度，鼓励和保护市场公平竞争。修订后的《标准化法》，扩大了标准范围、建立了标准化协调机制、加强了强制性标准的统一管理、赋予设区的市标准制定权、赋予团体标准法律地位、建立企业产品和服务标准自我声明公开和监督制度、推动政府制定的标准公开、加强对标准制定的管理，为适应经济社会发展需要、提升产品和服务质量、保障人身健康和生命财产安全提供法治保障。此外，规范电子商务领域的《电子商务法（草案）》第二次审议并公开征求意见，立法进程稳步推进。

（二）证券监管更加全面有力

在证券法治方面，2017 年监管机构严格按照"全面监管、依法监管和从严监管"的原则强化了对资本市场的监管，对于违反规定的机构和个人加强了法律责任追究力度。与此同时，中国立法机关在总结股市波动经验教训、反思资本市场本土特征的基础上，进一步完善了《证券法（修订草案）》，并在 2017 年 4 月提交全国人民代表大会常务委员会进行二审。《证券法（二审稿）》相对于既有《证券法》和一审稿而言，在多个方面有所变化调整：在证券发行部分，暂未规定注册制的相关内容，而是强调国务院应当按照全国人大常委会相关授权逐步推进股票发行制度改革；在证券交易部分，进一步强化了对内幕交易和市场操纵的规制力度，扩大了内幕交易知情人的范围，扩展了市场操纵的行为类型，增加了对程序化交易的规范，规范了上市公司停复牌行为；在投资者保护方面，对投资者适当性管理、规范现金分红、落实先行赔付等方面作出了更为全面的规定。

（三）生态文明制度体系日趋完备

2017年，中国的生态环境法治在立法、司法和执法各个层面都呈现新气象。在立法方面，《环境保护税法》于2018年1月1日施行。该法推行"税负平移"原则，在环境保护领域实行费改税，有助于克服排污收费制度存在的缺点，在不加重社会主体经济负担的基础上，更好地达成减少污染物排放、保护和改善环境、推进生态文明建设的目的。2017年国务院还对《农药管理条例》《建设项目环境保护管理条例》等与环境保护息息相关的条例进行了修订，进一步加强了环境治理能力。在司法方面，最高人民法院与最高人民检察院联合发布的《关于办理环境污染刑事案件适用法律若干问题的解释》，吸收了环境执法、司法实践中的经验教训，顺应法律法规环境的变化，加大了对重点环境监管对象的惩治，可以期待其在进一步加大对环境污染犯罪行为的打击力度、有效保护生态环境方面发挥积极的作用。结合该司法解释，环境保护部、公安部与最高人民检察院于2017年1月联合发布了《环境保护行政执法与刑事司法衔接工作办法》，有助于进一步健全环境保护行政执法与刑事司法衔接工作机制，依法惩治环境犯罪行为，切实保障公众健康，推进生态文明建设。

环境执法一向是生态环境法治事业的核心组成。为贯彻落实主体功能区制度、实施生态空间用途管制，划定并验收生态保护红线，中共中央办公厅、国务院办公厅于2017年2月7日印发《关于划定并严守生态保护红线的若干意见》，要求落实相关法律法规，统筹考虑自然生态整体性和系统性，开展科学评估，按照生态功能重要性、生态环境敏感性与脆弱性划定生态保护红线，落实到国土空间，将生态保护红线作为编制空间规划的基础。为推进"十三五"期间的环境保护工作，环境保护部于2017年2月22日颁布《国家环境保护"十三五"环境与健康工作规划》，以全面推进各类环保标准制（修）订，加强环保标准实施评估工作，大力开展环保标准培训宣传，强化标准理论基础和体系优化建设。

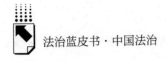

（四）知识产权强化"创造"理念

十九大报告在知识产权保护和运用二要素的基础上，重新增写"创造"要素，表明国家充分认识了知识产权的"创造"环节。为构建良好的环境，国家在2017年扩展了行业中的知识产权保护范围。《国务院关于强化实施创新驱动发展战略　进一步推进大众创业万众创新深入发展的意见》（国发〔2017〕37号）在大众创业的浪潮中强调创新、创业与保护三者之间协同并进的关系。国家还在一些以知识产权为主导的行业探索新的保护机制。2017年10月的《关于深化审评审批制度改革　鼓励药品医疗器械创新的意见》列举了加强药品医疗器械创新的手段，包括建立专利强制许可药品优先审评审批制度、探索建立药品专利链接制度、开展药品专利期限补偿制度试点等。司法系统是知识产权保护的重要环节。2017年4月，最高人民法院颁布了《中国知识产权司法保护纲要（2016～2020）》，提出了"司法主导、严格保护、分类施策、比例协调"的十六字政策，依法适当增设知识产权法院，积极推进知识产权民事、刑事、行政案件审判"三合一"改革工作。

八　织密社保服务网络

随着中国政府治理能力的提升，社会保障服务网络进一步覆盖，有针对性地帮扶重点人群，社会救助与精准扶贫成效显著。随着互联网技术的发展，社会治理也日益精细化。

（一）社会安全网进一步织牢织密

十八大以来，各级民政部门全面落实党中央、国务院决策部署，困难群众保障等民生工作取得显著成效。城乡低保实现应保尽保，社会救助兜底保障作用有效发挥；养老服务业加快发展，全国注册登记的养老机构达到2.8万多家，养老床位数近700万张，社区居家养老服务设施辐射各城镇社区和50%以上的农村社区，建立起了世界上最大的社会保障安全网。

社会保险是中国社保体系的重要组成部分，近年来中共中央接连多次提出将通过阶段性降低社保费率减轻企业、个人缴纳负担。2017年1月，国务院办公厅发布《生育保险和职工基本医疗保险合并实施试点方案》，决定在河北省邯郸市等部分地区开展两项保险合并实施试点，将生育保险基金并入职工基本医疗保险基金，统一征缴，初步克服社会保险碎片化的问题。2017年6月，国务院办公厅发布《关于进一步深化基本医疗保险支付方式改革的指导意见》，明确了深化医保支付方式改革应发挥医保第三方优势，建立医保对医疗行为的激励约束机制以及对医疗费用的控制机制。此外，人力资源和社会保障部、财政部、国家卫生计生委联合发布《关于进一步做好基本医疗保险异地就医医疗费用结算工作的指导意见》，提出规范和建立省级异地就医结算平台。截至2017年7月，全部省份接入国家异地就医结算系统；90%以上的地市接入国家异地就医结算系统；承担异地就医任务重的医疗机构80%以上接入国家异地就医结算系统。

根据人力资源和社会保障部、财政部发布的《关于阶段性降低失业保险费率有关问题的通知》，从2017年1月1日起，失业保险总费率为1.5%的省（自治区、直辖市），可以将总费率降至1%，减轻了企业的负担。这是近两年来两部委第二次发布阶段性降低社保费率的通知。国务院11月公布的《划转部分国有资本充实社保基金实施方案》提出，中央和地方国有及国有控股大中型企业、金融机构纳入划转范围，划转比例统一为企业国有股权的10%，这些划分的股权分红将用来上缴养老保险基金，以充实养老保险基金缺口。此外，党的十九大还着重提出组建退役军人管理保障机构，维护军人军属合法权益。

（二）社会救助与精准扶贫成效显著

社会救助是民生保障和扶贫攻坚的一道安全网，把这道网编密织牢是民政部门的重大使命和扶贫攻坚战役中的重要责任。近几年，社会救助保障水平稳步提升，全国城市和农村低保标准年均增长 10.7% 和 16%。全国农村特困人员集中供养和分散供养的标准年均增长 13.7% 和 14.7%，全国农村低保标准是 4079 元，已经超过了国家扶贫标准。

2017 年 2 月，国务院公布《残疾预防和残疾人康复条例》，首次以法规的形式明确了国家、社会、公民在残疾预防和残疾人康复工作中的责任，必将为实现残疾人"人人享有康复服务"的目标提供有力保障，为健康中国保驾护航。同月，国务院公布修订后的《残疾人教育条例》，从残疾人教育的发展目标和理念、入学安排、教学规范、教师队伍建设以及保障和支持等方面进行修改、完善。

中国人口变化的一个突出特点是快速老龄化，这要求加快构建完善的养老服务体系，以适应和应对人口老龄化问题。2017 年 3 月，国务院印发《"十三五"国家老龄事业发展和养老体系建设规划》，有针对性地进行了制度设计，如普遍建立完善老年人优待制度，探索建立长期护理保险制度、老年人监护制度，健全全国统一的服务质量标准和评价体系、养老机构分类管理和服务评估制度等。随后，民政部、国家标准化管理委员会共同组织制定了《养老服务标准体系建设指南》，旨在推动建立全国统一的养老服务质量标准和评价体系。

做好困难群众基本生活保障工作，是维护社会公平、防止冲破道德底线的基本要求，也是补齐民生短板、促进社会和谐的内在需要。2017 年 1 月，国务院办公厅印发《关于加强困难群众基本生活保障有关工作的通知》，进一步加大困难群众基本生活保障工作力度，编密织牢民生兜底保障安全网。十八大以来，各地区各部门扎实推进精准扶贫，精准脱贫取得卓著成效。全国农村贫困人口由 2012 年的 9899 万人减少至 2017 年的 3046 万人。

（三）社会治理日趋精细化

2017 年 9 月发布的《中国健康事业的发展与人权进步》白皮书向世界展现了提升公共卫生服务能力、提高医疗卫生服务质量、健全全民医疗保障体系、参与全球健康治理等方面的"中国方案"。这是中国第一部反映健康人权进展状况的白皮书。白皮书指出，2010～2017年，基本公共卫生服务项目扩大到12类47项，已基本覆盖居民生命全过程。中国已建成全球最大规模的法定传染病疫情和突发公共卫生事件网络直报系统。围绕加强和创新社会治理，2017年2月，全国人大常委会修订《红十字会法》，明确红十字会的职责，规范红十字会的内部组织结构，加强对红十字会的监督，并增设专章规定法律责任。

城乡社区是人民群众安居乐业的家园，是党和国家许多政策措施落实的"最后一公里"。2017年6月，中共中央、国务院印发《关于加强和完善城乡社区治理的意见》，要求补齐城乡社区治理短板，改善社区人居环境，加快社区综合服务设施建设，优化社区资源配置，推进社区减负增效，改进社区物业服务管理。

随着互联网的渗透和普及，中国的社会公共服务需要加快推进"互联网＋公共服务"，运用大数据等现代信息技术，强化部门协同联动，打破信息孤岛，推动信息互联互通、开放共享，提升公共服务整体效能。除了全国医保实现联网外，社会公共服务的其他领域也在加速信息化进程。2017年10月，民政部的全国农村留守儿童信息管理系统启用上线。该系统包括数据录入、审核报送、汇总分析等功能模块，实现了与最低生活保障信息系统、建档立卡贫困户信息系统、残疾人信息管理系统的数据共享，为开展农村留守儿童数据更新、比对核实、组合查询、定期通报、实时报送等工作提供了可靠的平台支撑和有效的技术保障，对建立翔实完备的农村留守儿童信息台账，推动社会资源有效对接，实现对留守儿童的精准关爱、精准帮扶、精准保护具有十分重要的意义。

九　2018年法治发展展望

2017年，中国法治发展取得长足进步，但也面临不少问题，需要在发展过程中不断解决。

在法治政府建设方面，尽管近年来中国在法治政府与治理能力建设方面取得了长足进步，但是政府监管仍然存在不少盲点与死角，特别是在互联网经济推动下许多新的社会问题亟待政府回应。例如，2017年共享单车违法占道、企业倒闭问题频发，凸显了共享单车监管漏洞，在新兴事物面前，政府监管仍然"慢半拍"，配套措施与制度还略显滞后。在大幅推进简政放权的同时，也应当负起重点领域的监管责任。再如，上海携程亲子园事件与北京红黄蓝幼儿园虐童事件暴露了教育机构的事前事中监管及政府的事后应对处理都存在一定问题。幼儿是祖国的未来，是民族的希望，让孩子们在健康阳光的环境中成长是政府和社会义不容辞的责任。

司法改革推进过程中也暴露了后续改革亟待处理的问题。例如，以加强审判队伍建设为目标的法官员额制改革过程中，个别基层法院入额标准不合理，可能出现难以让部分高素质法官脱颖而出的弊病。又如，立案登记制与员额制改革同时进行，在一定范围内难免加剧部分法院案多人少矛盾，需要加强配套改革，确保改革取得更大成效。

中国市场经济改革进入"攻坚期"和"深水区"，商事法治建设也面临很多理论挑战和实践难题，需要在立法、司法、行政等多个维度加以积极回应。证券市场的有序运行有赖于监管的完善。当前的法律体系对上市公司财务报表造假、股价操纵等行为的追责和投资者索赔力度仍显不足。2017年乐视资产被冻结，十几家金融机构大幅下调乐视网估值，相关公司被最高人民法院列入失信被执行人名单。这些事件都从不同方面呼唤进一步完善证券市场的监督机制。2017年，中国的环境保护法治取得了长足的进步，但是环保理念还未覆盖整个市场行为。例如，当人们在欢庆"双11"再次突破历史交易额的同时，大量的快递包装盒与胶带也带来了新的环保问题。各地在国家"环保风暴"强压下，忍痛关停高能耗、高污染的企业，但长效性、整体性的环保机制仍待探索建立。

社会治理日趋精细化的同时，对当前政府治理的法治意识的加强与提升也提出了更高的要求。对于一些涉及面宽、影响大的政策、措施，在正式出台前，应广泛征求各方意见，充分吸纳公众参与、民主协商，并做好事前信息公开工作；在具体实施中，应妥善处理各种突发情况，严格依法处置、依法行事。中国城市管理法治化道路不仅在于科学立法、严格执法、全民守法，更在于信息公开、民主协商、措施完善。2017 年以来，重大火灾事故时有发生，上半年发生了浙江台州"2·5"和江西南昌"2·25"两起重大火灾事故；11 月以来，多地又相继发生多起重大火灾事故；此外，广东省佛山市、山东省东营市、贵州省贞丰县等地的仓储、食品加工、商品批发场所也先后发生多起较大火灾事故。为此，国务院安全生产委员会办公室要求各地督促指导社会单位全面落实消防安全主体责任；要以工业发达地区的乡镇、中小劳动密集型企业、城中村、城乡接合部、大型批发市场等为重点，集中开展一次"三合一""多合一"场所火灾隐患排查治理。因此，如何从根本上提升全社会的安全生产意识、加强安全生产监管始终是摆在我们面前的课题。

2018 年是贯彻党的十九大精神的开局之年，是改革开放 40 周年，是决胜全面建成小康社会、实施"十三五"规划承上启下的关键一年。党的十九大报告明确指出："经过长期努力，中国特色社会主义进入了新时代，这是中国发展新的历史方位。中国特色社会主义进入新时代，意味着近代以来久经磨难的中华民族迎来了从站起来、富起来到强起来的伟大飞跃。"① 中国特色社会主义现代化建设进入新时代的重大战略判断，不仅确立了中国社会主义现代化建设和改革发展新的历史方位，而且进一步确立了全面推进依法治国、建设法治中国新的历史方位，不仅为法治中国建设提供了新时代中国特色社会主义思想的理论指引，而且对深化依法治国实践提出了一系列新任务新要求，指明了全面依法治国的战略发展方向和实践发展方略，开启了中国特色社会主义法治新征程②。

在新的征程中，全面推进依法治国前一些法治建设的问题尚未真正解决，同推进国家治理体系和治理能力现代化目标相比，一些改革举措缺乏统一领导，亟待中央层面的法治建设、生态文明、"美丽中国"建设的领导协

---

① 习近平：《决胜全面建成小康社会 夺取新时代中国特色社会主义伟大胜利——在中国共产党第十九次全国代表大会上的报告》，人民出版社，2017，第 10 页。
② 李林：《开启新时代中国特色社会主义法治新征程》，《环球法律评论》2017 年第 6 期。

调机制发挥应有作用；如监察委这样的重点体制改革与法治体系之间需要缓冲、配合；进入新时代以来在全面推进依法治国、加强法治建设方面又出现了一些新情况新问题，社会、经济、文化的发展与法律制度之间存在不协调、不均衡的现象，如民法典编纂与现行民法体系之间的衔接，互联网科技发展与现行政府监管机制的配套，这些问题与现象有待后续法治发展加快步伐，逐一应对。

（一）建立全面依法治国领导小组，通盘统筹协调推进法治

党的十九大报告提出：要成立中央全面依法治国领导小组，加强对法治中国建设的统一领导。这是对中央把党的领导贯彻到全面推进依法治国全过程各方面新形势作出的顶层制度设计和重大战略安排，是全面推进党和国家治理体系和治理能力现代化的又一大动作和大手笔，具有重大意义。从全面依法治国的任务要求来看，依法治国、依法执政、依法行政共同推进，需要强有力的统筹协调。否则，依法治国的各项工作就会缺乏有机融合。中央全面依法治国领导小组的建立正是为了应对该问题。领导小组是中国推进多部门、多地区、多系统协同联动的创新制度。在过往的实践中，该项制度已经取得了显著的成效。但是，依法治国领导小组此前已经在全国各省份有类似机构存在，如依法治省领导小组、依法治市领导小组，如何协调新的中央机构与地方现存机构的关系是未来领导小组机制建设必须解决的问题。

（二）国家监察体制改革全面推开，应注重理顺体制关系

反腐败斗争的胜利在于构建长效化、现代化的廉政治理体系。纪检监察科学化是廉政治理体系和治理能力现代化的重要标志，也是国家治理体系和治理能力现代化的应有之义。按照十九大的战略部署，2018 年国家监察体制改革进入全面试行阶段。但是，如何有机衔接国家司法机关与国家监察机关之间的工作，如何建立监察委员会的自身监督机制是未来监察体制改革的重点和难点。从三个试点地区已经产生的监察委员会组成人员看，党的纪律

检查委员会与监察委员会合署办公，如何避免"党政合一"可能引发的问题是未来监察体制设计的难点。

（三）环保法治继续亮剑，统筹建立自然资源生态监管机构

党的十九大报告在以往基础上明确加入"美丽中国"的表述，将生态文明建设纳入中国发展的战略目标，提出"在本世纪中叶建成富强民主文明和谐美丽的社会主义现代化强国"。十八大以来的生态文明建设新理念汇聚到十九大的"美丽中国"表述中，也将随着"习近平新时代中国特色社会主义思想"一同吸收进国家宪法之中。

2018年，围绕"美丽中国"建设，生态文明制度体系将着重规范环保监察体制。首先，进一步完善环境保护技术规范。推进环境保护标准制（修）订工作是"十三五"期间国务院环保主管部门的一项重要工作。对于环境与健康工作等重点领域，有必要深化研究，编制相关基准标准体系，规范调查、评估、监测方法，有必要出台关于生态功能区、生态敏感区脆弱区的勘测认定以及生态保护红线勘界定标的技术规范。其次，进一步完善环境公益诉讼制度。一方面，由于性质上的不协调，"寄宿"于民事诉讼机制必然不是环境公益诉讼的最终归宿；另一方面，处理环境公益诉讼的实体法律依据依然薄弱。这些问题严重制约了中国环境公益诉讼制度的完善和预期目标的达成。最后，实现环保督察常态化、制度化。2016年以来的环保督察是近年来中国生态环境法治的一项重大创新，但作为环保督察规范依据的《环境保护督察方案（试行）》在法律规范体系、党内法规体系中的位阶较低，在表现形式、内容严谨程度、权威性方面难以支持环保督察的法制化、常态化；作为环保督察专门机构的"环境保护督察工作领导小组"属于中国行政机构体系中的"议事协调机构"，有别于承担日常职能的常设行政机构，存在设置依据位阶较低、组织权威有所欠缺、职权范围有所偏差、运行机制不尽明确等问题。

（四）民法典编纂任重而道远，司法解释文件亟须体系化

从目前的立法规划以及《民法总则》的编纂情况看，未来的中国民法

典将对现有的民事法律以及司法解释的具体规则进行梳理、筛选、归纳，并体系性地纳入民法典，使民法典成为内容全面、规则细致的民事规范全书。这种路径是切合中国实际的。经过多年的法治发展，立法机构通过制定和颁布一系列的民事单行法以及最高人民法院颁行大量条文化的司法解释，在民事领域已经形成了一整套结构完整、内容丰富的民事规范体系。在既有的民事规范中，体量最大、规则最细、内容最全面的当数最高人民法院历年来颁行的各种司法解释。尽管细致的司法解释是为了应对初期粗陋的立法而作出的实践应对，而且在很大程度上其效果是积极、显著的，但是这些年来司法解释不断出台，导致数量急剧上升。相比被"解释"的民事法律来说，司法解释条文的数量远远高于法条的数量。更为严重的是，司法解释之间以及先前相关的司法解释与后颁行的法律之间的效力关系不清，法律适用的确定性受到损害的问题非常明显。

种类繁多、数量巨大的司法解释，已对民事法律构成严重解构之势。民法典编纂的本职工作就是要重塑、整合现有法律规范和司法解释，消除现行法及解释中存在的矛盾冲突，规整法律规范体系，为民事司法裁判提供统一的规范依据。因此，为防止司法解释僭越法律，充分体现民法典在司法裁判中的规范指引功能，应当高度重视民法典编纂与民事司法解释之间的关系协调问题。司法解释"收编"到民法典是编纂者责无旁贷、必须面对并要尽快解决的难题。

（五）人工智能机遇与挑战并存，留待技术生长的法律空间

十九大报告提出，打造共建共治共享的社会治理格局。加强社会治理制度建设，完善党委领导、政府负责、社会协同、公众参与、法治保障的社会治理体制，提高社会治理社会化、法治化、智能化、专业化水平。随着技术的进步，人工智能在未来将服务于社会治理与公共服务。但是目前的法律与新技术之间仍然存在冲突。信息社会的数据是流动的关键，但目前政府部门之间、社会组织之间并没有形成信息共享，何谈共建共治共享的社会治理格局？百度的无人驾驶遭到了处罚，体现了交管部门的严格执法，但如果法律

不为新技术的生长预留足够的空间，那么限制人工智能的不是技术，而将是法律。令人欣喜的是，2017 年 12 月，北京市交通委员会、市公安局公安交通管理局与市经济和信息化委员会联合发布了《北京市关于加快推进自动驾驶车辆道路测试有关工作的指导意见（试行）》和《北京市自动驾驶车辆道路测试管理实施细则（试行）》两份指导性文件，以鼓励、支持、规范自动驾驶汽车相关研发，加快商业化落地进程。2018 年，随着法律配套的跟进，科技创新也将步履不停。

专题报告

Special Reports

B.2
2017年的中国立法

刘小妹*

摘　要：　2017年的立法工作继续围绕"五位一体"总体布局和"四个全面"战略布局，坚持稳中求进的工作思路，坚持科学立法、民主立法、依法立法的工作要求，遵循和把握立法规律，积极实施调整后的立法规划，立法质量和效率不断提高，中国特色社会主义法律体系不断完善：推进社会主义市场经济立法，健全使市场在资源配置中起决定性作用和更好发挥政府作用的发展新体制；推进国家安全立法，贯彻落实总体国家安全观；完善社会、文化、生态法律制度，保障和改善民生；加快税收立法，积极落实"税收法定原则"；及时协调改革与立法的关系，发挥立法的引领和保障作用；坚持依法

* 刘小妹，中国社会科学院国际法研究所副研究员。

治国和以德治国相结合，积极推动社会主义核心价值观入法入规；大力加强备案审查工作，积极发挥备案审查维护宪法法律尊严、保障宪法法律实施、保证国家法制统一的重要制度功能。

关键词： 立、改、废　《国歌法》　社会主义核心价值观　备案审查

2017 年是十二届全国人民代表大会及其常务委员会的收官之年，也是实施"十三五"规划的重要一年和推进供给侧结构性改革的深化之年。立法工作坚持稳中求进工作总基调，积极组织实施调整后的立法规划，突出重点领域立法，不断提高立法质量和效率，努力为改革发展稳定大局做好法治服务和保障。2017 年，全国人民代表大会制定法律 1 部，全国人民代表大会常务委员会制定法律 6 部，修订（正）法律 9 部，修改法律 23 部，通过有关法律问题的决定 7 项（见表 1）。国务院制定行政法规 8 部，修订行政法规 9 部，修改行政法规 53 部，废止行政法规 7 部（见表 2）；国务院各部委制定或修改部门规章 200 余件；有立法权的地方人民代表大会和地方政府制定或修改地方性法规规章约 1500 件。

表 1　2017 年全国人民代表大会及其常务委员会立法情况

序号	颁布时间	法律/决定名称
1	2017 年 3 月 15 日	《民法总则》（制定）
2	2017 年 6 月 27 日	《国家情报法》（制定）
3	2017 年 9 月 1 日	《核安全法》（制定）
4	2017 年 9 月 1 日	《国歌法》（制定）
5	2017 年 11 月 4 日	《公共图书馆法》（制定）
6	2017 年 12 月 27 日	《烟叶税法》（制定）
7	2017 年 12 月 27 日	《船舶吨税法》（制定）
8	2017 年 2 月 24 日	《红十字会法》（修订）
9	2017 年 2 月 24 日	《企业所得税法》（修正）

序号	颁布时间	法律/决定名称
10	2017 年 4 月 27 日	《测绘法》（修订）
11	2017 年 6 月 27 日	《水污染防治法》（修正）
12	2017 年 9 月 1 日	《中小企业促进法》（修订）
13	2017 年 11 月 4 日	《标准化法》（修订）
14	2017 年 11 月 4 日	《反不正当竞争法》（修订）
15	2017 年 11 月 4 日	《刑法修正案（十）》（修订）
17	2017 年 12 月 27 日	《农民专业合作社法》（修订）
17	2017 年 6 月 27 日	《民事诉讼法》（修改）
18	2017 年 6 月 27 日	《行政诉讼法》（修改）
19	2017 年 9 月 1 日	《法官法》（修改）
20	2017 年 9 月 1 日	《检察官法》（修改）
21	2017 年 9 月 1 日	《公务员法》（修改）
22	2017 年 9 月 1 日	《律师法》（修改）
23	2017 年 9 月 1 日	《公证法》（修改）
24	2017 年 9 月 1 日	《仲裁法》（修改）
25	2017 年 9 月 1 日	《行政复议法》（修改）
26	2017 年 9 月 1 日	《行政处罚法》（修改）
27	2017 年 11 月 4 日	《会计法》（修改）
28	2017 年 11 月 4 日	《海洋环境保护法》（修改）
29	2017 年 11 月 4 日	《文物保护法》（修改）
30	2017 年 11 月 4 日	《海关法》（修改）
31	2017 年 11 月 4 日	《中外合作经营企业法》（修改）
32	2017 年 11 月 4 日	《母婴保健法》（修改）
33	2017 年 11 月 4 日	《民用航空法》（修改）
34	2017 年 11 月 4 日	《公路法》（修改）
35	2017 年 11 月 4 日	《港口法》（修改）
36	2017 年 11 月 4 日	《职业病防治法》（修改）
37	2017 年 11 月 4 日	《境外非政府组织境内活动管理法》（修改）
38	2017 年 12 月 27 日	《招标投标法》（修改）
39	2017 年 12 月 27 日	《计量法》（修改）
40	2017 年 4 月 27 日	《全国人民代表大会常务委员会关于延长人民陪审员制度改革试点期限的决定》
41	2017 年 11 月 4 日	《全国人民代表大会常务委员会关于增加〈中华人民共和国香港特别行政区基本法〉附件三所列全国性法律的决定》
42	2017 年 11 月 4 日	《全国人民代表大会常务委员会关于增加〈中华人民共和国澳门特别行政区基本法〉附件三所列全国性法律的决定》

续表

序号	颁布时间	法律/决定名称
43	2017 年 11 月 4 日	《全国人民代表大会常务委员会关于中国人民武装警察部队改革期间暂时调整适用相关法律规定的决定》
44	2017 年 11 月 4 日	《全国人民代表大会常务委员会关于延长授权国务院在北京市大兴区等三十三个试点县(市、区)行政区域暂时调整实施有关法律规定期限的决定》
45	2017 年 11 月 4 日	《全国人民代表大会常务委员会关于在全国各地推开国家监察体制改革试点工作的决定》
46	2017 年 12 月 27 日	《全国人民代表大会常务委员会关于延长授权国务院在北京市大兴区等二百三十二个试点县(市、区)、天津市蓟州区等五十九个试点县(市、区)行政区域分别暂时调整实施有关法律规定期限的决定》

资料来源：根据全国人大常委会网站信息整理。

表2　2017 年国务院行政法规立法情况

序号	颁布时间	行政法规名称
1	2017 年 2 月 7 日	《残疾预防和残疾人康复条例》(制定)
2	2017 年 5 月 28 日	《统计法实施条例》(制定)
3	2017 年 8 月 2 日	《融资担保公司监督管理条例》(制定)
4	2017 年 8 月 6 日	《无证无照经营查处办法》(制定)
5	2017 年 8 月 22 日	《志愿服务条例》(制定)
6	2017 年 10 月 5 日	《机关团体建设楼堂馆所管理条例》(制定)
7	2017 年 11 月 22 日	《反间谍法实施细则》(制定)
8	2017 年 12 月 25 日	《环境保护税法实施条例》(制定)
9	2017 年 2 月 1 日	《残疾人教育条例》(修订)
10	2017 年 3 月 16 日	《农药管理条例》(修订)
11	2017 年 4 月 14 日	《大中型水利水电工程建设征地补偿和移民安置条例》(修订)
12	2017 年 5 月 4 日	《医疗器械监督管理条例》(修订)
13	2017 年 7 月 16 日	《建设项目环境保护管理条例》(修订)
14	2017 年 8 月 26 日	《宗教事务条例》(修订)
15	2017 年 9 月 27 日	《中国人民解放军文职人员条例》(修订)
16	2017 年 11 月 19 日	《增值税暂行条例》(修订)
17	2017 年 12 月 26 日	《食盐专营办法》(修订)
18	2017 年 10 月 1 日	《无照经营查处取缔办法》(废止)
19	2017 年 12 月 1 日	《楼堂馆所建设管理暂行条例》(废止)
20	2017 年 11 月 19 日	《营业税暂行条例》(废止)

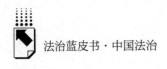
续表

序号	颁布时间	行政法规名称
21	2017 年 12 月 25 日	《排污费征收使用管理条例》(废止)
22	2017 年 3 月 1 日	《国务院关于修改和废止部分行政法规的决定》(对 36 部行政法规的部分条款予以修改,对 3 部行政法规予以废止)
23	2017 年 10 月 7 日	《国务院关于修改部分行政法规的决定》(对 15 部行政法规的部分条款予以修改)
24	2017 年 11 月 17 日	《国务院关于修改部分行政法规的决定》(对 2 部行政法规的部分条款予以修改)

资料来源:根据国务院网站信息整理。

一　2017年立法概况与评析

2017 年,立法工作坚持党的领导、人民当家作主、依法治国有机统一,围绕统筹推进"五位一体"总体布局和协调推进"四个全面"战略布局,认真落实创新、协调、绿色、开放、共享的新发展理念,构建和完善发展新体制法律制度,按时完成有关促进经济平稳健康发展、保障和改善民生、促进文化发展、着力改善生态环境、维护国家安全、加强政府自身建设等方面的立法项目,以良法善治引领、促进和保障改革发展。

(一)完善社会主义市场经济法律制度,加快构建发展新体制

为适应和把握中国经济发展进入新常态的趋势性特征,健全使市场在资源配置中起决定性作用和更好发挥政府作用的发展新体制,加快形成有利于创新发展的市场环境、产权制度、投融资体制、分配制度,2017 年的立法围绕协调激发市场活力和提高政府效能两个要素,完善构建发展新体制的法律制度,市场经济领域立法仍然是立法工作的重点。

民法是社会生活的百科全书,是市场经济的基础性法律。编纂民法典是健全社会主义市场经济制度,完善中国特色社会主义法律体系的必然要求。2017 年 3 月 15 日,十二届全国人民代表大会五次会议表决通过《民法总

则》，共11章206条，规定了民法的基本规定、自然人、法人、非法人组织、民事权利、民事法律行为、代理、民事责任、诉讼时效、期间的计算等内容。《民法总则》确立并完善了民事基本制度，是民法典的开篇之作，在民法典中起统领性作用，对保护民事主体的合法权益、正确调整民事关系、促进社会主义市场经济健康发展、弘扬社会主义核心价值观，具有十分重要的意义。

产权制度是社会主义市场经济的基石。党的十八届四中全会提出，使市场在资源配置中起决定性作用，必须以保护产权、维护契约、统一市场、平等交换、公平竞争等为基本导向。2016年11月4日，中共中央、国务院发布了《关于完善产权保护制度 依法保护产权的意见》，明确要健全以公平为核心原则的产权保护制度，推进产权保护法治化。2017年9月1日，全国人大常委会修订《中小企业促进法》，在权益保护、税收优惠、促进融资、创业创新、人才引进、公共服务等方面增加了新的内容，为中小企业发展营造宽松的环境。2017年12月27日，全国人大常委会修订《农民专业合作社法》，赋予农民专业合作社平等的市场主体地位，允许以土地经营权等非货币财产作价出资，依法维护农民专业合作社及其成员的权益，也有利于积极发挥农民专业合作社在推进农业农村现代化中的作用。此外，为完善农村集体土地征收的范围、程序和补偿标准，引导并规范农村集体经营性建设用地入市，《农村土地承包法》的修改也进入了公开征求意见和审议程序。

2017年11月4日，全国人大常委会修订《反不正当竞争法》和《标准化法》，维护公平竞争的市场秩序，着力健全统一开放、竞争有序的现代市场体系。修订后的《反不正当竞争法》对不正当竞争行为的界定、行业组织预防和制止不正当竞争行为、混淆商品来源的不正当竞争行为、商业贿赂的对象、电子商务领域的虚假宣传问题、监督检查人员的保密义务与经营者登记的企业名称作出了新的规定，增加了检查、查封、扣押、查询等强制措施，突出了对不正当竞争行为的民事赔偿责任，加大了执法力度，鼓励和保护市场公平竞争。修订后的《标准化法》，扩大标准范围、建立标准化协调机制、加强强制性标准的统一管理、赋予设区的市标准制定权、赋予团体标准法律地位、建立企业产品和服务标准自我声明公开和监督制度、推动政府制定的标准公开、加强对标准制定的管理，为适应经济社会发展需要、提升产品和服务质量、保障人身健康和生命财产安全提供法治保障。此外，规范电子商务领域的《电子商务法（草案）》第二次审议并公开征求意见，立法进程稳步推进。

2017年，国务院继续深化行政管理体制改革，进一步转变政府职能，持续推进简政放权、放管结合、优化服务，对取消行政审批项目、中介服务事项、职业资格许可事项和企业投资项目核准前置审批改革涉及的行政法规，以及不利于稳增长、促改革、调结构、惠民生的行政法规，进行了集中清理。经过清理，2017年3月1日发布《国务院关于修改和废止部分行政法规的决定》，对《城市绿化条例》等36部行政法规的部分条款予以修改，对《城乡集市贸易管理办法》等3部行政法规予以废止；10月7日发布《国务院关于修改部分行政法规的决定》，对《植物检疫条例》等15部行政法规的部分条款予以修改；11月17日再次发布《国务院关于修改部分行政法规的决定》，对《中外合作经营企业法实施细则》《母婴保健法实施办法》的部分条款予以修改。此外，为与《全国人民代表大会常务委员会关于授权国务院在广东省暂时调整部分法律规定的行政审批试行期届满后有关问题的决定》以及2017年1月和9月国务院公布的《关于取消部分行政许可事项的决定》相衔接，12月27日，全国人大常委会通过了《关于修改〈中华人民共和国招标投标法〉、〈中华人民共和国计量法〉的决定》。

同时，为适应深化商事制度改革的需要，2015年10月13日国务院发布《关于"先照后证"改革后加强事中事后监管的意见》，转变监管理念。2017年8月6日，国务院制定《无证无照经营查处办法》，自2017年10月1日起施行，原《无照经营查处取缔办法》同时废止。该办法共19条，明确了无证无照经营的查处范围和部门监管职责，做到"该管的管住，该放的放开"，营造宽松的创业创新制度环境。2017年8月2日，国务院出台《融资担保公司监督管理条例》，这是中国融资担保行业第一部行政法规，为发展普惠金融、促进资金融通、充分发挥融资担保支持小微企业和"三农"的作用，同时规范融资担保公司的行为、加强担保体系和风险分担机制建设，为融资担保行业健康发展提供了良好的法制保障。根据《精简审批事项　规范中介服务　实行企业投资项目网上并联核准制度的工作方案》简化整合建设项目投资审批程序，并将环境影响评价等行政审批事项由前置串联审批改为网上并联审批的要求，2017年7月16日，国务院修订了《建设项目环境保护管理条例》，调整建设项目环境影响评价审批流程，并将环境影响登记表由审批制改为备案制。

（二）完善国家安全法律制度体系，贯彻落实总体国家安全观

五年来，第十二届全国人民代表大会及其常务委员会连续出台《反间谍法》《国家安全法》《反恐怖主义法》《网络安全法》《国防交通法》《境外非政府组织境内活动管理法》等一系列维护国家安全的法律法规，填补了国家安全领域的立法空白，为维护国家核心利益和其他重大利益提供了坚实的法制保障。2017年全国人民代表大会常务委员会和国务院继续推进国家安全立法，完善国家安全法律制度体系。6月27日，全国人大常委会制定《国家情报法》，确立国家情报工作的任务和体制机制，规定了国家情报工作机构的职权职责，并遵循尊重和保障人权的原则，规范、监督和保障国家情报工作依法进行。9月1日，全国人大常委会制定《核安全法》，规定了确保核安全的方针、原则、责任体系和科技、文化保障；明确核事故应急协调委员会制度、信息发布制度，并对因核事故造成的损害赔偿作出制度性规定。核安全立法坚持从高从严标准，全链条全过程管控，为实现核能的持久安全和健康发展提供了坚实的法制保障。11月22日，国务院制定《反间谍法实施细则》，共5章26条，对资助勾结间谍行为、间谍器材、反间谍工作中国家安全机关的职权、公民的义务和权利、奖惩措施等都作了具体说明；同时列明"分裂国家、破坏国家统一"等属于《反间谍法》第39条规定的"间谍行为以外的其他危害国家安全行为"。

国歌是《宪法》确立的国家重要象征和标志。2017年9月1日，全国

人民代表大会常务委员会制定《国歌法》，对国歌的地位、奏唱场合、奏唱形式和礼仪、标准曲谱和版本以及宣传教育、监督管理和法律责任等进行规范。《国歌法》的颁布实施，对于保证《宪法》的有效实施，增强国歌奏唱的严肃性和规范性、维护国家尊严、提升公民的国家观念和弘扬爱国主义精神具有重要意义，是国家安全软实力提升的象征。与《国歌法》相配套，11月4日全国人民代表大会常务委员会审议通过《刑法修正案（十）》，将故意篡改中华人民共和国国歌歌词、曲谱，以歪曲、贬损方式奏唱国歌，或者以其他方式侮辱国歌的行为，确立为侮辱国歌的犯罪行为，以更好维护国家尊严。

（三）完善社会、文化、生态法律制度，建设美丽中国

2017年，全国人大及其常委会和国务院的立法工作围绕"五位一体"总体布局，为保障和改善民生、促进文化发展、改善生态环境，更加注重统筹推进社会、文化、生态等方面的法律制度建设。

围绕加强和创新社会治理，2017年2月24日，全国人大常委会修订《红十字会法》。新修订的《红十字会法》明确了红十字会的职责，规范红十字会的内部组织结构，加强对红十字会的监督，并增设专章规定法律责任。志愿服务活动是慈善活动的重要形式，对激发社会参与、创新社会治理和推动社会进步具有重要意义。2017年8月22日，为保障和推动中国志愿服务事业的发展，国务院出台《志愿服务条例》，对志愿服务组织法律地位、规范管理和活动开展等进行了系统规定。条例强调了志愿服务的组织化和专业化，确立志愿服务的运行规则，必将发挥保障志愿者合法权益、提升志愿服务整体水平的积极作用。党的十八大以来，党中央高度重视宗教工作，强调对宗教事务的依法管理。2017年8月26日，国务院出台新修订的《宗教事务条例》，以应对宗教领域出现的新情况新问题，规定宗教事务管理"两维护""两明确""两规范"方针，即维护公民宗教信仰自由和宗教界合法权益、维护国家安全和社会和谐，明确宗教活动场所法人资格和宗教财产权属、明确遏制宗教商业化倾向，规范宗教界财务管理、规范互联网宗

教信息服务。2017 年国务院还制定了《残疾预防和残疾人康复条例》，修订了《残疾人教育条例》《大中型水利水电工程建设征地补偿和移民安置条例》《农药管理条例》《医疗器械监督管理条例》，社会与民生领域的立法成效卓著。此外，为落实宪法关于国家发展医疗卫生事业、保护人民健康的规定，引领医药卫生事业改革和发展大局，推动和保障健康中国战略的实施，2017 年全国人大常委会首次审议了《基本医疗卫生与健康促进法（草案）》，并于 2017 年 12 月 29 日至 2018 年 1 月 27 日公开征求意见，这是中国卫生与健康领域的第一部基础性、综合性法律。

公共图书馆是公共文化服务体系的重要组成部分。为发展公共图书馆事业，保障人民文化权益，助力创新型国家和学习型社会建设，2017 年 11 月 4 日，全国人民代表大会常务委员会审议通过了《公共图书馆法》，明确政府加强公共图书馆建设的责任和鼓励社会力量参与的要求，并对公共图书馆运行管理制度、应当承担的服务功能和加强数字资源建设、实现线上线下融合等作了规定。该法突出了公共图书馆的定位，要求公共图书馆应当为未成年人、老年人和残疾人等群体提供便利，为国家法律法规和政策制定提供文献信息服务和相关咨询服务，体现其公共性。《公共图书馆法》的颁布实施是落实全面依法治国、建立健全中国公共文化服务法律体系的又一重大举措。与全国人民代表大会常务委员会制定《公共图书馆法》相配套，为促进全民阅读、提高公民思想道德素质和科学文化素质，2017 年 3 月 31 日国务院法制办公室公布《全民阅读促进条例（征求意见稿）》，征求社会各界意见。

人与自然是生命共同体，人类必须尊重自然、顺应自然、保护自然。保护生态环境，党和政府高度重视环境立法工作，十二届全国人民代表大会更是将环境立法纳入工作重点，制定了大量基础性、支架性环境立法，中国环境法律制度体系基本形成。2017 年，为深化和落实生态环保领域改革，加强环境法治建设，推动形成绿色生产生活方式，全国人民代表大会常务委员会继续加快大气、水、土壤污染治理的立法步伐，修订了《水污染防治法》。新修订的《水污染防治法》也是紧跟"十三五"环保总体构建思路，取消了环保竣工验收，将水污染防治设施是否符合经批准或备案的环评文件要求作为排污单位领取排污许可证的前置条件。并与环境影响评价、排放总量控制、环境监督监察、信息公开、排污权有偿使用和交易等点源管理相关制度相融合，将许可制度与前置审批、过程监管、违规处罚等相衔接，实现排污企业在建设、生产、关闭等生命周期不同阶段的全过程管理。此外，全国人民代表大会常务委员会还二次审议《土壤污染防治法》并公开征求意见，修改《民事诉讼法》《行政诉讼法》，建立和完善环境公益诉讼制度。

（四）加快税收立法，积极落实"税收法定原则"

2017年，全国人大常委会稳步推进税收立法，落实税收法定原则迈出重要步伐。2月24日，全国人民代表大会常务委员会修改《企业所得税法》，实现了与《慈善法》第80条的对接。这次修改意味着慈善捐赠今后也是在《企业所得税法》公益性捐赠的大框架下进行扣除，实现了法律的统一。

营改增是本届政府推进财税体制改革的重头戏，也是近年来中国实施的减税规模最大的改革措施。全面推开营改增试点后，原来实行营业税的服务业领域已统一征收增值税，《营业税暂行条例》实际已停止执行，11月19日，国务院公布《国务院关于废止〈中华人民共和国营业税暂行条例〉和修改〈中华人民共和国增值税暂行条例〉的决定》，就增值税征税范围和具体税率作了相应修改和调整。

12月25日，国务院制定了《环境保护税法实施条例》，对《环境保护税税目税额表》中其他固体废物具体范围的确定机制、城乡污水集中处理场所的范围、固体废物排放量的计算、减征环境保护税的条件和标准以及税务机关和环境保护主管部门的协作机制等作了明确规定。该条例自2018年1月1日起与《环境保护税法》同步施行，《排污费征收使用管理条例》同时废止。

同时，全国人大常委会遵循成熟一个出台一个的原则，于2017年12月27日审议通过《烟叶税法》和《船舶吨税法》，及时将国务院制定的《烟叶税暂行条例》《船舶吨税暂行条例》规定的税制和税率平移上升为法律，这两部税收立法维持了现行烟叶税、吨税的税制、税目和税率，成为根据税收法定原则第一批由税收暂行条例上升为税收法律的税收立法项目。

（五）协调改革与立法的关系，发挥立法的引领和保障作用

一方面，改革与法治是驱动中国发展的"车之两轮，鸟之双翼"，立法决策必须与改革决策相一致，立法既要适应、服务改革需要，又要发挥引领和推动作用。另一方面，党中央作出的改革决策与现行法律规定不一致的，应及时修改法律适应改革的需要。2017年，为给行政审批制度改革和政府职能转变提供法律支持，统筹修改部分法律中同类或者相关的规定，国务院制定《无证无照经营查处办法》《融资担保公司监督管理条例》，修订《建设项目环境保护管理条例》，并先后三次审议通过《国务院关于修改部分行政法规的决定》，对《城市绿化条例》等53部行政法规的部分条款予以修改；围绕"放管服"改革，全国人大常委会亦集中修改了《法官法》等8部法律，统筹修改了《招标投标法》《计量法》；为推进税制改革，全国人大常委会制定了《烟叶税法》《船舶吨税法》，国务院修订了《增值税暂行条例》；为总结司法改革试点经验，巩固司法改革成果，全国人大常委会审议《法官法（修订草案）》《检察官法（修订草案）》《人民陪审员法（草案）》，听取和审议"两高"刑事案件认罪认罚试点工作中期报告。

另外，全国人大常委会以授权决定形式支持相关改革试点工作已逐步形成制度。2017年全国人民代表大会常务委员会按照党中央的决策部署，先后作出了《全国人民代表大会常务委员会关于延长人民陪审员制度改革试点期限的决定》《全国人民代表大会常务委员会关于增加〈中华人民共和国香港特别行政区基本法〉附件三所列全国性法律的决定》《全国人民代表大会常务委员会关于增加〈中华人民共和国澳门特别行政区基本法〉附件三所列全国性法律的决定》《全国人民代表大会常务委员会关于中国人民武装警察部队改革期间暂时调整适用相关法律规定的决定》《全国人民代表大会常务委员会关于延长授权国务院在北京市大兴区等三十三个试点县（市、

区）行政区域暂时调整实施有关法律规定期限的决定》《全国人民代表大会常务委员会关于在全国各地推开国家监察体制改革试点工作的决定》《全国人民代表大会常务委员会关于延长授权国务院在北京市大兴区等二百三十二个试点县（市、区）、天津市蓟州区等五十九个试点县（市、区）行政区域分别暂时调整实施有关法律规定期限的决定》等7项授权决定，以确保在法治轨道上推进改革。

（六）坚持依法治国和以德治国相结合，推动社会主义核心价值观入法入规

社会主义核心价值观是社会主义法治建设的灵魂。2016年12月，中共中央办公厅、国务院办公厅印发了《关于进一步把社会主义核心价值观融入法治建设的指导意见》，要求坚持以社会主义核心价值观为引领，恪守以民为本、立法为民理念，把社会主义核心价值观的要求体现到宪法法律、法规规章和公共政策之中，转化为具有刚性约束力的法律规定。2017年，全国人大常委会和国务院坚持依法治国和以德治国相结合，把社会主义核心价值观融入《民法总则》《国歌法》《公共图书馆法》《志愿服务条例》等立法活动，运用法律法规和公共政策向社会传导正确的价值取向。12月27日，全国人大常委会初次审议《英雄烈士保护法（草案）》，这是本届全国人大及其常委会继通过设立烈士纪念日的决定、在《民法总则》中对损害英烈人格权益的民事责任作出专门规定之后，再次推动以国家立法形式维护英雄烈士的尊严，弘扬爱国主义精神，培育和践行社会主义核心价值观。

（七）加强备案审查工作，维护国家法制统一

对行政法规、地方性法规、司法解释开展备案审查，是宪法法律赋予全国人大常委会的一项重要职权。十二届全国人大及其常委会将开展备案审查作为履行宪法监督职责的重要工作，建立健全备案审查工作机制和衔接联动机制，开通运行全国统一的备案审查信息平台，依申请审查1206件行政法规、地方性法规、司法解释，依职权审查60件行政法规、128件司法解释，

专项审查规定自然保护区的 49 件地方性法规，并对审查中发现存在与法律相抵触或者不适当的问题作出了积极稳妥的处理。2017 年全国人大常委会的备案审查工作力度大大加强，法制工作委员会共收到公民、组织提出的各类审查建议 1084 件，依职权主动审查 14 件行政法规、17 件司法解释、150余件地方性法规，指导地方人大对涉及自然保护区、环境保护和生态文明建设的地方性法规进行全面自查和清理，总共已修改、废止相关地方性法规35 件，拟修改、废止 680 件①。2017 年 12 月 24 日，全国人大常委会首次听取审议了法制工作委员会关于备案审查工作情况的报告。综上可见，本届全国人大高度重视备案审查工作，大力推进了备案审查制度和能力建设，积极发挥了备案审查维护宪法法律尊严、保障宪法法律实施、保证国家法制统一的重要制度功能。

二 2018年立法展望

（一）修改《宪法》，及时将党的意志上升为国家意志

党的十九大报告提出，中国特色社会主义进入了新时代，中国社会主要矛盾已经转化为人民日益增长的美好生活需要和不平衡不充分的发展之间的矛盾，并将习近平新时代中国特色社会主义思想确立为党必须长期坚持的指导思想，提出了系列新理念、新论断、新任务、新举措。为及时将党的意志上升为国家意志，协调党规与国法、改革与法治的关系，2018 年 1 月 19 日中国共产党第十九届中央委员会第二次全体会议在京召开，会议的主要议程是讨论修改《宪法》部分内容的建议。按照我国《宪法》修改的程序与惯例，修改《宪法》将成为十三届全国人大的首要任务。

---

① 数据来源于《全国人民代表大会常务委员会法制工作委员会关于十二届全国人大以来暨2017 年备案审查工作情况的报告》（2017 年 12 月 24 日），中国人大网，2018 年 1 月 5 日访问，http：//www.npc.gov.cn/npc/xinwen/2017 - 12/27/content_ 2035723.htm。

（二）推进合宪性审查工作，加强宪法实施和监督

十九大报告提出，加强宪法实施和监督，推进合宪性审查工作，维护宪法权威；推进科学立法、民主立法、依法立法，以良法促进发展、保障善治。这是"合宪性审查"和"依法立法"作为维护社会主义法制统一的重要机制和原则，首次在中央文件中被提出。把依法立法与科学立法、民主立法并列为立法原则，是立法原则上的一大变化，其核心问题就是要解决法出多门、通过法来逐利、部门利益和地方保护主义法律化等问题。依法立法要求立法部门在立法时一定要遵守宪法法律设定的程序和实际权力的授权界限。为保障和推进依法立法，2018 年的立法工作一是要着力法律法规的专项清理工作，解决现有法律体系中越权立法及与上位法规定不一致的立法问题；二是要加强备案审查制度和能力建设，进一步规范《立法法》第 99 条规定的合法性审查机制；三是要适时推进合宪性审查，并规范合宪性审查工作的机构配置、工作机制、审查的对象和程序，对违宪的法律法规的处理等。

（三）推进反腐败国家立法，及时制定国家监察法

国家监察体制改革是以习近平同志为核心的党中央作出的重大决策部署，是事关全局的重大政治体制改革。为贯彻落实党的十九大精神，2017 年 11 月 4 日，全国人大常委会作出《关于在全国各地推开国家监察体制改革试点工作的决定》。为进一步保障在法治的轨道上推进监察体制改革，确保重大改革于法有据，必须加快制定国家监察法、监察委员会组织法，规范监察委员会的设置与运行。11 月 7 日，全国人大常委会正式公布《监察法（草案）》，并于 2017 年 11 月 7 日至 12 月 6 日向社会公开征求意见 13268 条①；12 月 23 日，全国人大常委会二次审议《监察法（草案）》，

---

① 数据来源于中国人大网，http：//www.npc.gov.cn/npc/flcazqyj/node_ 8176.htm，最后访问时间：2018 年 1 月 5 日。

并决定将《监察法（草案）》提请十三届全国人大一次会议审议。

与此同时，国家监察委员会的设立还将突破现有立法，需要启动系统的立法、修法与废法工程，包括修改《全国人民代表大会组织法》《全国人民代表大会和地方各级人民代表大会代表法》《各级人民代表大会常务委员会监督法》《人民检察院组织法》《检察官法》《国务院组织法》《地方组织法》《立法法》《公务员法》《刑法》《刑事诉讼法》《审计法》等法律。由此可见，加快推进反腐败方面立法，将成为2018年立法工作的重要任务。

（四）继续加强重点领域立法，法律体系不断完善

2018年重点领域立法首推民法典分编立法、税收立法和国家安全立法。此外，与改革发展相适应，经济转型、社会与民生建设、文化发展、生态环境保护等领域立法的统筹推进依然是立法工作的重心。

按照民法典编撰立法计划，《民法总则》通过后，现行民法通则规定的合同、所有权及其他财产权、民事责任等具体内容还需要在编纂民法典各分编时作进一步统筹，系统整合。编纂民法典各分编，拟于2018年整体提请全国人民代表大会常务委员会审议，经全国人民代表大会常务委员会分阶段审议后，计划于2020年将民法典各分编一并提请全国人民代表大会会议审议通过，从而形成统一的民法典。

科学的财税体制是优化资源配置、维护市场统一、促进社会公平、实现国家富强的制度保障。按照《贯彻落实税收法定原则的实施意见》的安排，到2020年要完成相关税收立法工作，任务艰巨、时间紧迫。因此，2018年的立法将进一步着力于深化税收制度改革，以公平为导向，修订《个人所得税法》，逐步建立综合与分类相结合的个人所得税制；落实税收法定原则，抓紧研究房地产税法等立法，调节财富分配、抑制市场投机。

贯彻落实总体国家安全观，构建以《国家安全法》为核心的国家安全法律体系，一是需要进一步填补国家安全领域的立法空白，二是要加快推进国家安全立法的配套性、实施性立法，保障国家安全立法的有效实施。2018年，全国人民代表大会常务委员会及国务院应加快推进"粮食法"、《种子

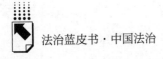

法》的立法、修法工作，国务院应加快制定国家安全立法的实施细则，推进国家安全法治建设。

随着财税体制、司法体制、行政体制、监督体制改革的不断深入，关于国家机构发展和完善的改革内容与举措，广泛涉及宪法和组织法的内容，为保障和推进政治体制改革，集中修改选举法、地方组织法、代表法、《法官法》《检察官法》《城市居民委员会组织法》等宪法性法律，成为全面深化改革和全面推进依法治国的内在需要。此外，2018年的立法还将继续加强民生领域、文化教育领域以及生态环境领域的立法，统筹推进社会、文化、生态建设。

B.3
2017年中国人权发展：和平权、发展权的中国实践与国际话语权

赵建文 *

摘　要：　2017年是卢沟桥事变80周年、南京大屠杀80周年，和平权问题引人关注。中国人民以史为鉴，倍加珍惜来之不易的和平发展环境，坚定不移走和平发展道路。中国宪法的有关规定，《国防法》、全国人大常委会关于确定抗战胜利纪念日和设立南京大屠杀国家公祭日的决定、《国歌法》等都与保障中国人民的和平权直接相关。2017年又是中国在发展权方面大有作为的一年。中国走出了富有特色的保障人民发展权的道路，有相应的制度体系、有扶贫开发的成功实践、有帮助发展中国家发展的丰富经验。展望未来，中国人民的和平权和发展权将更有保障。中国将为全人类实现和平权和发展权作出更大贡献。

关键词：　人权　和平权　发展权　人类命运共同体　国际话语权

　　和平权、发展权是集体人权，也是个人人权。它们都是独立的人权，又都是实现其他人权的基础性权利。近几年，尤其2017年，中国在实现和平权、发展权方面大有作为，产生了空前广泛的国际影响。

＊　赵建文，中国社会科学院国际法研究所研究员。

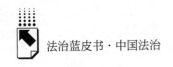

一　和平权

"和平与安全是最大的人权。"① 在纪念第一次世界大战爆发 100 周年、第二次世界大战结束 70 周年等因素的推动下，2016 年 12 月 19 日联合国大会通过了《和平权利宣言》，宣布"人人有权享有和平，从而使所有人权得到促进和保护，使发展得以充分实现"。中国人民享有充分的和平权。中国政府对中国人民和平权的保障不断加强。

（一）以史为鉴，加强和平权的保障

由于历史上深受侵略战争的危害，中国人民倍加珍惜来之不易的和平发展的权利。

1. 抗战胜利纪念：维护国家主权和领土完整，加强和平权的保障

2017 年是侵华日军制造卢沟桥事变、全面发动侵华战争 80 周年，也是中国全民族抗战 80 周年，中国隆重举行了全民族抗战 80 周年纪念大会。1937 年 7 月 7 日，侵华日军继 1931 年制造"九一八"事变侵占中国东北之后，又蓄意制造卢沟桥事变，悍然发动全面侵华战争，妄图吞并全中国。从 1931 年"九一八"事变到 1945 年日本投降的 14 年时间里，中国人民为抵抗日本帝国主义的疯狂侵略承受了深重的战争灾难。东京审判所认定日本侵略中国的罪行的起止时间就是 1931～1945 年。2017 年 1 月，教育部要求大中小学所有学段、所有相关学科、所有国家课程和地方课程的教材全面落实"14 年抗战"概念，准确体现"九一八"事变后 14 年抗战历史的整体性。

自 2014 年全国人民代表大会常务委员会通过《关于确定中国人民抗日战争胜利纪念日的决定》、正式"将 9 月 3 日确定为中国人民抗日战争胜利纪念日"以来，国家每年在抗战胜利日都举行隆重的纪念活动。根据全国人民代表大会常务委员会的上述决定，纪念抗战胜利是"为了牢记历史，

---

① 李保东：《谱写国际人权交流合作新篇章》，《光明日报》2017 年 12 月 7 日，第 10 版。

铭记中国人民反抗日本帝国主义侵略的艰苦卓绝的斗争，缅怀在中国人民抗日战争中英勇献身的英烈和所有为中国人民抗日战争胜利作出贡献的人们，彰显中国人民抗日战争在世界反法西斯战争中的重要地位，表明中国人民坚决维护国家主权、领土完整和世界和平的坚定立场，弘扬以爱国主义为核心的伟大民族精神，激励全国各族人民为实现中华民族伟大复兴的中国梦而共同奋斗"。牢记历史，居安思危，中国人民的和平权才有更为可靠的保障。

2. 南京大屠杀纪念：反对侵略战争，捍卫人类尊严，加强和平权的保障

2017 年是侵华日军制造"南京大屠杀"惨案 80 周年。在 1937 年，从 12 月 13 日开始，侵华日军公然违反国际法，在南京对中国同胞连续实施了 40 多天惨绝人寰的大屠杀，30 多万人遇难。战后，盟国组织的远东国际军事法庭（东京审判）认定了侵华日军"南京大屠杀"的战争罪行，判处应为南京大屠杀承担罪责的甲级战犯松井石根、广田弘毅死刑。1947 年，国民政府组织的南京审判战犯军事法庭（南京审判）判处命令部队实施南京大屠杀的日军中将谷寿夫、在南京进行杀人比赛的向井敏明和野田毅等乙、丙级战犯死刑。

自 2014 年全国人民代表大会常务委员会通过《关于设立南京大屠杀死难者国家公祭日的决定》、"将 12 月 13 日设立为南京大屠杀死难者国家公祭日"以来，国家每年举行大型的公祭活动。根据全国人民代表大会常务委员会的上述决定，设立南京大屠杀国家公祭日是"为了悼念南京大屠杀死难者和所有在日本帝国主义侵华战争期间惨遭日本侵略者杀戮的死难者，揭露日本侵略者的战争罪行，牢记侵略战争给中国人民和世界人民造成的深重灾难，表明中国人民反对侵略战争、捍卫人类尊严、维护世界和平的坚定立场"。

由于在第二次世界大战中发生过有关战争与和平的重大事件和多年来为反思战争、维护和平作出的贡献，2017 年 8 月 31 日，国际和平城市协会通过了南京的申请，正式宣布南京为"国际和平城市"。

2017 年 10 月 26 日，加拿大安大略省议会不顾日本有关方面的阻挠，通过了有关"设立南京大屠杀纪念日"的动议（motion）。尽管"动议"不

是"法案"（bill），不具有法律约束力，但表明了官方立场，有巨大的道义影响力。"动议"发起人正在争取"法案"的通过。对此，年届古稀的加拿大知名日本裔女作家乔伊·小川说："今天是一个历史性的日子。我希望加拿大日裔、日本政府和日本人不要害怕承认南京大屠杀的历史，承认过去才会有美好的未来。"①

3. 依法奏唱国歌：了解国歌的历史和精神内涵，加强和平权的保障

2017年9月1日全国人大常委会通过《国歌法》。该法第2条规定："中华人民共和国国歌是《义勇军进行曲》。"

《国歌法》第4条规定，在"各级机关举行或者组织的重大庆典、表彰、纪念仪式""国家公祭仪式"等场合，应当奏唱国歌。在抗战胜利日纪念仪式、南京大屠杀国家公祭仪式上奏唱国歌，是有重要意义的。

《国歌法》第11条规定："中小学应当将国歌作为爱国主义教育的重要内容，组织学生学唱国歌，教育学生了解国歌的历史和精神内涵、遵守国歌奏唱礼仪。"《义勇军进行曲》是在"中华民族到了最危险的时候"诞生的，当初是"冒着敌人的炮火"前进的人们的战歌。"了解国歌的历史和精神内涵"，有助于以史为鉴，加强中国人民和平权的保障。

（二）维护国际和平与安全，为保障人类和平权作出贡献

根据《宪法》的有关规定和《国防法》等法律，中国在对外关系中奉行独立自主的和平外交政策，坚持和平共处五项原则，维护国际和平与安全。

2017年2月27日，中国外交部人权事务特别代表在联合国人权理事会第34次会议人权主流化年度高级别专题讨论会上，代表非洲国家和中国作了题为"维护和平，促进和保护人权"的共同发言。外交部人权事务特别代表指出，要实现持久和平、促进和保护人权，各国应遵守《联合国宪章》的宗旨和原则，并在建立平等伙伴关系、和平解决争端、通过合作维护和平、以发展促进和平和尊重文明多样性方面作出努力。

---

① 吴云：《承认过去才会有美好的未来》，《人民日报》2017年10月29日，第7版。

2017 年 10 月 6 日，外交部军控司负责人在联合国大会阐述了中国关于加强全球安全治理、维护世界和平与安全的四方面主张：以打造人类命运共同体为目标；理念是坚持共同、综合、合作和可持续的安全观；原则是切实维护以《不扩散核武器条约》为基石的现行军控和防扩散体系的权威性和有效性，不能采取双重标准和选择性做法；秉持多边主义，完善多层次的全球安全治理机制。这些主张可以从中国有关伊核和朝核问题的政策得到证明。

中国是联合国安全理事会常任理事国，是促进和保障人类的和平权的重要力量。2017 年 9 月 12 日、9 月 18 日，中国第 21 批赴刚果（金）维和部队第一梯队工兵、医疗分队的 100 名官兵，以及第二梯队 118 名官兵从兰州中川机场乘包机飞赴刚果（金）。中国自 1990 年起每年向联合国派遣维和人员，先后参加了 24 项联合国维和行动，累计派出维和官兵 3.5 万余人次，已成为维和行动的主要出兵国和出资国。联合国负责维和事务的副秘书长让－皮埃尔·拉克鲁瓦说："中国维和军人的素质给我留下深刻印象——高素质的军人、高水准的装备，堪称一流。中国对维和事业的贡献，值得大书特书。"[①]

二 发展权

（一）中国人民实现发展权的理念和道路

2016 年 12 月 4 日是联合国《发展权利宣言》通过 30 周年纪念日。2016 年 12 月 1 日，国务院新闻办公室发表《发展权：中国的理念、实践与贡献》白皮书。同年 12 月 4 日至 5 日，国务院新闻办公室和外交部在北京共同举办"纪念《发展权利宣言》通过 30 周年国际研讨会"。

---

① 王建峰：《中国对维和事业的贡献，值得大书特书（观点）》，《人民日报》2017 年 8 月 2 日，第 23 版。

习近平致此次研讨会的贺信、2017 年 8 月 21 日致中国国际发展知识中心的贺信、2017 年 12 月 6 日致"《财富》全球论坛"的贺信、12 月 7 日致首届"南南人权论坛"的贺信指出了中国的发展理念和道路。

习近平指出:"作为一个拥有 13 亿多人口的世界最大发展中国家,发展是解决中国所有问题的关键,也是中国共产党执政兴国的第一要务。中国坚持把人权的普遍性原则同本国实际相结合,坚持生存权和发展权是首要的基本人权。多年来,中国坚持以人民为中心的发展思想,把增进人民福祉、保障人民当家作主、促进人的全面发展作为发展的出发点和落脚点,有效保障了人民发展权益,走出了一条中国特色人权发展道路。"①

关于发展权的国际问题,习近平指出:"中国积极参与全球治理,着力推进包容性发展,努力为各国特别是发展中国家人民共享发展成果创造条件和机会。""中国希望国际社会以联合国 2030 年可持续发展议程为新起点,努力走出一条公平、开放、全面、创新的发展之路,实现各国共同发展。"②"中国将继续发展全球伙伴关系,扩大同各国的利益交汇点,促进贸易和投资自由化便利化,推动经济全球化朝着更加开放、包容、普惠、平衡、共赢的方向发展。"③

2017 年 5 月 2 日,联合国大会通过决议,确定此后每年 4 月 21 日为世界创意和创新日,并呼吁各国支持"大众创业、万众创新",以创新作为推动可持续发展的动力。中国的发展理念融入了联合国大会的决议。

(二)中国保障人民的发展权的制度体系

中国建立起了保障发展权的法律、战略、规划、计划、司法救济的制度体系。中国宪法确立了人民当家作主的原则和"国家尊重和保障人权"的

---

① 《习近平致信祝贺"纪念〈发展权利宣言〉通过三十周年国际研讨会"开幕》,《人民日报》2016 年 12 月 5 日,第 1 版。

② 《习近平致信祝贺"纪念〈发展权利宣言〉通过三十周年国际研讨会"开幕》,《人民日报》2016 年 12 月 5 日,第 1 版。

③ 《习近平致 2017 年广州〈财富〉全球论坛的贺信》,《人民日报》2017 年 12 月 7 日,第 1 版。

原则，并在关于公民基本权利和义务的条款中明确了公民在经济、政治、文化、社会诸方面全面发展的权利。中国制定和实施了一系列专门性的权利保障法律法规，平等保障全体公民特别是少数民族、妇女、儿童、老年人、残疾人等的发展权利。进入 21 世纪后，中国共产党提出了"全面建设小康社会"和"两个一百年"国家发展战略，并为此作出了统筹推进经济、政治、文化、社会和生态文明建设"五位一体"总体布局和"四个全面"战略布局。《国民经济和社会发展第十三个五年规划纲要》和《国家人权行动计划（2016~2020 年）》顺利实施。中国政府制定和实施了救助贫困地区失学女童重返校园的"春蕾计划"、伤残儿童康复合作项目行动计划等专项行动计划。

司法救济机制是发展权的重要保障。中国强化法律援助、司法救助的实效，确保贫困人口享有获得司法救济的权利。2017 年 11 月 23 日举行的人民法院国家司法救助工作座谈会暨高级人民法院赔偿办公室主任座谈会强调，各级人民法院要尽快实现从国家赔偿一元重心向国家赔偿与司法救助二元重心转移，推动新时代国家赔偿和司法救助工作的新发展。据统计，2015 年，全国各级法院共办理司法救助案件 4.1 万件，使用救助资金 8.5 亿元；2016 年，办理司法救助案件 4.2 万件，使用救助资金 9.3 亿元①。

（三）中国消除贫困、促进全体人民实现发展权的实践

在人权方面，摆脱贫困、实现发展是发展中国家的根本诉求。自改革开放以来，中国开展了大规模、有组织、有计划的扶贫开发工作，累计减少农村贫困人口 7 亿多人。2010~2016 年底，中国农村贫困人口从 1.66 亿人减少至 4335 万人。

为全面贯彻落实《中共中央　国务院关于打赢脱贫攻坚战的决定》，2016 年 12 月 7 日中共中央办公厅、国务院办公厅印发《关于进一步加强东

---

① 《最高法要求：司法救助与国家赔偿需二元协同发展》，《经济日报》2017 年 12 月 8 日，第 15 版。

西部扶贫协作工作的指导意见》，进一步推动实施东西部扶贫协作和对口支援，推动区域协调发展、协同发展、共同发展的大战略，落实先富帮后富、最终实现共同富裕目标的大举措。例如，北京市帮扶内蒙古自治区、河北省张家口市和保定市，上海市帮扶云南省、贵州省遵义市，福建省帮扶宁夏回族自治区，等等。这样的大协作，只有在社会主义制度下才能实施并取得成效。

2017 年中央一号文件《中共中央　国务院关于深入推进农业供给侧结构性改革　加快培育农业农村发展新动能的若干意见》发布。该文件从"优化产品产业结构，着力推进农业提质增效""推行绿色生产方式，增强农业可持续发展能力""壮大新产业新业态，拓展农业产业链价值链""补齐农业农村短板，夯实农村共享发展基础""加大农村改革力度，激活农业农村内生发展动力"等方面规定了"加快培育农业农村新动能"的措施。这是要从根本上解决农村的贫困、实现农民的发展权问题。在全面实现小康的进程中，中国政府落实精准扶贫责任制，保证"不让任何一个人掉队"。

如果扶贫攻坚战如期打赢，在今后三年内基本消除深度贫困，中国将提前 10 年实现联合国 2030 年可持续发展议程确定的减贫目标。

（四）中国促进各国人民共同发展的实践

"1950～2016 年，中国累计对外提供援款 4000 多亿元人民币，今后将继续在力所能及的范围内加大对外帮扶。国际金融危机爆发以来，中国经济增长对世界经济增长的贡献率年均在 30% 以上。"[1] "中国先后 7 次宣布无条件免除重债穷国和最不发达国家对华到期政府无息贷款债务。中国积极向亚洲、非洲、拉丁美洲和加勒比地区、大洋洲的 69 个国家提供医疗援助，先后为 120 多个发展中国家落实千年发展目标提供帮助。"[2]

---

[1] 习近平：《共同构建人类命运共同体——在联合国日内瓦总部的演讲》，《人民日报》2017年 1 月 20 日，第 2 版。

[2] 习近平：《携手消除贫困　促进共同发展——在 2015 减贫与发展高层论坛的主旨演讲》，《人民日报》2015 年 10 月 17 日，第 2 版。

中国实施"一带一路"倡议、发起创办亚洲基础设施投资银行、设立丝路基金，旨在提供更多国际公共产品，让世界各国分享中国发展的红利；中国精心推动实施中国—联合国和平与发展基金、南南合作援助基金等重大基金和项目，目的是把中国人民的利益同各国人民的共同利益结合起来，实现共同发展①。

2015 年 9 月 26 日，习近平在联合国发展峰会上的讲话代表中国政府承诺：中国将设立"南南合作援助基金"，首期提供 20 亿美元，支持发展中国家落实 2030 年可持续发展议程。2017 年 5 月 14 日，习近平在"一带一路"国际合作高峰论坛发表主旨演讲，宣布将向"一带一路"沿线发展中国家提供 20 亿元人民币紧急粮食援助，向南南合作援助基金增资 10 亿美元，在沿线国家实施 100 个"幸福家园"、100 个"爱心助困"、100 个"康复助医"等项目②。

在 2015 年联合国发展峰会上，习近平代表中国政府作出另一项承诺："中国将设立国际发展知识中心，同各国一道研究和交流适合各自国情的发展理论和发展实践。"③ 2017 年 8 月 21 日，中国国际发展知识中心启动仪式暨《中国落实 2030 年可持续发展议程进展报告》发布会在北京举行，习近平致信表示祝贺。

三 实现和平权、发展权与构建人类命运共同体

（一）充分实现和平权、发展权需要构建人类命运共同体

2017 年 9 月 26 日，习近平在国际刑警组织第 86 届大会开幕式讲话中指

---

① 李保东：《谱写国际人权交流合作新篇章》，《光明日报》2017 年 12 月 7 日，第 10 版。
② 习近平：《谋共同永续发展　做合作共赢伙伴——在联合国发展峰会上的讲话》（2015 年 9 月 26 日），《人民日报》2015 年 9 月 27 日，第 2 版。
③ 习近平：《谋共同永续发展　做合作共赢伙伴——在联合国发展峰会上的讲话》（2015 年 9 月 26 日），《人民日报》2015 年 9 月 27 日，第 2 版。

出："中国对促进世界和平与发展的看法，基本点就是各国要共同构建人类命运共同体，实现共赢共享。"① 同年 12 月 7 日，习近平在致首届"南南人权论坛"的贺信中指出："中国人民愿与包括广大发展中国家在内的世界各国人民同心协力，以合作促发展，以发展促人权，共同构建人类命运共同体。"②

和平权、发展权的充分保障，需要构建人类命运共同体。当今世界面临的诸多和平问题和发展问题，如世界经济增长乏力、国际经济危机、地区武装冲突、恐怖主义威胁、重大传染病蔓延、全球气候变化，是任何国家都无法单独有效应对的。人类各国已经命运与共、荣损相依。中国倡议构建人类命运共同体，为推进全球人权治理、保障全人类的和平权和发展权，找到了有效路径和解决方案。

（二）人类命运共同体理念在人权领域获得广泛国际认可

自 2017 年 1 月习近平在联合国日内瓦总部发表构建人类命运共同体的演讲以来，人类命运共同体理念很快成为国际人权话语体系的组成部分。

2017 年 2 月 10 日，联合国社会发展委员会协商一致通过决议，呼吁国际社会本着合作共赢和构建人类命运共同体的精神，加强对非洲经济社会发展的支持。这是人类命运共同体理念首次写入联合国决议。

2017 年 3 月 1 日，中国常驻联合国日内瓦办事处代表在联合国人权理事会第 34 次会议上代表 140 个国家发表题为《促进和保护人权，共建人类命运共同体》的联合声明。声明指出：为维护世界和平，实现共同发展，促进和保护人权，各国应共同构建人类命运共同体。中国人权研究会代表团出席本次会议并与中国常驻日内瓦联合国代表团共同举办了以"共同构建人类命运共同体：全球人权治理的新路径"为主题的边会。

2017 年 3 月 23 日，联合国人权理事会第 34 次会议通过的关于"经济、

---

① 习近平：《坚持合作创新法治共赢　携手开展全球安全治理——在国际刑警组织第八十六届全体大会开幕式上的主旨演讲》，《人民日报》2017 年 9 月 27 日，第 2 版。

② 《习近平致首届"南南人权论坛"的贺信》，《人民日报》2017 年 12 月 8 日，第 1 版。

社会、文化权利"和"粮食权"的两个决议，明确表示要"构建人类命运共同体"。这是人类命运共同体理念首次载入人权理事会决议。

2017年6月22日，联合国人权理事会通过中国提出的"发展对享有所有人权的贡献"决议。决议明确指出，构建人类命运共同体是国际社会的共同愿望。

2017年9月15日，中国常驻联合国日内瓦办事处代表在联合国人权理事会第36次会议上代表140个国家发表题为《加强人权对话与合作，构建人类命运共同体》的联合声明[①]。

2017年12月7日，首届"南南人权论坛"以"构建人类命运共同体：南南人权发展的新机遇"为主题。构建人类命运共同体成为与会发展中国家的共识。

展望未来，尽管前进道路上充满困难与挑战，但有理由相信，中国在实施党的十九大确定的"坚持和平发展道路，推动构建人类命运共同体"基本方略的进程中，在全面建成小康社会的进程中，中国人民的和平权、发展权和其他人权的保障水平将迈上新台阶。中国人民将更有获得感、安全感和幸福感，将为全人类实现和平权和发展权作出更大贡献。

---

① 何农：《中国代表140个国家发表联合声明强调：加强人权对话与合作，构建人类命运共同体》，《光明日报》2017年9月17日，第8版。

B.4
2017年犯罪形势分析及
2018年犯罪形势预测

黄 芳*

摘　要：　2017 年，中国的暴力恐怖犯罪明显下降，危害生产安全、危
害食品药品安全的犯罪稳中有降，传统暴力犯罪与未成年人
犯罪继续呈下降态势，但是，与国家高压反腐紧密相关，查
办的职务犯罪案件上升趋势明显且涉及领域广泛，破坏环境
资源保护的犯罪依然突出，传销犯罪十分猖獗。2018 年，暴
力恐怖犯罪会得到进一步控制，实施破坏环境犯罪行为的增
量会得到遏制，侵犯公民个人信息的犯罪、侵犯知识产权的
犯罪将得到有效打击，而传销类犯罪还会继续蔓延，职务犯
罪会随着中国监察体制改革的推进而有所变化，还要警惕电
信网络犯罪的重新抬头。

关键词：　职务犯罪　传销犯罪　破坏环境资源保护犯罪　刑事政策

在一系列国际因素、国内因素、政治因素、经济因素和社会因素等影响
下，2017 年，中国的犯罪态势总体呈现以下特点：第一，暴恐犯罪高发态
势得到进一步遏制，暴力恐怖犯罪呈下降趋势；第二，反腐败斗争继续不断
深入开展，为配合国家监察体制改革试点工作，查办和预防职务犯罪工作深

---

* 黄芳，中国社会科学院法学研究所研究员。

入推进，打击职务犯罪的力度有增无减；第三，全国安全生产事故呈稳中有降态势，事故起数和死亡人数同比"双下降"，但是，一些行业领域的重大事故仍未得到有效遏制；第四，对破坏环境资源保护的犯罪持续保持高压态势，效果相对明显，大案要案比往年有一定程度的减少；第五，危害食品和药品安全犯罪的大案要案数量明显下降，行政执法和刑事司法的衔接发挥了巨大作用；第六，传销陷阱重重，犯罪十分猖獗，打着"高科技创业"甚至"政府扶持"的旗号，不但花样翻新，手段也在不断升级，呈现蔓延速度快、涉及地域广、涉案人员多的特点，已经严重扰乱社会秩序和危害社会稳定，冲击社会道德底线，具有严重的社会危害性；第七，传统暴力犯罪与未成年人犯罪继续呈下降态势。

一 国内暴力恐怖犯罪明显下降，
但国际形势依然严峻

暴力恐怖犯罪严重威胁国家安全和人民生命财产安全，中国政府一贯反对任何形式的恐怖主义，毫不动摇地坚持严打方针，深入开展反恐怖斗争，坚决把暴恐活动消灭在预谋阶段、摧毁在行动之前。2017年，为维护社会大局持续稳定，中国继续坚持打防结合、标本兼治，针对反恐怖斗争出现的新形势新特点，把各项措施做实，把防范篱笆扎牢，把各项责任压实，经过不懈努力，在国际暴恐活动日趋活跃的背景下，保持了中国反恐怖斗争的良好态势，中国的暴恐犯罪高发态势得到进一步遏制，暴力恐怖犯罪呈下降趋势。同时，中国公安部门还强化反恐怖情报信息工作，建立健全反恐怖情报研判预警和通报核查反馈等常态化机制，深化反恐怖情报信息资源深度融合共享和动态分析研判，有效提升了对暴恐活动的预测预警预防能力，将99%以上的暴恐极端团伙打掉在预谋阶段和行动之前①。虽然中国防范与严

---

① 公安部党委：《推进平安中国建设 确保人民群众安全——党的十八大以来公安战线推进平安建设的成就》，中国社会科学网，http://sky.cssn.cn/dzyx/dzyx_llsj/201709/t20170917_3642637_1.shtml，最后访问时间：2017年10月28日。

惩暴力恐怖活动的措施卓有成效，但是，打击暴力恐怖犯罪仍然面临诸多风险挑战，必须深刻认识反恐怖斗争形势的严峻性、复杂性和长期性，只有进一步推动反恐怖斗争向纵深发展，才能切实维护国家安全、公共安全和人民群众的生命财产安全。

造成恐怖主义泛滥的根本原因并未根除，恐怖袭击变得更加难以防范，世界反恐斗争依然任重而道远。所以，严厉打击暴力恐怖犯罪已经不再属于某一个国家或者某一个区域的内部事务。要牢固树立世界"一盘棋"思想，加强组织领导，完善工作机制，切实形成反恐怖工作整体合力；坚持重拳出击，强化情报信息引领，强化反恐怖源头治理，坚决防止发生重大暴恐案件①。为配合国家打击暴力恐怖犯罪的刑事政策，2017年6月7日，云南省、新疆维吾尔自治区、新疆生产建设兵团检察机关在昆明市召开"云南和新疆检察机关办理危害国家安全暴力恐怖刑事案件第一次协作会议"，协调交流滇、疆两地检察机关在打击危害国家安全暴力恐怖犯罪方面深化合作。2017年6月27日，代号为"天山—3号（2017）"的上海合作组织成员国中吉主管机关边防部门联合反恐演习在中吉边境库依鲁克区域举行。

二 查处职务犯罪案件上升趋势明显，涉及领域广泛

2017年，中国反腐败斗争继续不断深入开展，坚持惩治腐败力度不减弱、零容忍态度不改变，为配合国家监察体制改革试点工作，查办和预防职务犯罪工作深入推进，打击职务犯罪的力度有增无减。2017年1～6月，全国查处职务犯罪人数同比增长近两成，除北京市、山西省、浙江省3个试点地区外，其他28个省、自治区、直辖市立案侦查贪污贿赂、渎职侵权等职务犯罪30538人，同比上升19.6%，其中原县处级干部1505人、原厅局级

---

① 2017年4月12日，国家反恐怖工作领导小组会议暨全国反恐怖工作视频会议在北京召开，国务委员、国家反恐怖工作领导小组组长、公安部部长郭声琨出席并讲话。公安部官方网站，http://www.mps.gov.cn/n2253534/n2253535/n2253536/c5681434/content.html，最后访问时间：2017年10月28日。

干部 224 人，并依法对黄兴国、李嘉、马建、卢恩光等 12 名原省部级干部立案侦查①。

从各省 2017 年上半年查办职务犯罪的情况来看，河南检察机关共立案侦查贪污贿赂案件 1336 件 1735 人，涉案人数同比上升 13.5%。其中，贪污、受贿 20 万元以上，以及行贿和挪用公款等 100 万元以上大案 529 件，同比上升 7.5%；要案涉及 86 人，含厅级干部 10 人，同比上升 13.2%；法院同期作出有罪判决 865 人，涉案人数同比上升 6.7%②。山东检察机关共立案侦查渎职侵权案件 473 件 718 人，涉案人数同比上升 12.7%③。广东省检察机关共立案侦查各类职务犯罪案件 1663 件 2079 人，同比分别上升 32.9%、32.2%。其中，贪污贿赂犯罪大案 433 件，渎职侵权犯罪重特大案件 110 件，涉嫌玩忽职守罪 173 人、滥用职权罪 132 人，县处级以上干部职务犯罪要案涉及 137 人，其中厅局级以上干部 19 人④。安徽检察机关共立案侦查职务犯罪 913 件 1192 人，其中查办 20 万元以上贪污贿赂案件 462 件，渎职侵权重特大案件 82 件；查办处级以上干部 78 人，包括厅级干部 4 人；立案查处教育、卫生领域职务犯罪 146 件，土地复垦、出版发行领域职务犯罪 32 件，重大责任事故背后的渎职犯罪 24 件⑤。福建省共立案侦查职务犯罪 750 人，同比上升 13.6%，其中，立案侦查处级以上干部 42 人，百万元以上案件 83 件，办理省部级干部案件 3 件⑥。四川检察机关共立案查办职务犯罪 1197 件 1606 人，查办县处级以上职务犯罪要案涉及 83 人（含厅级 11 人）⑦。甘

---

① 彭波：《全国检察机关上半年查处职务犯罪人数同比增长了近两成 扶贫领域查处人数同比升 11 成》，《人民日报》2017 年 7 月 13 日，第 11 版。

② 赵红旗：《河南：半年反贪立案人数增 13.5%》，《法制日报》2017 年 8 月 10 日，第 3 版。

③ 卢金增：《山东：上半年立查渎职侵权案 718 人》，《检察日报》2017 年 7 月 21 日，第 1 版。

④ 章宁旦：《广东省上半年立查职务犯罪 2079 人 同比上升三成 为官不为乱为失职渎职犯罪抬头》，《法制日报》2017 年 8 月 15 日，第 3 版。

⑤ 李光明、范天娇：《安徽检察查办贪贿案件 462 起》，《法制日报》2017 年 8 月 1 日，第 3 版。

⑥ 吴亚东：《福建检察查办职务犯罪 750 人》，《法制日报》2017 年 7 月 29 日，第 3 版。

⑦ 杨傲多：《四川检察半年查办职务犯罪 1606 人》，《法制日报》2017 年 8 月 12 日，第 3 版。

肃检察机关共立案侦查贪污贿赂犯罪 268 件 379 人，同比分别上升 15.1%
和 3.8%；渎职侵权犯罪 68 件 126 人，同比分别上升 9.7% 和 1.6%；查
办重特大渎职及 20 万元以上贪污贿赂案件 110 件、要案涉及 45 人，同比
分别上升 37.5% 和 66.7%①。

从职务犯罪涉及的领域来看，2017 年 1～6 月，全国在扶贫领域查处职
务犯罪 1650 人，同比上升 81.7%；在重大责任事故领域，查处职务犯罪
495 人，最高人民检察院对河南登封兴峪煤矿重大煤与瓦斯突出等 12 起重
大事故挂牌督办，陕西、广东、河南检察机关同步介入"西安地铁问题电
缆""新丰练溪托养中心事件""中储粮南阳直属库光武分库小麦变质"事
件调查②；在破坏生态环境领域，甘肃检察机关共立案查处渎职犯罪案件 7
件 16 人③。从司法实践情况看，职务犯罪的领域还涉及国有企业的管理以
及工程建设领域的物资采购、资金拨付、招投标、项目的立项审批、土地出
让、征地补偿、移民拆迁等。另外，当前职务犯罪中的"小官小贪"问题
突出，基层干部利用手中的权力吃拿卡要、小贪小占。这类案件涉案人数
多、作案次数多，造成的社会影响极为恶劣，人民群众反映强烈。例如，广
东省上半年查办的案件中，涉及科级及以下干部 1249 人，占立案总人数的
60.1%，其中，20 万元以上大案涉及 558 人，占科级及以下干部案件所涉
人数的 44.7%④。

2017 年，中国继续加强在境外追赃追逃职务犯罪嫌疑人的工作力度，
加强国际合作。2017 年上半年，中国已从 39 个国家和地区遣返、劝返外逃

---

① 周文馨、赵志锋：《甘肃：半年查办职务犯罪 336 件》，《法制日报》——法制网，http://
www.legaldaily.com.cn/locality/content/2017－08/14/content_7280170.htm? node = 32260，
最后访问时间：2017 年 10 月 28 日。
② 王治国、徐盈雁、李波、闫晶晶：《上半年立案侦查职务犯罪 30538 人 同比上升
19.6%》，《检察日报》2017 年 7 月 14 日，第 2 版。
③ 崔琳：《甘肃严打破坏祁连山生态环境犯罪 查处渎职犯罪案 7 件 16 人》，中国新闻网，
http://www.cankaoxiaoxi.com/china/20170808/2217999.shtml，最后访问时间：2017 年 10
月 28 日。
④ 章宁旦：《广东省上半年立查职务犯罪 2079 人 同比上升三成 文官不为乱为失职渎职犯
罪抬头》，《法制日报》2017 年 8 月 15 日，第 3 版。

职务犯罪嫌疑人174人，其中"百名红通人员"28人①。对腐败犯罪形成国际国内、全面立体的包围态势，力争建立更加有效的防范、监督和惩罚机制。

三 危害生产安全、危害食品药品安全的犯罪稳中有降，破坏环境资源保护的犯罪依然突出

1. 危害生产安全犯罪

2017年1~7月，全国安全生产事故呈稳中有降态势，事故起数和死亡人数同比"双下降"。全国共发生各类生产安全事故27478起、死亡19783人，同比分别下降24.7%和16.8%，其中较大事故377起、死亡1442人，同比分别下降6.5%和6.1%；重大事故17起、死亡225人，同比增加1起；全国未发生特别重大事故，与上年同期相比减少1起、35人②。但是，一些行业领域的重大事故仍未得到有效遏制，如江西省南昌市"2·25"重大火灾事故、云南省临沧市"3·2"重大道路交通事故、贵州省贵阳市"4·17"重大道路交通事故、内蒙古自治区呼伦贝尔市"4·29"重大道路交通事故、贵州省毕节市成贵铁路七扇岩隧道建设工程"5·2"重大爆炸事故、山东省威海市"5·9"重大道路交通事故、江西省鹰潭市"5·15"重大道路交通事故、湖南省郴州市王仙岭景区"4·3"重大翻车事故、河北省张石高速保定段浮图峪五号隧道"5·23"重大危险化学品运输车辆燃爆事故、山东省临沂市金誉石化有限公司"6·5"重大爆炸着火事故、广东省惠州市"7·6"重大道路交通事故、河北省张家口市"7·21"重大道路交通事故、陕西省安康京昆高速"8·10"

---

① 彭波：《全国检察机关上半年查处职务犯罪人数同比增长了近两成 扶贫领域查处人数同比升11成》，《人民日报》2017年7月13日，第11版。

② 国家安全生产监督管理总局网站，http://www.chinasafety.gov.cn/newpage/Contents/Channel_4178/2017/0816/293010/content_293010.htm，最后访问时间：2017年10月28日。

特别重大道路交通事故等①。每一起重大事故都造成了严重的社会危害，所以必须保持清醒认识、高度警觉，从源头遏制和减少安全生产事故，严惩各种犯罪行为。

2. 破坏环境资源保护罪

环境保护不仅是发展问题、社会问题，更是民生问题。由于多年来中国对环境保护的意识不强，有的地方甚至为了发展经济而牺牲环境，各类严重污染环境的事件频频发生，生态环境遭到了极大破坏。近年来，中国持续对破坏环境资源保护的犯罪保持高压态势，效果相对明显。2017年该类大案要案比往年有了一定程度的减少，但不能盲目乐观。

为进一步保护环境资源，经过中共中央和国务院批准，组成了中央环境保护督察组，对各地的破坏环境问题进行督查。经过一段时间的努力，这些监督初见成效。在浙江省，截至2017年9月11日，中央环保督察组向浙江省分31批累计移交6536件信访件，其中重点件253件、涉水污染2420件、大气污染2140件、噪声污染667件。结合中央环保督察组提出的问题，浙江省依法依规查处了一大批环境保护方面的突出问题，已责令整改6151家，立案处罚3477家，拟罚款18878.09万元，立案侦查97件，行政拘留69人，刑事拘留62人②。截至2017年9月12日，中央环保督察组向新疆维吾尔自治区分25批累计移交1653件转办件，从污染类型来看，涉及噪声类44件、大气类49件、固体废物类38件、油烟类22件、扬尘类31件、水污染类18件、生态类10件、其他类9件。新疆维吾尔自治区审核已办结转办件中，责令整改企业1221家，行政处罚399家，处罚金额合计3173.39万元，立案侦查1件，行政拘留20人，刑事拘留3人③。截至2017年6月底，中央环保督察组移交

---

① 国家安全生产监督管理总局，http://www.chinasafety.gov.cn/newpage/gpdb/gpdb.htm，最后访问时间：2017年10月28日。

② 《中央环保督察组在浙信访受理结束》，浙江省人民政府网站，http://news.sina.com.cn/c/2017-09-12/doc-ifykuftz6382488.shtml，最后访问时间：2017年10月28日。

③ 《中央环保督察组移交自治区第二十四、二十五批转办件共160件办结》，新疆维吾尔自治区人民政府，http://www.xinjiang.gov.cn/2017/09/13/144139.html，最后访问时间：2017年10月28日。

天津市的4226个环境问题举报已基本办结，共责令整改4331家，立案处罚1654家，罚款2622.7万元；立案侦查3件，拘留12人；约谈307人，问责139人[①]。

为依法严惩有关环境污染犯罪，自2017年1月1日起施行的最高人民法院、最高人民检察院《关于办理环境污染刑事案件适用法律若干问题的解释》规定，在饮用水水源一级保护区、自然保护区核心区排放、倾倒、处置有放射性的废物、含传染病病原体的废物、有毒物质的，或二年内曾因违反国家规定、排放、倾倒、处置有放射性的废物、含传染病病原体的废物、有毒物质受过两次以上行政处罚又实施前列行为等，属于"严重污染环境"的范围。

由于环境保护与人民群众日常生活息息相关，为进一步健全环境保护行政执法与刑事司法衔接工作机制，依法惩治环境犯罪行为，切实保障公众健康，推进生态文明建设，环境保护部、公安部和最高人民检察院2017年1月25日联合发布的《环境保护行政执法与刑事司法衔接工作办法》规定，实施行政执法的环保部门在查办环境违法案件过程中，发现涉嫌环境犯罪案件时应该向公安机关移送案件，检察机关对案件是否移送以及公安机关是否立案进行法律监督；环保部门在行政执法和查办案件过程中依法收集制作的物证、书证、视听资料、电子数据、监测报告、检验报告、认定意见、鉴定意见、勘验笔录、检查笔录等证据材料，在刑事诉讼中可以作为证据使用；建立协作机制，环保部门、公安机关和人民检察院应当建立健全环境行政执法与刑事司法衔接的长效工作机制，定期召开联席会议，通报衔接工作情况，协调解决环境执法问题；各级环保部门、公安机关、人民检察院应当积极建设、规范使用行政执法与刑事司法衔接信息共享平台，逐步实现涉嫌环境犯罪案件的网上移送、网上受理和网上监督。这些措施，疏通了行政执法与刑事司法之间的梗阻，加大了预防和打击力度，形成了打击破坏生态环境资源犯罪的工作合力。例如，2016年11月17日至2017年4月30日，河北

[①] 《中央第一环境保护督察组向天津市反馈督察情况》，中华人民共和国环境保护部，http：//www.zhb.gov.cn/gkml/hbb/qt/201707/t20170729_418741.htm，最后访问时间：2017年10月28日。

省公安厅、省环境保护厅、省人民检察院、省高级人民法院在全省范围内联合部署开展了"2016利剑斩污"专项行动。专项行动期间，河北公安机关共侦破环境犯罪案件528起，抓获犯罪嫌疑人1132人，处理违法人员3800多人；全省检察机关受理移送审查起诉479件852人，监督行政机关移送案件28件30人，查办相关职务犯罪案件15件23人；全省法院系统共受理环境污染刑事案件143件，判处276人①。

3. 危害食品药品安全犯罪

食品和药品安全是关系国计民生的大事，随着各地加强对食品药品犯罪的监管和打击，2017年有关犯罪的大案要案数量明显下降，行政执法和刑事司法的衔接发挥了巨大作用。例如，2017年，广东省食品药品监督管理局、公安厅、检察院、法院、通信管理局联合开展打击利用互联网实施食品药品违法犯罪"清网行动"这一专项打击行动。2017年1～9月，广东省食品药品监管系统在"清网行动"中共查处"四品一械"违法案件478宗，涉案货值3100多万元，罚款335.9万元；移送公安机关涉嫌犯罪线索93条②。

最高人民法院、最高人民检察院《关于办理药品、医疗器械注册申请材料造假刑事案件适用法律若干问题的解释》自2017年9月1日起施行，规定药物非临床研究机构、药物临床试验机构、合同研究组织的工作人员，故意提供虚假的药物非临床研究报告、药物临床试验报告及相关材料的，应当认定为《刑法》第229条规定的"故意提供虚假证明文件"。在药物非临床研究或者药物临床试验过程中故意使用虚假试验用药品的，瞒报与药物临床试验用药品相关的严重不良事件的，曾因在申请药品、医疗器械注册过程中提供虚假证明材料受过刑事处罚或者二年内受过行政处罚又提供虚假证明材料的，这类情况应当认定为"情节严重"。这一规定将为严厉惩治药品、医疗器械注册申请材料造假的犯罪行为，维护人民群众生命健康权益，提供有力的法律依据。

---

① 周宵鹏：《多数环境污染犯罪集中在镀锌行业》，《法制日报》2017年7月6日，第8版。
② 马建忠：《牵手互联网巨头能更好 打击食品药品网络违法》，《南方都市报》2017年9月12日，第GC01版。

四 传销陷阱重重 犯罪活动猖獗

随着互联网的广泛运用，传销犯罪化身为"互联网＋"，从传统的保健品、化妆品等实体商品逐渐进化为新兴产业、电子商务、互联网金融等虚拟投资，打着"高科技创业"甚至"政府扶持"的旗号，不但花样翻新，手段也在不断升级，呈现蔓延速度快、涉及地域广、涉案人员多的特点，严重扰乱社会秩序和危害社会稳定，冲击社会道德底线，具有严重的社会危害性。特别是刚毕业的大学生和在校大学生甚至还有初中学生已逐渐成为传销组织的"围猎"对象，2017年7月大学毕业生李文星的死亡更将大学生加入传销组织的悲剧推到了社会的前台。

传销组织只需要7天就能对一个人彻底洗脑，它们虚构项目，歪曲事实，谎称国家支持、名人资助、名师指导，混淆参与者的判断和认知，给予好处利益蛊惑，编造有无限前景的高职位、高收入、高成就的未来。这些骗局，让不少传销受害人认为，参与传销组织就是寻找到了商业机会，就能够赚大钱、改善生活、改变命运，殊不知，其实他们自己早已沦落传销的陷阱之中。根据公开资料，现阶段，中国的传销重灾区包括广西、安徽、河北、湖北、湖南、四川、河南、福建、云南、天津、山西、宁夏，中度受灾区包括陕西、贵州、广东、江西、山东、吉林、海南，轻度受灾区包括浙江、辽宁、甘肃、内蒙古、黑龙江、重庆、北京，微度受灾区包括上海、青海、新疆、西藏、香港①。

传销犯罪手段隐蔽，头目隐匿幕后，用匿名身份和会员进行联系，服务器托管异地甚至是国外，隐蔽性很强。通过互联网方式进行传销，受害群体涉众性广，传播速度快。最常见的包括非法借贷平台等金融传销、微商传销、养老骗局、慈善骗局、虚拟货币、旅游互助等。传销组织无孔不入，从家人、亲戚、同学、朋友、邻居、战友等最亲近的人下手，使众多无辜受害

---

① 反传销协会，http://www.sohu.com/a/164660387_663919，最后访问时间：2017年10月28日。

人落入陷阱、血本无归，有的甚至还被夺去了生命。

中国治理查处传销已近二十年，可是传销蔓延的势头依然强劲且行为之恶劣令人发指。2017 年较为典型的传销事件如下。

2017 年 7 月 7 日，天津市静海区公安机关抓获静海"蝶贝蕾"传销组织高层人员 7 名、传销骨干人员 25 名，将这一盘踞在静海地区的传销组织连根拔起，该传销组织涉及全国多个省市，参与传销人员达 7000 余人次，其中，在静海及周边地区发展传销人员就多达 1600 余人①。8 月，天津市静海区人民检察院以涉嫌组织领导传销活动罪等，依法批准逮捕 9 名"蝶贝蕾"传销组织犯罪嫌疑人。

2017 年 7 月以来，全国各地公安机关依法对广东省深圳市善心汇文化传播有限公司法定代表人张天明等人涉嫌组织、领导传销活动等犯罪问题进行查处，张天明等人涉嫌以"扶贫济困、均富共生"、构建"新经济生态模式"等为幌子，策划、操纵并发展人员参加传销活动，炮制出"善心汇"新型传销骗局，骗取巨额财物②。"善心汇"特大涉嫌传销团伙涉案金额数百亿，全国参与人数超过 500 万人③。目前已查明张天明等人非法获利 22 亿余元④。

2017 年 9 月 8 日，湖南省株洲县人民法院宣判了一起涉案金额达 16 亿余元的特大"维卡币"网络传销案，"维卡币"组织的经营实质是以投资虚拟货币为名，要求参加者缴纳一定费用获得加入资格，并按照一定顺序组成层级，以直接或间接发展人员数量作为计酬和返利依据，以高额返利为诱饵，引诱参加者继续发展他人参加而骗取财物。一审以组织、领导传销活动罪，分别判处 35 名被告人缓刑至有期徒刑 7 年不等的刑罚，并处 1 万元至 500 万元不

---

① 周东旭：《20 年传销治理，为何越治越猖獗》，http：//www. 360doc. com/content/17/0805/11/43752652_ 676813229. shtml，最后访问时间：2017 年 10 月 28 日。

② 蔡长春：《善心汇公司涉嫌传销等犯罪被依法查处》，《法制日报》2017 年 7 月 22 日，第 1 版。

③ 蔡长春：《打着慈善幌子从事传销裹挟 500 余万人数百亿元 揭秘"善心汇"新型传销骗局》，《法制日报》2017 年 7 月 29 日，第 2 版。

④ 蔡长春：《"善心汇"案件主犯张天明等人被依法执行逮捕》，《法制日报》——法制网，http：//news. eastday. com/eastday/13news/auto/news/china/20170911/u7ai7081428. html，最后访问时间：2017 年 10 月 28 日。

等的罚金①。

2017 年 8 月 31 日，广东省茂名市警方召开打击金融领域犯罪新闻发布会，通报侦破一起"1040 阳光工程"特大传销案，抓捕 144 人，涉案金额 8 亿元②。

2017 年 8 月 11 日，西安警方查获了 1381 名传销人员，根据情节刑事拘留 22 人，行政拘留 6 人，教育遣返 1353 人。8 月 23 日，西安警方共清查传销窝点 238 个，查获传销参与人员 902 名③。

现阶段中国传销犯罪十分猖獗，打击效果并不理想，根本原因不在于立法的缺位，而是因为有关司法机关并没有将现有的法律规定用足用好。如果司法机关能够将组织领导传销活动罪、非法经营罪、集资诈骗罪、合同诈骗罪、诈骗罪等准确予以适用，多管齐下，同时对实施故意伤害、非法拘禁、敲诈勒索、妨害公务、聚众扰乱社会秩序、聚众冲击国家机关、聚众扰乱公共场所秩序及交通秩序、洗钱等行为构成犯罪的，依照数罪并罚的规定处罚，这样传销组织中不论是"大鱼"还是"虾米"，都难以逃脱法律的制裁。同时，为有效防范和遏制传销犯罪的高发态势，也必须加强行政执法和刑事司法的衔接机制建设④。

五 传统暴力犯罪与未成年人犯罪继续呈下降态势

通过公安机关多年来持续不断严打严控，持枪杀人、抢劫、绑架等严重暴力犯罪案件大幅下降，处于历史低值⑤。2017 年上半年，全国故意杀人、

---

① 阮占江：《株洲宣判涉案 16 亿元网络传销案》，《法制日报》2017 年 9 月 9 日，第 8 版。
② 梁盛、梁晶晶：《广东茂名警方破特大传销案抓 144 人 涉案金额 8 亿元》，中国新闻网，http://www.chinanews.com/sh/2017/08 – 31/8319202.shtml，最后访问时间：2017 年 10 月 28 日。
③ 陈晨：《西安警方清查传销窝点 238 个 查获传销参与人员 900 余人》，《法制日报》2017 年 8 月 24 日，第 1 版。
④ 黄芳：《惩治传销犯罪的法律适用：概念、思路和机制》，《法律适用》2017 年第 21 期。
⑤ 《公安部就打击涉枪违法犯罪专项行动答记者问》，《人民公安报》，http://www.china.com.cn/news/police/2017 – 08/07/content_ 41362988.htm，最后访问时间：2017 年 10 月 28 日。

绑架、强奸、抢劫、放火、故意伤害等严重影响人民群众安全感的暴力恶性犯罪案件同比下降了4.57%[①]。

国家统计局公布的2016年《中国儿童发展纲要（2011~2020年)》统计监测报告称，中国未成年人犯罪率持续降低。2016年，全国未成年人犯罪人数为35743人，比2010年减少32455人，减幅达47.6%。未成年人犯罪人数占同期犯罪人数的比重为2.93%，比2010年下降3.85个百分点。青少年作案人员占全部作案人员的比重为21.3%，比2010年下降14.6个百分点[②]。

2017年6月15日，北京市第一中级人民法院发布的《未成年人案件综合审判白皮书》通报，自2009年到2017年6月的8年间，未成年人犯罪案件数量整体上呈下降趋势，从案件类型来看，未成年人犯故意杀人罪、故意伤害罪、聚众斗殴罪等暴力犯罪案件占案件总数的40.4%；犯强奸罪、猥亵儿童罪、强制猥亵侮辱罪、强迫卖淫罪等性侵犯罪案件占案件总数的22.9%。未成年人犯罪主要集中在暴力犯罪、财产型犯罪和性侵犯罪三大类型，其中暴力犯罪倾向较为严重。据2017年11月2日成都市人民检察院发布的《未成年人检察工作白皮书》，未成年人违法犯罪案件以侵财类为主，受理审查起诉涉嫌盗窃、抢劫等侵犯财产类犯罪的涉罪未成年人占65.95%。其次为涉嫌故意伤害、寻衅滋事、聚众斗殴等暴力型犯罪，占20.91%。共同犯罪居多，二人以上共同犯罪占56.43%，其中二人以上纠合在一起多次共同进行犯罪活动的团伙犯罪占34.67%。文化程度普遍较低，多数无稳定就业。依法提起公诉的涉罪未成年人中，初中及以下文化程度的占87.35%，无业的占72.84%。

六　2018年犯罪形势预测

2018年中国主要犯罪类型及态势有以下几个方面。

①　徐隽：《上半年全国法院审判执行工作数据发布：暴力恶性犯罪案件同比下降4.57%》，《人民日报》2017年8月1日，第19版。

②　《我国未成年男人犯罪率持续降低》，《南方法治报》2017年10月30日，第9版。

第一，严重危及中国政权安全和人民群众生命安全的暴力恐怖犯罪会得到进一步控制。由于国际恐怖活动猖獗，这类犯罪具有极强的隐蔽性，并通过各种途径向国内渗透，加强预防和严厉打击暴力恐怖犯罪仍然是中国2018年的重点工作。

第二，实施破坏环境犯罪行为的增量会进一步得到遏制，但案件数量会有所增加。现阶段，随着有关政府监管部门与司法机关的大力配合、相互协调，加大打击力度，一案双查，既惩罚破坏环境的犯罪人，也惩罚监管部门的职务犯罪行为，织密法网以防漏网之鱼。同时，在2017年，中央环境保护督察组对各个地方的破坏环境问题进行督查。在这种高压态势下，一些老大难的破坏环境的犯罪行为有所收敛，所以，明目张胆地继续破坏环境的犯罪行为会有所减少。随着中央环境保护督察组的工作不断开展，以前实施的破坏环境资源保护的犯罪会陆续暴露出来，这会使得有关破坏环境资源保护犯罪的刑事案件数量大幅上升。

第三，防止电信网络犯罪重新抬头。由于这类犯罪成本低，经济收益高，隐蔽性强，犯罪分子反侦查的手段多、能力强，如果执法部门稍有松懈，电信网络犯罪就会卷土重来。所以，必须持续加大严厉打击电信网络犯罪的力度。

第四，传销类犯罪还会继续蔓延。2017年各类传销类大案要案频发，如果在2018年不采取更有力的打击措施，传销犯罪将难以遏制。

第五，职务犯罪会随着中国监察体制改革的推进而有所变化。国家监察体制改革旨在把公权力关进制度笼子，保持惩治腐败的高压态势。随着2018年监察体制改革在全国展开，新增职务犯罪的查处数量会有所提升。另外，根据2017年7月最高人民检察院的批复，养老、医疗、工伤、失业、生育等社会保险基金可以认定为《最高人民法院、最高人民检察院关于办理贪污贿赂刑事案件适用法律若干问题的解释》第一条第二款第一项规定的"特定款物"。所以，在2018年，贪污社保基金类案件将会按照贪污贿赂犯罪予以处理。

第六，侵犯公民个人信息的犯罪、侵犯知识产权的犯罪将得到有效打击。当然，侵犯公民个人信息的犯罪、侵犯知识产权犯罪的高发态势和社会危害性是不容忽视的。由于近几年电信诈骗犯罪、非法集资犯罪、传销犯罪等侵犯公民个人信息的情况频发，2017年5月8日，最高人民法院、最高人民检察院公布了《关于办理侵犯公民个人信息刑事案件适用法律若干问题的解释》，依法惩治侵犯公民个人信息犯罪活动，保护公民的个人信息安全和合法权益，对侵犯公民个人信息罪、非法购买和收受公民个人信息的定罪量刑标准以及相关法律适用问题进行了系统规定。为进一步加强打击侵犯知识产权和制售假冒伪劣商品工作，2017年3月9日，国务院发布《关于新形势下加强打击侵犯知识产权和制售假冒伪劣商品工作的意见》（国发〔2017〕14号），提出加强打击侵权假冒法规制度建设，到2020年有效遏制侵权假冒高发多发势头，基本形成行政执法、刑事执法、司法审判、快速维权、仲裁调解、行业自律、社会监督协调运作的打击侵权假冒工作体系。健全行政执法与刑事司法衔接机制，坚决克服有案不移、有案难移、以罚代刑现象，规范行政执法证据的固定和移送，实现行政执法与刑事司法无缝衔接，完善涉嫌犯罪案件移送中有关涉案物品处置制度。上述措施将会使侵犯公民个人信息犯罪和侵犯知识产权犯罪在2018年得到有效遏制。

B.5
走向新时代的2017年司法改革

祁建建*

摘　要： 2017年是本轮司法改革承上启下的一年，在司法体制、工作机制、诉权保障等方面取得全面进展。最高人民法院、最高人民检察院完成中央确定由其承担的司法体制改革任务，进一步落实司法责任制，不断健全权责统一的司法权力运行机制，确保人民法院依法独立行使审判权，人民检察院依法独立行使检察权。通过加快智慧司法和专业化司法建设、多层次加强司法公开、深入推进以审判为中心的诉讼制度改革、在全国推开职务犯罪侦查体制纳入监察体制改革试点、正式确立检察机关提起公益诉讼制度、规范民事执行、发展国际司法协助等，完善司法权力运行机制。通过严格排除非法证据、扩大律师法律援助范围、完善律师执业权利保障与监管、保护与规范行政诉权、加强弱势群体的司法保护等，进一步加强人权的司法保障。

关键词： 司法体制　司法权力　运行机制　诉权

2017年，中央全面深化改革领导小组召开了7次会议，通过了7个司法改革相关文件，涉及非法证据排除、互联网法院、检察机关提起公益诉讼、司法鉴定、司法责任制、司法体制综合配套等方面。2017年8

---

* 祁建建，中国社会科学院法学研究所副研究员。

月，中央全面深化改革领导小组通过《关于上海市开展司法体制综合配套改革试点的框架意见》，要求加强法官检察官正规化专业化职业化建设，全面落实司法责任制，深入推进司法体制改革；要求始终坚持党的领导，加强法官检察官思想政治与职业道德建设，完善员额制，健全保障机制，为深入推进司法责任制改革提供政策依据；要求坚持法治国家、法治政府、法治社会一体建设，满足人民司法需求、遵循司法规律，综合配套、整体推进，进一步优化司法权力运行，完善司法体制与工作机制，深化运用信息化和人工智能等现代科技，形成更多可复制可推广的经验做法，全面提升司法质量、效率和公信力。这既包含了对本阶段司法改革内容的简要总结，又对下一阶段的改革内容与目标提出期待与要求。

一　推进司法机构与资源保障改革

2017年司法机构和人财物等涉司法资源管理方面的改革进一步细化，多项改革措施相互促进，效果显著。

（一）员额制改革完成阶段性任务

2017年11月发布的权威数据表明，全国法院在"以案定额"基础上综合考虑审级、案件类型等，从原211990名法官中遴选产生120138名员额法官[1]。全国检察机关遴选出员额内检察官84444名，其中最高人民检察院机关首批遴选228名员额内检察官[2]。

员额制改革与其他多种相关改革措施均效果显著。例如，自2015年5月实行立案登记制至2017年9月，全国法院登记立案数量超过3900万件[3]。

---

[1] 2017年11月1日《最高人民法院关于人民法院全面深化司法改革情况的报告》。
[2] 2017年11月1日《最高人民检察院关于人民检察院全面深化司法改革情况的报告》。
[3] 2017年11月1日《最高人民法院关于人民法院全面深化司法改革情况的报告》。

又如，关于院庭长办案，2017 年 5 月，最高人民法院出台的《关于加强各级人民法院院庭长办理案件工作的意见（试行）》规定：一是禁止院庭长入额后不办案，且不得代替、充抵办案；二是要求院庭长重点审理重大、疑难和在法律适用方面具有普遍指导意义的案件；三是基层、中级人民法院院庭长与法官办案量的比例为 5% ~ 70% 不等，并可酌情核减，高级别法院院庭长办案数量由各院规定；四是由上级法院对下级法院院庭长办案情况开展定期督察，年度办案绩效达不到考核标准的应退出员额；五是院庭长可作为合议庭承办法官、合议庭成员等身份审理案件，这是对《刑事诉讼法》第 187 条、《民事诉讼法》第 41 条的补充规定，这两条均规定院庭长参加审判的，由院庭长担任审判长。

（二）继续推进司法人员职业保障

在对司法人员的收入保障上，截至 2017 年 6 月，全国共有 2356 家法院基本落实或通过预发形式落实工资改革，约占全国法院总数的 67.3%①。

在履职保障上，2017 年 2 月，最高人民法院发布《落实〈保护司法人员依法履行法定职责的规定〉实施办法》和司法人员履职保障十大典型案例，明确法官依法办案不受外部干预以及受到非法处理处分时的救济程序，还要求不得安排法官从事超出法定职责范围的事务，如招商引资、治安巡逻等，并强化对法官及其近亲属人身权益的保护措施，保障法官受到公正考核以及薪酬、休息休假等权利，建立法官权益委员会、考评委员会等。例如，规定法官因依法履行法定职责，本人或其近亲属遭遇不法侵害的，所在法院应当及时采取保护措施并商请公安机关依法处理。又如，规定不得以办案数量排名、末位淘汰等理由调整法官岗位。在司法人员依法履职保障十大典型案例中，对损毁笔录、聚众哄闹法庭，威胁、辱骂、殴打法

---

① 《人民法院司法责任制等综合改革试点工作有关情况新闻发布会》，最高人民法院网，http：//www.court.gov.cn/zixun - xiangqing - 49502.html，最后访问时间：2017 年 12 月 2 日。

官等行为依法惩罚。案例表明法官安全风险由工作时间向业余时间、由本人向其近亲属蔓延，加强履职安全保障、适度扩展保障人员范围具有必要性和迫切性。

（三）稳步推进司法人员分类管理和人财物省级统管

在人员分类管理方面，截至 2017 年 6 月，全国 23 个省份及新疆生产建设兵团已完成首批入额法官单独职务序列等级确定工作，对 9.5 万余名法官按照单独职务序列等级进行管理①。2017 年 4 月，最高人民法院、最高人民检察院、财政部、人力资源和社会保障部印发《人民法院、人民检察院聘用制书记员管理制度改革方案（试行）》，对聘用制书记员的资格条件、薪酬标准等予以明确，并要求各省、自治区、直辖市高级人民法院制定具体管理办法。

在人财物省级统管方面，截至 2017 年 11 月，21 个省级辖区已完成省以下法院编制统一管理，中级、基层人民法院院长已实现由省级党委（党委组织部）管理。13 个省级辖区已实行财物省级统管改革，有的省份则暂以地市为单位实行统一管理②，因地制宜。

（四）完善巡回法庭审判管理

2017 年 4 月公布的《最高人民法院巡回法庭审判管理工作指导意见》对巡回法庭收立案、审理、结案及其他审判管理事项作出细化规定，如规定电子送达、电子文档、调取电子卷宗等内容，引导当事人等申请网上预约立案或者网上立案。又如，加强司法公开，推行网上办案，除涉密内容外的所有工作均应依托信访系统或者办案平台进行，所有案件材料均应实现网上流转、网上审批、全程留痕，案件流程进展情况向案件当事人及诉讼代理人主动公开。庭审直播案件应告知控辩双方及诉讼参与人并预告，对出现不适宜

---

① 许聪：《行进在高速铁路上的"司改专列"》，《人民法院报》2017 年 10 月 18 日，第 6 版。
② 2017 年 11 月 1 日《最高人民法院关于人民法院全面深化司法改革情况的报告》。

直播的特殊情形的，审判长有权决定中断、恢复或者终止庭审直播等。这些规定有利于落实司法责任制、司法公开等要求，发挥巡回法庭的示范效应。

（五）加快建设智慧司法与司法行政

2017年，最高人民法院、最高人民检察院、司法部加快了智慧司法、智慧司法行政建设。

1. 智慧法院建设及设立杭州互联网法院

2017年4月，最高人民法院发布《关于加快建设智慧法院的意见》，要求2017年总体建成、2020年深化完善法院信息化3.0版的建设任务，实行全业务网上办理，全流程审判执行要素依法公开，向法官、诉讼参与人、社会公众和政务部门提供全方位智能服务。拓展网上诉讼服务，普及网上调解、证据交换、质证、开庭功能，建设电子送达系统，完善电子卷宗、法律文书自动生成、庭审语音同步转录等司法辅助功能。

2017年6月，中央全面深化改革领导小组通过《关于设立杭州互联网法院的方案》，8月，依托杭州铁路运输法院设立中国首个集中管辖涉互联网纠纷的基层人民法院——杭州互联网法院，负责审理杭州市涉互联网一审案件，利用信息技术实行网上立案、线上证据在线提取、线上纠纷快速审理，探索涉互联网案件新型审理模式，破解传统诉讼规则不适应互联网案件特点的难题。

2. 智慧检察院建设

最高人民检察院要求确保2017年底建成覆盖四级检察院的司法办案、检察办公、队伍管理、检务保障、检察决策支持、检务公开和服务"六大平台"。最高人民检察院、省级人民检察院以及具备条件的市级人民检察院积极探索检务云平台建设。

最高人民检察院要求2017年全面推进国家检察大数据中心建设，建立"检务大数据资源库"，全面推进电子卷宗系统，河北等8省市检察机关建立与公安机关随案同步移送电子卷宗机制。最高人民检察院和安徽等地检察机关探索运用智能语音识别系统，自动生成检委会记录、讯问询问笔录，西

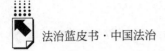

藏、新疆等地探索运用于双语检察教育培训。

3. 智慧司法行政建设

2017 年 7 月，司法部发布《"十三五"全国司法行政信息化发展规划》，基本实现国家、省、市三级司法行政网络及监狱、戒毒系统的联通，地市司法局、监狱系统联通率达到 93% 以上，要求到 2020 年全面建成司法行政信息化体系 3.0 版，实现对罪犯、戒毒人员、社区服刑人员和安置帮教对象的全程信息化管理，基本实现数字化执法。

数字化监狱率先突破，全国监狱系统网络平台全面联通。监狱、戒毒场所安防系统持续加强，应急指挥体系初步形成。社区矫正电子定位管控系统对近 50 万名社区服刑人员应用电子定位系统，有效降低了矫正对象脱管率。这些措施有利于提升执行矫治能力和水平。

（六）深入推进司法专业化

司法专业化的推进体现在知识产权保护、家事司法、未成年人刑事检察等方面。

1. 推进知识产权司法保护

2017 年初，南京市、苏州市、成都市和武汉市先后设立知识产权专门审判机构，全国法院共有知识产权法官及法官助理、技术调查官、书记员等5000 余人。

2017 年 4 月，最高人民法院、最高人民检察院公布《中国知识产权司法保护纲要（2016~2020）》，主要包括完善管辖制度、制定证据规则、完善技术事实查明机制、构建侵权赔偿制度、继续加强国际交流与合作等。这些措施着力解决知识产权审判的特有问题：一是推动制定知识产权诉讼特别程序法，以适应知识产权审判的"三合一"需要；二是研究建立国家层面的上诉机制，解决二审管辖分散导致终审判决法律适用标准不统一问题；三是探索由北京知识产权法院在天津市和河北省设立派出法庭，集中管辖京津冀案件，推动其他法院跨区划管辖等。2017 年 4 月，最高人民检察院公布《2016 年度检察机关保护知识产权十大典型案例》，指导检察机关对知识产权类犯罪案件的侦查引导、起诉和提起公诉,并对涉知识产权案件"执行乱"开展监督。

2. 加强家事司法

2017年7月,最高人民法院、中央社会治安综合治理委员会办公室、最高人民检察院等15部门联合公布《关于建立家事审判方式和工作机制改革联席会议制度的意见》,以加强家事司法改革的组织协调配合,在审判组织、证明标准、制止家庭暴力、家庭财产申报、诉讼程序等多方面探索家事审判专业化。一是加强家事法官和司法辅助人员调解技能、心理学、社会学知识培训。二是案件审判由侧重财产分割、财产权益保护转变为全面关注当事人人格、安全和情感利益,关注涉及婚姻家庭纠纷、家庭暴力案件、妇女儿童老年人权益保护、造成恶劣影响的重大刑事案件等。三是贯彻实施《反家庭暴力法》,指导各地公安机关接收法院送达的人身安全保护令并协助执行保护令等。2017年9月,最高人民法院发布《关于依法妥善审理婚姻家庭案件 切实保障当事人合法权益和人身安全的通知》,要求把握家事审判规律,重视家事案件的伦理性、敏感性和社会性特点,充分运用诉前调解,分析研判案件的安全风险,及时采取防范措施,采取多种措施加强审判法庭安全保卫。有条件的地区应当开展联动调解、情况调查、心理测评等活动创新家事审判。

2017年3月,最高人民法院发布《反家庭暴力法》实施一周年十大典型案例,除一个案件为撤销儿童监护权外,其余九个案件均为人身保护令案,涉及夫妻关系、同居关系,受害人有女性、年过80岁的老人、3个月的幼儿等,体现出保护令在当前反家暴中的重要作用。

3. 完善未成年人刑事检察

2017年3月,最高人民检察院印发《未成年人刑事检察工作指引(试行)》,细化未成年人刑事检察工作具体标准和操作程序,实行捕、诉、监、防一体化工作模式。对未成年人刑事检察工作中的特殊检察制度、讯问未成年犯罪嫌疑人、询问未成年被害人证人、审查逮捕、审查起诉等作出了规定。其中对法律援助、社会调查、法定代理人或合适成年人到场、

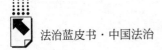

亲情会见、心理测评与心理疏导、当事人和解、被害人救助以及犯罪记录封存、逮捕、附条件不起诉、圆桌审判等作出的细致规定适合未成年人身心特点。该文件有利于进一步增强未成年人刑事检察工作专业化，是中国未成年人刑事检察取得的重大进展。

（七）延长陪审制试点

除以上改革措施外，还有一些其他措施值得关注。2017年4月全国人大常委会《关于延长人民陪审员制度改革试点期限的决定》要求，2015年4月授权在部分地区开展的人民陪审员制度改革试点工作已届满，试点期限延长一年，以便进一步研究陪审员制度改革试点中的有关问题。

二　健全权责统一的司法权力运行机制

依据《宪法》第126条、第131条的规定，人民法院依法独立行使审判权，人民检察院依法独立行使检察权。为此，健全权责统一的司法权力运行机制是司法改革的重要内容。

（一）通过改革审判权、检察权运行机制进一步落实司法责任制

最高人民法院和最高人民检察院继2015年9月分别发布完善司法责任制的意见后，2017年进一步落实司法责任制。

1. 构建新型审判权运行机制

2017年4月，最高人民法院通过《关于落实司法责任制完善审判监督管理机制的意见（试行）》，要求确保"让审理者裁判，由裁判者负责"，指导各级法院通过制定权力职责清单、建立专业法官会议制度、完善信息化审判管理等方式加强审判监督和管理。例如，规定院庭长审判监督管理职责主要体现为对程序事项的审核批准等，且在办公办案平台上全程留痕保存。又如，除审判委员会讨论决定的案件外，院庭长对其未直接参加审理案件的裁判文书不再进行审核签发，也不得以口头指示、旁听合议、文书送阅等方式

变相审批案件。全国法院由独任法官、合议庭直接签发裁判文书的案件数量占案件总数的98%以上①，有效推进了审判权运行机制的去行政化。

2017年7月，最高人民法院通过《最高人民法院司法责任制实施意见（试行）》，进一步细化院庭长、审判长、承办法官等的审判职责；要求网上办案，确保全部案件材料网上运转、全部流程节点完整准确；新增类案与关联案件检索的审判流程，要求承办法官依托办案平台、档案系统、中国裁判文书网、法信、智审等，对本院已审结或正在审理的类案和关联案件进行全面检索，制作类案与关联案件检索报告。

2.完善检察权运行机制

检察官既是办案主体，也是司法责任主体。2017年3月，最高人民检察院实施《关于完善检察官权力清单的指导意见》，指出检察官权力清单由省级检察院作出规定，以明确检察委员会、检察长（副检察长）、检察官办案事项决定权为主要内容。

2017年5月，通过《最高人民检察院机关检察官司法办案权力清单（2017年版）》，6月印发《最高人民检察院机关司法责任制改革实施意见（试行）》，8月通过《最高人民检察院机关司法办案组织设置及运行办法（试行）》。这些文件进一步规范和明确最高人民检察院机关各层级检察官的司法办案职权和运行机制，实行独任检察官或者两名以上检察官组成以主任检察官为负责人的办案组的基本办案组织形式，明确规定了一般由独任检察官和检察官办案组承办的案件类型，详细列举了检察长（副检察长）或者检察委员会、部门负责人、检察官（检察官办案组）负责的办案事项，对检察官、检察委员会委员、检察长（副检察长）办案的司法责任认定和追究作出规定等。明确权力有利于明确责任，这些规定便于实现检察官权责一致。

（二）多层次加强司法公开

2017年，中国继续推进司法公开，主要体现在修订庭审录音录像制度、

① 《最高人民法院关于人民法院全面深化司法改革情况的报告》，《人民法院报》2017年11月2日，第1版。

检察官以案释法制度、检察文书说理、刑罚执行变更公开化与信息化等方面。

1. 完善庭审录音录像制度

2017年3月，最高人民法院实施修订后的《关于人民法院庭审录音录像的若干规定》，庭审录音录像的案件范围扩大，适用于所有的开庭审理案件；不再仅要求录音，提出统一录音录像的要求；要求配备固定或者移动的录音录像设备；引入智能语音识别同步转换文字系统，同步转换生成的庭审文字记录，经审判人员、书记员、诉讼参与人核对签字后，作为法庭笔录管理和使用；适用简易程序审理民事案件的庭审录音录像，经当事人同意可替代法庭笔录。

庭审录音录像有助于落实司法公开，法院通过审判流程信息公开等平台，允许当事人等依法查阅、复制等。这有利于进一步保障诉讼参与人的诉讼权利，规范庭审活动，促进审判公开功能的实现。

2. 完善检察官以案释法制度

2017年2月，中央全面深化改革领导小组通过《关于实行国家机关"谁执法谁普法"普法责任制的意见》，5月，中共中央办公厅、国务院办公厅印发该文件。6月，最高人民检察院发布修订后的《关于实行检察官以案释法制度的规定》，列举可能引发涉检网络舆情等七类重点案件、申诉人等八类释法对象，以及依职责、应申请、依指令三种启动方式，以认定的案件事实、适用的法律条文等五项为重点内容，对以案释法说明书制作列明了具体要求。同时，新增了加强对下指导等条款，要求建立健全评价激励机制和教育培训制度；新增"利用检务大厅、检察案件信息公开平台发布以案释法相关信息""召开新闻发布会开展以案释法"和"通过案件公开复查、举行听证会、建立警示教育基地等开展以案释法"三类释法方式。此外，对检察官以案释法中的不当行为予以追责。以案释法有利于当事人、全社会了解案件事实和法律，促进司法公开。

3. 加强检察文书说理

2017年7月，最高人民检察院公布修订后的《关于加强检察法律文书说理工作的意见》，要求在制作检察法律文书时或者应有关人员请求，对处理决定依据的事实、证据、法律、政策等进行阐述和说明，列举了侦查监督、公诉等重点说理环节，探索建立检察宣告制度，有条件的检察院可设置专门的宣告场所，由检察官召集当事人、申诉人等到场，宣告、送达法律文书并进行释法说理，并提出要建立检察法律文书说理质量评析通报制度，建立检察法律文书说理工作责任制等。文书说理机制既有利于提升检察机关办案规范化程度和办案水平，又有利于提升司法公信力。

4. 落实刑罚执行变更公开化与信息化

2017年最高人民法院、最高人民检察院、司法部公布《关于共同开展减刑假释信息化办案平台建设的通知》，要求在2018年底前，全面建成全国减刑假释信息化办案平台，法院、检察院、刑罚执行机关互联互通、网上办案、依法公开。

监狱减刑假释评审委员会会议和监狱长办公会议全程留痕，以电子数据形式通过网上传输向法院报送材料，原则上不再移送纸质卷宗。法院立案、审查、文书审签等活动全部在网上进行，网上审理、全程留痕，开庭审理可采用视频方式进行，必要时可网上直播，法律文书一律电子签章并通过网上流转送达。检察院通过平台移送相关材料和检察意见，可采用视频方式参加庭审，发表检察意见，提出纠正意见等，进行网上监督。

办案平台与审判流程、庭审活动、裁判文书、执行信息等公开平台及全国法院减刑假释暂予监外执行信息网联通，实行立案公示、开庭公告、庭审公开、文书公布。

此外，2017年的其他改革措施也有利于司法公开，如《关于加强各级人民法院院庭长办理案件工作的意见（试行）》鼓励院庭长开示范庭，加大院庭长办案的庭审直播工作力度，有利于司法公开。

（三）深入推进以审判为中心的刑事诉讼制度改革

以审判为中心的刑事诉讼制度改革本质是对无罪推定的贯彻。2017年在一审普通程序、庭前会议、非法证据排除等方面作出了新的规定，本部分

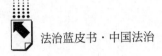

仅述及前两项。

1. 完善刑事一审普通程序法庭调查

2017 年 6 月，最高人民法院公布《人民法院办理刑事案件第一审普通程序法庭调查规程（试行）》，在全国 17 家中级人民法院及其基层人民法院试点。除证据裁判原则外，该文件首次明确居中裁判、集中审理、诉权保障、程序公正四原则，总结和梳理了既有的举证、质证、认证等规定。该文件又在某些方面进行补充，一是完善庭前会议和法庭审理的衔接机制，庭前会议中初步处理的所有事项要通过法庭审理程序进行确认；二是规定开庭讯问、发问程序和出庭作证程序，如法庭在庭外对技术侦查证据进行核实可召集公诉人和辩护律师到场；三是规定法庭认证程序，如对于瑕疵证据，要分析瑕疵是否影响证据真实性，不能混同为非法证据予以排除等。

2. 完善庭前会议

2017 年 6 月，最高人民法院公布《人民法院办理刑事案件庭前会议规程（试行）》，庭前会议是庭审准备程序，不能弱化庭审或取代庭审。法院在庭前会议中可处理可能导致庭审中断的程序性事项，组织控辩双方展示证据，归纳控辩双方争议焦点，进行附带民事调解，但不得处理定罪量刑等实体性问题。该文件的主要内容有，一是被告人及其辩护人申请排除非法证据，并依照法律规定提供相关线索或者材料的，必须举行庭前会议，其他情形是否举行由法院决定；二是被告人申请参加或者申请排除非法证据的，法院应当通知其到场，公诉人、辩护人应参加庭前会议；三是对于被告人申请排除非法证据，但没有辩护人的，法院通知法律援助律师提供协助；四是法院在庭前会议中对于明显事实不清、证据不足的案件，可建议检察院撤诉。

（四）在全国推开职务犯罪侦查体制纳入监察体制改革试点

2017 年 11 月全国人大常委会通过《关于在全国各地推开国家监察体制改革试点工作的决定》，检察院查处贪污贿赂、失职渎职及预防职务犯罪等部门的相关职能整合至监察委员会，对本地区所有行使公权力之公职人员依法实施监察；履行监督、调查、处置职责，有权调查涉嫌贪污贿赂等职务犯罪行为并作出处置决定；对涉嫌职务犯罪的，移送检察机关依法提起公诉。监察委员会可采取谈话、讯问、询问、查询、冻结、调取、查封、扣押、搜查、勘验检查、鉴定、留置等措施。在试点工作中，暂时调整或者暂时停止适用《刑事诉讼法》等法律的有关条款。

（五）正式确立检察机关提起公益诉讼制度

检察机关提起公益诉讼是履行法律监督职责、保护弱势群体、实现社会公平正义的重要方式。2017年5月，中央全面深化改革领导小组通过《关于检察机关提起公益诉讼试点情况和下一步工作建议的报告》，认为正式建立检察机关提起公益诉讼制度的时机已经成熟，要为其提供法律保障。5月，最高人民检察院实施《关于做好全面开展公益诉讼有关准备工作的通知》。6月，两大诉讼法修改，分别在《民事诉讼法》第55条、《行政诉讼法》第25条增加一款，规定检察机关可对破坏生态环境和资源保护、食品药品安全领域侵害众多消费者合法权益等损害社会公共利益的行为提起公益诉讼；可对生态环境和资源保护、食品药品安全、国有财产保护、国有土地使用权出让等领域负有监督管理职责的行政机关违法行使职权或者不作为，致使国家利益或者社会公共利益受到侵害的，提起行政公益诉讼。这标志着检察机关提起公益诉讼制度正式确立。

检察机关办理公益诉讼案件的显著特点是诉前程序效果显著、胜诉率高。截至2017年6月，各试点地区检察机关共办理公益诉讼案件9053件，其中诉前程序案件7903件、提起诉讼案件1150件。诉前程序案件中，77.14%的行政机关在收到检察建议后主动纠正违法；法院判决结案437件，全部支持了检察机关的诉讼请求①。2017年6月，最高人民检察院公布26起检察机关提起公益诉讼试点工作典型案例，对涉环境保护、食品安全方面行政机关依法履行职责及诉前程序等进行示范。

---

① 于子茹：《公益诉讼试点两年 检察机关共办理案件9053件》，新华社，http://news.xinhuanet.com/legal/2017-06/30/c_129644605.htm，最后访问时间：2017年12月2日。

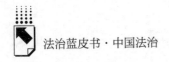

（六）多元化纠纷解决机制开展试点

2017 年，公证参与司法辅助事务、律师调解等进入试点阶段。

1. 试点公证机构参与法院司法辅助事务

2017 年 6 月，最高人民法院、司法部发布《关于开展公证参与人民法院司法辅助事务试点工作的通知》，公证机构在法院调解、取证、送达、保全、执行等环节提供公证法律服务，在京沪粤等 12 个省市试点一年。公证是预防性司法证明制度，可为法院审判和执行工作提供裁判依据，经公证的债权文书具有强制执行效力，可不经诉讼直接成为法院的执行依据。公证是社会纠纷多元化解决的基础性司法资源，将其纳入司法辅助事务有利于减少司法成本、提高效率。

2. 试点律师参与调解纠纷

2017 年 9 月，最高人民法院、司法部发布《关于开展律师调解试点工作的意见》，在京沪粤等 11 个省市进行试点，依法在法院、公共法律服务中心（站）、律师协会、有条件的律师事务所设立律师调解中心或者工作室，作为中立第三方主持调解，协助各方当事人通过自愿协商达成协议解决争议，对案件范围、与支付令对接、司法确认、回避等作出规定。这有利于健全诉调对接工作机制，充分发挥律师在预防和化解纠纷中的专业化优势。

（七）规范民事执行以破解执行难与执行乱

2017 年 1 月，最高人民法院发布并实施《关于执行案件移送破产审查若干问题的指导意见》，明确执行程序与破产程序之间的转换衔接，规定移送破产的条件、管辖、监督等，以完善执行机制、化解执行积案。

2017 年 2 月，最高人民法院修改《关于公布失信被执行人名单信息的若干规定》，规定二年的失信期限以及延长一年和提前删除条件；对于未成年人，提供充分有效担保的，查封、扣押、冻结的财产足以清偿债务等情形，不得纳入失信被执行人名单；法院执行通知应提示纳入失信被执行人名单的风险；法院决定将被执行人纳入失信被执行人名单的，应当制作决定书并送达，并规定申请纠正、审查与复议等救济措施。

2017年2月，最高人民法院公布《关于执行款物管理工作的规定》，对执行款物的管理增加新规定，其重点内容有：一是建立执行款物收发情况定期核对机制；二是规定"一案一账号"执行案款归集管理方法；三是针对执行款物管理的重点，即执行案款的收取、发放、提取进一步细化流程；四是增加对查封、扣押物品收发情况的管理规定。

2017年5月起，最高人民法院施行《关于民事执行中财产调查若干问题的规定》。一是强化被执行人的财产报告义务，细化对不履行报告义务的处罚措施，如纳入失信名单或者罚款、拘留等；二是规定法院有义务通过网络执行查控系统查询被执行人的财产；三是在财产调查手段方面，设立审计调查制度；四是规定了悬赏公告制度。

以上措施有的致力于加强执行力度，解决执行难；有的侧重规范民事执行权的行使，破解执行乱，有利于保护被执行人和申请人的合法权益。

（八）加强民事送达

2017年7月，最高人民法院印发《关于进一步加强民事送达工作的若干意见》，以落实当事人送达地址确认制度为核心，主要涉及送达地址确认书记载事项、适用范围、法律后果等问题；在严格遵守《民事诉讼法》和司法解释关于电子送达适用条件的前提下，规定电子送达及送达凭证保全的方式、方法。

送达是民事诉讼基础性重要程序事项，是民事司法公正、维护当事人合法权益的重要条件，该规定有利于化解送达难问题。

（九）加强国家赔偿的审判监督和检察监督

2017年5月最高人民法院实施《关于国家赔偿监督程序若干问题的规定》，主要就赔偿监督程序的适用范围、申诉受理和审查程序、法院重新审理的决定、检察院提出意见的处理、重新审理程序等问题作出规定，包括赔偿请求人或者赔偿义务机关申诉、法院内部监督、检察院监督三种形式。该规定仅适用于对刑事赔偿和非刑事司法赔偿案件的监督。检察院的监督既可通过检察机关主动对赔偿委员会生效决定发现错误而提出，也可通过申诉人向检察机关申诉启动，检察院对赔偿委员会生效决定提出重新审查意见的，必然引起重新审理程序。这有利于保障赔偿请求人和赔偿义务机关的申诉权，尊重检察院的法律监督权，规范国家赔偿监督程序。

（十）健全统一司法鉴定管理体制

2017 年 8 月，中央全面深化改革领导小组通过《关于健全统一司法鉴定管理体制的实施意见》，指出司法鉴定制度是帮助司法机关查明案件事实的司法保障制度，要严格执业责任，强化监督管理等。10 月，通过《司法部关于贯彻落实〈关于健全统一司法鉴定管理体制的实施意见〉的分工方案》。司法鉴定管理局筹备成立司法鉴定行业协会和全国司法鉴定标准化技术委员会，建立由法律专家、鉴定专家和管理人员组成的专家评审队伍，建立鉴定人、鉴定机构诚信评价制度，建立完善司法鉴定网上服务平台和综合管理平台，提高监管水平。严格准入，严格限定登记范围、准入条件和程序，明确准入标准；严格管理，科学制定司法鉴定行业发展规划，鼓励大中型鉴定机构以及高资质、高水平鉴定机构发展，进一步加强鉴定人培训制度；严格监督，完善退出机制，严惩违规执业行为。

（十一）发展国际司法协助

截至 2017 年 2 月，中国已与 70 个国家缔结司法协助条约、资产返还和分享协定、引渡条约和打击"三股势力"协定共 135 项，其中 108 项已生效①。

2017 年以来，中国国际司法协助取得新进展。中国和伊朗、塔吉克斯坦引渡条约于 1 月生效。全国人民代表大会常务委员会批准和阿根廷、埃塞俄比

---

① 《中国对外缔结司法协助及引渡条约情况》，外交部官网，http://www.fmprc.gov.cn/web/ziliao_674904/tytj_674911/wgdwdjdsfhzty_674917/t1215630.shtml，最后访问日期：2017 年 12 月 2 日。

亚的引渡条约以及和塔吉克斯坦共和国关于移管被判刑人的条约、和亚美尼亚刑事司法协助条约、和埃塞俄比亚的民商事司法协助条约，最高人民法院也发布内地与香港特别行政区法院就民商事案件相互委托提取证据的安排。8月，以色列高等法院裁定，基于互惠原则承认，执行中国南通市中级人民法院民事判决。

国际司法协助有利于突破司法主权限制，跨国保护法定权益、打击犯罪等。例如，引渡条约有利于促进在打击犯罪方面的合作，移管被判刑人便于在接收方境内执行移交方对该人所判处的刑罚。

（十二）完善违法所得没收程序等其他改革措施

司法权力运行机制方面的改革还包括其他许多措施。例如，2017年1月施行的《关于适用犯罪嫌疑人、被告人逃匿、死亡案件违法所得没收程序若干问题的规定》进一步细化了最高人民法院、最高人民检察院对该程序所适用的案件范围，逃匿、死亡、通缉、违法所得的认定以及开庭审理、国际司法协作等，有利于保障程序公正和利害关系人权益。

三 完善诉权与诉讼权利保障

2017年司法改革中对于诉权与诉讼权利的保障主要体现在完善非法证据排除、律师辩护、法律援助、申诉的律师代理、维护律师执业权利、加强对弱势群体司法保护等方面。

（一）严格排除非法证据

中央全面深化改革领导小组2017年4月通过《关于办理刑事案件严格排除非法证据若干问题的规定》，2017年6月，最高人民法院、最高人民检察院、公安部、国家安全部、司法部发布该文件，明确公检法分别在侦查、审查逮捕和审查起诉、辩护、审判等各个环节、各诉讼阶段对非法证据的审查方式、排除职责、检方举证责任、排除标准和程序，重点是应对实践中存在的预防难、启动难、证明难、认定难、排除难等问题。例如，在预防方面规定看守所体检、所内讯问、讯问时录音录像等，增加了违法使用戒具、威胁近亲属、采用非法拘禁等非法限制人身自由的方法规定，确立了重复性供述的排除规则及其例外，对重大案件确立讯问合法性核查制度，驻所检察人员在侦查终结前询问核查是否存在刑讯逼供、非法取证情形并同步录音录像。

排除非法证据是保护犯罪嫌疑人、被告人、证人人身权利的重要措施，是以审判为中心的刑事诉讼制度改革的组成部分，有利于贯彻无罪推定、推动刑事法治进步。

（二）进一步扩大律师法律援助范围

2017 年，随着司法权力运行机制改革的推进，律师法律援助范围呈现进一步扩大趋势，法律援助方式更加多样。

1. 加强律师法律援助

2017 年 2 月，司法部、财政部印发《关于律师开展法律援助工作的意见》，规定法律援助的范围、法律援助质量控制与标准建设、刑事法律援助指派、加大民生领域法律援助力度等。一是为适应速裁程序、认罪认罚从宽制度，要求建立法律援助值班律师制度，为犯罪嫌疑人、被告人提供法律咨询、程序选择等法律帮助；二是适应重大案件及未成年人特殊保护需求，对无期徒刑、死刑案件以及未成年人案件严格资质要求，由辩护律师为死刑复核案件被告人提供服务；三是由各省份明确律师承办一定数量的法律援助案件，使律师通过多种形式普遍公平地承担法律援助义务，在年度考核中将其作为重要考核依据；四是经费保障，推行政府购买法律援助服务工作机制，建立办案补贴标准动态调整机制；五是加强律师业务培训以确保执业水准等。这些规定适应司法改革和社会发展对法律援助提出的新要求，有利于推动司法的人权保障。

2. 试点刑事审判阶段律师辩护全覆盖

2017 年 10 月，最高人民法院、司法部实施《关于开展刑事案件律师辩护全覆盖试点工作的办法》，试点在审判阶段为所有没有委托辩护的被告人提供法律援助辩护。对于适用普通程序审理的一审案件、二审案件、按照审判监督程序审理的案件，被告人没有委托辩护人的，法院必须通知法律援助机构指派律师为其提供辩护；对于适用简易程序、速裁程序审理的案件，被告人没有辩护人的，法院通知法律援助机构派驻的值班律师为其提供法律帮助。有条件的地方可建立刑事辩护律师库。可探索实行由受援人分担部分法律援助费用，其条件、程序、分担标准等由各省份确定。审判阶段辩护全覆盖是推进以审判为中心的刑事诉讼制度改革的需求，有利于贯彻无罪推定、加强人权的司法保障。

3. 逐步实行律师代理申诉

2017年4月，最高人民法院、最高人民检察院、司法部发布《关于逐步实行律师代理申诉制度的意见》，保障当事人依法行使申诉权利，是促进司法公正的重要措施。

对申诉人经济困难的法律援助范围逐步拓展至低收入群体，探索建立律师驻点工作制度，在法院、检察院诉讼服务大厅等机构场所由律师协会派驻律师开展法律咨询等；对未委托律师的申诉人可先行引导由驻点律师提供法律咨询；对法律援助机构指派的律师免收复制相关材料费用。在有条件的地区可提供网上阅卷服务。要求建立多层次经费保障机制，如购买服务、全额支付律师服务费用等。申诉案件所涉事实、法律问题复杂，实行律师代理和法律咨询有利于纠纷解决。

（三）建立健全维护律师执业权利的反应机制和工作机制

完善律师执业权利的联席会议和快速反应机制，是2017年律师执业权利保障的重点。

1. 建立律师工作联席会议制度

2017年司法部出台《关于建立律师工作联席会议制度的方案》，以司法部为牵头单位，由中央防范和处理邪教问题领导小组办公室、最高人民法院、最高人民检察院、外交部、公安部、国家安全部、财政部、商务部、国家税务总局相关司局和中华全国律师协会组成联席会议，办公室设在司法部律师公证工作指导司。其三项职能为：沟通交流保障律师执业权利工作，研究解决其中的普遍性、政策性问题，协调处理侵犯律师执业权利的突发事件，维护律师执业权利；建立健全律师执业监管跨部门协调机制，沟通交流律师执业管理中存在的普遍性问题，及时研究处理意见；落实深化律师制度改革的各项任务和政策措施，研究解决改革中遇到的新情况、新问题。

联席会议制度有利于各成员单位认真对待涉及律师工作的有关问题，加强对律师执业权利的保障和监管。

2. 建立健全维护律师执业权利快速联动处置机制

2017 年 4 月，最高人民法院、最高人民检察院、公安部、国家安全部、司法部、中华全国律师协会发布《关于建立健全维护律师执业权利快速联动处置机制的通知》，明确列举了 23 种执业权利及其他权利受侵犯的情形，规定律师在执业过程中遇有知情权、通信、阅卷、收集证据等合法执业权利受到侵犯的，在法庭审理过程中被违反规定打断或者制止按程序发言的，被违反规定强行带出法庭的，受到侮辱、诽谤、威胁、报复、人身伤害的，非法限制人身自由等情形，可向相关律师协会申请维护执业权利。律师协会区分情况即时、24 小时以内或者两个工作日以内将律师申请材料转交相关办案机关处理或者向其反映情况，办案机关一般应于十日以内作出处理。该规定有利于及时有效维护律师执业权利，保障律师依法执业。

此外，其他有关文件也强调维护律师执业权利，如《关于律师开展法律援助工作的意见》要求保障律师会见通信权等 5 种执业权利，《关于逐步实行律师代理申诉制度的意见》要求依法保障代理申诉律师人身安全等。

（四）保护和规范行政诉权的行使

2017 年 8 月，最高人民法院印发《关于进一步保护和规范当事人依法行使行政诉权的若干意见》，指出新《行政诉讼法》和立案登记制同步实施取得成效。同时，一要严禁在法律规定之外，以案件疑难复杂、影响年底结案等理由不接收诉状或接收诉状后不出具书面凭证；二要坚决清理限制当事人诉权的"土政策"，避免在立案环节进行过度审查，违法将当事人提起诉讼的依据是否充分、证据是否确凿等作为立案条件；三是对不属于复议前置的案件，法院不得以未经复议为由不予立案或者不接收起诉材料；四是严格规制恶意诉讼和无理缠诉等滥诉行为，依法制止滥用诉权、恶意诉讼等行为。对于违反"一事不再理"原则的起诉，法院依法不予立案并向当事人说明理由。

（五）加强对弱势群体的司法保护

弱势群体需要国家给予更多的支持以获得司法保护。2017年中国对未成年人、老年人、残障人士等的司法保护获得推进。例如，《关于律师开展法律援助工作的意见》提出，发展公益法律服务机构和公益律师队伍，专门为老年人、妇女、未成年人、残疾人、外来务工人员等提供免费的法律服务。

1. 推进老年人法律援助

2017年6月，国务院办公厅印发了《关于制定和实施老年人照顾服务项目的意见》，9月，司法部发布《关于进一步做好老年人照顾服务工作的通知》，继续倡导各地对80岁以上的老年人办理遗嘱公证免收公证费，有条件的地方可适度放宽老年人申请法律援助的经济困难标准和受案范围。对70岁以上老人、"三无"老人（无劳动能力、无生活来源、无赡养人和抚养人）、失能半失能老人、空巢老人和享受低保待遇等以及因家庭暴力、虐待、遗弃申请法律援助的老人，免予经济困难审查。

2. 加强残障人士法律援助与司法保护

2017年11月，司法部发布《关于"十三五"加强残疾人公共法律服务的意见》，推动将残障人士社保、就业等基本民生保障事项纳入法律援助范围；加强残障人士刑事法律援助，对盲、聋、哑及尚未完全丧失辨认或者控制自己行为能力的精神病犯罪嫌疑人、被告人依法通知辩护；建设市、县公共法律服务中心与法律援助便民服务窗口无障碍环境；鼓励提供语音和文字提示、手语、盲文等信息和交流无障碍服务；对纳入最低生活保障范围、救助供养范围等残障人士和持有残疾证的残障人士等申请法律援助的，免予经济困难条件审查。2017年6月最高人民法院行政审判十大典型案例中的林建国诉济南市住房保障和房产管理局房屋行政管理案，是最高人民法院首次赴基层人民法院开庭审理残障人士权益案件，其行政负责人出庭应诉配合调解等措施，对残障人士权益司法保护具有重要示范意义。

3. 提升农民工法律服务

司法部出台了《关于做好 2017 年农民工相关工作的通知》，要求提高涉及农民工的法律服务和法律援助工作水平，加强对农民工的法律服务和法律援助。依托律师事务所、公证机构设立农民工法律援助工作站，在农民工集聚地建立法律援助工作站点，引导律师等法律服务人员对经济确有困难又达不到法律援助条件的农民工，酌情减免服务费用。法律援助机构对农民工申请支付劳动报酬和工伤赔偿的法律援助案件不再审查经济困难条件。

4. 加强未成年被害人司法保护

2017 年 12 月，最高人民检察院要求对侵害幼儿园儿童，涉嫌强奸、猥亵儿童，虐待被监护、看护人，故意伤害、故意杀人等犯罪案件，要依法从严从快批准逮捕、提起公诉，从严提出量刑建议，及时介入侦查、加强监督，纠正有案不立、有罪不究、量刑畸轻等问题。推动对被害儿童实行"一站式"询问，询问以一次为原则，在专门的未成年人办案区进行，采用适合儿童身心的方式方法，并同步录音录像，避免因反复询问或者不当询问给被害儿童造成二次伤害。2017 年 6 月，最高人民法院发布 6 起依法惩治侵害未成年人犯罪典型案例，包括虐待、出卖亲生子女，收买被拐卖儿童案，拐骗儿童案，幼儿教师多次采用针刺与恐吓等手段虐待被看护幼儿案，强制猥亵未成年男性案，以诱骗的方法奸淫幼女案等。

未成年人、失能老人等弱势群体心智不全、身体羸弱，自我保护能力差，是法律特殊保护、优先保护对象，对于侵犯其合法权益的行为应予加重处罚，以打击促保护。

结　语

2017 年是本轮司法改革承上启下的一年。最高人民法院、最高人民检察院如期完成中央确定由其承担的改革任务。这一阶段的司法体制改革不断深化，员额制获得初步落实，司法责任制改革进一步深化，并迅速推动司法权力运行机制改革，如推出司法权力清单体系。在此过程中不少改革措施得以持续推进，如以审判为中心的诉讼制度改革等；有的改革措施显现立竿见影的明显成效，如检察机关提起公益诉讼制度。本轮司法改革也具有鲜明的时代特色，如智慧司法成为遥遥在望的司法前景，据此司法公开等改革将获得新的平台；律师法律援助体系不断完善，加强了人权的司法保障，并有利于确立律师在司法体制中不可或缺、举足轻重的地位，使改革更加符合司法规律；司法改革推动了司法系统内的法学研究体制创新并促进了整体法学研究。司法改革正在走向新时代。

B.6
2017年的中国互联网金融法治

廖 凡*

摘　要：　"金融创新"与"规范发展"是2017年互联网金融的两个关键词。2017年度的重点工作和进展包括深入推进互联网金融风险专项整治工作、以《网络安全法》实施为契机强化互联网金融安全、以防范系统性风险为底线加强金融科技监管，以及全面规范非银行支付机构第三方支付业务。法治实践中存在的主要问题包括：互联网金融相关法律法规亟待完善、既有监管模式和方法不适应现实需求、互联网金融的整体监管逻辑尚不明晰，以及互联网金融消费者保护有待加强。有鉴于此，后续工作应当包括在完善相关法律法规基础上增强整体监管能力、积极探索适应金融科技发展需要的监管手段和方法、整体提升互联网金融消费者保护层级和水平，以及更加充分发挥行业自律组织的作用。

关键词：　互联网金融　监管模式　规范发展　金融创新

　　"金融创新"与"规范发展"是2017年互联网金融的两个关键词。一方面，互联网金融和金融科技向纵深发展，大数据、云计算、区块链、生物识别、人工智能等领域的突破和创新层出不穷；另一方面，互联网金融"野蛮生长"阶段积聚的风险仍待化解，整顿和清理工作继续进行，相关监

* 廖凡，中国社会科学院国际法研究所研究员。

管政策和措施也在继续出台。如何在创新与规范、监管与发展之间取得恰当平衡，确保互联网金融健康有序发展，提升金融服务实体经济的效率和水平，是决策者、监管层和实务界共同关注的焦点，也是 2017 年互联网金融法治建设的中心议题。

一 2017年互联网金融法治的现状

（一）深入推进互联网金融风险专项整治工作

2016 年 10 月，国务院办公厅印发《互联网金融风险专项整治工作实施方案》（国办发〔2016〕21 号），基于打击非法、保护合法，积极稳妥、有序化解，明确分工、强化协作，远近结合、边整边改的原则，对互联网金融风险开展集中专项整治，重点整治问题包括 P2P 网络借贷和股权众筹业务、通过互联网开展资产管理及跨界从事金融业务、第三方支付业务以及互联网金融领域广告等行为。由于所涉问题复杂多样，且涉及中央监管机构与地方政府部门分工协调，原定于 2017 年 3 月完成的专项整治工作出现了延迟。2017 年 6 月，中国人民银行（以下简称"人民银行"）等联合印发《关于进一步做好互联网金融风险专项整治清理整顿工作的通知》，明确整改实施阶段应最迟于 2018 年 6 月底完成。

总体而言，经过各方一年多的努力，初步掌握了全国各地区、各领域互联网金融领域的风险情况，互联网金融无序发展、创新跑偏、风险不断上升的势头得到初步遏制，市场竞争环境逐步净化，一些互联网金融业态正在有序调整、逐步规范。在互联网金融风险专项整治的过程中，一是建立了中央层面集中统筹的协同监管机制，从宏观审慎的角度对互联网金融风险实施整体监管，有效推进实质性、原则性监管，形成对风险的全覆盖，尽可能消除监管套利；二是明确中央监管部门和地方政府共同负责的双牵头机制，并在实践中不断完善；三是充分发挥社会舆论和广大消费者的监督作用，研究推进依法监管和自律管理相结合的监管机制建设。

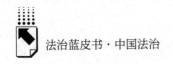

（二）以《网络安全法》实施为契机强化互联网金融安全

《网络安全法》于 2016 年 11 月 7 日通过，自 2017 年 6 月 1 日起施行。《网络安全法》从网络运行安全和网络信息安全两个方面，对网络运营者规定了一系列具体义务，其中诸多规定与互联网金融安全息息相关。就网络运行安全而言，《网络安全法》规定国家实行网络安全等级保护制度，网络运营者应当按照网络安全等级保护制度的要求履行安全保护义务，保障网络免受干扰、破坏或者未经授权的访问，防止网络数据泄露或者被窃取、篡改；网络产品、服务的提供者应当为其产品、服务持续提供安全维护，在规定或当事人约定的期限内不得终止提供安全维护；网络产品、服务具有收集用户信息功能的，其提供者应当向用户明示并取得同意，涉及用户个人信息的还应当遵守该法和有关法律、行政法规关于个人信息保护的规定。就网络信息安全而言，《网络安全法》规定网络运营者应当对其收集的用户信息严格保密，并建立健全用户信息保护制度；网络运营者收集、使用个人信息，应当遵循合法、正当、必要的原则，公开收集、使用规则，明示收集、使用信息的目的、方式和范围，并经被收集者同意；网络运营者不得泄露、篡改、毁损其收集的个人信息，未经被收集者同意不得向他人提供个人信息，且应当采取技术措施和其他必要措施，确保其收集的个人信息安全，防止信息泄露、毁损、丢失。

不仅如此，《网络安全法》还规定，国家对公共通信和信息服务、能源、交通、水利、金融、公共服务、电子政务等重要行业和领域，以及其他一旦遭到破坏、丧失功能或者数据泄露，可能严重危害国家安全、国计民生、公共利益的关键信息基础设施，在网络安全等级保护制度的基础上，实行重点保护；关键信息基础设施的具体范围和安全保护办法由国务院制定。这意味着互联网金融平台作为关键信息基础设施，需要满足比一般网络运营者更高的合规要求。

《网络安全法》的正式实施，对于互联网金融行业而言既是挑战，也是机遇。它意味着互联网金融服务提供者、平台运营者和具体从业者在业务合法性、安全性和规范性上承担更多义务和更大责任，从而不可避免地增加合规成本。但与此同时，它也在一定程度上提高了互联网金融市场的准入门槛，将一些不具备相关安全维护条件和能力的"劣币"阻挡在市场之外，有助于整个行业的健康有序发展。

（三）以防范系统性风险为底线加强金融科技监管

2017年，以大数据、云计算、区块链、生物识别、人工智能为代表的金融科技继续高歌猛进，为互联网金融发展提供了新的动力和模式，也为互联网金融监管带来了新的问题和挑战。虚拟货币及代币发行融资的非理性狂热就是一个突出的例子。

以比特币为代表的虚拟货币，本质上是一个去中心化、个人对个人的数字"货币"体系，其价值基础则是分布式记账技术或所谓区块链技术。区块链技术的核心是所有当前参与的节点共同维护交易及数据库，交易基于密码学原理而非基于信任，任何达成一致的双方均能直接进行支付交易，而不需要第三方（信任中心）的参与[1]。基于区块链技术而生成的虚拟货币与传统货币的最大区别在于，其不依赖货币发行当局及其背后的主权信用而"自足"地存在，从而对货币制度和金融秩序构成全新挑战。对于虚拟货币的性质究竟是"货币"还是"资产"，目前各国尚无一致的看法，但中国目前的态度则相当坚决，即不承认比特币等虚拟货币的"货币"地位。

如果说比特币是虚拟货币，那么所谓"首次代币发行"（Initial Coin Offering, ICO）则是对虚拟的虚拟。ICO 一词来自对 IPO（首次公开发行）的模仿，其基本内涵是通过发行所谓"代币"（token），从投资者处筹集虚拟

---

[1] 区块链（blockchain）是指通过去中心化和去信任的方式集体维护一个可靠数据库的技术方案，其基本方法是让系统中的任意多个节点，通过密码学方法相关联而产生数据块（block），每个数据块中包含一定时间内的系统全部信息交流数据，并生成数据指纹用于验证信息有效性和链接（chain）下一个数据块。用通俗的话说，区块链技术就是指一种全民参与记账的方式。

货币，投资回报也以虚拟货币形式体现；代币可以在比特币交易平台进行交易，正如通过 IPO 发行的股票可以在证券交易所交易一样。不同之处在于，股票的价值基础是货币，而代币的价值基础则是虚拟货币。

在虚拟货币本身的属性和法律地位尚不明确的情况下，代币发行融资本质上是一种风险极大的"博傻"行为。有鉴于此，2017 年 9 月，人民银行等七部门联合发布《关于防范代币发行融资风险的公告》。公告称，代币发行融资是指融资主体通过代币的违规发售、流通，向投资者筹集比特币、以太币等所谓"虚拟货币"，本质上是一种未经批准非法公开融资的行为，涉嫌非法发售代币票券、非法发行证券以及非法集资、金融诈骗、传销等违法犯罪活动；代币发行融资中使用的代币或"虚拟货币"不由货币当局发行，不具有法偿性与强制性等货币属性，不具有与货币等同的法律地位，不能也不应作为货币在市场上流通使用。为此，公告要求，自其发布之日起，任何所谓代币融资交易平台不得从事法定货币与代币、"虚拟货币"相互之间的兑换业务，不得买卖或作为中央对手方买卖代币或"虚拟货币"，不得为代币或"虚拟货币"提供定价、信息中介等服务；各金融机构和非银行支付机构不得直接或间接为代币发行融资和"虚拟货币"提供账户开立、登记、交易、清算、结算等产品或服务，不得承保与代币和"虚拟货币"相关的保险业务或将代币和"虚拟货币"纳入保险责任范围。截至 2017 年 9 月底，比特币中国、火币网和币行等三大国内比特币交易平台全部关闭。

（四）全面规范非银行支付机构第三方支付业务

迅猛发展的网络支付，特别是以支付宝和财付通为代表的第三方移动支付，已然成为当今中国的一张名片。据统计，2016 年非银行支付机构共处理移动支付业务 970.51 亿笔，金额 51.01 万亿元。非银行支付机构互联网支付和移动支付业务金额占网络支付总业务的比重分别为 51.6% 和 48.4%，较之于 2015 年的 53% 和 47%，移动支付业务的比重持续提升；加之 2016 年第三方移动支付的笔数远超互联网支付业务，表明移动支付业务超越互联网支付业务的格局正在逐步形成①。

早在 2010 年,人民银行即已发布《非金融机构支付服务管理办法》,允许非金融机构在收付款人之间作为中介机构提供网络支付、预付卡发行与受理、银行卡收单等部分或全部货币资金转移服务,并要求提供支付服务的非金融机构依据该办法规定取得"支付业务许可证",成为支付机构。与此同时,该办法明确规定,除经特别许可外,支付机构不得办理银行业金融机构之间的货币资金转移。但在实践中,第三方支付机构②早已涉足跨行支付清算。以支付宝典型清算模式为例,除建立自己的虚拟账户体系,银行卡向支付宝充值后,支付宝账户之间的资金清算在其体系内封闭流转外,支付宝还在各银行开立中间账户,通过各中间账户与支付宝业务存户(清算户)之间的资金划拨,将实质上的跨行清算转换为形式上的同行清算,在很大程度上规避了上述"不得办理银行业金融机构之间的货币资金转移"的禁令。对于此种新兴业态,监管层在一段时间内采取了不置可否的态度。

在整治互联网金融风险的大背景下,2016 年 4 月 13 日,人民银行等 14 部门联合发布《非银行支付机构风险专项整治工作实施方案》(银发〔2016〕112 号),要求逐步取缔支付机构与银行直接连接处理业务的模式,支付机构开展跨行支付业务必须通过人民银行跨行清算系统或者具有合法资质的清算机构进行,并鼓励清算机构按照市场化原则共同建设网络支付清算平台,平台建立后支付机构与银行多头连接开展的业务应全部迁移到平台处理。112 号文所推动建立的网络支付清算平台于 2017 年 3 月 31 日开始试运行。4 个月后,包括中国人民银行清算总中心、支付宝、财付通等在内的 45 家机构和公司共同签署《网联清算有限公司设立协议书》,网联清算有限公司(以下简称"网联")作为平台的运营机构正式成立。2017 年 8 月 4 日,人民银行支付结算司发出《关于将非银行支付机构网络支付业务由直连模式迁移至网联平台处理

---

① 参见中国支付清算协会编著《中国支付清算行业运行报告(2017)》,中国金融出版社,2017,第 116 ~ 117 页。

② 为行文方便,本报告中"非银行支付机构""第三方支付机构"和"支付机构"的含义相同,均指非银行支付机构。

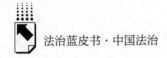

的通知》（银支付〔2017〕209 号），要求自 2018 年 6 月 30 日起，非银行支付机构受理的涉及银行账户的网络支付业务全部通过网联平台处理。

二　法治实践中存在的主要问题

（一）互联网金融相关法律法规亟待完善

根据 2015 年人民银行等十部门联合发布的《关于促进互联网金融健康发展的指导意见》（银发〔2015〕221 号，以下简称《指导意见》），互联网金融业态包括互联网支付、网络借贷（包括个体网络借贷即 P2P 和网络小额贷款）、股权众筹、互联网基金销售、互联网保险、互联网信托和互联网消费金融。目前有的业态已经出台了管理办法，如互联网支付、网络借贷和互联网保险，有的则还付之阙如。特别是股权众筹融资的监管细则，从 2014 年酝酿至今，坊间已然千呼万唤，但由于种种原因仍是犹抱琵琶难睹真颜，令人遗憾。这些管理办法或者监管细则的缺位，使得相关业务活动和监管实践均缺乏足够明晰的指引，难以在创新与监管之间寻找适当的平衡。

不仅如此，在比监管规则更高的立法层面，对互联网金融规范发展的呼应和支持也还存在不足。诚然，互联网金融本质上仍属于金融，相关法律关系并未超越传统金融的基本范畴，因此并无必要制定专门的互联网金融立法，但这并不意味着现有的银行法、证券法等金融基本法无须对互联网金融作出回应。例如，针对现实中广泛存在的虚拟货币、股权众筹等实践，银行法、证券法、信托法显然有必要进行某些调整或修订，以便为相关实践的规范发展指引方向、预留空间。

（二）既有监管模式和方法不适应现实需求

互联网金融的"互联网"属性对于监管能力、监管方法特别是监管协调提出了更高要求。《指导意见》强调"各监管部门要相互协作、形成合力，充分发挥金融监管协调部际联席会议制度的作用"，2017 年 7 月召开的全国金融工作会议进一步明确要"加强功能监管，更加重视行为监管"。事实上，加强功能监管和行为监管、强调监管部门之间的协调，也是全球金融危机以来国际金融监管的趋势所在。但从现实情况看，传统的机构监管方法仍然占据主导地位，监管机构仍然主要依据金融服务（产品）提供者而不是所提供的金融服务（产品）来划分监管权限和行使监管职能，金融监管协调部际联席会议实际发挥的作用也并不显著，监管重叠和监管真空依然存在，从而提供了监管套利的空间。

此外，地方政府在金融监管中缺乏实质性权力，也在一定程度上阻滞了互联网金融创新和规范发展。中国金融监管是典型的中央集权模式，监管权力集中在"一行三会"手中，地方金融办公室缺乏实质性权力，主要承担协调沟通职责，难以对金融市场和金融活动实施有效监管和约束。而"一行三会"囿于有限的监管资源，又难以对形形色色的互联网金融业态（如遍地开花的网贷平台）一一顾及，从而易于出现一开始监管不到位使得风险积聚，出事后又粗放式地"一刀切"导致殃及池鱼的问题。就此而言，重新厘定金融监管领域的央地权限、更多更好地发挥地方金融办公室的作用，已是势在必行。

（三）互联网金融的整体监管逻辑尚不明晰

尽管中国互联网金融发展迅猛、前景广阔，在很多方面引领世界潮流，但迄今为止对于互联网金融监管似乎尚未形成足够明晰和成熟的监管逻辑。换言之，对互联网金融为什么要监管、应当如何监管，并未形成一套连贯自洽的监管理念或者说监管哲学。而这又与对互联网金融自身的认识和定性有关：究竟如何认识互联网金融？是金融的互联网化还是互联网的金融化？是金融属性居多还是互联网属性居多？中国的互联网金融已经走在世界前列，在诸多领域并无现成的国际经验可以借鉴，甚至可以说在很多方面中国经验（规则）本身就是国际经验（规则）。这无疑增加了互联网金融监管实践和探索的难度。唯其如此，从过往实践看，中国对互联网金融的监管表现为在两极之间摇摆：起初将之作为新生事物，侧重于其互联网属性或者说不同于传统金融的特殊性，在监管上较为宽松甚至过于宽松，导致互联网金融呈现"野蛮生长"之势；而一旦风险积聚、暴露，出现诸多案件乃至群体性事件（典型如网贷平台）后，监管态度又是一个180度急转弯，强调"互联网金融本质仍属于金融，没有改变金融风险隐蔽性、传染性、广泛性和突发性的特点"（《指导意见》），并开始进行专项整治，试图将互联网金融全面纳入既有的金融监管框架。

事实上，无论是初期的宽松，还是当前的严厉，似乎都缺乏足够坚实、明晰的监管理由和逻辑。互联网金融并非互联网和金融的简单叠加，而是已经深刻改变了传统的金融业务模式和经营理念；晚近以来金融科技的异军突起，更是对金融监管提出了不容回避的新课题和新挑战。"互联网金融本质上仍属于金融"这一判断诚然正确，但若是止步于此，则并未从根本上解决问题，难以有效回应实践挑战，无法为互联网金融的健康有序发展提供所需的适当监管环境。因此，在专项整治和收紧监管的同时，还需对互联网金融的特性进行更加全面和深入的研判，形成统一、连贯自洽的监管逻辑、监管理念和监管哲学，为互联网金融创新和规范发展提供制度和规则基础。否则，恐怕难免陷入"一放就乱，一抓就死"的无奈循环。

（四）互联网金融消费者保护有待加强

2016年12月14日人民银行印发的《金融消费者权益保护实施办法》（以下简称《实施办法》）将金融消费者定义为"购买、使用金融机构提供的金融产品和服务的自然人"。2017年11月9日天津市互联网金融协会印发的《关于加强互联网金融消费者权益保护工作的指导意见》是全国首个互联网金融消费者权益保护专门意见，其中将互联网金融消费者定义为"购买、使用互联网金融从业机构销售的互联网金融产品或者接受互联网金融从业机构提供的相关服务的自然人"。该意见结合当前互联网金融风险专项整治工作的有关要求，从"建立健全互联网金融消费者权益保护机制""加强账户资金保护""加强个人信息保护""落实投资者适当性制度""依法合规开展产品营销活动""履行信息披露义务""采取适当方式追讨债务"

"加强 IT 基础设施和技术安全保障设施建设"等八个方面对从业机构提出了指导性意见，并完善了互联网金融消费者投诉的受理和处理流程。

尽管局部已经有所进展，但总体而言中国当前互联网金融消费者权益保护的现状并不乐观。一方面，互联网时代的金融消费者保护所具有的广泛参与性、可能的非理性以及聚众性等特点，使得信息知情、信息使用、电子数据存管、隐私与个人信用无形资产保护、适当性原则的应用、财产安全保障、求偿权的行使等消费者权益保护的诸多相关方面都面临新的挑战①，而监管规则、方法和手段并没有对这些新的特点和趋势予以充分反映和应对。另一方面，基于分业监管的总体格局，目前中国金融消费者保护的基本模式仍然是分而治之：保监会下设保险消费者权益保护局，证监会下设投资者保护局，人民银行和银监会则分别下设金融消费权益保护局和金融消费者保护局。与此同时，"金融消费者"与"（证券）投资者"这一传统范畴之间的关系如何界定，也缺乏足够的规则指引。这些都在很大程度上妨碍了互联网金融消费者权益保护的统筹协调实施。

三　中国互联网金融法治的未来

（一）完善相关法律法规，增强整体监管能力

为适应全面推进依法治国要求，在互联网金融创新与规范发展之间取得恰当平衡，有必要进一步提升互联网金融法治水平。为此，当务之急是完善相关法律法规，增强整体监管能力。

首先，可以考虑借《证券法》修订之机，将股权众筹等互联网金融典型业态的基本规则在法律层面加以体现，为实践操作提供更加清晰和权威的指引。其次，尽快出台股权众筹、互联网消费金融等领域的管理办法或监管

---

① 参见金苹苹《2017 年中国金融消费者论坛：亟需建立互联网金融消费保护机制》，中国证券网，http://news.cnstock.com/news，yw - 201711 - 4158455.htm，最后访问日期：2017年 12 月 12 日。

细则，实现对互联网金融主要业态的规则全覆盖，使从业者和监管者都更加有章可循。再次，处理好机构监管与功能监管之间的关系，在继续发挥机构监管方法在金融机构审慎监管和整体风险控制方面的积极作用的同时，以"相同功能，同等监管"为基本逻辑加强功能监管和行为监管，尽量减少监管套利空间，为互联网金融从业机构提供更加公平的竞争环境。最后，以金融稳定发展委员会的设立为契机，全面升级和加强现有"一行三会"之间的监管协调，并在此基础上改进和强化中央监管机构与地方政府部门之间的监管协调，将互联网金融监管纳入加强宏观审慎管理制度建设的整体视野，牢牢守住不发生系统性风险的底线。

（二）积极探索适应金融科技发展需要的监管手段和方法

金融科技的迅猛发展正在从根本上改变传统的金融业务模式，创造全新的金融产品乃至金融生态。科技本身是中性的，无所谓是非善恶。对于金融科技，不应视而不见或是一味打压，而应正视现实、区别对待，用其长而避其短。例如，尽管当前对于虚拟货币及代币发行融资予以坚决取缔，但这并不妨碍相关市场主体如金融科技公司继续研究、发展区块链技术，因为后者的应用场景远非仅限于虚拟货币和 ICO，而是可以运用到更为广阔的领域和场景，如由中央银行借以发行数字货币。人民银行发布的《中国金融业信息技术"十三五"发展规划》（2017 年 6 月）即指出，加强区块链基础技术研究，开展区块链技术在金融领域的应用研究，持续跟进金融科技发展趋势，适时开展新技术在金融业的试点应用，实现新技术对金融业务创新的有力支撑和持续驱动。这种对区块链技术乃至金融科技的开放态度值得赞许。

进而言之，目前中国金融科技发展的一个主要问题是监管不足，而监管不足的一个重要原因又在于缺乏与金融科技自身特点相适应的监管能力和监管方法。金融科技的金融属性决定了其具有很强的风险特征：一方面，金融科技使得金融风险更具隐蔽性、传播速度更快、影响范围更广，增加了金融系统性风险；另一方面，金融科技使得金融业"脱媒风险"加大，对传统监管理念和模式构成挑战。在很大程度上，金融科技的日新月异要求监管科技（RegTech）也要与时俱进，以免监管机构与金融机构之间的信息不对称加剧，导致监管套利升级。而在初始阶段，适度引入"监管沙盒"（Regulatory Sandbox）机制①，在风险可控的前提下探索金融科技创新及其最佳监管模式，积累"可复制可推广"的经验，不失为一个合理选项。

（三）整体提升互联网金融消费者保护层级和水平

尽管人民银行的《实施办法》已经对金融消费者保护作出了专门规定，但《实施办法》毕竟只能适用于人民银行职权范围内的金融机构，亦即只能为购买、使用这些金融机构提供的金融产品和服务的消费者提供保护，而并不能当然地涵盖整个金融领域。这一点，从《实施办法》的以下表述中可以清楚地看出："中国人民银行及其分支机构依法开展职责范围内的金融消费者权益保护工作"（第4条）；"中国人民银行及其分支机构应当与其他金融管理部门、地方政府有关部门建立金融消费者权益保护工作协调机制，加强信息共享和部门间沟通协作"（第5条）；"中国人民银行依法开展职责范围内的金融消费者权益保护工作；……会同有关方面拟定金融消费者权益保护政策法规草案；会同、协调有关方面开展涉及跨市场、跨行业交叉性金融产品和服务的金融消费者权益保护工作"（第40条）等。换言之，中国金融消费者保护实际上缺乏一套统一的法律规则，更不必说互联网金融消费者保护。

为给包括互联网金融消费者在内的金融消费者提供协调一致的保护，有必要以法律或者至少是行政法规的形式，对"金融消费者"进行必要的界定，特别是明确"金融消费者"与"投资者"的关系②，进而确立统一适

---

① 所谓"监管沙盒"，是指监管部门创设旨在为金融机构创新提供安全空间的监管机制，是一种既促进金融创新同时又将风险控制在特定范围之内的监管创新机制，其核心内涵是将金融科技业务、合规要求和监管实践放在"沙盘"之中进行演练，故此亦称"沙盘机制"，本质上是一种监管中的压力测试。

② 关于"金融消费者"的定义和范围，以及中国可以考虑采取的立法方式，可参见廖凡《金融消费者的定义和范围：一个比较法的视角》，《环球法律评论》2012年第4期。

用的金融消费者权益保护的基本规则。在此基础上，"一行三会"可再以联合发文的形式，制定互联网金融消费者保护的实施细则，并探索建立统一的执行及（或）监督机制，从而整体提升互联网金融消费者保护的层级和水平。

（四）更加充分地发挥行业自律组织的作用

在"一行三会"囿于分业监管基本格局难以"无缝衔接"、地方金融办公室受制于有限权力无法"勇挑大梁"的现实情形下，更加充分地发挥行业自律组织的作用，不失为促进互联网金融规范发展的一条有效途径。例如，作为互联网金融行业自律组织，中国互联网金融协会（以下简称"协会"）自2016年成立以来发展迅速，目前单位会员包括银行、证券、保险、基金、期货、信托、资产管理、消费金融、征信服务以及互联网支付、投资、理财、借贷等机构，还包括一些承担金融基础设施和金融研究教育职能的机构，基本覆盖了互联网金融的主流业态和新兴业态。目前，协会在互联网金融标准化、互联网金融行业信用建设、互联网金融风险教育（包括从业机构和从业人员风险教育以及投资者和消费者风险教育）等方面已经开展了一系列工作，帮助保障和促进了互联网金融的规范发展。

事实上，行业自律组织在此方面完全可以承担更多更具实质性的职责。例如，由于协会在性质上属于行业自律组织，而非国家监管机构，其不必严格受制于相关法律法规为监管机构划定的权限分工，而是可以根据实际需要更加灵活地进行自律管理，在一定意义上和一定程度上对功能监管和行为监管进行探索，包括对跨部门、跨行业的互联网金融产品或者性质较为模糊的边缘性产品探索某种意义上的"综合监管"，从而对监管机构的正式监管形成有益的补充。因此，更加充分地发挥协会等行业自律组织的作用，有助于互联网金融行业更加协调有序地规范发展。

B.7
2017年的中国证券市场法治

姚　佳*

摘　要： 2017年中国证券市场法治仍以《证券法》修订、严格监管和投资者保护为焦点命题。由于近年来证券市场发展迅速，形势不断变化，本次《证券法》修订工作慎之又慎，但仍以扩大"证券"定义、推动注册制改革、全方位修订具体制度等为主要内容。2017年以"防范系统性金融风险"为法治建设主线，延续严格监管的态度和措施，处罚数量增加、处罚力度趋严，本年度被称为史上"最严监管年"，这也为实现投资者保护之根本目标奠定基础。2018年中国证券市场法治仍应以防风险、强保护和促开放为主题，实现中国证券市场法治的健康发展，提升中国资本市场的国际影响力。

关键词： 《证券法》修订　严格监管　机构市　A股国际化

2017年A股指数波幅不大，全年沪指（上海证券综合指数）涨幅6.56%，深成指数涨幅8.48%，创业板指数跌幅10.67%。与2015年和2016年相比，市场上与监管上并未发生可能产生较大负面影响的"黑天鹅"事件，总体而言，内外部因素对市场的影响至少并不是特别明显，但这并不意味着中国证券市场已摆脱"政策市"的特征。中国金融业近年来因存在"脱实向虚"之嫌而颇受质疑，尽管金融服务于实体经济的根本目标并未改

---

* 姚佳，中国社会科学院法学研究所副编审。

变，但在全球的金融实践中却出现了"金融对实体经济的'疏远化'"①，"金融应服务于实体经济"也被反复强调。因此，从金融自身的科学性角度出发，实现金融业的作用与价值，以法治规范证券市场中的主体行为，保护投资者权益，则成为中国证券市场的主线。基于此，2017 年中国证券市场法治在《证券法》等基础法律修改、证券监管、投资者保护等方面多向度推进制度构建并寻求制度实施效果。

一 《证券法》修订

《证券法》自 2013 年启动修订程序以来，官方、学术界以及实务界对如何修改一直存在争论，但无论如何争论，各界的基本共识是本次修改必须充分关照社会发展实践以及符合中国证券市场自身发展特征与规律。尤其是 2015 年 A 股的波动，使得各界更注重法律规则的理性与合规律性之间的关系。

中国资本市场近年来发展迅速，1998 年制定并经三次修订的《证券法》已无法适应市场的创新与发展。比如，公开发行股票上市公司的准入和退出机制定位存在偏差、中小微企业多元化直接融资缺少专门制度安排、债券融资制度设计没有体现不同于股票融资的特殊性、有效提升并购重组市场效率的制度安排存在缺陷、中国资本市场对外开放与跨境监管相关制度并不完善、有效保护投资者合法权益的民商事机制和执法制度也一直存在缺陷，等等②。这都使得《证券法》的再次修订变得极为迫切。

在经历了 2015 年 A 股波动和 2016 年市场基本平稳之后，2017 年有关人士指出，《证券法》修订的内容主要包括四个方面：一是完善基本交易制度，包括证券的发行、交易、登记、结算和退市；二是为多层次资本市场的发展留下制度空间，为企业更方便地进行股本融资留下渠道；三是要更好地进行投资者保护，加大对违法行为的打击力度，对于投资者利益的损失，相

---

① 参见李扬《"金融服务实体经济"辨》，《经济研究》2017 年第 6 期。
② 吴学安：《修订应以消除监管盲区为突破口》，《证券时报》2017 年 3 月 7 日，第 A08 版。

关法律救济渠道和行政救济渠道会增加；四是进一步明确市场规则①。此次修改思路主要是简政放权，推进市场化，促进市场在证券市场资源配置中发挥决定性作用；放松管制，鼓励创新，推动证券行业的发展；加强监管执法，强化投资者特别是中小投资者合法权益保护②。

目前，《证券法》的修订除一系列制度问题外，焦点主要集中在是否扩大"证券"的法律定义以及如何进行注册制改革等基础问题上。

关于"证券"的法律定义，学术界和实务界基本上都从保护投资者、促进资本市场发展、满足投融资需求以及资本市场的功能型监管等角度，主张扩大"证券"的法律定义，如将"有价证券"扩大为"金融商品"，导入集合投资计划概念，扩大金融衍生品的交易范围。2015年股市波动、场外配资以及2016年杠杆收购中的乱象，反映了资管产品的异化与监管错配可能带来一定危害③，因此将集合投资计划列入证券具有一定必要性④。再如，主张借鉴美国证券法律制度实践，按照股权类安排、债务类安排和投资合同三类将证券重新归类并讨论"证券"的范围⑤，等等。当然，无论"证券"定义如何修改，范围或宽或窄，都需要充分考虑中国资本市场发展实践，同时需与证券监管者的角色、权限与职责等多重因素相协调，不能仅仅成为"法律文本"意义上的"证券"。

关于如何推动注册制改革，《证券法》一审稿对注册制有一些较为明确的表述，但是2015年股市出现波动后，注册制实施推迟。中国资本市场的特殊性，决定了中国的注册制或将离不开一定的核准和审批程序。但是，证监会应处理好与交易所的关系，逐步实现核准权力的下放，可以尝试将核准

① 参见胡宇新《吴晓灵：用"穿透式"监管化解资管风险》，《中国金融家》2017年第3期，第53页。
② 吴学安：《〈证券法〉修订应以消除监管盲区为突破口》，《证券时报》2017年3月7日，第A08版。
③ 胡宇新：《吴晓灵：用"穿透式"监管化解资管风险》，《中国金融家》2017年第3期，第53页。
④ 参见陈洁《金融投资商品统一立法趋势下"证券"的界定》，《证券法苑》2011年第2期。
⑤ 参见吕成龙《我国〈证券法〉需要什么样的证券定义》，《政治与法律》2017年第2期。

权力下放到交易所,进而实现监审分离;证监会不再具有审批权,但可保留否决权等①。事实上,有关人士也指出,市场不必把注册制看得那么可怕,无论核准制还是注册制,主要是让上市公司全面准确及时地披露信息,中介机构对信息的真实性全面负责②。因此,注册制改革不仅会构建新的制度内容与程序,同时也必将经历一定的时空过渡甚至市场心理的过渡。

《证券法》修订一审稿中规定了众筹发行、小额发行等公开发行豁免注册的情形,之所以作此规定,主要是针对近些年实践中较多的股权众筹等情形,虽然法律对此持鼓励的态度,但并不代表会放松管制,在此过程中,不仅要明确众筹发行豁免注册的程序和条件,而且还要对豁免注册发行证券的转售、信息披露、法律责任等作出明确安排③。另外,有学者提出,《证券法》第47条短线交易收益归入制度在适用对象上有必要扩大范围,同时在评价法律的有效性时,考察的时间跨度应尽量放宽,这不仅是避免朝令夕改的需要,也与法律执行的滞后性有关④。

二 证券法律规范群与证券司法

在证券法律规范的范畴之中,规范性文件一直扮演着重要角色,也在实践中起着重要作用。中国证监会于2017年制定颁布了《期货公司风险监管指标管理办法》《区域性股权市场监督管理试行办法》《证券公司和证券投资基金管理公司合规管理办法》《关于修改〈中国证券监督管理委员会发行审核委员会办法〉的决定》《关于修改〈证券发行与承销管理办法〉的决定》《证券交易所管理办法》《关于修改〈证券登记结算管理办法〉等七部

---

① 刘纪鹏、梁佳:《对〈证券法〉修订的七点建议》,《金融博览》2017年第8期。

② 《全国人大代表吴晓灵:证券法修订应更好体现功能监管理念》,《金融时报》2017年3月11日,第2版。

③ 参见钟洪明《论股权众筹发行豁免注册的制度构建——基于美国及台湾地区经验之比较》,《经济社会体制比较》2017年第4期。

④ 姜朋:《短线交易收益归入制度功能的实证分析——兼谈〈证券法〉(2005)第47条的去留》,《中外法学》2017年第3期。

规章的决定》《上市公司股东、董监高减持股份的若干规定》《关于修改〈证券公司分类监管规定〉的决定》等规范性文件，总体目标旨在防范证券业系统性风险、保护投资者权益；等等。

关于证券民事纠纷案件，自 2017 年 1 月 1 日至 2017 年 12 月 31 日各级法院审结的案件共有 3810 件①。其中，证券权利确认纠纷 5 件，证券交易合同纠纷 43 件，证券承销合同纠纷 3 件，证券投资咨询纠纷 1 件，证券回购合同纠纷 19 件，证券交易代理合同纠纷 15 件，证券托管纠纷 2 件，证券发行纠纷 3 件，证券返还纠纷 8 件，证券欺诈责任纠纷 3661 件，证券上市保荐合同纠纷 2 件，证券登记、存管、结算纠纷 8 件，融资融券交易纠纷 38 件，客户交易结算资金纠纷 2 件。在案件类型比例分布上，证券欺诈责任纠纷案件占比高达 96%，其中有若干案件系投资者针对同一公司提起的证券虚假陈述责任诉讼。此种证券司法状况在一定程度上能够反映中国证券市场中投资者保护所存在的问题，但同时也应加强在司法领域对投资者权益的保护，如增加证券集团诉讼制度等。

三　证券监管

2017 年证券市场监管延续了 2016 年的"强监管"和"严监管"态势，并以整个金融业防范系统性风险为主线而加强监管的科学性与有效性，同时注重通过制度构建和监管落实而加强投资者保护。

（一）以"防风险"为主线的证券监管

中国金融宏观调控体系、金融监管体系与金融市场体系自改革开放以来一直强调发展与防范并重，近十年以及 2015 年证券市场波动以来，尤其强调以"防范系统性金融风险"为导向构建相应金融法治体系。2017 年政府工作报告指出，促进金融机构突出主业、下沉重心，增强服务实体经济能

---

① 本统计数字来源于"北大法宝"案例数据库。

力，防止脱实向虚。另外，报告还指出，当前系统性风险总体可控，但对不良资产、债券违约、影子银行、互联网金融等累积高风险要高度警惕①。2017 年 7 月 14 日至 15 日在北京召开的全国金融工作会议上，习近平总书记发表重要讲话，强调要坚定深化金融改革。设立国务院金融稳定发展委员会，强化人民银行宏观审慎管理和系统性风险防范职责②。金融稳定发展委员会在一定程度上使此前的监管竞争转变为监管协调，有利于进一步防范系统性金融风险。

在世界范围内，金融系统主要分为银行主导型和市场主导型。银行主导型金融系统，如德国和日本，银行在动员储蓄、配置资本、监督公司管理者的投资决策以及在提供风险管理手段上扮演着主要角色。市场主导型金融系统，如英国英格兰和美国，在把社会储蓄投向企业、实施公司控制以及减轻风险管理上，证券市场与银行同等重要③。而中国基本上是以国有银行为核心、商业银行间接融资为主的金融体系④。因此，就金融风险的防范而言，主要压力集中在银行领域，此即设立国务院金融稳定发展委员会加强央行职责之主要目的。

事实上，传统观点大多认为，证券业的系统性风险远比银行业大，保持金融稳定更重要的是防止证券业的系统性风险。有学者曾经做了一项很有意思的研究，以 16 家上市证券机构和 16 家上市商业银行 2012～2015 年的数据为样本，对证券业和银行业的系统性风险进行对比，研究发现，证券业经营的主要是虚拟资本，虚拟资本的价格本身具有较为强烈的波动性，但传统印象中"证券业系统性风险远比银行业大"的观点在中国市场上得不到验

---

① 《政府工作报告——2017 年 3 月 5 日在第十二届全国人民代表大会第五次会议上》，http：//www. gov. cn/premier/2017 - 03/16/content_ 5177940. htm，最近访问日期：2017 年11 月 28 日。

② 《习近平提出设立一个重磅委员会　将起到什么作用？》，http：//www. china. com. cn/news/2017 - 07/17/content_ 41226326. htm，最近访问日期：2017 年 9 月 28 日。

③ 参见 Asli Demirguc-Kunt and Ross Levine《以银行为主导与以市场为主导的金融体系：跨国的比较》，林辉、吴少华、黄颖译，《经济资料译丛》2003 年第 3 期。

④ 参见李扬《李扬：金融服务实体经济还需太多改善》，《中国经营报》2015 年 7 月 6 日，第A09 版。

证，反而以安全性作为首要原则的银行业，其系统性风险要大得多①。尽管该学者的研究会因样本有限、时空跨度有限而存在一定局限性，但在一定程度上确实是对传统观点的一种反思，不过，即便人们在一定程度上可以信任此结论，证券业也仍然不能忽视自身所可能产生的系统性风险。

就证券领域而言，有关官员表示，中国资本市场一方面要打好防范化解风险的攻坚战，另一方面也要补短板，不能影响去杠杆的进程，要为经济结构优化作出应有的贡献②。事实上，自上轮牛市以来，高杠杆、场外配资等均成为破坏证券市场平衡状态的重要因素。而证券市场的系统性风险是由涉及整个经济活动的经济、政治和社会因素造成的，单个投资者一般很难回避③。"所谓系统性风险都是借贷链条拉出来的，没有这些就没有系统性风险。"④ 因此，防范化解风险、去杠杆也成为证券市场面临的主要问题与任务。

就证券领域系统性风险的防范而言，主要包括：第一，建立健全证券业系统性风险监管框架，主要包括提升信息披露质量和透明度，构建证券业系统性风险识别和评估体系，强化组织结构、审慎性和治理要求⑤；第二，制定预防或限制风险传导的监管政策，包括构建预防风险传导的交易规则，发挥中央交易对手清算系统降低关联风险的作用，加强流动性风险管理⑥；第三，加强金融监管合作以及与市场参与者之间的交流，包括建立金融风险监管统一的委员会或协调部门等，细化证券期货监管合作，加强研究风险传导

---

① 参见曹源芳、蔡则祥《证券业的系统性风险真的比银行业高吗？——来自中国上市公司股票收益率的证据》，《经济问题》2015年第10期。

② 《十九大代表、中国证监会主席刘士余：尽早建成有国际竞争力多层次资本市场体系》，《证券时报》2017年10月20日，第A002版。

③ 参见李扬《关于我国证券市场风险及其管理的五个问题》，《国际经济评论》1998年第1期。

④ 《李扬：政府有的是钱解决债务问题 关键是如何处理资产》，http://finance. sina. com. cn/meeting/2017-04-29/doc-ifyetwtf8914283. shtml，最近访问日期：2017年12月1日。

⑤ 参见鲁玉祥《证券业系统性风险的识别与评估》，《海南金融》2015年第1期。

⑥ 参见鲁玉祥《证券业系统性风险的识别与评估》，《海南金融》2015年第1期。

路径，防范化解交叉性金融风险，通过与投资者交流提升市场信心①。可见，由于证券领域本身所具有的复杂性特征，该领域防范系统性风险同样是一项系统工程，信息披露、风险识别、风险传导、风险防范等，对监管政策科学性和有效性的要求更高。这也是中国证券监管始终备受诟病又需要不断完善之处。

（二）严格监管

中国证监会 2017 年延续 2016 年"严格监管"的思路与措施，继续对市场进行严格处罚。2017 年全年，中国证监会共作出行政处罚决定 224 件，罚没款金额 74.79 亿元，同比增长 74.74%，市场禁入 44 人，同比增长 18.91%，行政处罚决定数量、罚没款金额、市场禁入人数再创历史新高。其中，信息披露违法类案件处罚 60 起，操纵市场类案件处罚 21 起，内幕交易类案件处罚 60 起，中介机构违法类案件处罚 17 起，私募基金领域违法案件处罚 8 起，期货市场违法案件处罚 3 起，新三板市场违法案件处罚 5 起，等等②。信息披露违法类案件和内幕交易案件均占比 26.8%，两类案件占总案件数比例超过 50%，可见整个市场信息披露和内幕交易仍是"重灾区"。其中，慧球科技"1001 项议案"信息披露违法系列案、鲜言操纵"多伦股份"案、九好集团与鞍重股份"忽悠式重组"案、山东墨龙信息披露违法及实际控制人内幕交易案、唐汉博跨境操纵"小商品城"案、龙薇传媒拟收购万家文化的信息披露违法违规案等都是社会关注度较高的案件，处罚力度也相当大。其中，鲜言操纵"多伦股份"被罚没 34.7 亿元，成为证监会执法以来开出的最大罚没款金额，同时鲜言也被终身市场禁入。再如，雅百特信息披露违法案，是证监会查处的一起性质恶劣的上市公司跨境财务造假案。另外，*ST 智慧也因财务造假而面临投资者高额的索赔诉讼③。

---

① 参见鲁玉祥《证券业系统性风险的识别与评估》，《海南金融》2015 年第 1 期。

② 中国证监会：《2017 年证监会行政处罚情况综述》，http://www.csrc.gov.cn/pub/newsite/zjhxwfb/xwdd/201712/t20171227_329694.html，最近访问日期：2017 年 12 月 27 日。

③ 《今年是证券市场史上最严监管年》，《新民晚报》2017 年 12 月 21 日，第 A09 版。

除对上市公司的处罚之外，2016 年以来，证券监管部门也加大了对证券中介机构违法违规行为的处罚力度。两年来，中国证监会共对 22 家证券中介机构作出行政处罚，有些中介机构及其从业人员因严重违法违规被顶格处罚，个别中介机构因屡犯多次被罚，被暂停承接新的证券业务、责令限期整改，个别从业人员因违法违规情节严重被撤销证券从业资格①。

证券监管部门的"严格监管"在当下证券市场乱象丛生的生态中固然具有一定正当性和必要性，但随之而来的问题是，若近两年是严格监管，为何此前不进行严格监管？再者，"严格监管"可能更多描述的是一种监管部门的态度、措施以及手段，此种从"不严"到"骤严"，是否遵循了监管的科学性以及适用法律规则的正确性？

就内幕交易而言，其严重侵蚀资本市场公开、公平、公正的原则，严重侵害广大中小投资者的利益。以泄露、打探内幕信息为主要特征的传递型内幕交易，进一步延伸了内幕交易非法牟利链条，掩饰了靠内幕信息炒股的违法本质，助长了打探消息、投机炒作的不良风气，严重影响市场秩序和市场参与者的投资信心，严重损害资本市场功能作用发挥，历来是各国证券市场监管执法的打击重点②。据初步统计，2016 年以来正式立案调查的内幕交易涉案主体中，法定内幕信息知情人直接从事内幕交易的占比约为30%，通过亲友、同学、业务伙伴等关系获取内幕信息从事内幕交易的占比近70%③。

尽管"严格监管"在近两年从整治市场生态的角度被肯定，但从其中

① 《证监会重拳打击证券中介违法违规　相关案件呈现四大特点》，新华网，2017 - 12 - 23，http：//www. xinhuanet. com/fortune/2017 - 12/23/c_ 1122156249. htm，最近访问日期：2017年 12 月 27 日。该报道还指出，证券中介机构未勤勉尽责的行为集中表现为：一是不遵守相关业务规则；二是未保持应有的职业审慎；三是对重大会计处理的合规性、评估结论的合理性、法律意见的明确性缺乏合理判断，等等；四是审计、评估、尽调程序流于形式或存在重大缺陷、瑕疵，核查验证义务履行不充分。

② 《证监会严厉打击各种形式的内幕交易》，2017 年 9 月 29 日，http：//www. csrc. gov. cn/pub/newsite/zjhxwfb/xwdd/201709/t20170929_ 324877. html，最近访问日期：2017 年 10 月 7 日。

③ 《证监会严厉打击各种形式的内幕交易》，2017 年 9 月 29 日，http：//www. csrc. gov. cn/pub/newsite/zjhxwfb/xwdd/201709/t20170929_ 324877. html，最近访问日期：2017 年 10 月 7 日。

具体的法律适用依据和执法对象、范围等来看，却受到一定质疑。这也能够促使证券监管部门思考监管的科学性以及监管的"质"与"量"兼顾。

关于IPO，2017年审核也趋于严格。全年A股IPO发行平均每月30～40宗。2017年中，主板发审委与创业板发审委合并。新发审委成立后，新股发行审核更趋于严格。截至12月22日，中国证监会排队上市企业共有508家，较2016年底减少31%[①]。可见，证券监管部门从"源头"上抓上市公司质量，也为下一步推行注册制奠定一定基础。

另外，针对上市公司股东、董监高减持股份，证监会于2017年5月27日发布《上市公司股东、董监高减持股份的若干规定》，两大交易所随后相继发布上市公司股东及董监高减持股份实施细则。规范大股东减持问题，能够抑制大股东的投机行为，对散户投资者权利的保护和整个市场而言都是一项利好。但也有人指出，限制减持新规也可能出现一些负面效应，如证监会限制大股东减持，3个月减持1%的约束看起来很低，却造成一定指引效应，不管大股东是否有减持需要，都会完成1%的减持比例；大宗交易可能成为监管灰色地带；新买入的股票未来不受减持制约，就可能出现股价下跌之后的增持行为；大股东可能会通过互买互卖而规避新规[②]。可见，新规的实施执行质量与效果更重于新规本身，对此，还需要一定时间予以检验。

关于场外配资，证券监管部门继续严查。2017年初，中国基金业协会对涉嫌通过网络平台从事违法证券业务等6家私募基金管理人予以注销登记，这是证监会首次对私募场外配资行为进行查处。如前所述，系统性风险的源头主要是借贷链条，去杠杆、查配资，是直接针对借贷链条采取的举措，这也能为市场恢复正常生态奠定基础。

另外，多层次资本市场仍须进一步建设和发展。事实上，发展多层次资本市场将使上市公司质量、投资者保护以及杠杆水平都能得到改善，令资本市场不会出现较大波动，如整体跌停、停牌、流动性缺失和稳定性不够等现

---

① 金辉：《安永：2017年全球IPO数量大幅上升》，《经济参考报》2017年12月28日，第4版。

② 《解析限制减持的四大问题》，《北京商报》2017年5月31日，第6版。

象。从整个证券市场来看，2017年11月直接融资（企业债券净融资和境内股票融资）占比仅为6.28%，远低于去年同期26.97%的水平。从2017年总体情况来看，市场资金成本有所抬升，债券市场波动较大，股票市场表现整体平淡，而定向增发等监管趋严，都影响了直接融资规模①。因此，全方位进行多层次资本市场建设仍任重而道远。

（三）投资者保护

无论《证券法》修订时涉及强化监管手段，还是证券监管部门近两年来加大对违法违规行为的处罚，这些举措都以保护投资者权益为落脚点。总体来看，中国资本市场仍处于"新兴＋转轨"阶段，违法违规案件多发高发，投资者合法权益容易受到侵害。从《证券法》的修订来看，修订草案二审稿设专章从规范现金分红、投资者适当性管理、先行赔付制度等方面强化投资者保护②。

事实上，证券侵权民事赔偿诉讼在实践中的运行并不理想，存在成本高、证据获取难、索赔效率低等问题，中小投资者运用诉讼维权的积极性不高。虽然目前对欺诈发行引入了保荐机构先行赔付制度，但从欣泰电气案来看，进展却并不如预期顺利。此外，内幕交易、操纵市场类等民事赔偿诉讼在实践中更是非常困难③。同时，现实中的证券案件，往往是刑事责任、行政责任和民事责任等几种责任竞合或并存，民事责任往往得不到优先实现，其现实障碍包括客观上证券民事赔偿诉讼审理及执行效率的滞后性以及证券民事赔偿责任优先的实现缺乏程序性的保障规范。尤其是在行政财产责任与民事赔偿责任竞合之时，往往是行政罚款上缴国库，但民事赔偿数额却在最后确定或难以确定；在刑事财产责任与民事赔偿责任竞合时，在缺乏罚没财产的财政回拨和暂缓入库规则下，民事赔偿优先还只是一纸

---

① 《2017年直接融资报告》，《21世纪经济报道》2017年12月14日，第1版。
② 《证券法修订草案二审：充分考虑证券市场实际》，《中国人大》2017年第9期。
③ 《〈证券法〉修订应突出投资者保护》，《中国经济时报》2017年4月13日，第3版。

空文①。因此，寄希望于优先实现民事责任，切实维护投资者权益，目前在证券侵权诉讼中仍困难重重。

中国证券市场是以散户为主的市场，散户大部分属于中小投资者，为充分保障中小投资者权益，2014 年成立了中证中小投资者服务中心有限责任公司（简称投服中心），该中心定位为公益性属性，致力于为中小投资者自主维权提供支持。尤其是投服中心公益性持有证券等品种，以股东身份行权和维权，此持股行权对投资者权益保护能够实现一系列示范作用、维权作用、警示作用和提升作用②。值得一提的是，2017 年 1 月，在上海市第一中级人民法院公开开庭审理原告刘某等诉被告匹凸匹金融信息服务（上海）股份有限公司及实际控制人鲜某等 8 名高管的证券虚假陈述纠纷案中，投服中心支持诉讼，该起诉讼为首次由证券金融类公益机构支持投资者向上市公司及其实际控制人提起证券赔偿诉讼，并取得胜诉。该起诉讼实现了证券市场支持诉讼的"破冰"，为切实维护中小投资者权益迈开坚实一步。但个案胜诉不足以反映整个证券市场中小投资者诉讼的全貌，此种证券支持诉讼应实现常规化和常态化，才能充分保障投资者权益。

四　2018年展望

（一）以防止发生系统性金融风险为主线的法治建设

中国金融业近年来发展迅速，在经济贡献和 GDP 占比中越来越大，金融所特有的错综复杂的关联性特点及金融风险所具有的传导性特点，使得金融风险可能在不经意间发生，并可能难以掌握和控制。虽然 2015 年 A 股波动并不属于系统性金融风险，但对中国证券市场而言是一个值得深刻

---

① 陈洁：《证券民事赔偿责任优先原则的实现机制》，《证券市场导报》2016 年 6 月号。
② 参见陈甦、陈洁《投服中心持股行权：理念创新与制度集成》，《上海证券报》2017 年 1 月 4 日，第 7 版。

总结反思的历史性事件。近几年，尤其是不良资产、债券违约、影子银行、地方债务、互联网金融、高杠杆等等，都可能会导致"多米诺骨牌"式连锁反应。

与其他领域风险防范不同，系统性金融风险的防范更在于细微之处，更可能在目光未及之处。因此，2018年中国金融监管更要强调全面性、前瞻性和有效性。事实上，任何一个国家的法律漏洞与监管漏洞都在所难免，关键是更要强调市场参与主体的诚信度和规则意识。塑造一种与中国金融业高速发展相匹配的市场参与主体形象和监管主体形象更应当是努力的方向。

（二）以投资者保护为根本的法治体系建设

世界各国资本市场都以投资者保护为根本目标，越成熟的资本市场对投资者保护越全面，中国资本市场亦以此为根本目标。但从投资者的构成来看，A股市场基本以散户投资者为主，机构投资者占比相对较低，上市公司倚仗其所具有的优势地位和强势地位，近些年往往在市场中出现信息披露不合法合规、内幕交易、操纵市场等行为频繁，对于散户投资者而言，自身保护能力较弱，经常无从判别。这些客观情况使得中国资本市场的投资者保护更为艰难和复杂。事实上，2017年A股市场也在试图"去散户化"，力图实现一种"机构市"，如此并非排斥或驱逐中小投资者，而是让更专业和抗风险能力更强的机构成为市场主力，优化市场参与主体结构。但是在目前状况下，中国的"投资者保护"这一命题也往往会被转换成"中小投资者保护"这一命题。

如前所述，中证中小投资者服务中心有限责任公司能够在一定程度上进一步支持中小投资者保护，但是对中国庞大的中小投资者而言，此种未形成规模化的支持可能还尚难以满足中小投资者的利益保护要求。因此，从行政力量上而言，证券监管部门实现"穿透式"监管，打击违法违规行为，上市公司加强信息披露，是保护投资者的直接要求；从社会力量而言，如投服中心等机构需要进一步发展，同时应进一步促进其他社会力量的发展，加强投资者教育。总之，投资者自身健康成长与外部力量的保护需要同时发展，如此才能更好地促进证券市场主体良性循环与发展。

（三）加强中国资本市场的国际地位和国际监管协作

2017 年 6 月，摩根士丹利（MSCI）宣布，从 2018 年 6 月起将中国 A 股纳入 MSCI 新兴市场指数和 MSCI ACWI 全球指数，这标志着国际上承认中国股票市场的全球化，体现了国际投资者对中国经济发展和金融市场的信心。事实上，优化互联互通及 A 股纳入 MSCI 新兴市场指数将助推 A 股进一步实现国际化进程，也会使 A 股市场在 2018 年继续保持其在全球资本市场的领先地位。

在 A 股实现国际化进程的基础上，也要处理好对外开放过程中与境外不同制度的协调衔接，需要进一步加强对国际市场法律制度的跟踪研究和吸收移植，同时使中国的法治建设从中受益。国际统一私法协会起草制定的《中介化证券实体法公约》是国际上重要的基础性法律制度，虽然与中国的做法存在很大不同，但值得中国证监会和证券行业引起高度重视。要抓住《证券法》修订和期货法制定的契机，认真借鉴国际做法和经验，以前瞻性和国际化的视野研究解决市场开放过程中遇到的问题和挑战①。

---

① 《刘士余：抓住〈证券法〉修订契机完善跨境交易与监管协作制度》，《证券日报》2017 年 4 月 1 日，第 A01 版。

2017年的中国自由贸易试验区法治

黄 晋*

摘 要： 中国已经建立了11个自由贸易试验区，在投资开放与市场监管方面取得了一定成就，也形成了一些可复制和可推广的经验。为进一步促进自由贸易试验区的发展，推动自由贸易试验区形成全面开放新格局，本文从自由贸易试验区的投资开放与市场监管政策展开，系统梳理内资和外资的开放，商事登记和证照分离的改革试点，市场监管综合执法、行业监管和刑事司法的衔接，监管信息平台和社会信用体系建设等有关内容，提出了自由贸易试验区在试点和探索投资开放与市场监管政策中存在的问题和应对措施。

关键词： 自由贸易试验区 投资开放 市场监管 事中事后监管

自2013年9月国务院批准建立中国（上海）自由贸易试验区以来，中国自由贸易试验区建设已经形成沿海和内地共同开放的新格局①。分三个批次建立的上海、天津、福建、广东、辽宁、浙江、河南、湖北、重庆、四川和陕西11个省份的自由贸易试验区为中国新一轮开放、政府职能转变、供

---

* 黄晋，中国社会科学院国际法研究所副研究员。

① 《我国自贸试验区成"1+3+7"格局》，新华社，http://news.xinhuanet.com/2017-03/31/c_1120735370.htm，最后访问日期：2017年8月27日。

给侧结构性改革以及形成可复制可推广成果提供了重要支撑①。本文从自由贸易试验区的投资开放与市场监管政策和实践展开，旨在客观评估已有发展和创新，进而为制度和政策的完善提出建议。

一 自由贸易试验区促进投资开放的政策与实践

（一）对外资开放

自由贸易试验区适用了统一的外商投资准入负面清单。当前自由贸易试验区适用的负面清单为2017年7月10日施行的《自由贸易试验区外商投资准入特别管理措施（负面清单）（2017年版）》（以下简称"2017年版负面清单"）②。与自由贸易试验区外适用的《外商投资产业指导目录》不同，外商投资准入负面清单是针对自由贸易试验区内外商投资准入的特别管理措施，普遍适用于自由贸易试验区内境外投资者在中国的投资经营行为。2017年版负面清单分为15个门类、40个条目、95项特别管理措施。根据2017年版负面清单，外资并购的准入限制得到放宽，除了涉及负面清单的外资并购以外，其他全部由审批改为备案管理；投资领域的开放度也得到提高，主要涉及第二产业和第三产业；外资准入的透明度也进一步增强，如列明银行服务等领域的限制性措施，包括投资者资质、业绩要求、股比要求和业务范围等③。2017年版负面清单明确规定，自由贸易试验区内外商投资须遵守清单未列出的特别管理措施以及涉及国家安全、应当进行安全审查的内容④。

---

① 《我国自贸试验区成"1 + 3 + 7"格局》，新华社，http：//news. xinhuanet. com/2017 – 03/31/c_ 1120735370. htm，最后访问日期：2017年8月27日。

② 见中国政府网，http：//www. gov. cn/zhengce/content/2017 – 06/16/content_ 5202973. htm，最后访问日期：2017年12月13日。

③ 《2017年版自贸试验区外商投资负面清单减至95项》，商务部，http：//www. mofcom. gov. cn/article/difang/201706/20170602601811. shtml，最后访问日期：2017年12月13日。

④ 见中国政府网，http：//www. gov. cn/zhengce/content/2017 – 06/16/content_ 5202973. htm，最后访问日期：2017年12月13日。

（二）对民营企业等市场主体开放

在自由贸易试验区所在省份及其市和区推行行政权力清单和责任清单的基础上，天津等自由贸易试验区也相继发布了各自的权力和责任清单，从而助力市场开放。权力和责任清单的公布对于营造公平开放透明的市场管理环境有基础性作用，有助于民营企业等市场主体参与市场经营活动，也为市场开放提供了基础和指引。当前，根据中共中央办公厅、国务院办公厅印发的《关于推行地方各级政府工作部门权力清单制度的指导意见》，国务院各部门及省、区、县等都已经明确公布了行政审批和管理的权力清单和责任清单①。权责清单在自由贸易试验区内外的公布有助于推动政府的依法行政工作和政府治理能力提升，在促进市场管理透明开放的同时，也强化了社会各界对政府行政管理权力的监督和问责。

除了外商投资准入负面清单，市场准入负面清单制度也在上海、天津、广东和福建等四个自由贸易试验区及其所在省和直辖市行政区进行了改革试点②，取得了积极的效果。2016 年，上海、天津、广东和福建共吸收外资879.6 亿元，同比增长 81.3%，以万分之五的国土面积实际使用外资占全国的 10.8%③。根据 2015 年 10 月国务院印发的《关于实行市场准入负面清单制度的意见》，国家发展和改革委员会、商务部会商形成了《市场准入负面清单草案（试点版）》，于 2015 年底至 2017 年 12 月 31 日在上述这些地区试

---

① 《关于推行地方各级政府工作部门权力清单制度的指导意见》，http://www.gov.cn/xinwen/2015－03/24/content_2837962.htm。任进：《以权力清单制度推进有效地方政府治理》，《光明日报》2015 年 4 月 7 日，第 3 版。

② 《国家发展和改革委员会 商务部关于印发市场准入负面清单草案（试点版）的通知》，见国家发展和改革委员会网站，http://www.ndrc.gov.cn/gzdt/201604/t20160411_797878.html，最后访问日期：2017 年 12 月 13 日。《透视市场准入负面清单制度三大看点》，见新华网，http://news.xinhuanet.com/fortune/2015－10/19/c_1116870838.htm，最后访问日期：2017 年 12 月 13 日。

③ 《商务部外资司负责人谈 1～12 月我国吸收外资情况》，见商务部网站，http://www.mofcom.gov.cn/article/ae/ag/201701/20170102501364.shtml，最后访问日期：2017 年 12 月 13 日。

行，并于 2018 年起正式在全国统一实施①。市场准入负面清单制度，是指国务院以清单方式明确列出在境内禁止和限制投资经营的行业、领域、业务等，各级政府依法采取相应管理措施的一系列制度安排。市场准入负面清单由国务院统一制定发布；地方政府需进行调整的，由省级人民政府报国务院批准。市场准入负面清单包括禁止准入类和限制准入类②，适用于各类市场主体基于自愿的绿地投资、增资和并购等投资经营行为以及其他市场进入行为，是适用于境内外投资者的一致性管理措施，是对各类市场主体市场准入管理的统一要求。市场准入负面清单以外的行业、领域、业务等，各类市场主体均可以依法平等进入。实行市场准入负面清单，为民营企业等市场主体提供了更多的自主权，有利于激发其活力，形成统一开放、竞争有序的现代市场体系。

为促进市场开放和公平竞争、消除地方保护和区域封锁，当前各自由贸易试验区所在省份及其市和区等政府部门都逐步建立了公平竞争审查制度。根据《国务院关于在市场体系建设中建立公平竞争审查制度的意见》（国发〔2016〕34 号）③，行政机关和法律法规授权的具有管理公共事务职能的组织等政策制定机关在制定市场准入、产业发展、招商引资、招标投标、政府采购、经营行为规范、资质标准等涉及市场主体经济活动的规章、规范性文件和其他政策措施时都应当进行公平竞争审查；审查要从维护全国统一市场和公平竞争的角度强调市场准入和退出等 4 个标准、18 个不准以及 2 条兜底条款。其中，兜底条款包括：没有法律法规依据不得制定减损市场主体合法权益或增加其义务的政策措施；不得违反《反垄断法》，制定

① 《国家发展和改革委员会　商务部关于印发市场准入负面清单草案（试点版）的通知》，见国家发展和改革委员会网站，http：//www.ndrc.gov.cn/gzdt/201604/t20160411_ 797878.html，最后访问日期：2017 年 12 月 13 日。见中国政府网，http：//www.gov.cn/zhengce/content/2015 – 10/19/content_ 10247.htm，最后访问日期：2017 年 12 月 13 日。

② 根据《市场准入负面清单草案（试点版）》，市场准入负面清单禁止准入的有 96 个大项和 700 多个细项，限制准入的有 230 多个大项和 860 个细项。

③ 见中国政府网，http：//www.gov.cn/zhengce/content/2016 – 06/14/content_ 5082066.htm，最后访问日期：2017 年 12 月 13 日。

含有排除、限制竞争的政策措施。2017 年 10 月 23 日，国家发展和改革委员会等五部门联合发布了《公平竞争审查制度实施细则（暂行）》①，进一步明确了公平竞争审查的审查机制和程序、审查标准、政策指导以及监督问责等，以有效解决实际审查工作中存在的不认真审查和审查能力不足等问题。

此外，为进一步扩大对民营企业等市场主体的开放和鼓励投资，2017 年 9 月，国务院办公厅发布了《关于进一步激发民间有效投资活力　促进经济持续健康发展的指导意见》（国办发〔2017〕79 号）②，鼓励民间资本参与政府和社会资本合作（PPP）项目，促进基础设施和公用事业建设。紧接着，国家发展和改革委员会也出台了《关于鼓励民间资本参与政府和社会资本合作（PPP）项目的指导意见》，推动民间资本规范有序参与基础设施项目建设③。

（三）商事登记改革和"证照分离"试点

1. 商事登记改革

自 2013 年 10 月以来，商事登记制度改革在上海等各自由贸易试验区乃至全国范围内全面展开。商事登记制度改革的具体内容包括放宽注册资本登记条件、实行先照后证登记制、年度检验制度改为年度报告和信息公示制度以及推行电子营业执照制度等。在实行商事主体、经营资格分离，变公司注资实缴制为认缴制以及推行电子执照方面，深圳市走在全国的前面④。继深圳之后，上海自由贸易试验区进一步对注册资本实缴改认缴登记制度改革和

---

① 《公平竞争审查制度实施细则（暂行）》，见国家发展和改革委员会网站，http：//www. ndrc. gov. cn/zcfb/zcfbtz/201710/W020171026608913659002. pdf，最后访问日期：2017 年 12 月 13 日。

② 见中国政府网，http：//www. gov. cn/zhengce/content/2017 – 09/15/content_ 5225395. htm，最后访问日期：2017 年 12 月 13 日。

③ 见国家发展和改革委员会网站，http：//www. ndrc. gov. cn/gzdt/201711/t20171130 _ 869138. html，最后访问日期：2017 年 12 月 13 日。

④ 《商事登记制度改革有七大亮点》，见深圳商报网，http：//news. ifeng. com/gundong/detail_ 2012_ 03/25/13426933_ 0. shtml，最后访问日期：2017 年 12 月 13 日。

"先照后证"改革进行了探索。上海自由贸易试验区扩区后，浦东新区政府与上海自由贸易试验区管委会合署办公，并在此基础上推出了市场准入便利化"双十条"措施，其中"允许自贸试验区律师事务所办公场所作为企业住所登记"的政策是在中国内地的首次尝试，充分借鉴了英美法系国家尤其是香港地区的成熟经验①。广东自由贸易试验区横琴片区管委会则牵头区内工商、税务和海关等多部门制定了《广东横琴自贸试验区商事主体电子证照卡管理试行办法》，在全国率先推出"商事主体电子证照卡"②。2014年修订后的《公司登记管理条例》进一步将年度检验制度更改为年度报告制度，并规定登记机关应将登记、备案信息通过企业信用信息公示系统向社会公示；《企业信息公示暂行条例》也明确建立企业年度报告公示和即时公示制度。此外，2016年10月14日的国务院常务会议还进一步指出，各地应运用"互联网+"，在全国推进企业登记网上办理，同时鼓励有条件的地方对企业登记全程电子化先行先试③。

从2015年的"三证合一"、2016年的"五证合一、一照一码"到2017年的"多证合一、一照一码"，商事登记制度改革的速度明显加快④。2017

---

① 《浦东市场监管体制改革成自贸区样本》，见浦东新区政府网，http：//gov. eastday. com/qxxc/node39/node43/node77/u1ai29024. html，最后访问日期：2017年12月13日。

② 《珠海横琴在全国率先发放"商事主体电子证照卡"》，见新华网，http：//news. xinhuanet. com/fortune/2015－04/29/c_ 1115136238. htm，最后访问日期：2017年12月13日。

③ 见国家发展和改革委员会网站，http：//zhs. ndrc. gov. cn/zcdt/201703/t20170330_ 842925. html，最后访问日期：2017年12月13日。

④ "多证合一"改革的目的是使企业在办理营业执照以后不再有其他审批，从而迅速达到预定可以生产经营的状态。在推行"多证合一"前，相关工作曾涉及工商营业执照、组织机构代码证、税务登记证"三证合一"登记制度改革。此后，在此基础上，又整合社会保险登记证和统计登记证，实现"五证合一、一照一码"。

除了企业外，与"三证合一""五证合一"相比，"多证合一"将个体工商户也纳入改革范围，从而实现个体工商户工商营业执照和税务登记证也整合到营业执照上。当前，由于各地产业差异大且涉企数量不一，"多证合一"改革给地方提供了更大的自由裁量权，哪些证件合在一块是由各个省份根据实际情况决定的。"一照一码"就是通过"一口受理、并联审批、信息共享、结果互认"，将由工商、质检和税务机关等多部门分别核发的不同证照，改为通过"一窗受理、互联互通、信息共享"，由工商部门直接核发加载法人和其他组织统一社会信用代码的营业执照，相关信息在全国企业信用信息公示系统公示，并归集至全国信用信息共享平台。

年4月，为深化商事制度改革，推进工商登记注册便利化，国家工商行政管理总局发布了《关于全面推进企业电子营业执照工作的意见》，提出加快建立全国统一标准规范的电子营业执照模式、电子营业执照管理系统和电子营业执照管理机制，推进建设全国统一的电子营业执照库，确保在2017年10月底前各级工商、市场监管部门都具备电子营业执照发放能力，逐步实现电子营业执照跨区域、跨部门、跨领域的互通互认互用①。2017年5月5日，国务院办公厅发布了《关于加快推进"多证合一"改革的指导意见》（国办发〔2017〕41号），明确要求全面实施"多证合一"和"一照一码"营业执照广泛应用，深化信息共享和业务协同，简化企业准入手续，并强调各地区、各部门要确保"多证合一"改革在2017年10月1日前落到实处、取得实效②。为深化部门间信息共享和业务协同，工商总局、商务部、海关总署根据该指导意见印发了《推进"多证合一"改革　加强部门信息共享合作备忘录》③。在《全国深化简政放权放管结合优化服务改革电视电话会议重点任务分工方案》中，国务院办公厅又进一步要求2017年10月底前在全国范围内实现"多证合一、一照一码"，对工商登记前后涉及的信息采集、记载公示和管理备查类的各种涉企证照事项，能整合的尽量整合、能简化的尽量简化④。

2. "证照分离"试点

"证照分离"促进了企业投资的便利化。行业经营许可证和营业执照是企业进入市场的入场券。为解决办证办照难问题，国务院常务会议于2015年12月通过了《关于上海市开展证照分离改革试点总体方案》，决定在上

---

① 见国家工商行政管理总局网站，http：//www. saic. gov. cn/zw/wjfb/zjwj/201704/t20170412_261165. html，最后访问日期：2017年12月13日。

② http：//www. gov. cn/zhengce/content/2017 – 05/12/content_ 5193122. htm，最后访问日期：2017年12月13日。

③ 见国家工商行政管理总局网站，http：//www. saic. gov. cn/zw/wjfb/lhfw/201710/t20171027_269972. html，最后访问日期：2017年12月13日。

④ 见中国政府网，http：//www. gov. cn/zhengce/content/2017 – 06/30/content_ 5207000. htm，最后访问日期：2017年12月13日。

海浦东新区开展"证照分离"改革试点，试点期为 3 年①。上海浦东新区随后对 116 项审批事项按照取消审批、改备案、告知承诺、提高透明度和可预期性、强化市场准入监管等 5 种方式进行改革，并在 2017 年以全面覆盖为目标将 548 项企业市场准入审批事项全部纳入"证照分离"改革范围。根据上海市发展与改革研究院针对 557 个企业样本的评估，"证照分离"改革后企业注册便利程度和企业经营便利程度高、较高的分别占到 87% 和 85%②。2017 年 9 月，在上海市浦东新区"证照分离"改革试点经验基础上，国务院将试点工作进一步推广至天津等 10 个自由贸易试验区，以复制推广改革试点的成熟做法。根据《关于在更大范围推进"证照分离"改革试点工作的意见》，国务院将已经批复上海市改革试点的 116 项行政许可等事项（国务院或部门已取消的事项除外）在天津等 10 个自由贸易试验区内推广试点，期限至 2018 年 12 月 21 日；超出 116 项不涉及修改法律和行政法规、国务院文件的行政审批等事项，各地可自行确定是否纳入改革范畴；超出 116 项的范围或改变相应改革措施，且涉及修改法律和行政法规、国务院文件的，应按程序报批③。除涉及国家安全、公共安全、生态安全和公众健康等重大公共利益外，10 个自由贸易试验区内能分离的许可类的"证"都将分离出去，并根据地方实际分别采用适当管理方式；同时 10 个自由贸易试验区将"证照分离"改革后属于信息采集、记载公示和管理备查类的各种证照进一步整合到营业执照上，实行"多证合一、一照一码"④。

---

① 见中国政府网，http://www.gov.cn/zhengce/content/2015 – 12/29/content_ 10519. htm，最后访问日期：2017 年 12 月 13 日。

② 《八成企业认为便利："证照分离"将进场"钥匙"还给市场》，见新华网，http://sh. xinhuanet. com/2017 –09/26/c_ 136637971. htm，最后访问日期：2017 年 12 月 13 日。

③ 见中国政府网，http://www.gov.cn/zhengce/content/2017 – 09/28/content_ 5228228. htm，最后访问日期：2017 年 12 月 13 日。

④ 见中国政府网，http://www.gov.cn/zhengce/content/2017 – 09/28/content_ 5228228. htm，最后访问日期：2017 年 12 月 13 日。

二 自由贸易试验区加强事中事后监管的探索

事中事后监管是自由贸易试验区创新行政管理方式的重要内容。《中国（上海）自由贸易试验区总体方案》《中国（天津）自由贸易试验区总体方案》《中国（广东）自由贸易试验区总体方案》等 11 个自由贸易试验区总体方案中都提出应当注重事中事后监管工作。在事中事后监管创新上，福建自由贸易试验区率先建立了风险防控清单，针对涉及国家安全、意识形态、黄赌毒以及可能引发行业风险的有关事项确定了 18 个底线风险[①]；上海市在 2016 年 8 月第一个出台了《进一步深化中国（上海）自由贸易试验区和浦东新区事中事后监管体系建设总体方案》，从引导自律、探索自治、推动监督、加强政府监管、强化专业监管、创新监管体制、创新监管方式方法、加强监管基础平台建设等 8 个方面推动事中事后监管体系建设；天津自由贸易试验区则从顶层设计和系统集成的角度，编制了制度创新风险防控措施清单，详细梳理出 48 项风险事项、71 个风险点，提出 120 条风险防控措施，初步建立了事中事后监管体系[②]。在中央层面，为规范市场执法行为，切实解决检查任性和执法扰民、执法不公、执法不严等问题，国务院办公厅发布了《关于推广随机抽查规范事中事后监管的通知》[③]；紧接着，国务院也发布了《关于"先照后证"改革后加强事中事后监管的意见》，提出职责法定、信用约束、协同监管和社会共治等四项基本原则，并要求严格行政审批事项、厘清市场监管职责、完善协同监管机制、构建社会共治格局和加强组织实施[④]。

[①]《福建自贸试验区事中事后监管工作取得明显成效》，见福建自由贸易试验区网站，http://www.china-fjftz.gov.cn/article/index/aid/3684.html，最后访问日期：2017 年 12 月 13 日。

[②]《自贸区事中事后监管体系初步建立》，《渤海早报》2016 年 8 月 5 日，第 11 版。

[③] 见中国政府网，http://www.gov.cn/zhengce/content/2015-08/05/content_10051.htm，最后访问日期：2017 年 12 月 13 日。

[④] 见中国政府网，http://www.gov.cn/zhengce/content/2015-11/03/content_10263.htm，最后访问日期：2017 年 12 月 13 日。

（一）市场监管综合执法

建立集中统一的市场监管综合执法体系是自由贸易试验区探索行政管理体制改革的一项重要任务。为减少多头执法和重复检查，上海自由贸易试验区市场监督管理局将原工商、质监、食药监、价格监督检查职能合并为"四合一"网上综合执法平台，实现了各领域监管信息的实时传递和无障碍交换①。2016 年 8 月，上海市通过《关于进一步深化中国（上海）自由贸易试验区和浦东新区事中事后监管体系建设的总体方案》，积极探索建立以综合监管为基础、以专业监管为支撑的监管体系，构建市场主体自律、业界自治、社会监督、政府监管互为支撑的监管格局②。与上海自由贸易试验区的市场监管综合执法实践不同，广东自由贸易试验区南沙片区则成立综合行政执法局，逐步整合片区范围内商务、知识产权、环境保护、水务、劳动监察、文化（含新闻出版广播影视、版权）、建设工程文明施工、城市管理、国土资源、工商、质监、食品药品安全、交通运输、房屋管理等 14 个领域法律、法规、规章规定的行政处罚权以及相关的监督检查、行政强制职权③。

在自由贸易试验区积极试点综合执法体制的同时，国务院也在中央层面积极推动市场监管综合执法体系建设。2014 年 7 月，国务院发布了《关于促进市场公平竞争　维护市场正常秩序的若干意见》，推动在全国范围内完善市场监管体系，改革监管执法体制④。2017 年 1 月 12 日，为加强和改善市场监管、维护全国统一大市场、市场公平竞争以及广大消费者权益，国务

① 《李克强考察上海自贸区市场监督管理局最看中什么？》，见中国新闻网，http://www. chinanews. com/gn/2016/11 - 22/8071364. shtml，最后访问日期：2017 年 12 月 13 日。
② 见上海市政府网，http://www. shanghai. gov. cn/nw2/nw2314/nw2319/nw12344/u26aw48434. html，最后访问日期：2017 年 12 月 13 日。
③ 《进一步探索"一支队伍管执法"的事中事后市场监管新模式》，《人民日报》2017 年 4 月 27 日，第 11 版。另见 http://paper. people. com. cn/rmrb/html/2017 - 04/27/nw. D110000renmrb_ 20170427_ 7 -11. htm，最后访问日期：2017 年 12 月 13 日。
④ 见中国政府网，http://www. gov. cn/zhengce/content/2014 -07/08/content_ 8926. htm，最后访问日期：2017 年 12 月 13 日。

院印发了《"十三五"市场监管规划》①，为市场监管提供明确的框架。2017年11月6日，国务院办公厅又发布了《关于同意建立市场监管部际联席会议制度的函》②，同意建立由工商总局牵头、35个部门组成的市场监管部际联席会议制度。

实践中，深圳市、浙江省和天津市对市场监管综合执法体系的探索走在了自由贸易试验区和全国的前面③。深圳市组建市场和质量监督管理委员会为政府工作部门，同时下设市场监督管理局（市质量管理局、市知识产权局）、市食品药品监督管理局和市场稽查局；浙江省在基层统一工商、质监和食药监的职能和机构，在地级市维持地方自主，在省级保持机构设置不变；天津市则是在省级层面建立了大市场大部门监管新体制，由市场和质量监督管理委员会整合了原天津市工商行政管理局、食品药品监督管理局和质量技术监督局三个部门的监管职能以及市卫生局承担的食品安全有关职责，设稽查总队，形成了行政区域内垂直管理的统一市场监管模式。此外，需要指出的是，广东省于2016年7月通过了《广东省市场监管条例》，成为全国首个以地方法规方式推动健全市场监管制度的省份。

（二）行业监管和刑事司法的协调

自由贸易试验区在探索和发展综合监管与行业监管联动机制上有重要作用。以上海自由贸易试验区为例，上海市政府在《进一步深化中国（上海）自由贸易试验区和浦东新区事中事后监管体系建设总体方案》中指出，要以部门联动和信息共享为基础，实施协同监管；建立健全跨部门联动响应机制，增强监管合力，提升监管效能；市场综合监管与投资、贸易、金融等专业监管要协调，形成跨部门、跨领域联合监管，推动监管制度创新；要坚持

---

① 见中国政府网，http://www.gov.cn/zhengce/content/2017 – 01/23/content_ 5162572. htm，最后访问日期：2017年12月13日。

② 见中国政府网，http://www.gov.cn/zhengce/content/2017 – 11/13/content_ 5239296. htm，最后访问日期：2017年12月13日。

③ 胡颖廉：《比对深圳、浙江和天津统一市场监管体制改革模式》，http://opinion. caixin. com/2014 – 08 –11/100715262. html，最后访问日期：2017年12月13日。

综合执法和专业执法相结合，坚持机构设置精简高效，整合政府部门间相同相近的执法职能，探索形成以市场监管、城市管理、治安管理三大综合领域为重点，知识产权、农林牧渔、劳动监察、卫生监督等若干专业领域为补充的综合执法体系①。

在加强行政执法与刑事司法衔接和协调方面，天津等自由贸易试验区进行了有益的探索。天津自由贸易试验区市场监管局在食品安全等领域对畅通行政执法和刑事司法渠道、完善案件移送、执法信息通报、加强与刑事司法机关沟通等方面进行了探索，有助于减少市场监管中存在的以罚代刑问题，同时强化了行政执法与刑事司法之间的协调与衔接机制②。需要指出的是，广东省在促进行政执法和刑事司法衔接机制上走在了全国的前列。2016 年 1 月，《珠海经济特区行政执法与刑事司法衔接工作条例》正式实施，这是全国首部"两法衔接"地方性法规；截至 2017 年 10 月，广东省"两法衔接"信息共享平台已接入 3123 家行政执法成员单位，各行政执法机关通过信息共享平台移送涉嫌刑事犯罪案件 1.4 万余件③。

（三）监管信息平台和社会信用体系的建设

监管信息平台和社会信用体系的建设也是各自由贸易试验区试点探索行政管理体制改革的重要内容。2014 年 6 月 14 日，国务院发布了《社会信用体系建设规划纲要（2014～2020 年）》，提出到 2020 年基本建立社会信用基础性法律法规和标准体系、基本建成以信用信息资源共享为基础、覆盖全社会的征信系统以及基本健全信用监管体制的目标④。为此，各自由贸易试验

---

① 见中国上海网，http：//www. shanghai. gov. cn/nw2/nw2314/nw2319/nw12344/u26aw48434. html，最后访问日期：2018 年 1 月 2 日。
② 见国家工商行政管理总局网站，http：//www. saic. gov. cn/fgs/gzdt/gdfzdt/201607/t20160705_259491. html，最后访问日期：2017 年 12 月 13 日。
③ 《强化"两法衔接" 推进依法行政》，《南方日报》2017 年 11 月 29 日，第 A06 版。另见人民网，http：//gd. people. com. cn/n2/2017/1129/c123932 - 30974362. html，最后访问日期：2017 年 12 月 13 日。
④ 见中国政府网，http：//www. gov. cn/zhengce/content/2014 - 06/27/content_ 8913. html，最后访问日期：2017 年 12 月 13 日。

区加快了监管信息平台和社会信用体系建设的探索。以上海自由贸易试验区为例，自 2014 年 3 月起上海自由贸易试验区率先创设企业年检改年报公示制度及经营异常名录制度以来，上海自由贸易试验区已经初步建立了网上综合监管平台和公共信用信息服务平台。其中，综合监管平台是统一的监管信息共享和业务联动平台，具备联合惩戒、行刑衔接、社会监督等应用功能，旨在为各部门实施协同监管提供支持，能够促进各领域监管信息的实时传递和无障碍交换，消除部门信息的"孤岛"和"蜂窝煤"状况；公共信用信息平台主要包括资格资质、认证认可等基本信息，能够增强违法违规、欠缴欠费等失信信息的归集力度，并对失信主体在土地供应、招投标等方面依法依规予以限制或者禁止，从而形成"一处失信、处处受限"的效应①。2017年 3 月，国务院印发的《全面深化中国（上海）自由贸易试验区改革开放方案》对上海自由贸易试验区提出了更高要求，指出上海自由贸易试验区要探索建立公共信用信息和金融信用信息互补机制，探索形成市场主体信用等级标准体系，培育发展信用信息专业服务市场②。

三　自由贸易试验区投资开放与市场监管中存在的问题与应对

尽管上海等自由贸易试验区在投资开放与市场监管政策的探索与创新上取得了不错的成绩，形成了一些可复制和可推广的经验，且已经开始在其他自由贸易试验区和自由贸易试验区以外地区进行逐步推广，然而需要注意的是，试点和探索的某些投资开放与市场监管政策在实践中也暴露出了一些问题，有待进一步解决。

---

① 《上海自贸区迎事中事后监管方案"升级版"　建综合平台破信息"孤岛"》，见新华网，http：//finance.china.com.cn/roll/20160815/3859687.shtml，最后访问日期：2017 年 12 月 13 日。
② 见中国政府网，http：//www.gov.cn/zhengce/content/2017－03/31/content_ 5182392.htm，最后访问日期：2017 年 12 月 13 日。

一是需要厘清外商投资准入负面清单与行业立法的关系。尽管与前几版外商投资准入清单相比，2017 年版负面清单的内容已经更为丰富和具体，但其仍然存在行业立法的衔接问题。以海运航运为例，根据《海运条例》和《关于试行无船承运业务经营者保证金责任保险的通知》的规定，经营无船承运业务，应当向国务院交通主管部门办理提单登记，并缴纳保证金或者购买无船承运业务经营者保证金责任保险；在中国境内经营无船承运业务，应当在中国境内依法设立企业法人①。与行业立法不同，2017 年版负面清单没有关于无船承运人的限制措施。那么，是否可以简单地理解为自由贸易试验区内从事无船承运业务的经营者无须缴纳保证金或者购买保证金责任保险呢？答案肯定是不行。事实上，2017 年版负面清单解决的是外资准入的问题，实践中行政法规对行业的限制准入规定仍然适用于自由贸易试验区内，即使外商投资不涉及负面清单内容，其在自由贸易试验区的投资仍然应符合行业立法的规定。

二是需要注意市场准入负面清单与行业立法的衔接问题。当前《市场准入负面清单草案（试点版）》同样没有包括行业立法中的所有特别管理措施，未来在全国推广适用市场准入负面清单时也会面临与行业立法的衔接问题。如果企业从事了不属于市场准入负面清单的禁止或者限制行为，但违反了行业立法中的禁止或者限制措施，那么，企业是否应当承担违法的责任？反之，如果企业从事了市场准入负面清单的禁止或者限制行为，但没有违反有关法律和行业法规，那么，如何追究企业的相关责任？

三是应加快推进商事登记和证照分离改革的各项工作。英国等发达国家早在 2013 年就完成了企业登记全程电子化工作，其完善的行业许可立法也为行业发展提供了坚实的基础。与这些国家相比，中国的商事登记和证照分离还正在以行政方式积极推进，不完善的行业许可立法有时甚至给"证照分离"改革造成了一定的障碍。一方面，鉴于商事登记和证照分离制度是中国商事制度改革的核心环节，中国应当积极借鉴英国等国家的商事立法和

---

① 李林、田禾主编《中国地方法治发展报告 No.3（2017）》，社会科学文献出版社，2017。

实践，在数字经济条件下积极创新，加快商事立法和修法过程，鼓励电子商事登记，推动工商部门在全国范围内公布章程范本等；另一方面，中国应当积极推动航运、电信等相关行业的立法、修改和完善工作，为"证照分离"和行业发展提供法律依据和制度安排。

四是应强调在推动统一市场监管综合执法时重视监管的专业性。中国推动统一市场监管综合执法不能忽视监管的专业性问题。以食品药品监管为例，当前除了深圳市以外，各地在推动统一市场监管综合执法体系时都将普通商品监管和食品、药品等特殊商品监管纳入一体化监管，这种弱化专业监管的操作模式，没有考虑普通执法人员成为专业监管人员的学习时间和学习成本，在现实中产生了许多问题。有鉴于此，有必要从专业监管角度考虑统一市场监管综合执法的问题，不能一蹴而就推进统一市场监管综合执法体系，将所有执法工作一股脑儿地交给某个执法部门，不考虑其监管能力和监管后果。

五是应注意行政执法和刑事司法的衔接问题。市场监管的目标是保障市场健康发展，鼓励和保护公平竞争，维护竞争有效的市场环境，保护经营者和消费者权益。市场监管者应当做到积极执法，将行政执法过程中发现的涉嫌犯罪案件依法移送公安机关，法院、检察院、公安机关等对刑事司法过程中发现的需要给予行政处罚的案件也应建议市场监管者给予处理，从而形成市场监管行政执法与刑事司法无缝衔接，为实现统一的市场监管目标提供支撑。为此，应从顶层设计角度考虑行政执法和刑事司法衔接问题，建立案件移送、工作监督和信息平台共享机制，为行政机关提供指引，为司法公正提供方向，进而保障全国市场健康发展。

六是要继续完善综合监管信息平台和社会信用体系建设。综合监管信息平台与社会信用体系建设是相互联系、密不可分的。社会信用体系建设应包括个人和企业的社会征信体系建设，涉及个人和企业在社会生产生活中的方方面面。社会信用体系平台建设不应鼓励各行各业和各地区自行建设条块分割、相互撕裂的信用信息数据库，而应遵从征信行业发展规律，从顶层进行设计，依照相关法律法规授权特定机构进行管理，从国家层面打破行业间、

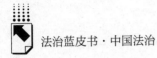

地域间、部门间和各级政府间的信息碎片化管理体制，利用互联网的优势将公安、工商、税务、商务、银行、交通、海关、社保等多部门储存的个人和企业信息进行整合，并通过信息平台实现行政机关和法院、检察院等司法机关共享，从而推动整个社会信用体系的构建和提升。基于社会信用体系平台建立的全国性综合监管平台则应将举报、调查和证据搜集、异地协助、行政惩戒、行刑衔接和社会监督等纳入应用功能，为各地区和各部门实施协同监管提供支持和帮助，进而解决现在互联网电子商务跨地域违法和执法的难题。

B.9
民法分则与司法解释的衔接

——以"侵权责任编"及相关司法解释为例

窦海阳*

摘　要： 司法解释是最高人民法院针对审判工作中具体应用法律的问题作出的解释。因其规则细致、具有极强的实用价值，对现行法的缺漏多有弥补，故而在民法典编纂时应当将其纳入其中。但是，由于司法解释体量巨大，在具体规则上多有烦冗，不宜将其全部纳入基本法典。又由于司法解释是随着社会的发展变化需要不断作出的实时性规则，其中已有诸多过时之处，理应予以清理。因此，在将司法解释纳入法典之时，应通过"减法"，涤除过时、冗余、矛盾之规则。另外，也应当根据社会发展需要，将司法解释具有创新意义的规则全部纳入法典，适当地做"加法"。

关键词： 民法分则　司法解释　侵权责任　民法典编纂

民法典应当是一部具有实际适用规则的规范集合，法官在裁判时主要倚重于此，这样可以保证法令统一。基于这种考虑，在民法典编纂中应当将三十多年来颁布的具有极强适用意义的司法解释通过"增""减"予以纳入。

---

* 窦海阳，中国社会科学院法学研究所副研究员。

一　司法解释纳入民法典的必要性

民法典的编纂有两条路径：一条是将民法典定位为一部仅提供基础性规则的法典，具体的操作性规范则留给民法典之外的民事单行法或司法解释，法典与民事单行法、司法解释可以通过参照、转引等立法技术共同对社会生活进行调整①；另一条是通过对现有的民事法律以及司法解释的具体规则进行梳理、筛选、归纳，将其体系性地纳入民法典，使民法典成为内容全面、规则细致的民事规范全书②。

从目前的立法规划以及《民法总则》的编纂情况来看，中国民法典并没有选择第一条路径，而是对现行的民事规范进行整理与修正，以此为基础编纂一部着眼于规则具有可适用性的民法典。这种路径是切合中国实际的。经过近40年的法制建设，立法机构通过制定和颁布一系列的民事单行法以及最高人民法院颁行的大量条文化的司法解释，在民事领域已经形成了一整套结构完整、内容丰富的民事规范体系。这些规范经过几十年的理论研究以及司法适用，在实践应用以及理论建设上已经形成了自有的特色与传承。虽然这些经验仍然存在或多或少的偏差与缺漏，但它是基于中国现实的社会生活形成并发展起来的，在法典编纂中应当重视其实用价值，而不能为了追求某种完美体系而予以抛弃。由此看来，在民法典编纂过程中不能推翻既有的民事法律体系框架，通过大规模地创制民事法律规范进行体系的重构，而是应当将主要任务放在对现有民事规范的整理上，以消除规则之间存在的矛盾、冲突之处，通过汇编式、重述式的整理完成编纂工作。

在既有的民事规范中，体量最大、规则最细、内容最全面的当属最高人民法院历年来颁行的各种司法解释。司法解释是最高人民法院针对审判工作

---

① 参见苏永钦《寻找新民法》，北京大学出版社，2012，第18页以下。
② 参见薛军《中国民法典编纂：观念、愿景与思路》，《中国法学》2015年第4期。

中具体应用法律的问题作出解释①。在过去的 40 年中，以《民法通则》为代表，为顺应社会转型期的灵活性需要、避免制度规则的僵化，立法指导思想采取的是"宜粗不宜细"的方针。这类粗浅型法律无法适应要求有具体适用规则的司法实践，因此最高人民法院为应对复杂多变的案件审理问题，出台了一系列规则细致的司法解释，以此满足司法实践对可操作性规范的需求。

尽管细致的司法解释是为了应对粗陋的立法而作出的实践应对，而且在很大程度上效果是积极、显著的，但是这些年来的司法解释不断出台，导致数量急剧上升，有失控之嫌。相比被"解释"的民事法律来说，司法解释的条文数量远远高于法条的数量。更为严重的是，司法解释之间以及先前相关的司法解释与后颁行的法律之间的效力关系不清、法律适用的确定性受到损害的问题非常明显。以侵权法为例，从《民法通则》到《侵权责任法》，侵权类司法解释至今已超过百余件，各种司法解释的条文规模大大超过法律条文。有的司法解释如《最高人民法院关于审理人身损害赔偿案件适用法律若干问题的解释》早于《侵权责任法》颁行，按照常理来说，《侵权责任法》应当对人身损害赔偿问题作了全面的、最新的规定，但《侵权责任法》并没有完全吸收司法解释乃至对其很多有益规定视而不见，以至于对司法实践而言，仍然更多地适用司法解释的规定。

由于最高人民法院在颁布司法解释的时候，通常并不明确指出相关的规

---

① 参见 1981 年全国人民代表大会常务委员会《关于加强法律解释工作的决议》以及最高人民法院《关于司法解释工作的规定》（法发〔2007〕12 号）第 2 条。司法解释的权力归属最高人民法院。司法解释既然是一种具有普遍法律效力的规范性法律文件，那么，法官在将其适用于具体案件事实时，同样会发生如何理解规则的法解释问题。因此，对司法解释予以再解释是一种必然会发生的后果。法官在对司法解释予以再解释时，同样难以克服解释的主观性、不一致性。于是，一些省、直辖市高级人民法院对最高人民法院发布的司法解释作出进一步解释，这更加造成了制度不一、规则繁乱的现象。因此，最高人民法院规定了地方人民法院不得在本辖区内制定普遍适用的、涉及具体应用法律问题的"指导意见""规定"等解释性质的文件，制定的其他规范性文件也不得在法律文书中援引。参见最高人民法院、最高人民检察院《关于地方人民法院、人民检察院不得制定司法解释性质文件的通知》（法发〔2012〕2 号）。

定究竟是针对哪一部法律的哪一个具体条文的解释，这就导致法律适用中的不确定性。这种不确定性，主要来源于司法解释在法律渊源体系中的定位不明确，特别是它与制定法的关系没有得到清晰的界定①。司法解释原本的功能在于对现有法条的具体适用予以解释，但是立法的粗疏使得法官对司法解释存在严重的依赖，最高人民法院对司法解释的主观能动性和制定能力越来越强，呈现出明显的"立法化"趋势，以致在法律适用上生发出日益膨胀的司法解释"流弊"。种类繁多、数量巨大的司法解释，已对民事法律构成严重解构之势②。

民法典编纂的本质工作就是要重塑、整合现有法律规范和司法解释，消除现行法及解释中存在的矛盾冲突，规整法律规范体系，为民事司法裁判提供统一的规范依据。因此，为防止司法解释僭越法律，充分体现民法典在司法裁判中的规范指引功能，应当高度重视民法典编纂与民事司法解释之间的关系协调问题。将司法解释"收编"到民法典是编纂者责无旁贷、必须面对并要尽快解决的难题。

二 侵权类司法解释的总体情况

《最高人民法院关于司法解释工作的规定》（法发〔2007〕12号）第6条将司法解释的形式分为"解释""规定""批复"和"决定"四种。

"解释"是对在审判工作中如何具体应用某一法律或者对某一类案件、某一类问题如何应用法律制定的司法解释。典型的侵权类"解释"如《最高人民法院关于审理人身损害赔偿案件适用法律若干问题的解释》（法释〔2003〕20号）、《最高人民法院关于确定民事侵权精神损害赔偿责任若干问题的解释》（法释〔2001〕7号）、《最高人民法院关于审理环境侵权责任纠纷案件适用法律若干问题的解释》（法释〔2015〕12号）。

---

① 参见薛军《民法典编纂如何对待司法解释》，《中国法律评论》2015年第4期。
② 参见朱广新《超越经验主义立法：编纂民法典》，《中外法学》2014年第6期。

"规定"是根据立法精神对审判工作中需要制定的规范、意见等司法解释。典型的侵权类"规定"如《最高人民法院关于审理利用信息网络侵害人身权益民事纠纷案件适用法律若干问题的规定》（法释〔2014〕11 号）、《最高人民法院关于审理侵害信息网络传播权民事纠纷案件适用法律若干问题的规定》（法释〔2012〕20 号）。

"批复"是对高级人民法院、解放军军事法院就审判工作中具体应用法律问题的请示制定的司法解释。这类解释由于是对具体个案或问题的答复，在数量上比较大，在内容上比较繁杂。这些批复不仅有对法律条文具体适用的解释，而且甚至有对司法解释条文的再解释，如《最高人民法院关于人民法院是否受理刑事案件被害人提起精神损害赔偿民事诉讼问题的批复》（法释〔2002〕17 号）、《最高人民法院关于在道路交通事故损害赔偿纠纷案件中机动车交通事故责任强制保险中的分项限额能否突破的请示的答复》（〔2012〕民一他字第 17 号）。

"决定"是修改或者废止司法解释。这类比较简单，涉及侵权类司法解释的修改或者废止的"决定"有四个。

（1）《最高人民法院关于废止 1979 年底以前发布的部分司法解释和司法解释性质文件（第八批）的决定》（法释〔2012〕13 号）：《最高人民法院关于职工因交通事故死亡抚恤问题的复函》（〔1962〕法研字第 112 号）已被《侵权责任法》代替。《最高人民法院关于交通肇事抚恤问题的批复》（〔1963〕法研字第 42 号）已被《侵权责任法》代替。

（2）《最高人民法院关于废止 1980 年 1 月 1 日至 1997 年 6 月 30 日期间发布的部分司法解释和司法解释性质文件（第九批）的决定》（法释〔2013〕2 号）：《最高人民法院关于死亡人的名誉权应受法律保护的函》（〔1988〕民他字第 52 号）已被《最高人民法院关于确定民事侵权精神损害赔偿责任若干问题的解释》代替。《最高人民法院关于已分家独自生活的被赡养人致人损害时不能由赡养人承担民事责任问题的批复》（〔1989〕法民字第 32 号）已被《侵权责任法》代替。《最高人民法院关于国内船舶发生海损事故造成的营运损失应列入海损赔偿范围的复函》〔法（交）函

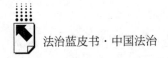

〔1991〕104 号〕已被《侵权责任法》代替。

（3）《最高人民法院关于废止 1997 年 7 月 1 日至 2011 年 12 月 31 日期间发布的部分司法解释和司法解释性质文件（第十批）的决定》（法释〔2013〕7 号）：《最高人民法院关于审理触电人身损害赔偿案件若干问题的解释》（法释〔2001〕3 号）与《最高人民法院关于审理人身损害赔偿案件适用法律若干问题的解释》相冲突，《最高人民法院关于参照〈医疗事故处理条例〉审理医疗纠纷民事案件的通知》（法〔2003〕20 号）与《侵权责任法》等法律规定相冲突。

（4）《最高人民法院关于废止部分司法解释和司法解释性质文件（第十一批）的决定》（法释〔2015〕2 号）：《最高人民法院关于人民法院是否受理刑事案件被害人提起精神损害赔偿民事诉讼问题的批复》（法释〔2002〕17 号）已经被《最高人民法院关于适用〈中华人民共和国刑事诉讼法〉的解释》（法释〔2012〕21 号）所替代。

以上是最高人民法院以新的司法"决定"的方式集中宣布以往颁行的司法解释失效。但是，仅有这四份"决定"的清理仍然不够，因为这仅仅清理了所有涉侵权类司法解释的一小部分，还有更多更为复杂的解释有待清理。对于司法解释的清理，困难的在于第一类"解释"，如何将这些条文式解释经过选择与删除，与《侵权责任法》以及其他法律相衔接，最终纳入民法典中，需要大量的工作。另外应指出的是，尽管最高人民法院发布决定明令这些司法解释失效，但在理论与实践中仍然存在争议，如被明令废止的《最高人民法院关于审理触电人身损害赔偿案件若干问题的解释》在具体规定上仍然有可保留之处，一概将其废止并不妥当。对此，下文再作详述。

三　侵权类司法解释的清理及与法律规定的衔接

根据民法典编纂的思路，民法分则"侵权责任编"的制定应当在《侵权责任法》的基础上进行，结合相关司法解释，对原先不合理的一些规定予以修改,对存在缺漏的地方予以填补,对实践中的新问题增加规定。据此,对于司法解释的清理就包括两个方面:一个主要方面是"减",即删减冗余、重复、过时的规定;另一个方面是"增",即根据实践需要,将《侵权责任法》中没有规定而司法解释中的新规定增加到"侵权责任编"中。

(一)司法解释的"减"

1. "调整范围"排除

自《侵权责任法》颁布以来,有些问题虽然本质上属于侵权纠纷,但是被排除出一般性侵权规范,而由特别规范予以调整。有的侵权纠纷在是否归属一般性侵权规范的调整上存在理论争议,但考虑到其特殊性,《侵权责任法》未将其纳入,在未来"侵权责任编"的体系结构上也会大致沿袭《侵权责任法》的体系安排。因此,对于调整范围属于特别领域侵权纠纷的司法解释,可以排除出"侵权责任编",继续交由单行特别法规定。

(1)海商法领域:《最高人民法院关于审理船舶油污损害赔偿纠纷案件若干问题的规定》(法释〔2011〕14 号)。

(2)国家赔偿法领域:《最高人民法院关于人民法院赔偿委员会审理国家赔偿案件适用精神损害赔偿若干问题的意见》(法发〔2014〕14 号)、《最高人民法院关于审理人民法院国家赔偿确认案件若干问题的规定(试行)》(法释〔2004〕10 号)。

(3)知识产权领域:《最高人民法院关于在专利侵权诉讼中能否直接裁判涉案专利属于从属专利或者重复授权专利问题的复函》(〔2004〕民三他字第 9 号)、《最高人民法院对〈辽宁省高级人民法院关于大连金州酒业有限公司与大连市金州区白酒厂商标侵权纠纷一案的请示〉的答复》(〔2005〕民三他字第 6 号)、《最高人民法院对"处理专利侵权纠纷可否认定部分侵权"问题的答复》(〔2004〕行他字第 8 号)等。

(4)证券法领域:《最高人民法院关于审理证券市场因虚假陈述引发的民事赔偿案件的若干规定》(法释〔2003〕2 号)。

(5)保险法范围:《最高人民法院关于在道路交通事故损害赔偿纠纷案

件中机动车交通事故责任强制保险中的分项限额能否突破的请示的答复》（〔2012〕民一他字第 17 号）。

（6）其他单行实体法领域：《最高人民法院关于审理食品药品纠纷案件适用法律若干问题的规定》（法释〔2013〕28 号）。

（7）诉讼程序领域：《最高人民法院关于陈贵松等 27 人诉竹山县交通局、竹山县公路段人身损害赔偿纠纷一案受理问题的复函》（〔2003〕民一他字第 9 号）、《最高人民法院关于精神损害赔偿纠纷案件如何计算案件受理费及确定级别管辖的复函》（〔2004〕立他字第 37 号）、《最高人民法院关于第一审人身损害赔偿案件级别管辖的请示的复函》（〔2004〕民立他字第 10 号）、《最高人民法院关于民事损害赔偿案件当事人的再审申请超出原审诉讼请求人民法院是否应当再审问题的批复》（法释〔2002〕19 号）、《最高人民法院关于周海婴诉绍兴越王珠宝金行侵犯鲁迅肖像权一案应否受理的答复意见》（〔1998〕民他字第 17 号）。

2. "新法替代旧法"排除

新规范颁行，旧规范即终止。原则上，就某一问题有新、旧两种规范的，应当适用新规范，这包括两种情况。

一种是新的司法解释启用新的规范，如果新规范与旧司法解释的规范一致的，则属于新法继承旧法，适用新规范；如果不一致的，则以新司法解释为准。这在各个新颁行的司法解释中最后一条都有规定。例如，《最高人民法院关于审理人身损害赔偿案件适用法律若干问题的解释》是 2003 年关于人身损害赔偿问题的集中规定，在其最后一条也明确要求"如与本解释不一致的，以本解释为准"。该解释较以前《最高人民法院关于贯彻执行〈中华人民共和国民法通则〉若干问题的意见（试行）》中的相关规定为新规范，那么就以新解释为准。对于这种情况的清理，先确定新的司法解释与旧司法解释在哪些问题上作了规定，然后以新司法解释的规定为准与《侵权责任法》的相关规定进行比对，最终纳入"侵权责任编"。

另一种是新的司法解释整合了以往旧的司法解释，常见于整合对具体个案的批复。最为典型的是最高人民法院就名誉权纠纷问题作了很多批复，基于这些批复中出现的问题以及解决方案,最高人民法院最终对两个关于名誉权的司法解释进行了整合。例如,《最高人民法院关于徐良诉上海文化艺术报社等侵害名誉权一案的复函》(〔1989〕民他字第 28 号)、《最高人民法院关于广西高院请示黄仕冠、黄德信与广西法制报社、范宝忠名誉侵权一案请示的复函》(〔2000〕民他字第 8 号)、《最高人民法院关于胡骥超、周孔昭、石述成诉刘守忠、遵义晚报社侵害名誉权一案的函》(〔1990〕民他字第 48 号)、《最高人民法院关于范应莲诉敬永祥侵害海灯名誉一案如何处理的复函》(〔1992〕民他字第 23 号)、《最高人民法院关于王水泉诉郑戴仇名誉权案的复函》(〔1989〕民他字第 39 号)、《最高人民法院关于都兴久、都兴亚诉高其昌、王大学名誉权纠纷一案的请示报告的函》(〔1996〕民他字第 16 号)等,被整合在《最高人民法院关于审理名誉权案件若干问题的解答》(法发〔1993〕15 号)、《最高人民法院关于审理名誉权案件若干问题的解释》(法释〔1998〕26 号)中。在这两个解释发布之后,最高人民法院还针对个案作出具体批复,如《最高人民法院关于刘兰祖诉山西日报社、山西省委支部建设杂志社侵害名誉权一案的复函》(〔1999〕民他字第 32 号),这些具体批复也应当整合到未来的"侵权责任编"中。

3. "内容妥当性"排除

尽管"新法替代旧法"是一个原则,但是在各地法院的具体适用中,仍然会有适用旧司法解释的现象。这并不是因为没有严格遵守新司法解释要求所致,而是因为新规较为抽象或模糊难以适用,或者新规较之旧规明显退步。对于这种情况,可以再适用"内容妥当性"排除法作进一步清理。如果"新法替代旧法"所排除的规范有积极意义和实用价值,那么就不宜再适用该方法删减规范,而应根据"内容是否妥当"进行具体斟酌。如果旧解释的规范较之新规范更为妥当,那么应当适用旧解释的规范。

(1)新法规定较为抽象或模糊。例如,《最高人民法院关于审理人身损害赔偿案件适用法律若干问题的解释》第 9 条关于雇主责任的规定,强调雇员在故意与重大过失情况下要承担连带责任,并且雇主在承担责任之后,还享有内部求偿权。而《侵权责任法》在第 34 条与第 35 条中的规定并没有进行强调。这种差异究竟应该理解为《侵权责任法》否定了先前司法解释的立场，还是应该理解为一种无意的沉默，并不确定。从《侵权责任法》的起草来看，似乎是故意模糊化处理，而交由司法实践作具体考虑①。但是从司法实践来看，司法解释的规定仍然频繁适用。那么"侵权责任编"应当考虑继续延续司法解释的明确性规定，以发挥具体指引效果。再比如，《最高人民法院关于确定民事侵权精神损害赔偿责任若干问题的解释》第4条规定，"具有特定的人格纪念意义的物品"在遭受损害之后，可以要求精神损害赔偿。而《侵权责任法》第22条则明确将精神损害赔偿的前提条件限定为对人身权益的侵害。究竟应该如何理解这二者的关系，先前的司法解释所创设的这样一个例外，是否仍然应该得到支持，这就成为一个问题②。而且该司法解释纳入司法保护多年来，内容已经比较丰富，而后颁布的《侵权责任法》中仅有一条简略的规定，与司法解释相比，《侵权责任法》的规定显为不妥。

（2）新法较之旧法后退。《侵权责任法》第10条规定了共同危险行为中的责任承担规则，"二人以上实施危及他人人身、财产安全的行为，其中一人或者数人的行为造成他人损害，能够确定具体侵权人的，由侵权人承担责任；不能确定具体侵权人的，行为人承担连带责任"。依据此规定，已经证明自己不是侵权人的"共同危险行为人"只有在具体侵权人得以确定的情况下才可以免责③。因此，《侵权责任法》第10条的规定改变了《最高人

---

① 在2009年12月22日召开的十一届全国人大常委会第十二次会议举行的第三次全体会议上，全国人大法律工作委员会主任胡康生所作的《全国人民代表大会法律委员会关于〈中华人民共和国侵权责任法（草案）〉审议结果的报告》指出，一些常委会组成人员建议增加规定用人单位和接受劳务一方的个人对他人赔偿后的追偿权。法律委员会经同有关部门反复研究认为，在什么情况下可以追偿，情况比较复杂。根据不同行业、不同工种和不同劳动安全条件，其追偿条件应有所不同。哪些因过错、哪些因故意或者重大过失可以追偿，本法难以作出一般规定。用人单位与其工作人员之间以及因个人劳务对追偿问题发生争议的，宜由人民法院在审判实践中根据具体情况处理。参见王胜明主编《中华人民共和国侵权责任法释义》，法律出版社，2013，第191～192页。

② 参见程啸《侵权责任法》，法律出版社，2011，第575页。

③ 参见张新宝《民法分则侵权责任编立法研究》，《中国法学》2017年第3期。

民法院关于审理人身损害赔偿案件适用法律若干问题的解释》第 4 条的规定，后者规定"共同危险行为人能够证明损害后果不是由其行为造成的"，即可不承担赔偿责任。司法解释的规定更具合理性，"侵权责任编"应当回归这一规定。《侵权责任法》第 34 条并没有规定"执行工作任务"的判断标准，《最高人民法院关于审理人身损害赔偿案件适用法律若干问题的解释》第 9 条第 2 款对"从事雇佣活动"的判断标准作出了规定。这一规定在实践中适用效果良好，可以予以借鉴。《侵权责任法》第 73 条对高度危险活动责任主体的规定仅有经营者，而从事高空、高压、地下挖掘活动或者使用高速轨道运输工具经营的主体比较复杂，只作这样高度概括性的规定，在实践中不易执行。例如，高压电引起的触电损害赔偿是高度危险责任，仅规定"经营者"作为责任主体，缺少行业特点，因为电能在发电、输电、供电、用电上，都是在一条"线"上完成，存在不同的经营者，界定高压电的责任主体，必须根据电力设备产权人的界限来区分，据此确定责任主体①。对此，《最高人民法院关于审理触电人身损害赔偿案件适用法律若干问题的解释》曾作过明确规定，但是由于该司法解释已经被最高人民法院废止，而《侵权责任法》第 73 条又规定经营者为责任主体，因此在司法实践中引起了一定程度的混乱，亟待予以明确。修订"侵权责任编"对此应当作出明确规定。《最高人民法院关于适用〈中华人民共和国刑事诉讼法〉的解释》（法释〔2012〕21 号）第 138 条第 2 款规定，"因受到犯罪侵犯，提起附带民事诉讼或者单独提起民事诉讼要求赔偿精神损失的，人民法院不予受理"。该解释延续了《最高人民法院关于人民法院是否受理刑事案件被害人提起精神损害赔偿民事诉讼问题的批复》（法释〔2002〕17 号）的规定。尽管有诸多实务考虑，但是与民事领域对精神损害赔偿的肯定背道而驰②。对此，是否继续沿用刑事附带民事诉讼请求精神损失赔偿不予支持的规定，需要再作妥当性斟酌。

---

① 参见杨立新《触电司法解释废止后的若干法律适用对策》，《人民司法》2015 年第 1 期。
② 参见李程、王红旗《评法释〔2002〕17 号司法解释》，《国家检察官学院学报》2003 年第 2 期。

4. "法条精简"排除

法条需要精简表述，不仅在于每一个法条表达上，避免使用烦冗的词语，更在于在法条之间避免重复表达同一个规范含义。以最为典型的人格权规范表达来说，在规定人格权的内容及其种类的规范中，最常见的表达一般是"民事主体享有人格权（或者具体为生命权、健康权、身体权等类型）"。这种表达不仅出现在人格权的一般性规定中，如全国人大常委会法工委的民法草案第 1 条中就有"自然人、法人享有人格权"的表述，而且还出现在人格权具体类型的规定中，如《民法通则》第 98 条、第 102 条分别规定了民事主体享有生命健康权、姓名权、肖像权、名誉权、荣誉权。这种法条的主项为"自然人、法人等民事主体"，谓项为"享有人格权（或者生命权、健康权等具体人格权）"。至于规范模态词，由于这类规范属强行性规范，条文中本应使用"应当""应该"等词，可以直接产生规范意义，体现法条的令行要求，规定当事人负有的行为义务，不得以自己的意思排除其适用。但是，根据语言习惯，在此语境下无须赘述这类词汇，故而略去①。

在"民事主体享有人格权（或者具体为生命权、健康权、身体权等类型）"这样的表述之后，法条往往会增加对义务人禁止性规定的表达。比如，《民法通则》第 100 条中的"未经本人同意，不得以营利为目的使用公民的肖像"，第 101 条中的"禁止用侮辱、诽谤等方式损害公民、法人的名誉"。再比如，全国人大常委会法工委民法草案第 8 条第 2 款的"禁止非法剥夺自然人的生命、禁止侵害自然人的身体健康"，中国人民大学民法典草案第 9 条第 2 款"禁止以任何方式侵害自然人身体，破坏自然人身体的完整性"，第 3 款"禁止非法搜查自然人的身体"，等等。这类禁止性规范的表达由于没有规定违反的后果，因此属于没有民事法律效果的不完全法条。那么，这类法条需要其他法条的配合，其法律效果只能从规定人格权侵害的预防措施、制止措施以及救济措施的规范中找到。

---

① 参见窦海阳《人格权规范的属性与表达》，《南京大学学报》（哲学·人文科学·社会科学）2015 年第 2 期。

在规定人格权侵害的预防措施、制止措施以及救济措施的规范中，表达一般是"受害人有权请求（停止侵害、消除影响、赔偿损失等措施）"。这不仅体现在侵权法规范的表达中，如《民法通则》第 6 章第 3 节"侵权的民事责任"第 119 条、第 120 条和第 134 条以及《侵权责任法》第 2 条、第 3 条和第 15 条，而且还体现在专门表达人格权请求权的条文中，如中国社会科学院的民法典草案第 47 条等。这种法条的主项为"受害人等民事主体"，谓项为"请求（停止侵害、消除影响、赔偿损失等措施）"，规范模态词是"允许""可以""有权"等词语，这可以体现规范表示允许某种行为，赋予当事人一定的行为自由，给予一定的自治空间。

在解析人格权规范的表达之后，我们有必要对法条之间的关系进行一定的梳理。在人格权规范的表达中，由于该规范的真正价值在于对民事主体所享有的人格权的宣示，因此，"民事主体享有人格权（或者具体为生命权、健康权、身体权等类型）"这类表达是最主要、最基本的条文。其实，严格来说，其他条文都可以根据法律解释的基本规则从该条文中推导出。比如，该规范从正面确定了民事主体享有人格权，对它在逻辑上作反面解释就是禁止义务人不法侵害民事主体所享有的人格权。那么，从实际适用角度看，这种禁止性规范如果没有特别之处需要说明的话，如对不法侵害的方式通过周延列举的方式进行限定，这类规范就没有必要专门表达出来。我们以《民法通则》第 101 条为例对此进行说明。该条的表述是："公民、法人享有名誉权，公民的人格尊严受法律保护，禁止用侮辱、诽谤等方式损害公民、法人的名誉。"在该规范的表达中对不法侵害名誉权的方式作了列举，有侮辱和诽谤，但是又加了"等"字作为兜底，这就起不到周延列举的作用。既然不能周延列举，那么这种禁止性规定其实就是以另一种方式重述了"民事主体享有名誉权"这样的规范表达。再比如，有些条文在"民事主体享有人格权"之后附缀了"有权实施（某种行为）"这类表达。这其实也可以从"民事主体享有人格权"的表达中推导出，因为人格权的内容即代表权利人有权实施法律和公序良俗范围内所有的行为，而没有必要多作赘述。对此我们也以《民法通则》第 99 条为例予以说明。该条的表述是："公民享有姓名权，有权决定、使用和依照规定改变自己的姓名，禁止他人干涉、盗用、假冒。"姓名权的内容已经包括了民事主体可以决定、使用和依照规定改变自己姓名的行为。既然已经表述了"公民享有姓名权"，就没有必要赘述"有权决定、使用和依照规定改变自己的姓名"。

总之，为减少纠纷解决的成本，在规范功能完备的前提下，尽量使法律规范简化，避免叠床架屋现象的出现，否则规范表达重复的结果会造成同时存在许多条文解决同一纠纷事实，无端增加适用法律的成本。对规范进行表达以及建构规范体系所应当依据的一个基本的技术性原则就是简洁原则，即根据逻辑规则，在规范的表达可以通过解释达到相同效果的情况下，尽可能避免表达同一或类似内容的规范重复出现，对法条进行精简，对于没有特殊之处需要表达的规范就没有必要表达出来。

另外，在法典的条文中，也无须将司法实践中需要适用的特别具体的问题予以规定。比如，人身损害赔偿项目的具体计算，在《最高人民法院关于审理人身损害赔偿案件适用法律若干问题的解释》中有具体规定，在《侵权责任法》以及未来的"侵权责任编"中就没有必要具体予以规定，宜交由具体的司法实践根据当时的情况予以酌定。

（二）侵权责任规范的"增"

在未来的"侵权责任编"中，应当根据情况吸收司法解释中的具体规定，尤其是在《侵权责任法》颁行之后对相关章节条文做的扩展性解释。这种增加包括两种方式。

一种是在原来的章节框架下扩展简单抽象的规范，使之更为细致，更为合理。例如，《最高人民法院关于审理环境侵权责任纠纷案件适用法律若干问题的解释》（法释〔2015〕12号）对环境侵权问题作了详细的解释，将生态破坏行为也囊括到环境侵权行为之中。而且2014年修订的《环境保护法》也增加了破坏生态侵权，并在该法第64条规定应当依照《侵权责任法》的有关规定承担侵权责任。但是目前《侵权责任法》中并没有破坏生态侵权的特别规定，在未来的"侵权责任编"中也应当增加规定破坏生态侵权责任。

另一种是在原有《侵权责任法》体系下增加章节，将司法解释中的新规定纳入。例如，在当今网络社会中，网络侵权事件频繁发生，最高人民法院颁行了两个司法解释：《关于审理利用信息网络侵害人身权益民事纠纷案件适用法律若干问题的规定》（法释〔2014〕11号）以及《关于审理侵害信息网络传播权民事纠纷案件适用法律若干问题的规定》（法释〔2012〕20号）。而《侵权责任法》中仅以第36条一个条文规定了网络侵权责任，这难以适应当前互联网蓬勃发展的现实需要。这些司法解释应当在"侵权责任编"中斟酌纳入，并以独立一章对网络侵权问题作出特别规定。

最后，需要指出的是，有的司法解释虽然对某类侵权问题有大篇幅的规定，但是否需要单独建构独立章节需综合斟酌。例如，《最高人民法院关于审理涉及会计师事务所在审计业务活动中民事侵权赔偿案件的若干规定》（法释〔2007〕12号）对会计师及事务所的侵权问题作了专门解释，有观点认为可以此为基础构建专家责任。由于专家责任不仅包括会计师责任，还包括律师、医生等诸多专业人员，这需要综合考虑《律师法》《执业医师法》等单行法的相关规定，因此是否在"侵权责任编"单独构建专家责任章节，需要考虑整合的难度，以及修改这些单行法的可行性。

B.10
行政公益诉讼制度的政策
试点及其制度前景

卢 超*

摘　要：　2017年《行政诉讼法》新增的公益诉讼条款，将已经试点两
年的行政公益诉讼制度正式予以法定化。从地方政策试验的
角度观察，行政公益诉讼中检察机关与行政机关呈现既对峙
又合作的复杂关系，检察建议作为诉前程序发挥了重要的过
滤功能，各地对于公益诉讼的案源机制进行了诸多创新试验。
行政公益诉讼的未来制度发展，首先需要正视和考虑国家监
察委改革对其可能造成的潜在影响；其次需要处理好公益诉
讼模式与传统主观诉讼框架之间的程序衔接问题；最后，行
政公益诉讼对食品药品安全案件类型的扩张吸纳，在实践中
需要通过政策试验方式进一步予以检验。

关键词：　行政公益诉讼　政策试点　检察建议　监察委改革

一　行政公益诉讼制度正式法定化

2015年7月1日，全国人大常委会发布《全国人民代表大会常务委员
会关于授权最高人民检察院在部分地区开展公益诉讼试点工作的决定》，授

---

* 卢超，中国社会科学院法学研究所副研究员。

权最高人民检察院在生态环境和资源保护、国有资产保护、国有土地使用权出让、食品药品安全等领域开展提起公益诉讼试点,试点地区确定为北京、安徽、广东、江苏等 13 个省、自治区、直辖市,试点期限为二年。在此期间,最高人民检察院和最高人民法院先后颁布了《人民检察院提起公益诉讼试点工作实施办法》与《人民法院审理人民检察院提起公益诉讼案件试点工作实施办法》,对行政公益诉讼的程序规范事项进行了详细规定。除此之外,授权试点省份的省级检察院也出台了大量规范性文件,对辖区内各级检察院提起行政公益诉讼的诸多事项进行了程序性拘束。

2017 年 5 月 23 日,习近平总书记主持召开中央全面深化改革领导小组第三十五次会议,审议通过了《关于检察机关提起公益诉讼试点情况和下一步工作建议的报告》。会议认为,试点期间积累了丰富的案件样本,公益诉讼制度设计在实践中得到充分检验,正式确立这一制度的时机已然成熟。因此,经过为期两年的试点之后,2017 年 6 月 27 日,第十二届全国人民代表大会常务委员会第二十八次会议正式通过了关于修改《民事诉讼法》和《行政诉讼法》的决定,其中《行政诉讼法》第 25 条增加 1 款作为第 4 款:"人民检察院在履行职责中发现生态环境和资源保护、食品药品安全、国有财产保护、国有土地使用权出让等领域负有监督管理职责的行政机关违法行使职权或者不作为,致使国家利益或者社会公共利益受到侵害的,应当向行政机关提出检察建议,督促其依法履行职责。行政机关不依法履行职责的,人民检察院依法向人民法院提起诉讼。"至此,经过了地方试点的诸多程序性考验,行政公益诉讼通过立法修改程序,成为行政诉讼的正式制度装置。

二 行政公益诉讼的地方政策试验模式

行政公益诉讼在各地的实践开展,表现出高度灵活的政策试验色彩。各地检察系统为推动公益诉讼而展开诸多政策创新,尤其在信息共享平台、检察建议程序、诉讼案源机制等事项上,采纳了各类因地制宜的政策路径,这种试验主义模式不仅贯穿于试点阶段，即便在行政公益诉讼正式法定化之后，诸多程序性制度装置仍然需要通过政策试验予以完善修正。

（一）检察机关与行政机关之间的合作与对峙

尽管行政公益诉讼表现为检察机关对行政机关的外部监督，但在行政公益诉讼整个试点过程中，检察机关同诸多行政机构更多体现出一种协作配合的姿态，尤其试点检察机关也需要辖区内行政机关的支持来推动试点工作的开展。例如，吉林省人民检察院在行政公益诉讼试点过程中，格外重视行政机关予以配合支持的基调，分别同诸多行政部门签署了《吉林省人民检察院、吉林省环保厅关于在生态环境保护工作中加强协作配合的若干意见》《吉林省人民检察院、吉林省食品药品监督管理局关于在食品药品监督管理工作中加强协作配合的若干意见》《吉林省人民检察院、吉林省国土资源厅关于在国家土地资源和矿产资源保护工作中加强协作配合的若干意见》《吉林省人民检察院、吉林省林业厅关于在森林资源保护工作中加强协作配合的若干意见》等带有合作性质的规范性文件，通过这种形式尽可能获得相关行政监管部门对于行政公益诉讼试点工作的理解与支持。再如，广东省人民检察院在与广东省环保厅签订的《关于在办理环境公益诉讼案件工作中加强协作的实施办法》明确了检察机关与环保部门工作联动机制和联席会议制度、案件信息通报制度、案件专业咨询协助制度、诉前的起诉主体商定制度、案件支持起诉与诉前督促制度等方面的内容。

然而，在强调检察系统与行政机关之间理解合作的同时，行政公益诉讼模式也着重强化了行政诉讼对于依法行政的客观监督功能，尤其对于调解模式的坚决否定，意味着"不履行法定职责"等被诉行政行为必然将承受合法性审查，这使得行政公益诉讼所彰显的对峙色彩更加浓重。《人民法院审理人民检察院提起公益诉讼案件试点工作实施办法》（法发〔2016〕6 号）第 17 条规定，"人民法院审理人民检察院提起的行政公益诉讼案件，不适用调解"；第 18 条规定，"人民法院对行政公益诉讼案件宣告判决或者裁定前，人民检察院申请撤诉的，是否准许，由人民法院裁定"。《人民检察院提起公益诉讼试点工作实施办法》（高检发释字〔2015〕6号）第48条规定，"行政公益诉讼案件不适用调解"。上述文件对于"禁止调解"原则的重申，使得行政公益诉讼与现行《行政诉讼法》确立的"有限调解"原则之间存在一定的张力。在现有的官僚评价机制下，"禁止调解"使得被诉行政机关将担负较大的败诉压力与潜在负面评价，当然也在某种程度上解释了为何大多数案件在诉前程序通过检察建议便得以解决。

（二）作为诉前程序的检察建议及其效果试验

按照行政公益诉讼制度试点期间的要求，发送检察建议是检察机关正式提起诉讼的法定前置程序，检察机关只有在履行检察建议程序且没有实现公益恢复效果的情况下，才可以正式向法院提起行政诉讼。《人民检察院提起公益诉讼试点工作实施办法》第40条规定，"在提起行政公益诉讼之前，人民检察院应当先行向相关行政机关提出检察建议，督促其纠正违法行为或者依法履行职责。行政机关应当在收到检察建议书后一个月内依法办理，并将办理情况及时书面回复人民检察院"。第41条进一步规定，"经过诉前程序，行政机关拒不纠正违法行为或者不履行法定职责，国家和社会公共利益仍处于受侵害状态的，人民检察院可以提起行政公益诉讼"。2017年《行政诉讼法》增设的公益诉讼条款之中，依旧延续了这一法定程序构造，将检察建议设定为检察机关提起行政公益诉讼的必经诉前程序。

在已有的行政公益诉讼实践中，检察建议发挥了较为高效的过滤效果，大部分案件经过检察建议程序便已经实现维护公益之目标，大大节省了司法制度成本。[1] 根据最高人民检察院的官方统计数据，截至2017年5月《行政诉讼法》正式修订之前，各试点地区检察机关共办理诉前程序案件6952件，占全部公益诉讼案件的88%以上，其中行政公益诉讼诉前程序案件6774件，除了未到一个月回复期的有935件外，行政机关纠正违法或者主

---

[1] 沈开举、邢昕：《检察机关提起行政公益诉讼诉前程序实证研究》，载《行政法学研究》2017年第5期。

动履行职责的 4358 件，占 75%①。可以说，由于检察建议所发挥的制度过滤功能，行政公益诉讼在实践中呈现出诉前程序（检察建议）+诉讼程序双轨并驱模式。

尽管如此，由于检察建议的法律拘束效果仍然体现为一种"软法"色彩，为确保检察建议的拘束实效，各地通过政策试验的方式进行了诸多持续性的探索。例如，福建省福州市人民检察院在诉前程序中创设诉前圆桌会议机制，诉前圆桌会议可以视为检察机关发出检察建议后，对行政机关是否依循检察建议要求，依法履行职责而设置的程序机制创新。检察机关通过召开诉前圆桌会议的方式，来推动行政机关主动履行法定职责，以此确保检察建议的内容能够得到切实兑现。2017 年 11 月 15 日，福建省福州市人民检察院还专门出台了《行政公益诉讼诉前圆桌会议实施意见（试行）》，就诉前圆桌会议的适用情形、启动机制、程序装置等诸多方面作出了明确规定。

与此同时，在实践中诉前程序与诉讼程序之间的衔接，往往会出现法律适用上的困惑。诸多行政机关收到检察建议书后，在法定期限内回复检察机关其已启动相关程序或已经开始整改，但实际效果上并未履职到位，检察机关对于此类情况难以确定是否需要即刻进入诉讼程序。从各地的案件庭审过程也可以看出，行政机关是否在诉前检察建议程序之后及时履行法定职责，往往成为诉讼双方争议的焦点问题②。因此，诉前建议程序如何与诉讼模式之间进行合理衔接，检察机关需要依据何种标准来判断行政机关事后合理履行了法定职责，尤其是环境资源保护等监管职责的履行判断是一个长期持续且复杂的过程，并非短期即可判断公共利益改善的实际效果，如何从检察机关的外部视角来实现对行政机关法定职责的持续性监督，检察建议的诉前程序怎样及时转入诉讼程序的标准设计等诸多程序议题，还需要在今后司法实践中不断探索完善。

---

① 详见谢文英《检察机关提起公益诉讼制度写进民事诉讼法和行政诉讼法继续充分发挥诉前程序的积极作用》，《检察日报》2017 年 6 月 28 日，第 2 版。
② 孔祥稳、王玎、余明明：《检察机关提起行政公益诉讼试点工作调研报告》，载《行政法学研究》2017 年第 5 期。

（三）行政公益诉讼案源机制的试验创新

由于行政公益诉讼原告资格被严格限定为检察机关所独享，检察机关如何获取公共利益受损的线索信息，成为客观诉讼模式下诉讼程序触发启动的关键。无论是两年试点期间，还是试点结束后 2017 年《行政诉讼法》新增的公益诉讼条款，均严格规定了检察机关所掌握的线索必须在"履行职责中"获取。依照《人民检察院提起公益诉讼试点工作实施办法》第 28 条第 2 款对所谓"履行职责"的界定，"人民检察院履行职责包括履行职务犯罪侦查、批准或者决定逮捕、审查起诉、控告检察、诉讼监督等职责"。

实践中，很多地区的检察机关为更好地获取相关线索信息，纷纷建立系统内部的各类沟通协调机制，以此加强民事行政检察部门（以下简称"民行部门"）与其他部门之间的信息共享能力。譬如，在行政公益诉讼试点期间，北京市石景山区人民检察院出台了《开展行政公益诉讼线索摸排工作的实施方案》，要求民行部门加强与案件管理、职务犯罪侦查等相关业务部门的业务联系，促进建立案件线索双向移送机制。再譬如，试点期间，早在 2016 年，广东省人民检察院便制定了《关于建立公益诉讼试点工作协调机制的意见》，明确了民行部门与其他相关业务部门之间协作配合开展公益诉讼工作的有关事项，建立省检察院统一研判、评估与管理线索制度以及提起公益诉讼案件审批制度。行政公益诉讼内部协调机制发挥了较强的案件来源挖掘机能，据官方统计，试点期间，广东省 90% 以上的公益诉讼案件线索来源于检察部门的内部移送[1]。2017 年广东省进一步推动各级检察院建立常态化的公益诉讼领导小组，在公益诉讼领导小组指挥下，推动各级检察机关内部不同业务部门之间的配合协调，完善信息共享与线索移送等工作机制，并确立民行部门为主导的公益诉讼组织格局。

在实践中，这种信息共享与组织沟通机制并非局限在检察系统内部，也

---

[1] 张立、韦磊：《广东人大聚焦公益诉讼试点"广东样板"》，《检察日报》2016 年 12 月 19 日，第 7 版。

涵盖了检察系统与行政机关。诸多地区为推动行政公益诉讼工作，检察机关与行政机关合作建立信息共享平台，检察系统就此可以从行政执法信息中获取违法线索。部分地区还创设了检察联络员等带有试验性质的政策，如江苏省南通市港闸区创设的民行检察联络员制度。南通市港闸区人民检察院在全区行政执法机关内聘请了数十名民行检察联络员，民行检察联络员的职责是配合检察机关开展公益诉讼等工作，为检察机关开展调查取证、提起公益诉讼等事项，发挥其提供案件线索与沟通协作之效能。值得一提的是，公益诉讼正式被《行政诉讼法》吸纳之后，行政机关自身也面临更严峻的诉讼压力，愈加主动强调行政机关与检察机关之间的信息沟通协调工作。2017 年10 月，山东省济南市制定了《关于支持检察机关依法开展行政公益诉讼工作的意见》，便着重强调"全市各级行政机关要自觉加强与检察机关的沟通协调，建立日常联系沟通机制，进一步推进行政执法信息和司法监督信息资源共享等工作"。

今后行政公益诉讼案源机制面临的一个压力是，国家监察委改革将使得职务犯罪的查处职能从检察系统中剥离，所谓"履行职责中"获取公益诉讼线索的法定概念将被重构，原本较为便捷的检察系统内部协调机制将不复存在，亟须提前部署检察系统民行部门与监察委之间的信息共享与线索移送机制，这是未来行政公益诉讼案源机制改革的重要事项。

三　行政公益诉讼年度典型案例及其法律意涵

从诉讼案件类型角度来说，环境资源保护类型的公益诉讼案件占据了绝大多数，国有财产保护与国有土地使用权出让类型的案件各地亦有出现，但总体数量较少，食品药品安全监管由于是立法新增的领域，到目前为止，该领域的诉讼案件在各地极为罕见。另外，从数量比例而言，由于检察机关借助检察建议消解了大部分潜在的行政公益诉讼案件，进入诉讼程序的案件数量比例很小。但是，这些进入实质性审查的案件更具有学理研究和法律适用探讨的价值。

　　尤其值得注意的是，在《行政诉讼法》正式修改之前的试点阶段，最高人民检察院便通过编撰发布指导性案例的方式，对各地的行政公益诉讼实践予以指导，如湖北省十堰市郧阳区人民检察院诉郧阳区林业局行政公益诉讼案（检例第 30 号）、福建省清流县人民检察院诉清流县环保局行政公益诉讼案（检例第 31 号）、贵州省锦屏县人民检察院诉锦屏县环保局行政公益诉讼案（检例第 32 号），这些案例对于法定职责的履行判断等事项均具有规范层面的指导意义。除此之外，对于较为新颖的民行交叉公益诉讼案件亦有典型案例予以规范，如吉林省白山市人民检察院诉白山市江源区卫生和计划生育局及江源区中医院行政附带民事公益诉讼案（检例第 29 号），就对司法实践中极为复杂的行政附带民事公益诉讼案件所涉及的程序争点予以阐明。由于最高人民检察院出台的案例更多是仅指导地方各级检察院的诉讼活动，其与最高人民法院出台的公报案例所蕴含的"造法"功能与"法源"地位存在显著差异。另外一个隐忧则是，从已有的行政公益诉讼案件来看，所有庭审案件中检察机关无一败诉，法院在其中扮演了一个相对消极的角色，更多是简单地附和检察机关的诉讼请求，在司法个案中缺乏精细化的司法论证，这也在某种程度上说明，行政公益诉讼尽管是以司法外核形式开展，但"法化"程度并不够高，更多体现了一种检察系统主导的国家权力内部的制约拘束功能。

　　相比过去两年，2017 年度各地出现的行政公益诉讼案件，呈现的一个特点是，行政公益诉讼案件往往倾向于通过异地管辖方式，来消解地方保护主义对司法裁判的负面影响。例如，鄂州市国土资源局华容分局行政公益诉讼指定管辖案（【2017】鄂行他 111 号）中，湖北省鄂州市华容区人民法院层报湖北省高级人民法院提请将案件指定异地管辖，湖北省高级人民法院裁定该案由湖北省黄石市铁山区人民法院管辖。与之类似，陇县人民检察院诉陇县住房和城乡建设局行政公益诉讼集中管辖案（【2017】陕 03 行他 72 号）中，陕西省高级人民法院认为案件符合相对集中管辖试点工作的规定，指定该案由宝鸡市金台区人民法院管辖。同样，吉林省敦化市人民检察院诉敦化市国土资源局不履行法定职责案（【2017】吉 24 行辖 3 号），吉林省延

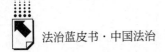

边朝鲜族自治州中级人民法院指定该案需要交叉管辖，裁定由吉林省延吉市人民法院异地管辖。

除了异地管辖模式的广泛运用，2017年度行政公益诉讼案件的另外一个特点则是，环境资源保护类公益诉讼案件仍然占据极高比例，而且对于环保行政机关"履行法定职责义务"的司法判断，增添了更高强度的事后履责义务要求。典型案件譬如，云南省洱源县人民检察院诉洱源县林业局怠于履行法定职责行政公益诉讼案（【2017】云2930行初3号）中，法院判定"被告作为对森林资源的保护、利用和更新实行监督、管理的行政主管部门，应承担被毁林地后续生态修复工作的监督、管理的法定职责。被告应当继续履行上述法定职责，通过持续有效的监管，促使被毁林地得到有效恢复"。与之相类似，甘肃省玉门市人民检察院诉玉门市林业局行政公益诉讼案（【2017】甘0921行初3号）中，法院判定"被告作为对森林资源的保护、利用和更新实施监督、管理的行政主管部门，其当然承担被毁林地后续生态修复工作的监督、管理法定职责。被告应当继续履行上述法定职责，通过持续有效的监督管理，促使被毁林地修复到生态公益林建设所要求的标准"。同样在陕西省咸阳市杨陵区检察院诉商洛市商州区林业局不依法履行法定职责行政公益诉讼案（【2017】陕0403行初2号）等案件中，法院延续了这一裁判逻辑，确认了环保监管部门继续履行生态环境修复工作的法定监督职责。

四　行政公益诉讼制度之未来展望

（一）国家监察体制改革对检察系统的影响

从近几年的行政公益诉讼实践中可以看出，检察系统提起行政公益诉讼的一个优势在于，由于自身所具备的反贪反渎等职能，其对于行政机关是一个相对强势的国家机构，这使得检察机关发送的检察建议能够具备较强的威慑效果，在整个行政诉讼过程中也体现出较为强势的地位。然而，随着国家监察委改革的不断推进，检察系统自身面临人员与组织调整的巨大压力，这也给行政公益诉讼的未来制度走向带来诸多挑战。2017 年 10 月，中共中央办公厅印发《关于在全国各地推开国家监察体制改革试点方案》，提出"北京市、山西省、浙江省继续深化改革试点，其他 28 个省（自治区、直辖市）设立省、市、县三级监察委员会，整合反腐败资源力量，完成相关机构、职能、人员转隶，明确监察委员会职能职责，赋予惩治腐败、调查职务违法犯罪行为的权限手段，建立与执法机关、司法机关的协调衔接机制"。可以说，随着监察委员会改革的进一步推广铺陈，检察机关的反贪反渎职能划转监察委之后，将对行政公益诉讼案源机制、检察建议的拘束效果等诸多事项带来消极影响。检察机关届时囿于自身执法资源等方面的限制，将面临更大的诉讼压力①，对此需要通过更为精细的制度设计事先未雨绸缪。

除此之外，行政公益诉讼现仍由各级人民检察院的民行部门承担，从组织体系架构上来看，民行部门在检察机关的组织结构中长期属于相对"弱势"部门，不仅人员配置稀少，且政治地位相对较低，除了公益诉讼案件之外，还要处理民事、行政诉讼监督工作，现有的人员配置已经无法满足日益增多的公益诉讼案件需求。随着监察委员会改革在全国的推广，各级人民检察院的内部组织架构将发生巨大变化，有必要以监察委改革为契机，重新设置整合检察系统内部职能部门，迅速提升民行检察部门在整个检察系统中的政治地位并扩充人员编制，为今后行政公益诉讼的常规化运转提供组织保障。

（二）行政公益诉讼案件扩展类型需要进一步试验

到目前为止，行政公益诉讼的案件类型主要集中在环保案件，对于生态资源与环境保护类型案件的侧重，是试点政策方案一开始便奠定的基调。早在 2015 年《检察机关提起公益诉讼改革试点方案》中便明确指出，"试点

---

① 李洪雷：《检察机关提起行政公益诉讼的法治化途径》，载《行政法学研究》2017 年第 5 期，第 60 页。

期间，重点是对生态环境和资源保护领域的案件提起行政公益诉讼"。2017年修改后的《行政诉讼法》第 25 条第 4 款将行政公益诉讼案件类型进一步拓展至食品药品安全领域，这无疑是一项重大的制度性突破。然而问题在于，相比传统行政领域，食品药品安全监管作为典型的风险规制领域，涉及大量技术性裁量判断，司法机关对于行政机关的判断与监管工具的选取需要给予更高程度的尊重，这对于如何认定"不履行法定职责"以及建立"行政不作为"与危害后果之间的因果关系提出了更高的挑战。除此之外，食品药品安全领域内的行政公益诉讼案件，由于之前并不在法定试点范围之内，未经过任何实践案件的检验，司法机关缺少经验积累尚不知晓诉讼程序中可能面临的难题，对此这一新类型的行政公益诉讼案件，各级人民检察院在扩展疆域的同时需要更加审慎，进一步借助政策试验的方式扫清盲点，合理地处理检察权与行政权之间的关系，防范可能出现的法律适用障碍。

（三）行政公益诉讼与传统诉讼框架的衔接难题

按照现有的立法模式，行政公益诉讼的原告资格被严格限定于检察系统，这也使得国家—社会传统范式下的行政诉讼机制，又衍生出国家科层体系内部监控制约的变种模式，从而使得现行《行政诉讼法》成为主观诉讼与客观诉讼并行的双轨机制。然而，由于现行《行政诉讼法》的体系架构，更多体现了权利保障为主旨的传统主观诉讼框架，这种主观诉讼的架构涵盖在举证责任、庭审程序与判决类型等诸多方面，这也使得传统诉讼程序装置能否容纳公益诉讼模式的嵌入运转存在诸多法律适用疑问，尤其是检察机关在诉讼程序中的身份定位以及举证责任的分配议题，便是行政公益诉讼自试点以来一直存在的难点。对于这些难题，一方面需要地方层面继续进行行政试点探索，另一方面也需要最高人民检察院与最高人民法院尽快通过专项司法解释的方式，及时澄清诸多法律适用难题，为行政公益诉讼的深入开展扫清障碍。当然，另外一个值得探讨的议题则是，行政公益诉讼的原告资格是否必须限定于检察系统这一国家体系范式之内？但就目前而言，基于行政滥诉与公益诉讼"信访化"可能性的担忧，立法模式采取了一种较为保守的态度，尚难以轻易将原告资格外溢出国家控制的领域。今后随着社会公益组织的日渐成熟以及诉讼装置的渐趋完备，是否可以再通过修法方式，打破检察系统对于公益诉讼的垄断地位，值得进一步探索与论证。

B.11
持股行权：中国特色投资者
保护的新机制

张鹏飞 *

摘　要：　为解决投资者维权的实践困境，更好地保护证券市场上中小
　　　　　投资者的合法权益，2014 年，中国证券监督管理委员会批准
　　　　　设立中证中小投资者服务中心有限责任公司（简称"投服中
　　　　　心"）。投服中心通过开展持股行权、纠纷调解、支持诉讼、
　　　　　投资者教育等活动，实现了维权示范、市场警示、监管补充、
　　　　　促进市场发展等。其创造性的制度建构实现了政府角色与市
　　　　　场角色的融合、公法手段与私法手段的结合，根植于现有证
　　　　　券法律并对其形成补充。未来中国立法应该明确投服中心的
　　　　　定位，完善投服中心的内部制度，促使其做好中小投资者的
　　　　　"代言人"。

关键词：　投资者保护　投服中心　持股行权

投资者是证券市场的重要参与者，亦是证券市场发展的基础与支撑。投
资者保护则是证券市场发展的核心目标之一，没有完善良好的投资者保护机
制就不可能有繁荣、健康的证券市场。尤其是在中国这样一个个体投资者占
比超过 99% 的典型"散户"型证券市场，在推进证券市场市场化、法治化

---

* 张鹏飞，中证中小投资者服务中心有限责任公司行权事务部员工。

的过程中，如何有效保障投资者的利益就显得更加重要。

2014 年，中国证券监督管理委员会批准设立了中证中小投资者服务中心有限责任公司（简称"投服中心"），专司投资者保护。其通过持有每家上市公司一手（即100 股）的股票成为公司股东，依据《公司法》《证券法》等行使相应的股东权利，提供纠纷调解、支持诉讼等服务，依法保护广大中小投资者的合法权益。这种以持股行权方式开展全面投资者保护的模式，立足于中国证券市场投资者保护的实际情况，突破了中国原有的投资者保护机制，成为证券市场一种创新性的投资者保护模式，并推动形成证券市场中小投资者保护新格局。

一　投服中心成立的背景

（一）应对中小投资者天然劣势的需要

投资者是资本市场活力的源泉，但是投资者，尤其是中小投资者处于天然劣势。广大投资者作为证券市场的参与者，受限于年龄、受教育程度、经济能力等因素，其风险承担能力有所差别。证券市场信息不对称会将差别进一步放大，进而影响投资者的投资决策。在中国证券市场中，较之上市公司、中介机构、机构投资者等，广大中小投资者处于先天的信息地位劣势，使其更易成为证券市场风险的最终承担者。在权益受到侵害之后，高昂的维权成本往往迫使无组织化的中小投资者群体放弃维权。而专门的投资者保护机构可以降低维权成本，有效应对由于中小投资者群体身份的复杂性、利益的分散性、权益的易受损性带来的难题。故建立专门的投资者保护机构是应对其天然劣势和维护其合法权益的可选路径。

（二）对构建多元投资者保护机制的回应

完善的投资者保护机制一般是由法律保护、监管保护、自律保护、市场保护、自我保护等构建的综合保护体系。尽管目前中国已经形成以《公司法》《证券法》为主的投资者法律保护体系,以中国证券监督管理委员会、证券交易所等为主的监管保护体系,以各种行业协会为基础的自律保护机制,但是专门的投资者保护法律仍未出台、现有监管机制依旧跟不上市场发展的需要、自律组织亦未真正发挥保护投资者的作用。在此基础上的市场保护与自我保护机制也未能形成,因而无法有效保护投资者利益。2013 年,国务院办公厅发布了《关于进一步加强资本市场中小投资者合法权益保护工作的意见》(国办发〔2013〕110 号),指出探索建立保护中小投资者权益的公益组织,以完善投资者保护组织体系。可见,无论是从完善投资者保护机制的现实需要看,还是从国家对资本市场的发展要求看,建立专门的投资者保护机构,都是完善现有投资者保护机制和构建多元投资者保护机制的现实选择。

(三)解决投资者维权实践困境的要求

畅通的维权路径是投资者权益保护的最后一道防线。然而,现实中的投资者维权却困难重重。大庆联谊案中,投资者从 2002 年初开始诉讼,直到 2006 年底判决款项才执行到位。2008 年,江钻股份的小股东起诉大股东,其先后三次到法院递交诉状,法院先后以无管辖权、材料必须本人递交等理由拒绝立案①。本就处于劣势的投资者在权益受损后,还会遇到立案难、审理难、执行难等阻碍,而案件审理时间过长又使得艰难的维权之路愈加漫长。中小投资者权益的易受损性与其所面临的维权困境对于其劣势地位而言无异于雪上加霜。而专门的投资者保护机构可以实现投资者维权的组织化,打破维权困境,切实有效维权。

二 制度设计与运行状况

为建立专门的投资者保护机构,切实维护中小投资者的利益,"公益

---

① 初一:《法院打哑谜 江钻股份小股东欲告无门》,《中国证券报》2008 年 7 月 4 日,第 B01 版。

性持有证券等品种，以股东身份行权维权"的投服中心成立并运行。投服中心作为中国证券监督管理委员会直接管理的证券金融类公益机构，通过事前持股介入公司治理、事中提供纠纷解决服务、事后诉讼与支持诉讼等方式，具体开展持股行权、纠纷调解、支持诉讼、投资者教育等业务。

（一）遵循的基本原则

1. 依法行权原则

投服中心作为证券市场的参与者之一，在开展业务的过程中，严格依据《公司法》《证券法》等行使法律赋予的股东权利，并根据法律法规的要求开展投资者保护业务。

2. 公益性原则

中国证券市场作为一个高度散户化的市场，广大中小投资者行使股东权利或在权利受损后的维权成本高昂。投服中心业务的开展不以营利为目的，旨在切实维护投资者核心利益。其坚持公益性原则，可以有效降低权利行使成本。同时，公益性原则可以保持投服中心在证券市场的相对独立性与行权的公平性，提高行权效率。

3. 示范引导原则

中国证券市场仍处于粗犷发展阶段，证券市场违法行为多发。现阶段，投服中心的工作开展范围、广度、深度都有限，选择具有代表性、普遍性、示范性的热点事件，集中力量行权，示范、引导投资者提高自身行权能力，提高自我保护能力。

（二）职能行使

1. 持股行权

投服中心通过购买在上海证券交易所、深圳证券交易所上市的 A 股上市公司股票，持有每家公司一手股票，成为这些上市公司的股东，并采取以下措施，行使股东权利。一是发送股东建议函，针对公司章程和公司经营过程中出现的问题提出建议；二是现场行权，具体包括以股东身份前往上市公司办公地行使查阅权，查阅公司章程、股东名册、公司债券存根、股东大会会议记录、董事会会议记录、监事会会议记录、财务会计报告等资料，并现场行使质询权、建议权等；三是参加股东大会，针对中小投资者关心的问题行使质询权、表决权等；四是参加上市公司说明会，在上市公司发行股份、重组上市等召开说明会时，及时参加会议，敦促上市公司履行信息披露义务；五是公开发声，针对证券市场上可能损害中小投资者利益的热点问题，在公开媒体上阐明立场，形成舆论压力。

2. 纠纷调解

投服中心通过组织整合各方力量，积极与人民法院诉调对接、与公证机构证调对接，构建中小投资者调解服务平台，组建兼职调解员队伍，接受中小投资者委托，对涉及投资者利益纠纷的案件提供调解、和解服务。

3. 证券支持诉讼

投服中心作为证券金融类公益机构，有提起证券诉讼或支持诉讼的职能。在中小投资者利益受损时，依据《公司法》其可以股东身份自行提起诉讼，亦可为中小投资者自主维权提供代理权征集服务，为投资者的证券诉讼提供咨询、支持等。

4. 投资者教育

投服中心通过开展投资者大讲堂、权益360等系列投资者教育活动，为投资者提供法律法规和民事纠纷的咨询服务。同时，投服中心通过发布宣传册、刊登典型维权案例等活动，宣传证券市场知识，提高投资者自我维权能力。

（三）运行状况

投服中心通过以上业务的开展，形成对投资者事前、事中、事后的全过程保护。尤其是在2017年，《扩大持股行权试点方案》获批，投服中心全面持有 A 股上市公司股票，持股行权范围扩展到全国；以属地为原则、跨区域调解为补充的全国性纠纷调解承办机制初步建立，大要案调解工作陆续突破；证券诉讼与支持诉讼业务全面发展；投资者教育基地在多地落成。投服中心建构起的事前持股行权、事中纠纷调解、事后诉讼与支持诉讼机制，已成为中国资本市场上中小投资者保护的有效模式并取得显著成果。

具体看，截至 2017 年 9 月底，在持股行权方面，投服中心已持有沪深股市 3314 家上市公司股票，累计行权 644 次，其中现场行权 130 次，包括参加 58 家上市公司的股东大会、27 家重大资产重组媒体说明会、4 家投资者说明会、41 次现场行使查阅权；非现场行权 266 次，其中向上市公司发送股东建议函 255 件、公开发声 11 次；共计行使质询权 173 次，建议权 365 次，表决权 58 次，查阅权 41 次，诉讼权 7 次。在纠纷调解方面，投服中心共登记纠纷案件 4849 件，涉及争议金额约 15 亿元人民币。其中，正式受理 2090 件，调解成功 1555 件，投资者获得赔偿金额达 2.8 亿元人民币。在支持诉讼方面，投服中心共有 7 件案件，其中提起 4 件支持诉讼、1 件股东诉讼，2 件支持诉讼案件正在公开征集阶段。全国首例证券支持诉讼"匹凸匹"案中，投服中心支持的 14 名投资者全部胜诉，索赔合计 233.89 万元；"康达新材"案 11 名投资者全部胜诉，且执行完毕；中国资本市场第一例误导性陈述侵权索赔案件胜诉。投资者教育方面，投服中心联合地方证监局、交易所、相关行业协会先后在上海、新疆、山西、湖北等多个地区开展投资者保护大讲堂活动，并着力推动各地的投资者教育基地建设。

从投服中心工作开展以来，其以保障中小投资者利益为宗旨，积极行使股东权利，推进纠纷调解、支持诉讼、投资者教育等业务的开展，在保护投资者权益的同时，为促进上市公司完善治理与资本市场健康发展贡献了力量。具体而言，投服中心行权、维权工作的主要作用体现在以下方面。

1. 维权示范作用

投服中心的投资者保护做法主要是事前的持股行权机制、事中的纠纷调解机制、事后的支持诉讼机制。一方面，投服中心在发现上市公司存在公司治理问题时，可以以股东身份行使权利，通过参加股东大会、发送建议函等形式，切实维护投资者的知情权等权利。同时，当投资者权益受到侵害时，投服中心可以通过纠纷调解、支持诉讼等方式提供维权支持。尤其是涉及投资者权益纠纷时，投服中心可以接受当事人申请或者法院委托，对涉及投资者利益的案件展开调解。在专业的纠纷调解队伍支持下，投服中心通过小额速调、集体调解等机制，确保以最低成本、最高效率化解投资者纠纷。此外，在涉及诉讼的投资者维权案件中，投服中心可自行提起诉讼或接受投资者委托代为提起诉讼。以专业的角度、特殊的地位确保投服中心在立案、案件审理过程中更易得到支持并尽快推动案件的审理与执行，以切实维护中小投资者权益。以上机制的落实，让投服中心始终以相对较小的成本实现对投资者权益的事前、事中、事后全保护。

另一方面，持股行权的工作定位使投服中心以小股东的身份依法行使《公司法》《证券法》规定的股东权利，从市场角度，以法律手段，做积极股东、合格股东。以投服中心参加的上市公司重大资产重组媒体说明会为例，参会的过程都通过网络在线直播，投服中心发言内容则一般会刊登在《中国证券报》《上海证券报》等公开媒体上。基于媒体的宣传与市场影响力，投服中心的参会往往成为市场、投资者、监管部门的关注重点，并在证券市场形成一定的舆论压力。在此基础上的投服中心行权、维权行动，为广大中小投资者依法行权维权提供了示范。

2. 市场警示效应

证券市场作为敏感度极高的市场，一颗小石子投入市场汪洋都可能会在其中形成波澜。投服中心的成立与工作开展改变了中国投资者专门保护机构缺失的境况，其行动也必然成为市场各方的关注热点。投服中心的每次行权、维权行为，从专业角度入手，以保护中小投资者利益为出发点，针对相关证券市场主体采取行动，往往会引发投资者、监管部门对涉事公司的持续关注，所形成的社会压力会迫使上市公司及时完善公司治理。"山东金泰公开向投服中心道歉事件""投服中心诉海利生物案"等通过媒体大众传播之后，一方面促进上市公司在面对类似事件时，能妥善处理，积极完善公司治理；另一方面，也会在市场上形成一种警示效应，对潜在的危害投资者行为形成震慑。

3. 监管补充效果

投资者保护体系是建立在市场机制、政府监管、法律制度基础之上的。长期以来，由于中国证券市场产生的历史背景、发展环境等因素，证券市场忽视了投资者保护[①]。政府监管的滞后性也跟不上证券市场的发展速度。投服中心以股东身份介入证券市场，运用市场方式、法律手段行使股东权利，一方面形成了对投资者的有效保护；另一方面，作为特殊的市场主体，投服中心在面对证券市场的突发性事件、焦点敏感事件时，可以灵活、及时地采取措施。实践中，通过发送股东建议函的方式，可以及时了解上市公司情况，并对其行使质询权；参加股东大会，则可以运用法律手段，从市场角度号召广大投资者行使表决权；公开发声可以对焦点、热点事件阐明观点，引导投资者持续关注，并形成舆论压力，支持投资者积极行使股东权利。投服中心行权、维权的机动性确保其及时针对市场情况采取行动，避免滞后于市场所带来的被动。

此外，随着证券市场的不断发展，一些上市公司、控股股东等为了非法利益，常常利用监管漏洞、法律漏洞等采取一些合法但不合理、严重损害中小投资者利益的行为。鉴于立法的滞后性，监管部门无法对这些行为采取监管措施。投服中心则可以独立的市场主体地位采取措施，从保护投资者利益出发，或采取质询方式，或采取征集投票权等方式，及时制止可能发生的危害投资者利益行为，形成对现有监管机制、法律制度的有益补充。

4. 促进市场发展

截至 2017 年 10 月底，中国的个人投资者已经超过 1.3 亿人。如此庞大的投资者群体，必须有专门的投资者保护机构保障投资者利益。投服中心的行权维权在证券市场树立了依法行权、维权的榜样，辅之以投资者教育的开展，使感性的投资者趋于理性。同时，行权、维权工作所形成的市场警示作

[①] 何德旭、周宇：《中国证券投资者保护机制的创新方向与实现路径》，《金融评论》2015 年第 1 期。

用，无疑会促进证券市场逐步凝聚形成完善公司治理、保护投资者的良好风气。监管部门也会在不断与投服中心的沟通中，进一步把握"市场与监管"的关系。而这一切都将促进中国证券市场朝成熟的"经济市"迈进。

三 主要特色

（一）政府角色与市场角色的完美融合

证券市场作为公共市场的一种，其不可能被某一个主体所独占，而需要被上市公司、中介机构、投资者等共享，并在这些主体的促进下发展。一旦其某一市场环节遭到破坏，相关主体与整个市场都可能受到损害。这就需要构建完善的证券市场体系，政府监管作为证券市场体系的基础之一，长期以来一直在中国证券市场占据核心地位。以中国证券监督管理委员会、地方证监局等组成的监管机构不仅占据着证券市场的核心地位，而且是投资者保护的核心。中国证券监督管理委员会、中国银行业监督管理委员会、中国保险监督管理委员会都内设相应的权益保护局以实现对相应领域的投资者保护。但是，鉴于证券市场的独特性，仅仅依靠监管部门的监管与投资者保护，是不可能对这样一个市场性特点极强的证券市场形成有效全面的保护的。何况，中国证券监督管理委员会还可能面对国家利益与私有产权保护之间的矛盾问题，这将使证券监管成为政治权衡①。

投服中心作为中国证券监督管理委员会设立的公益机构，其身份兼具多面性。第一，投服中心作为中国证券监督管理委员会直接设立并管理的机构，其职能是保护中小投资者利益，促进上市公司完善治理与资本市场健康发展。这一具有公共性、监管性的职能，让投服中心具有政府色彩的一面。第二，投服中心的组织形式是公司制。这就决定了投服中心的市场定位，其

---

① 张建伟：《法律、投资者保护与金融发展——兼论中国证券法变革》，《当代法学》2005年第5期。

作为独立的公司法人，可以独立、依法从事活动。同时，投服中心通过持有上市公司的股票成为各上市公司的股东，并依据股东权利行事，从事投资者行权、维权事宜。作为独立公司法人的投服中心，以市场角度、法律手段从事活动，则是投服中心制度机构市场角色的体现。投服中心的制度建构融合了政府与市场的双重角色，实现了政府地位与市场地位的巧妙结合，这就为行权、维权的开展提供了制度空间与创新余地，实现投资者保护实践中监管与市场的统一。尤其是在面对监管困境时，其市场角色的一面将可以充分发挥特殊作用。

（二）公法手段与私法手段的有效结合

当前，中国经济正处于结构性转型时期，政府在社会领域的缺位和在市场领域的缺位越位并存①，尤其是在证券市场，政府之度常常难以把握。而政府在证券市场制度建构的缺位，往往会造成其对市场的过度干预，进而导致本就存在"市场失灵"的证券市场出现非正常波动。作为天然弱势的投资者，在角色错位的市场也极易遭受损害。如何实现监管与市场的平衡，也是证券市场长期以来面临的难题。在投资者保护领域，就是要平衡公法性保护手段与私法性手段的运用。具体而言，证券市场的公法性手段包括有权机关对证券市场主体的行政责任、刑事责任追究，私法手段则偏向于投资者向责任主体民事责任的追究。

纯市场性质的投资者保护机构的行权、维权行动都是以股东身份或者接受其他投资者委托从事投资者维权活动。以韩国1994年成立的韩国人民团结参与协会为例，从建立伊始的大规模维权到如今的质疑不断，其原因无非就是该组织的完全民间化，在此基础上的私法性维权手段无法得到监管部门的认可，无法获得更加具有强制性的公法手段支持。投服中心的制度建构则有所不同。一方面，投服中心作为中国证券监督管理委员会直接管理的投资

---

① 陈剩勇、李继刚：《后金融危机时代的政府与市场：角色定位与治理边界——对当前中国经济和社会问题的观察与思考》，《学术界》2010年第5期。

者保护机构，相关行权、维权行动一般都会得到中国证券监督管理委员会的支持。同时，鉴于投服中心的特殊性质，投服中心会在业务上与地方证监局、证券交易所等建立沟通机制。而在投服中心的行权、维权过程中，尤其是发现可能涉及违法违规行为时，可以直接反映给证券监管部门。这就实现了私法手段与公法手段的完美衔接。另一方面，投服中心作为独立的法人主体，具有独立承担民事责任的能力。在涉及一些监管、法律漏洞的问题时，监管部门难以通过行政手段应对时，可以交由投服中心处理，这就实现了投资者保护的公法手段与私法手段的有效结合。这一制度设计，既可以发挥投服中心的灵活性，又可以体现监管部门的强制性，为投服中心在证券市场的行权、维权提供了监管支持与保障。

（三）根植于现有证券法律并对其形成补充

以《证券法》《公司法》等为基础建构的投资者保护体系也一样，其具有不可避免的滞后性。所以，如何在现有法律体系下建构起适应市场发展的投资者保护体系就显得十分必要。投服中心的制度建构根植于中国现有法律制度。无论是持股行权、纠纷调解、支持诉讼，投服中心都是依法行使股东权利或开展维权活动。投服中心在现有法律没有专门规定持股行权的情况下，创造性地运用《公司法》《证券法》的规定，在中国证券市场建立专门的投资者保护机构，并在过去的三年间取得了不小成就，切实起到了中小投资者"代言人"的作用。

同时需要注意的是，中国的证券法治仍在不断完善过程中，专门的投资者保护法律尚未出台，信息披露制度还有待完善，证券民事诉讼规定尚不成熟。投服中心的成立，首先解决了在没有专门投资者保护法律条件下的投资者具体保护问题。其次，投服中心参加的股东大会、上市公司说明会等，有力地促进了上市公司与中介机构的信息披露，一定程度上弥补了信息披露制度不健全所带来的法律缺失。最后，针对证券诉讼问题，投服中心采用支持诉讼的模式。证券支持诉讼选取涉及投资者众多、社会影响力较大的典型案件，通过投服中心组织公司内部律师或者社会公益律师开展诉讼。一方面，这种公益性模式可以高效率、低成本地维护投资者权益，并为中小投资者维权提供示范；另一方面，在诉讼过程中，投服中心可以更好地协调监管部门、司法机关的关系，最终实现化解纠纷、保护投资者、稳定市场的多重效应。这一做法既避免了证券民事诉讼不健全而带来的诉讼不便，投服中心的公益性诉讼也避免了学界主张的类似美国集团诉讼下集团诉讼普遍存在的滥诉问题①。可以说，投服中心的制度建构衍生于现有法律制度，并实现了对现行法律的发展补充。

总的来说，投服中心是应中国投资者保护实际之需而建立起来的。其制度建构，在借鉴域外相关经验的同时，结合中国证券市场的特点，摒弃域外制度的不足，立足于中国特色社会主义证券市场的长远发展，开创了具有中国特色的投资者保护新模式。这一模式是中国证券市场的全新创举，是中国特色社会主义制度创新在资本市场的重要实践。

四 总结与展望

证券投资者保护是证券市场健康发展的基础。近几年，投服中心作为专门的中小投资者保护机构，在中小投资者保护与促进上市公司完善治理方面确实取得了辉煌的成就。然而，投资者保护作为一项长久性任务，需要一整套的制度安排，投服中心在自身定位还未明确、内部制度尚未完全建构起来的情况下，还需要做到以下几点。

（一）明确公益性定位与保持独占性的关系

在"政府失灵"与"市场失灵"的情况下，非营利性组织由于可以提供政府组织或营利性组织无法提供的公共产品而兴起。投服中心作为证券市场监管的有益补充，其以公益性机构的身份存在，并发挥着保护投资者利益

---

① 陈甦、陈洁：《投服中心持股行权：理念创新与制度集成》，《上海证券报》2017年1月4日，第7版。

的作用，为证券市场提供具有公共产品属性的权益保护。正如所有的公益组织都可能面临的情况一样，由于其非营利性特点，该类组织可能面临效率不足、市场竞争等现象的挑战。中国证券市场作为世界第二大的市场，如此大规模的市场有超过 1.3 亿的投资者需要专业性保护。投服中心作为中国证券监督管理委员会批准设立并直接管理的投资者保护机构，目前在中国证券市场具有独占性的地位。但是，鉴于现行法律并未明确投服中心的独占地位，其持股行权、依法维权的职能具有可复制性。在作为公益性组织提供维权服务有限的情况下，可能面临被更具有竞争力的市场主体替代的风险。

投服中心公益性行权、维权的性质是确保其保护中小投资者利益的关键，可以最大程度减少投资者的维权成本。在坚持公益性行权、维权的同时，要想确保投服中心持股行权的独占性，通过专门的法律法规明确投服中心作为专门持股行权的投资者保护机构，应该是理顺这一关系的可行方案。目前，中国正在推动《证券法》的修改，投资者保护专章业已成形。在尚未明确投服中心持股行权独占性的情况下，由中国证券监督管理委员会出台专门的规章明确这一地位应是目前可行的做法。2015 年，中国证券监督管理委员会就指出，要抓紧推出持股行权管理办法。2016 年，中国证券监督管理委员会召开的持股行权试点工作座谈会再次明确，在条件成熟时制定出台持股行权管理办法。据此，在中国证券监督管理委员会出台的持股行权管理办法中明确投服中心持股行权的独占性应是现阶段着重推进的。

（二）明确协调机制与独立行权维权的关系

投服中心作为证券投资者保护组织体系中的一个子系统，在系统内部应发挥不同于其他组织的功能并具备于其功能发挥的组织结构，这就要求投服中心的运行机制要注重与证券市场上其他组织机构的有机衔接，从而保证整体效能的发挥。实践中，投服中心尤其要重视与中国证券监督管理委员会投资者保护局、地方证监局、证券交易所的互动配合，以形成有机、互联的投资者保护组织体系。在具体工作中，与地方证监局、证券交易所建立交流机制，以促进投服中心行权、维权工作的开展。同时，投服中心作为独立的公司法人和专门性的投资者保护机构，其各项业务都需要投服中心独立开展，如果其业务开展的独立性受到干扰，投资者利益的保护也将大打折扣。实际工作中，在与地方证监局、证券交易所形成协调之后，投服中心的行权、维权事宜可能与监管机构形成利益冲突，导致监管机构不希望投服中心行权、维权。鉴于此，如何在充分利用并保持已建立的协调机制的同时，依旧保持业务开展决策的独立性将是投服中心必须正视的问题。

投服中心与地方证监局、证券交易所作为同归属中国证券监督管理委员会统一管理的单位，其业务的开展离不开这些单位的支持与协调。需要注意的是，由于不同单位工作的首要目的有所差别，处理同类事件的方法就会不同。投服中心作为保护中小投资者利益的专门机构，其职责的特殊性也决定了其与其他机构出发点的不同。所以，投服中心必须明确其作为独立机构、投资者保护组织的基本定位，在与相关单位的协调过程中，始终坚持以保护投资者利益作为首要出发点与落脚点，并将其作为行权决策的衡量标准，才能确保其行权维权的绝对独立性。

（三）处理好典型事件解决与公平行权的关系

处在经济转轨下的中国证券市场，有着超过 3300 家的 A 股上市公司、超过 56 万亿的总市值与庞大的投资者群体[1]，涉及投资者利益纠纷的事件频发且影响巨大。而投服中心目前的人力、物力都相对有限，其行权、维权工作不可能实现对所有投资者利益纠纷事件的全覆盖。在现行条件下，投服中心的业务开展基本上是围绕重点、典型、有代表性的市场热点问题展开，以发挥示范维权、市场警示的作用。然而，证券市场的高敏感度让每家上市公司都不希望成为具有特殊性质的投服中心行权、维权的对象。而投服中心的重点行权方式，又带有一定的选择性色彩，在确保重点解决典型事件的同时，如何兼顾行权、维权对象选择的公平、公正性就成为市场关注的焦点。

---

[1] 朱宝琛：《A 股公司数量突破 3300 家　资本市场为实体经济输血力度加大》，《证券日报》2017 年 9 月 8 日，第 A01 版。

行权、维权对象的选择是保护投资者利益的前提，这一过程关乎利益维护的公平性。当前形势下，必须完善投服中心的内部制度建构，形成制度约束。首先，作为介于市场和政府之间的一种社团法人，投服中心必须具备法定的组织形式和制度规范，以保证其身份角色、市场地位和工作机制的稳定性和持续性。需要建立相关的行权、维权指引与工作指南，明确行权、维权对象选择的标准与过程，以保障内部权力的有序运行和行权、维权对象选择的公正。其次，需建立相应的公司治理机制，实现有效运作。具体运行中，需要研究建立类似现代企业制度的董事会治理结构以及公开、透明的运营管理制度，以保证投服中心加强自律、增强透明度、实现组织公益性；完善公司治理机制并实现有效运行，在实现公司化运作的同时，又兼顾其非营利性公益的性质。最终形成"制度的笼子"，对投服中心的运行、行权与维权过程进行全方位规制。

投服中心，这一根植于中国证券市场发展并吸收域外投资者保护制度经验的投资者保护机构的建立，回应了证券市场发展的需要。其制度的建构，妥善处理了政府与市场的关系，实现了公法手段与私法手段的结合，创造性地构建了中国特色投资者保护制度。需要指出的是，投资者保护是一项系统性工程，不可能一蹴而就。未来，投服中心还需要进一步完善内部制度建构，推动出台专门的投资者法律，做好中小投资者的"代言人"，推动中国证券市场进一步转轨，让"监管的归监管，市场的归市场"，以实现中国证券市场的市场化、法治化、国际化，为解决投资者保护问题提供中国智慧和中国方案。

B.12
资产管理业务监管的法治化变革

夏小雄*

摘　要：　中国资产管理行业发展面临一些实践问题，与中国当下资产
管理行业监管制度的不够完善存在一定关联。从既有实践来
看，资产管理行业的监管存在以下问题：未能意识到不同资
管产品的共同法律属性；缺乏统一的监管法律基础；未能实
现回应性监管，存在监管真空；监管标准不一致，造成监管
套利；未能充分重视事中事后监管；监管执法不力，法律责
任追究有待强化。基于法治化的理念精神和体系逻辑，重构
中国的资产管理行业监管体系可以侧重从以下几个方面展开：
制定信托业法，夯实监管法律基础；优化监管原则体系，强
化宏观审慎监管；调整监管机制，重构监管权限；强化事中
事后监管，弱化事前管控；强化法律责任追究，将受托人义
务加以具体化和实质化。

关键词：　资产管理　信托法律关系　回应性监管　受托人义务

改革开放以来中国经济社会快速发展，城乡居民的个人财富和家庭财富
均显著增加，财富管理需求也日益凸显。在此背景下，近年来受托管理财产
的资产管理行业迅速成长。理财产品、信托产品、基金产品、资管计划、私
募基金等新型金融产品逐渐成为除银行储蓄外的多元化投资品种，商业银

---

* 夏小雄，中国社会科学院法学研究所副研究员。

行、信托公司、基金公司、私募基金管理公司、保险资产管理公司等资管机构也发展壮大，管理的资产规模日益增长，不仅给投资者带来了丰厚的投资回报，也为实体经济的发展提供了形式多样、途径灵活的资金支持。据统计，到2016年底，中国银行理财产品规模为29.05万亿元，信托产品规模为20.22万亿元，证券公司资管产品、基金公司及其子公司产品、期货公司资管产品的规模为34.48万亿元，私募投资基金产品规模为7.89万亿元，保险资管机构管理的资管产品规模超过了4万亿元①。

中国资产管理行业的快速发展顺应了社会主义市场经济深化改革发展的内在需求，在一定程度上弥补了传统金融制度体系的缺陷，有效推动了资本市场和金融体系的观念创新和结构变革。从商事法治建设的角度讲，资产管理行业的发展使得社会主义市场经济的制度结构更为完善，由此也促成了中国商事法治体系进一步优化。结合过去几年商事法治建设实践可以看出，中国初步建构了适用于资产管理业务的法律规范体系，亦形成了相应的监管制度体系和司法裁判机制，为资产管理行业的有序发展提供了有力的法治保障。

但是，在承认成绩的同时，不能否认中国资产管理行业的发展依然存在较多问题，如受托管理机构（也即受托人）的主动管理能力不强、受托人不能充分履行谨慎投资义务、受托人不当违反忠实义务要求、投资者适当性管理原则贯彻不力、受益人权益缺乏有效保障机制、受托管理财产独立性原则没有得到切实遵循、刚性兑付现象普遍存在可能引发行业风险。这些问题的存在，在一定程度上影响了中国资产管理行业的健康发展。如果不能妥善解决这些问题，资产管理行业的发展甚至可能遭遇系统性风险危机，最终影响中国金融体系的根本稳定和市场经济的有序发展②。这些问题的出现固然和中国资产管理行业正处于初级发展阶段有关，但从商事法治建设的角度加

---

① 以上数据为中国银行业协会、中国信托业协会、中国基金业协会、中国保险资产管理业协会的统计数据。
② 对此的简要分析参见夏小雄《中国资产管理法制面临八大挑战》，《经济参考报》2016年11月1日，第8版。

以观察，也与中国资产管理法治体系不够完善存在关联。

从立法上来看，目前中国资产管理法律体系虽然已粗具规模，但是立法不完善、不具体、不全面等弊端影响了资产管理法律关系的有效规范调整；从司法上来看，资产管理业务的法律争议虽然多有发生，但进入法院裁判程序的案例依然相对较少，调整资产管理法律关系的原则和规范尚没有通过司法实践加以"实质化"和"具体化"；从监管上来看，虽然各个监管机构针对不同的资管机构和资管产品确立了相应的监管制度，但是目前以分业监管为核心的监管体系在一定程度上割裂了资产管理业务监管的统一化逻辑，导致了实践中大量现实问题得不到切实有效的解决。在某种程度上，资产管理业务的规范发展更有赖于高效、合理的政府监管，在中国法语境下资产管理业务监管的法治化变革尤其具有重要意义。

一　中国资产管理行业监管存在的问题

中国资产管理行业之所以面临上文所述的实践问题和发展困境，与当下资产管理行业监管制度的不够完善存在一定关联。从既有的监管实践来看，中国资产管理行业的监管制度存在以下问题。

（一）未能意识到不同资管产品的共同法律属性

需要承认，在当下的资产管理行业体系下，不同资管机构管理的资管产品在制度构造上存在一些差异。例如，商业银行的理财产品、信托公司的集合信托计划、基金子公司的资产管理计划、私募基金管理公司管理的私募投资基金、保险资产管理公司发行的保险资产管理计划等在委托人要求、受托机构、投资方向、投资限额、风险资本计提等方面均有所不同。但是，不能否认的是，这些资管产品所体现的法律关系是相同的，均为信托法律关系。在这些不同的资管产品背后，都是作为受托人的各类资管机构按照委托人的要求并基于受益人利益最大化原则管理处分受托财产（信托财产），在资管产品到期时将受托管理财产品分配给受益人。其中，信托财产的独立性和受托人的信义义务是信托法律关系的两个核心内容，在所有资管产品的运作实践中均应当加以有效贯彻①。

在当下的资管行业监管实践中，监管机构并没有充分意识到这些资管产品的共同法律属性，因而没有基于信托法律关系属性去建构体系化的监管制度。监管机构负责人更是明确指出："目前各大类资管产品的法律基础、法律关系并不相同，有的依据国家法律，如信托法、证券投资基金法，相应的法律关系为信托关系；有的依据资管机构所在行业监管部门规章，法律关系为委托代理关系；还有的产品仅仅依据当事约定，法律基础、法律关系均不清晰。"② 在具体监管制度的设计上，也没有按照信托法律关系的属性要求强调信托财产独立性、受托人信义义务、受益人利益最大化等原则的重要性。与之相反，各监管机构都是按照自身对具体资管产品的理解建构相应的监管制度体系，导致实践中出现监管制度的冲突和监管理念的矛盾。实践中存在的诸多监管问题，就其根源而言在于对资产管理法律关系的性质理解存在差异。

值得注意的是，监管机构最近也意识到了这一问题的严重性。在 2017 年中国人民银行联合中国银行业监督管理委员会、中国证券监督管理委员会、中国保险监督管理委员会以及其他监管机构联合制定的《关于规范金融机构资产管理业务的指导意见（征求意见稿）》中，就强调资管产品具有同样的法律属性并且应当统一同类资管产品的监管标准③。其中，第二条规定，"资产管理业务是指银行、信托、证券、基金、期货、保险等金融机构接受投资者委托，对受托的投资者财产进行投资和管理的金融服务。金融机构为委托人利益履行勤勉尽责义务并收取相应的管理费用，委托人自担投资风险并获得收益"，这是严格依

---

① 参见季奎明《论金融理财产品法律规范的统一适用》，《环球法律评论》2016 年第 6 期；章晟、李士岩：《资产管理业务信托法律属性分析及其法律监管制度研究》，《江汉论坛》2016 年第 3 期。
② 参见中国证券监督管理委员会副主席李超在 2017 年《财经》年会论坛上的讲话，http://www.csrc.gov.cn/pub/newsite/zjhxwfb/xwdd/201611/t20161118_306175.html，最后访问日期 2017 年 10 月 20 日。
③ 该"指导意见"依然处于征求意见阶段，并未正式发布，但反映了监管机构对于资产管理法律关系的理论认知和监管思路。

据信托法理作出的法律关系界定，有助于统一对于各类资管产品的法律性质认知，也有利于在此基础上建构统一的监管标准和全面的监管体系。

（二）缺乏统一的监管法律基础

完善的监管制度离不开坚实的法律基础。在资产管理行业的监管实践中，这一原理同样适用。当下中国资管行业的监管实践中，虽然各个监管机构基于"机构监管"的思路，通过制定部门规章、规范性文件的方式确立了针对具体资管产品的监管制度体系，但并未遵循体系化的建构逻辑，相互之间的协调性有待加强。比如，针对理财产品中国银行业监督管理委员会制定了《商业银行个人理财业务管理暂行办法》，针对信托产品制定了《信托公司管理办法》和《信托公司集合资金信托计划管理办法》，针对资产管理计划中国证券监督管理委员会制定了《证券公司客户资产管理业务管理办法》《基金管理公司特定客户资产管理业务试点办法》，针对私募基金产品中国证券监督管理委员会制定了《私募投资基金监管管理暂行办法》，针对保险资产管理计划中国保险监督管理委员会制定了《保险资金运用管理暂行办法》等等，但尚没有制定针对所有资管机构和资管产品的统一性监管法律。

这些监管文件的制定对于监管机构及时规范监管权限具有重要意义，但它们的法律效力位阶较低、体系内容不够完善，对于监管权限的界定不够明确，容易引发监管权力的冲突和监管标准的矛盾，不利于监管权力的规范行使。在当下复杂的现实问题面前，资管产品监管法律的上述问题使得一些疑难问题不能得到有效解决。特别是对于一些跨市场、多嵌套并且结构复杂、投向不明的资管产品而言，既有的监管立法没有赋予特定监管机构以特定监管权限，这就导致实践中并无监管机构突破既有监管法律文件的框架去实现实质性监管和功能性监管。统一性监管立法的缺失已经成为中国资产管理行业深化发展的重要制度缺陷[1]。

---

[1] 参见强力《大资管时代与信托业立法》，《海峡法学》2017年第1期。

（三）未能实现回应性监管，存在监管真空

在过去几年的资管行业发展历程中，各个监管机构固守传统思维，主要针对传统的资管产品加以监管，对于金融创新过程中出现的新型资管产品则缺乏应有的重视，致使实践中出现了监管真空地带。一些完全应当纳入资管行业监管领域的资管产品没有得到及时有效的监管，以至于这些资管产品的发展陷入混乱无序的状态，最终引发严重的经济社会问题。在一定程度上，回应性监管机制的缺失是过去几年中国资管行业监管实践最为重大的隐性难题。

在私募投资基金领域和互联网资产管理业务领域出现的部分乱象和监管机构未能实现回应性监管存在密切关系。近年来私募投资基金在中国发展较为迅速，但由于相关立法的缺失，私募投资基金的发展一直处于混乱无序的状态。特别是一些私募投资基金本身不具有专业的资产管理能力，在募集资金的过程中往往通过虚假宣传、夸大收益等方式获得投资者信任，在管理私募基金的过程中不能切实履行信义义务，严重的情形甚至将资金非法侵占或转移。即便在私募立法缺失的情况下，监管机构也应及时进行"回应性监管"，对私募基金发展过程中的各种乱象加以有效规制。但遗憾的是，在很长一段时间内，中国金融监管机构并未对各类私募基金及其管理机构加以监管。监管机构之间并未就如何建构回应性的能动监管机制加以充分协商。这就导致实践中私募基金的发展陷入困境，一些不法分子利用立法漏洞和监管滞后非法募集大量资金，给投资者造成严重损害，也给金融秩序带来严重影响①。这种状况在互联网资产管理领域同样存在，近年来出现的一系列重大案件（如 e 租宝案件）也和监管机构未能及时进行回应性监管存在一定关系②。

（四）监管标准不一致，造成监管套利

对于具有同一法律属性的资管产品，即便属于不同的监管机构监管，原

---

① 参见王瑜、曹晓路《私募股权投资基金的法律监管》，《社会科学家》2016 年第 2 期。
② 参见王志峰、方竞《互联网资管行业发展与监管》，《清华金融评论》2016 年第 9 期。

则上也应当坚持同样的监管标准。但在中国资产管理行业监管实践中，不同监管机构对同一类型或同样属性的资管产品，监管标准存在较大差异，特别是对产品准入、投资范围、募集推介、信息披露、资金托管、投资者适当性管理等方面的监管标准并不一致。这就使得资管机构容易通过复杂交易结构安排，将相应业务从监管较严的市场转向监管较松的市场，使得金融风险在不同市场、不同领域交叉传递，影响了监管政策和宏观调控的有效性，增加了系统性风险发生的可能性。

以中国对信托产品和资管计划的监管为例，实践中普遍存在的集合资金信托计划、集合资产管理计划虽然分属于中国银行业监督管理委员会和中国证券监督管理委员会监管，但它们的法律关系属性、法律交易构造本质上相同，应当采用基本相近的监管标准。实践中，中国银行业监督管理委员会和证监会在过去几年间却制定了完全不同的监管标准。中国银行业监督管理委员会对于信托公司发行集合资金信托计划有较为严格的净资本考核，同时要求信托公司在合格投资者、信息披露、信托财产独立、受益人权益保障方面遵守较为严格的监管标准，监管要求相对而言较为严格。随后中国证券监督管理委员会对集合性资管计划确立的监管要求要宽松很多，不仅对于受托人基金子公司没有净资本考核要求，而且对于资管计划合格投资人、受托人内部风险控制等方面的要求也不够严格。这就导致实践中资管机构以集合性资管计划替代原来的集合资金信托计划或者以集合性资管计划嵌套单一资金信托计划，进而规避中国银行业监督管理委员会对于集合资金信托计划较为严格的监管要求，通过这种结构形式的转换可以轻松实现"监管套利"。例如，集合性资管计划自然人投资人的人数不低于200人即可，集合资金信托计划却限定为50人，通过发行资管计划可以轻松突破集合资金信托计划募集在自然人投资人数量方面的限制[1]。然而，规模较小、资本较低的基金子公司实际上并不具有相应的资产管理能力，特别是风险控制能力相对薄弱往

---

[1] 这种交易结构安排一是可以突破集合资金信托计划自然人投资人不能超过200人的规定，二是可以规避中国银行业监督管理委员会对于集合资金信托计划的严格监管要求，如成立、存续、管理等方面的严格要求。

往会引发一系列实践问题①。当然，中国证券监督管理委员会最终也意识到这一问题的严重性，在2016年颁布了《基金管理公司子公司管理规定》及《基金管理公司特定客户资产管理子公司风险控制指标管理暂行规定》，引入净资本考核机制等新的监管手段，严格监管标准，压缩套利空间。

（五）偏重事前监管，未能充分重视事中事后监管

在既往的资管行业监管实践中，中国监管机构偏重于对于资管机构设立和资管产品成立的"前端监管"或"事前监管"，对于资管机构设立之后和资管产品成立之后的监管却没有给予足够重视。以中国信托行业为例，中国银行业监督管理委员会对于新设信托公司持严格的监管态度，除了设置了较为严格的设立条件之外，还通过行政审批的方式严格控制信托公司的金融牌照数量，以至于过去十几年只有个别信托公司得以新设。这种偏重"牌照管制"的监管思路在资管行业其他领域也较为普遍。当然，从资管行业本身具有的金融属性来看，在一定程度上强化对资管机构设立的监管有其合理意义。但是，如果单纯或主要依靠事前的数量管控可能难以有效实现监管目的。同时，中国银行业监督管理委员会对于集合资金信托计划的成立采取"报备制"监管手段，但实践中这种形式意义上的"报备制"在一定程度上演化成了实质意义上的"审核制"，在一些情形下监管机构甚至直接叫停信托公司的特定种类信托产品②。

---

① 参见唐涯、朱菲菲、徐建国《资管市场的监管套利》，《中国金融》2017年第13期。
② 中国银行业监督管理委员会在2014年颁布的《关于信托公司风险监管的指导意见》中就提到："从今年起对信托公司业务范围实行严格的准入审批管理；对业务范围项下的具体产品实行报告制度。凡新入市的产品都必须按程序和统一要求在入市前10天逐笔向监管机构报告。监管机构不对具体产品做实质性审核，但可根据信托公司监管评级、净资本状况、风险事件、合规情况等采取监管措施。信托公司开展关联交易应按要求逐笔向监管机构事前报告，监管机构无异议后，信托公司方可开展有关业务。异地推介的产品在推介前向属地、推介地银监局报告。属地和推介地银监局要加强销售监管，发现问题的要及时叫停，以防风险扩大。"尽管该"指导意见"提及了不做"实质性审核"，但在收到报告后"根据信托公司监管评级、净资本状况、风险事件、合规情况等采取监管措施"在一定程度上可以视为采取了"实质审核"的立场。

可以说,当下部分监管机构的日常监管依然带有一定的行政化色彩,没有充分运用市场化的监管机制和监管手段,特别是没有强化以信息披露为核心的事中事后监管。在既有的监管体系下,并未针对各个资管机构和资管产品建立体系化的信息披露制度。虽然有些部门性文件尝试确立信息披露制度,但在目前并未形成对资管机构和资管产品的有效约束。在一些情形下,资管机构并不能按照要求披露资管产品的存续进展以及自身的整体运营情况,监管机构也没有对之加以切实有效的监管并追究其相应的法律责任。

(六)监管执法不力,法律责任追究有待强化

在过去几年的资管行业监管实践中,对于资管机构在管理处分受托财产过程中的违法行为,监管机构没有严格追究相应法律责任。实际上,资管机构违反法律法规要求的行为经常出现,由于刚性兑付现象的存在,这些违法行为引发的不良效果通常被"隐藏"或被"忽略"。监管机构没有遵循实质监管的原则,对于资管机构的违法行为严格加以追究,也没有要求资管机构及其工作人员承担相应的法律责任。以信托公司为例,2015 年以来中国银行业监督管理委员会对信托公司仅出具了 22 份行政处罚决定书,只涉及 14 家信托公司,处罚事项主要涉及信托投资,处罚措施主要为罚款,但是数额较低(多为 50 万元以下),处罚力度较为有限①。从既有的监管实践可以看出,监管机构甚少对资管机构及其工作人员作出严厉的行政处罚,更没有进一步追究刑事责任。这种处罚机制的缺失事实上也不利于资产管理法律体系的丰富发展②。

监管执法不力在一定程度上造成了部分资管机构的"放任作为",事实上可能会引发资管机构之间的"竞次"竞争,即资管机构不是向严格遵守法律法规的资管机构学习,而是强调以刚性兑付"隐藏"或"掩盖"风险。

---

① 参见闫晶滢《三年以来 22 张信托公司罚单告诉你:信息披露或成今后合规风险高发区》,《证券日报》2017 年 7 月 7 日,第 B01 版。

② 参见刘迎霜《金融信托:金融行业抑或制度工具——析通道型信托产品之刚性兑付》,《社会科学研究》2014 年第 4 期。

这种状态的延续将会引发资管行业的系统性风险，严重损害投资者的合法权益，不利于资管行业的健康发展。

事实上，致使监管机构执法不力的很大一个原因在于"监管父爱主义"。"监管父爱主义"强调以不出现风险为原则，只要出现问题的资管机构和资管产品能够通过特定手段（比如刚性兑付）解决问题，对于资管机构的违法作为就不予严格追究法律责任。这种监管逻辑解决了表面的争议，但会放任实质问题的存在，最终可能造成资管行业发展的系统性风险和结构性危机①。

二　中国资产管理行业监管理念探析

在分析了中国资管行业监管面临的现实问题之后，需要从理论角度讨论监管体制优化需要注意的一些根本性问题，然后才能确立具体的监管体制完善措施。

（一）资管领域政府和市场关系的特殊性

理解当下资管行业监管困境的根本路径在于理解这一领域市场和政府关系的特殊性。这是资管行业的体系结构和资管产品的制度特征所决定的。

和一般的商品相比较，资管产品的交易结构较为复杂，不具有丰富投资经验的投资人往往难以理解其构造逻辑。委托人和受托人之间普遍存在信息不对称，如果受托人不及时向委托人或受益人披露资管产品的具体信息，委托人或受益人往往难以了解资管产品的存续进展；受益人的权益保护往往面临集体维权行动困境，在资管产品或资管机构出现问题的时候往往难以及时维护自身合法权益。而就资管行业的整体发展来看，资管产品资金规模大、影响范围广，涉及广大投资者的利益，容易对金融秩序、经济发展、社会稳定造成影响。如果仅仅依靠市场机制的调节和当事人的意思自治，资管行业

---

① 参见陈涛《金融监管必须拒绝父爱主义》，《经济参考报》2017 年 4 月 14 日，第 1 版。

发展过程中的一些难题就难以解决，因为市场机制可能不时失灵、私人理性可能存在缺陷。此时，需要政府监管的有效介入，在一定程度上弥补市场机制的不足。换言之，与市场经济其他构成领域相比，资管行业领域更加需要政府监管的适度介入。

政府监管的介入必须"适度"而不能"过度"，特别是不能带有监管父爱主义的情怀，不能干预资管市场的正常发展，不能影响市场机制本身配置资源的作用。监管权力必须注意自身的功能限度①。资管领域的政府监管也必须迈向"法治化"的轨道，政府监管权力的运用必须满足合目的性原则、合比例性原则等实质性要求。具体而言，监管权力的运用必须具有正当目的，必须以维护资管市场有序发展、保护投资者合法权益为目的，不得滥用以谋取部门私益或个人利益；监管措施的采取必须符合比例性原则要求，以实现监管目的为必要限度，不得采用过于严苛的监管措施，不得给监管对象带来不合理或不必要的负担。

在中国今后资管行业的监管体制优化过程中，有必要按照上述原则调整监管机制，确保政府监管权力的运用能够契合社会主义市场经济体制下市场和政府的关系逻辑，能够使资管行业的发展既有秩序又有活力。

（二）资管领域监管原则理念的重塑

当下中国资管行业的监管制度设计主要遵循了分业监管的逻辑。中国银行业监督管理委员会重点监管银行理财产品、信托计划产品，中国证券监督管理委员会重点监管资管计划产品、私募基金产品、期货理财产品等，保监会重点监管保险资管产品。在既往的监管实践中，各个监管机构也针对具体负责监管的资管机构和资管产品制定了较为全面的监管制度，但是这种监管制度设计具有局部性的特征，没有考虑各类资管产品的体系关联以及与资本市场、金融市场的整体联系。从风险防范的角度讲，既有的监管体系偏重于具体机构和具体产品的风险防范，对于资管行业和资管市场的体系风险缺乏

---

① 参见陈甦《商法机制中政府与市场的功能定位》，《中国法学》2014 年第 5 期。

足够的重视。

现代金融市场是互通互联的，不存在割裂于其他产品、其他市场的资管产品，任何一种资管产品都能够产生体系性的影响。特别是资管产品本身交易结构较为复杂，而在资管产品层层嵌套的交易模式之下，风险要素的传递更为隐蔽，在分业监管的体系下这些风险要素往往难以被有效发现，监管机构也难以采取全面的监管措施。因此，必须从整体上审视资管产品市场的结构风险，并同时将其纳入金融结构体系审视其功能和运作。从监管的角度来看，也必须跳出分业监管的逻辑，从整体上考虑资管产品的风险，特别是注重系统性风险的防范。这不仅是国际金融危机后各国总结的经验教训，也是中国近年资本市场危机的直接影响因素①。

宏观审慎监管强调对于资管行业的整体性监管，侧重系统性风险的防范。要落实这一目标，在具体的监管实践中就要贯彻实质性监管、功能性监管、动态性监管的逻辑，而不能拘泥于形式性监管、机构性监管、静态性监管的传统思维，需要提高监管的回应能力，力求实现对资管结构和资管产品监管的全面实时覆盖。当然，这些具体要求需要通过具体的监管制度设计加以落实②。

（三）资管领域监管体制设计的调整

监管目的的充分实现、监管权力的合理行使必须通过合理的监管制度设计加以实现。只有建构了良好的监管体制，才能促成监管目的的实现。

在过去资管行业的监管实践中，中国的监管制度体系建构遵循的是"实用主义"逻辑，即根据资管行业发展实践需要逐步确立相应的监管制度，立法机构或监管机构并未针对资管行业监管进行体系化的设计或整体化的规划。可以说，这种建构体系逻辑适应中国资管行业发展初级阶段的需

---

① 参见刘燕、夏戴乐《股灾中杠杆机制的法律分析——系统性风险的视角》，《证券法律评论》2016年卷。
② 参见苗永旺、王亮亮《金融系统性风险与宏观审慎监管研究》，《国际金融研究》2010年第8期。

要，但随着资管市场的深化发展，既有监管体制的弊端也在逐步显现。

根据当下中国资管行业发展的实践状况以及既有监管体制存在的现实问题，在考虑监管体制重构过程中，应当充分吸收借鉴比较法上资管行业监管体制设计的成功经验，同时充分贯彻上文所述的宏观审慎监管理念逻辑，切实落实实质性监管、动态性监管、功能性监管等具体监管原则①。

为了贯彻实质性监管原则，必须通过合理的机制设计实现对资管产品监管的全覆盖。尤其是对创新型资管产品进行充分有效的监管，确保监管具有充分的回应性。从过去几年的监管实践可以看出，资管行业领域的创新力度较大，新型的资管产品不断出现。资管监管体系必须跟上实践创新的步伐，通过回应性的监管机制确保创新资管产品纳入监管范围之内。

还要认识到现代监管体系的复杂性，资管领域的监管权力行使需要不同机构的合作方可实现。在强调全面监管的原则下，如何有效实现不同监管机构之间的监管分权并确保有序运用监管权力，是现代监管制度体系设计需要考虑的重点问题。在中国法语境下，这一问题尤其需要结合金融监管的历史传统和改革趋势加以全面考量②。

此外，监管法治化的要义在于对监管权力的运用本身加以合理限制。基于这一逻辑假定，必须规定监管权力行使的合理程序，确保监管权力运用的公开、公平、公正，确保被监管对象的合法权益得到有效保障，防止监管权力的滥用和被俘获。

（四）资管领域法律责任机制的重构

要确保资管行业的有序发展，离不开完善的法律责任机制。对于任何资管产品存续过程中的违法违规行为，都应当严格追究不法行为主体

---

① 张晓朴、卢钊：《金融监管体制选择：国际比较、良好原则与借鉴》，《国际金融研究》2012 年第 9 期。

② 参见肖韵《中国金融监管协调制度的完善研究——以法律规制为视角》，《宏观经济研究》2017 年第 6 期。

的法律责任。资管领域法律责任的实现同样包括公共执法机制和私人执法机制。私人执法机制主要是通过民事诉讼的方式追究不法行为主体的民事责任，如资管产品的委托人或受益人起诉违反信义义务要求的受托人，要求后者赔偿因其不当行为引发的经济损失。公共执法机制主要是由监管机构通过行政处罚方式对不法行为主体追究法律责任，如对违反信义义务的受托人进行行政处罚，要求支付一定金额的罚款或者给予其他形式的处罚。

资管法律关系具有一定的特殊性，资管产品的构造和资管行业的结构使得私人执法机制面临较多问题。特别是在中国资管行业发展实践中，私人执法机制始终未能充分发挥其制度功能。在此背景下，公共执法机制对于监督约束资管机构、促进资管行业发展就具有至关重要的意义。而从另一个维度看，公共执法机制的完善也是实现监管目的最为有力的手段。这一点可以参照域外金融监管执法的实践经验。域外金融监管机构对于资管机构不法行为的处罚具有处罚金额大、处罚主体多等特点，这就有助于约束资管机构的不法行为，进而促进监管目的的充分实现①。

中国资管行业监管制度体系的设计应当意识到公共执法机制的重要意义，并且进一步优化公共执法的制度设计。具体而言，应当进一步明确监管机构的公共执法或行政处罚权限，并对资管机构的各类违法行为确定明确的行政处罚措施②。监管机构应当强化对资管机构和资管产品的事后监管，在发现资管机构或资管产品存在违法行为时，应当及时启动执法调查程序，在确认需要追究法律责任的时候必须作出适当的行政处罚决定。通过严格的公共执法机制，确保资管机构能够严格按照法律要求履行受托人义务。

---

① 参见丁灿《国际银行业监管处罚：案例研究与经验借鉴》，《金融监管研究》2015年第7期。

② 日本的信托业法、中国台湾地区的"信托业法"中均有专门"罚则"章，对于违反信托业法的各种行为规定了详尽的处罚措施。

三　中国资产管理行业监管变革的完善路径

（一）制定信托业法，夯实监管法律基础

监管的法治化首先需要从立法层面进行努力。为实现资管行业监管体制的重构，必须从立法维度为相关改革的开展确立合法性基础。在当下资管监管基本立法缺位的情况下，有必要制定统一的"信托业法"，改变资管监管立法"碎片化"的现状，重塑整个资产管理行业的监管制度体系。这是实现资产管理业务监管法治化变革的重要基础①。统一"信托业法"的制定将会消除既有资管行业监管立法混乱无序的局面，优化资管行业监管制度的体系性和科学性，提升资管行业监管立法的法律层次和效力位阶。更为重要的是，"信托业法"将会对监管机构的监管权作出全面的规定。

通过"信托业法"的制定，可以明确监管权的法律基础。当下资管行业各个监管机构的监管权并没有通过立法加以明确，对于每个监管机构到底有多大监管权限、能够监管哪些产品、如何行使监管权力等问题都没有确定的答案。"信托业法"能够明确资管行业监管权的法律基础，并将这些监管权限授予监管机构，为监管权力的运用奠定合法性和正当性基础。

通过"信托业法"的制定，可以明确监管权的规制范围。当下理论界和实务界对哪些资管机构和哪些资管产品应受监管尚存在争议，特别是对于一些创新形式的资管产品应否纳入监管范围尚没有形成共识。"信托业法"的制定可以对监管机构应当监管哪些资管机构和哪些资管产品作出明确的限定。从当下的资管行业实践来看，上文所述《关于规范金融机构资产管理业务的指导意见（征求意见稿）》提及的资管机构和资管产品均应纳入"信

---

①　近年来信托业法的制定得到了理论界和实务界的共同呼吁。参见席月民《中国〈信托业法〉的制定》，《广东社会科学》2012 年第 5 期；李勇：《论中国制定〈信托业法〉的必要性》，《中南大学学报》（社会科学版）2006 年第 5 期。

托业法"的监管范围①。当然，"信托业法"也可以通过概括性规定或兜底性规定将可能出现的新型资管产品纳入监管范围，以保持资管监管体系的开放性和适应性。

通过"信托业法"的制定，可以明确监管权的运用机制。"信托业法"的制定可以确立公正、公开、公平的监管程序体系，使得监管机构的监管权力得到规范行使，这是资管行业监管改革"法治化"的应然体现。监管权运用程序化机制的完善将具有双重意义：一是将使得监管常态化、制度化，特别是监管权限的行使、监管措施的采纳、监管调查的实施、监管处罚的实现等遵循法治化逻辑；二是对监管权力的行使构成有效的约束，确保监管权运用的合法性和合理性，使监管机构在行使相应职权时不至于滥用权力从而损害资管机构和投资者的合法权益。

（二）优化监管原则体系，强化宏观审慎监管

传统金融市场的风险多局限于特定机构、特定领域，特别是在严格分业经营、金融体系不够市场化和国际化的情形下，不同金融领域、不同金融机构之间的风险传递程度相对较低，难以引发或形成系统性风险。但资本市场和金融体系深化改革后，特别是在新型资产管理创新产品不断出现的情形下，金融市场体系各个组成部分的联系会更加紧密，金融风险在不同领域之间会充分传递且不断放大，最终可能酿成系统性风险。因此，资管行业监管体系不能沿袭传统制度架构，而是必须强调以系统性风险防范为核心，确立宏观审慎监管制度体系。

系统性风险的防范在宏观审慎监管体系下占据核心位置。系统性风险一旦出现，往往会给金融稳定、经济发展带来严重不利影响。因此，变革之后的资管行业监管体系，必须确立系统性风险的识别、监控和预警机制，通过确立充分有效的金融信息机制对资管产品风险进行有效识别，在监控到系统

---

① 《关于规范金融机构资产管理业务的指导意见（征求意见稿）》第二条规定：资产管理产品包括但不限于银行理财产品，资金信托计划，证券公司、基金公司、基金子公司、期货公司和保险资产管理公司发行的资产管理产品，公募证券投资基金，私募投资基金等。

性风险存在发生可能性时及时采取相应的预警治理措施，确保将系统性风险扼杀在萌芽状态。

宏观审慎金融监管的政策实现不能依赖于既有的分业监管体系和相应监管机构，而应变革创新，在必要的情况下需要新设专门性的宏观审慎监管机构（如金融稳定发展委员会），同时通过专门立法明确其监控防范系统性风险的职责和权限，并赋予其灵活采取监管措施的权力。

在变革之后的资管行业监管体系下，必须重点加强对跨市场、跨领域的资管机构和资管产品的监管，因为它们对于金融市场的发展和金融秩序的稳定会产生越来越大的影响，也是金融体系系统性风险发生的重要影响因素。在宏观审慎监管框架下，必须依据相应金融风险的特殊性确立独特的监管机制和监管手段，特别是从宏观、逆周期、跨市场等维度监测、评估、调节系统性风险①。

（三）调整监管机制，重构监管权限

在上述监管原则的指导下，有必要对中国现有的资管行业监管体系加以重构，使其能够适应当下资管行业发展的实践需要。针对当下资管监管机构比较分散、缺乏协调性的弊端，有必要建立更为统一、更为协调的监管制度体系。具体而言，可以从以下几个方面加以完善。

一是建立统一的监管机构。在既有的资管行业监管机构基础上，可以尝试针对整个资管行业建立一个统一的监管机构。这个统一的监管机构既可将原有的监管机构统合，也可在维持既有监管机构的基础上新设。统一性监管机构的设立有助于资管行业整体性风险的防范，也能强化对资管机构和资管产品的整体性监管，在针对不同资管产品监管标准的建构上能维持统一性和协调性②。按照《关于规范金融机构资产管理业务的指导意见（征求意见稿）》的规划构想，在未来的资管监管体系架构下，中国人民银行负责对资产管理业务实施宏观审慎管理，会同中国银行业监督管理委员会、中国证券

① 参见夏欣、宋清华《夏斌：不统一监管各种理财，防范系统风险将是空话》，《中国经营报》2017年4月10日，第A08版。
② 参见赵洋《资管业务统一监管势在必行》，《金融时报》2017年2月27日，第1版。

监督管理委员会、中国保险监督管理委员会、国家外汇管理局制定资产管理业务的标准规制。中国银行业监督管理委员会、中国证券监督管理委员会、中国保险监督管理委员会、国家外汇管理局实施资产管理业务的市场准入和日常监管，加强投资者保护。

二是赋予全面监管权限。对于新设立的或调整后的统一性资管监管机构，需要通过立法赋予其最为全面的监管权限，使其能够监管到所有资管机构和所有资管产品，做到对同一类型的资管产品适用同一监管标准，减少监管真空和监管套利的发生，特别是能对金融创新过程中不断出现的资管产品及时加以回应性监管，确保资管监管的全覆盖。

三是强化实质监管原则。在新的监管体制下，必须严格贯彻实质监管和功能监管的原则。特别是对于那些层层嵌套、旨在套利的复杂资管产品，必须按照实质重于形式的监管原则厘清资管机构应当承担的法律义务，"向上识别产品的最终投资者，向下识别产品的底层资产"[1]，通过穿透式监管防范资管产品突破市场准入、投资范围、资本约束、杠杆限制、投资者适当性等监管要求，对于违反法律、规避政策的资管机构和资管产品必须追究相关主体的法律责任[2]。

四是加强监管协调。可以预见的是，随着资管行业的深化发展，监管机构面临的问题将会越来越复杂。监管机构之间必须加强协调，在信息方面强化共享，通过建立有效的协调机制对资管产品的发行、投资、兑付等进行全方位监管，完善风险监控预警机制，防范资管行业的整体性风险[3]。

---

[1] 参见《关于规范金融机构资产管理业务的指导意见（征求意见稿）》第25条。

[2] 参见苟文均《穿透式监管与资产管理》，《中国金融》2017年第8期。

[3] 参见证券时报两会报道组《大资管统一监管标准，金融协调监管机制迈出一大步》，《证券时报》2017年3月14日，第A05版。而按照《关于规范金融机构资产管理业务的指导意见（征求意见稿）》的改革思路，人民银行将负责统筹资产管理产品统计工作，拟定资产管理产品统计制度，建立资产管理产品信息系统，规范和统一产品标准、信息分类、代码、数据格式，逐只产品统计基本信息、募集信息、资产负债信息和终止信息。人民银行和金融监督管理部门加强资产管理产品的统计信息共享。

（四）强化事中事后监管，弱化事前管控

在今后的资管监管体制之下，应当进一步强化市场化的监管逻辑，进一步弱化或消除行政化的监管思维和监管手段。

就资管产品的设立而言，应当进一步强化"备案制"或"注册制"逻辑，减弱"审批制"管控思维的影响。就中国当下的资管产品而言，券商子公司和基金子公司的专项资产管理计划、私募投资基金管理公司发行的私募投资基金等都是采取了备案设立的监管逻辑。实践证明这种监管逻辑有其合理性。在今后的资管产品成立监管方面，对于资管产品的设立应当减少事前管制，进一步强化市场化监管逻辑，继续深化资管产品的备案制或注册制改革。

但在资管产品设立后，应当强化资管机构的信息披露义务和信息披露责任。具体而言，应当要求资管机构定期披露其所管理的资管产品概况，这些信息是监管机构判断资管行业发展是否具有风险要素的基础。同时，应当要求资管机构向委托人或受益人披露具体资管产品的存续情况，在资管产品出现风险事项时应当及时披露给委托人和受益人。这是实现委托人和受益人知情权的应然要求，也是保障委托人和受益人合法权益的基本手段。在资管机构没有按照要求披露信息的情况下，特别是存在披露虚假信息、隐瞒风险信息等情形下，应当追究其相应的法律责任①。

按照《关于规范金融机构资产管理业务的指导意见（征求意见稿）》确定的方案，金融机构应当遵守相关法律法规，按照合同约定，披露资产管理产品信息，保证所披露信息的真实性、准确性和完整性，并通过合法合规渠道进行销售宣传。金融监督管理部门应当定期披露本行业资产管理业务的基准收益、收益计算口径和适用会计准则、机构排名及黑名单等。这一监管方案值得在实践中加以推广。

---

① 有学者对私募产品的信息披露问题进行过研究，事实上这一逻辑应当扩展到所有的资管产品。参见梁清华《论中国私募信息披露制度的完善》，《中国法学》2014 年第 4 期。

（五）强化法律责任追究，将受托人义务加以具体化和实质化

监管机构必须强化监管执法，通过完善公共执法机制，加强对从事违法行为主体的法律责任追究力度，进而有效惩戒资管机构在管理资管产品过程中的不法行为，促使作为受托人的资管机构切实有效履行信义义务。只有严格追究法律责任，才能消除资管行业的乱象，维护资管市场的正常秩序，有效保护投资者合法权益。

值得注意的是，近年来监管机构面对资管领域纷繁复杂的问题，已经在一定程度上强化了监管处罚力度。以私募基金监管为例，2016年中国证券监督管理委员会对305家私募机构开展专项检查，并对74家私募机构作出了行政处罚决定，对于相关责任主体也给予了相应行政处罚；2017年，中国证券监督管理委员会又对328家私募机构进行了专项检查，处罚了其中的83家，主要针对公开宣传推介、承诺保本收益、未按照合同约定进行信息披露等违法违规行为，进一步加大了对私募机构及其人员的监管处罚力度。但是，尚有很多存在问题的资管机构和资管产品没有被监管机构"发现"并"处罚"，监管机构应当完善调查机制、处罚标准、处罚措施，厘清资管机构应受处罚的行为类型标准，加大对于问题机构和问题产品的法律责任追究力度。

通过监管机构的行政执法活动，可以使资管机构的受托人义务得以具体化和实质化，这实际上也是资管行业监管法治化变革的重要方面。例如，通过长期的行政执法实践，可以"发展"受托人谨慎投资义务的具体判断标准，针对尽职调查是否充分详尽、交易机构是否合法合规、风险控制措施是否充分合理、风险处理是否及时有效等建构类型化评价标准。如果资管机构在管理受托财产的过程中完全满足了上述评价要素，则不能认定其违反了谨慎投资义务。如果在任一方面未能满足评价标准，就可以认定其未能履行谨慎投资职责，监管机构可以根据具体情况给予一定处罚。委托人和受益人也可以根据相关行政处罚起诉要求受托人赔偿损失。实际上，监管机构的公共执法能在一定程度上"发展"资管立法，这对于资管行业监管的法治化变革具有重要的意义。

B.13
人工智能与知识产权法律变革

杨延超*

摘　要： 人工智能已经悄然走进人们的生产生活，一时之间关于创作、艺术、发明、算法、大数据等一系列概念都在冲击既有的知识产权制度。人工智能创作的作品是否有版权、机器人是否是权利主体、机器创作的版权是否又延及机器的设计者、关于机器的算法和大数据如何保护，可以说人工智能还在颠覆着人们对传统知识产权的哲学认知。基于产业发展的需要，同样也是基于对人的关怀，有必要反思人工智能背景下知识产权法的完善，重构新时期的知识产权法律价值体系，从而实现人工智能与知识产权的良性互动发展。

关键词： 人工智能　知识产权法　大数据

一　问题的提出

人工智能（Artificial Intelligence）似乎在一夜之间成为各个行业的必争之地，各个行业都不甘落后，纷纷制定人工智能战略。截至 2016 年底，世界人工智能市场规模突破 100 亿美元，其中，中国市场规模达到 15 亿美元左右。到 2020 年，全球人工智能市场将发展到 200 亿美元左右的规模①。世

---

*　杨延超，中国社会科学院法学研究所副研究员。

① 《正在崛起的变革力量——2016 中国人工智能产业发展报告》，引自 http://sike.news.cn/statics/sike/posts/2016/10/219508490.html，最后访问日期：2017 年 11 月 18 日。

界主要国家还将人工智能提升至国家战略层面，中国于 2017 年 7 月印发了《新一代人工智能发展规划》①。

人工智能不仅正深刻影响着人们的日常生活，也对文学艺术创造领域产生了深远影响。人工智能的画作卖到了 8000 美元一幅②。机器人创作的小说甚至进入了重要文学奖项的初审③。传统的新闻稿件也越来越多被机器人稿件取代。事实上，机器人参与创作不仅可以节省人力，在需要运用大数据计算的创作方面，人工智能还具有自然人所无法比拟的优势，可以预见，不久的将来，人工智能创作将迎来爆发式增长。

现有知识产权法是基于自然人（fresh and blood）为创作主体构建的，无论是版权法上关于作者精神权利的保护，还是专利法中关于创造性的审查标准，都深刻地打上自然人的烙印。那么，由机器人创作的作品，其知识产权问题应如何理解，似乎在现有的知识产权体系中难以找到准确的答案。

关于机器创作知识产权问题的讨论还涉及机器人的法律主体地位问题，是否赋予机器人虚拟主体资格一直以来都倍受社会关注，哲学家、科学家、法学家还进行过激烈的辩论。2016 年，欧盟委员会法律事务委员会向欧盟提交动议或建议，要求将最先进的自动化机器人的身份定位为"电子人"（electronic persons），除赋予其"特定的权利义务"外，还建议为智能机器人进行登记，以便为其设定纳税以及缴纳、领取养老金的资金账号。如该项议案获得通过，无疑会动摇传统版权法中作者的概念。

人工智能对于知识产权的影响不仅局限于艺术创作领域，在更为广泛的智能产品研发领域所产生的一系列新问题同样值得认真关注。人工

---

① 参见国务院网站：http://www.gov.cn/zhengce/content/2017-07/20/content_5211996.htm，最后访问日期：2017 年 11 月 18 日。

② http://www.pingwest.com/googles-ai-can-create-artwork/，最后访问日期：2017 年 11 月 18 日。

③ http://tech.sina.com.cn/it/2016-03-23/doc-ifxqnski7867553.shtml，最后访问日期：2017 年 11 月 18 日。

智能各类产品正在广泛应用于生产生活，由此也导致了相关产品知识产权保护需求的急剧增加。以计算机视觉、自然语言处理、智能驾驶三类人工智能产品为例，2000～2016 年逐年都体现了专利剧增的效果（见图 1）。

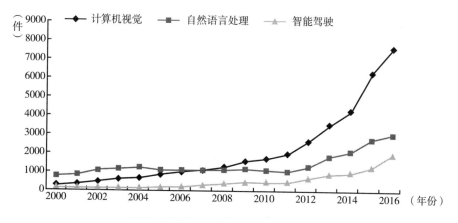

图1 三类人工智能产品专利申请数量

资料来源：参见《乌镇指数：全球人工智能发展报告（2017）》，引自 http://sike.news.cn/hot/pdf/25.pdf，最后访问日期：2017 年 11 月 18 日。

在各大公司疯狂地进行人工智能专利布局的过程中，引发的专利诉讼也接踵而至。在人工智能自然语言处理方面，小 i 机器人起诉苹果 Siri 专利侵权纠纷案件曾在业界轰动一时，在历经了几年的专利诉讼后，2015 年北京市高级人民法院作出终审裁决，小 i 机器人的专利请求未能最终获得支持，其中的启发意义值得思考。事实上，在人工智能时代，传统的产业格局将被重新定位，很多产品都将呈现"高度智能化"特点，知识产权保护将呈现新的样态和需求，知识产权法也难以回避诸如"神经网络""算法""大数据"等关键词的冲击。

同样，人工智能也将从多个维度冲击现有的知识产权法律制度，法律该怎样保护人工智能，人工智能反过来又当如何促进创新，都需要知识产权学者的回答。总之，在人工智能时代，到底需要什么样的知识产权法，是一个当下亟须系统化思考的问题。

二 人工智能对知识产权法哲学基础的挑战

从知识产权概念产生至今，哲学家、法学家就从未停止过关于知识产权合理性的哲学探讨，其中具有较大影响力的当属黑格尔的人格理论、洛克的劳动财产理论以及卢梭的社会契约论。

（一）人工智能缺少黑格尔哲学中的"人格要素"

大陆法系知识产权法深受黑格尔人格理论的影响，黑格尔的人格理论甚至被誉为大陆法系版权法的基石。黑格尔认为："物"必须从我的意志中获得它的规定性和灵魂，也只有"人能够把他的意志或灵魂通过对物的支配，从而使它具有人的目的性"①。这里的"意志"或"人格"等概念，也由此被法学家用来解释知识产权的合理性。按照黑格尔的理论，在创作的过程中，作者的意志和灵魂已经渗透于作品，作品也由此成为作者人格的组成部分，于是作者可以主张作品是我的，法律上也就有了相应"版权"的概念。大陆法系版权法中关于作品"著作人格权"和"著作财产权"二元划分的制度体系也正是根源于黑格尔的人格理论。总之，传统版权法被深深打上了"人格"的烙印。

然而，在人工智能时代，尤其是机器人在创作作品的过程中，似乎再也无法找到传统版权哲学中的"人格"和"意志"的要素，诸如人工智能创作的小说、画作、诗歌等，甚至很多作品的内容已经超越了机器人设计者本身的预想，机器人通过对海量数据的运算以及自我学习所产生的创作能力，都将远远超乎想象，传统版权法上人格的要素不复存在。

（二）人工智能与洛克眼中的"劳动"

洛克的"劳动财产理论"也同样为知识产权的合理性提供了较为有力

---

① 参见〔德〕黑格尔著《法哲学原理》，范杨、张企泰译，商务印书馆，2011，第60页。

的哲学基础，只不过，洛克更强调劳动在财产成为私有财产中的关键作用。谁在土地上种植庄稼，谁就可以收取果实，因为洛克认为，所有财产私有化的基础便是劳动。一项知识产权归谁所有，同样取决于谁付出劳动，只不过这里的劳动不同于普通的劳动，而是一种创造性的劳动。英美法系知识产权法中很多制度都深受洛克劳动理论的影响，包括英美法系版权法早期确立的"额头流汗原则"（判断作品独创性标准）都深源于洛克的劳动理论。

如果用洛克的劳动理论来诠释人工智能，同样需要解释其中的"劳动"要素。人工智能的创造，要经历复杂的运算、大数据的统计、自我学习等过程，才能最终完成作品创作，犹如 AlphaGo 在与李世石对弈中，李世石的博弈属于我们公认的劳动，而 AlphaGo 所完成的对海量数据的超级运算则属于一种特殊意义的"劳动"。之所以称人工智能的劳动为特殊的"劳动"，还在于"计算"与"意识"之间的区别。人工智能的劳动彰显的是复杂的数据计算，而人的劳动彰显的则是包含了复杂情感的意识。更多学者愿意从工具论的角度来理解人工智能的劳动，并把它归功于人工智能的设计者。然而，在很多人工智能专家眼中，机器或将具备像人一样的意识。显然，人工智能下的"劳动"概念已经远远超越了洛克眼中的"劳动"。

（三）人工智能回归社会契约论

在解释知识产权合理性的问题上，卢梭的社会契约论与其他哲学观点形成鲜明对比。在卢梭的哲学中，一切都可以用"社会契约"来解释，根据社会契约论，知识产权的产生也完全是基于发明人与使用者之间利益博弈（社会契约）的结果，谁拥有知识产权，权利期限为多久，谁可以合理使用，一切都是社会契约的结果。从整个知识产权哲学的发展历史来看，卢梭的社会契约论在一定程度上弥补了黑格尔人格理论与洛克劳动理论的缺陷，尤其是在解释针对同一个发明创造时为何只有在先申请的会受到保护等问题上发挥了重要作用。

在涉及人工智能的案件中，社会契约论有时还会成为法官判案的指导思想。在方正诉飘柔版权侵权的案例中，法院的终审判决实质上契合了社会契约论的观点。该案涉及计算机自动生成的字体能否享有版权，法院最终并没有直接回答有或没有，而是变通使用了"默示许可理论"，认为软件商销售软件即为默示许可他人商业性使用，基于"默示许可"，使用者使用软件打印出的字体无须承担侵权责任。

社会契约论更关注利益各方的合意（明示或者默示），当然合意源于利益格局的博弈，同样人工智能的背后也彰显着多元化的利益格局，可以分为投资人、人工智能开发者、同行业竞争者、普通用户等利益群体；从产业发展的角度又可能分为数据提供商、算法提供商、机器人制造商、云服务提供商等等。人工智能时代知识产权法的新格局，正在各方博弈中渐近形成。

三 从主体到客体：人工智能挑战既有制度

（一）机器人创作的作品，谁是作者?

关于机器人创作的作品，人们首先关注的是机器人本身能否成为作者，由此还掀起了一场关于法律哲学中"人"的概念的大讨论。显然，在既有的法律体系中，机器人还不能视为法律意义上的"人"，而只能作为"工具"，这也涉及权利主体和客体的讨论，然而区分法律上"主体"与"客体"的关键还在于"人格"的概念。

根据传统人格权的定义，人格是人作为人不可或缺的要求，诸如生命、健康、身体、名誉、隐私、姓名等等。因此传统人格权局限于自然人领域，而公司作为法人的地位完全是人为虚拟出来的人格。根据中国版权法的规定，创作作品的公民是作者①。版权法只承认自然人为作者的创作，从而排除了其他非自然人作为创作主体。

然而，传统人格权受到了来自人工智能的挑战。近些年来，人工智能的

---

① 《著作权法》第 11 条第 2 款。

专家在模拟人脑思维方面取得了重大进步，通过对机器人构建了大量的神经元，从而帮助机器人完成信息识别、深度学习、模拟思考等类人化行为，甚至表现出了比人脑更为强大的"创造力"。为此，是否有必要为机器人创设类似于法人一样的虚拟人格也进入社会讨论的范畴。2015 年，欧盟议会还专门针对机器人相关的民法规范展开讨论，在其报告草案中指出，应当为机器人创设特定的法律地位，至少那些负责化的、具有自主性的机器人应当具有电子人格，并具有特定的权利和义务。

（二）人工智能语境下的"精神权利"

在文学艺术领域，有所谓作品系作者人格化身的说法，反映在版权法上即为作者的精神权利。《著作权法》第 10 条规定了四项精神权利，即作者的署名权、发表权、修改权和保护作品完整权。作为知识产权重要成分的精神权利往往被视为作者人格权，在性质上区别于具有财产属性的知识产权，这表现在权利流转方面，精神权利往往被视为人格权而禁止转让和继承[1]。

的确，文学艺术的表达所彰显的就是人的精神追求，作者精神权利亦可以从这一层面去理解，然而，这一问题若在人工智能的语境下展开讨论，则变得异常复杂。机器人创作的作品，它的精神如何体现，精神权利又如何体现？暂且抛开科幻电影中带有复杂情感的机器人场景，就以当下能够帮助人类完成创作的机器人而言，精神权利仍然是一个十分神秘的东西。人们会追问，除人之外的主体是否享有精神权利？同样，机器人的创作能力再强也将无法享有像人一样的精神权利。那么，作品的精神权利是否会延及机器人的设计者呢？设计者虽然属于自然人，其

---

① 参见《著作权法》第 10 条第 2 款、第 3 款：著作权人可以许可他人行使前款第（五）项至第（十七）项规定的权利，并依照约定或者本法有关规定获得报酬。第 19 条规定：著作权属于公民的，公民死亡后，其本法第十条第一款第（五）项至第（十七）项规定的权利在本法规定的保护期内，依照继承法的规定转移。上述条款中第（五）项至第（十七）项规定的权利就排除了作者的精神权利。

完全符合精神权利的主体要求，然而与传统作品创作不同的是，设计者虽然完成了对机器人的设计，但机器人创作的作品却会超出设计者的预想，对于设计者而言，机器人与机器人创作的作品完全属于两个不同的事物。

之所以需要严格限制精神权利的边界，完全是由精神权利的本质所决定的。传统的精神权利维护作者的署名权、发表权、修改和保护作品完整权，是因为这些所有的情形都与作者的精神利益息息相关，并且有可能影响到作者的社会声誉。然而，一旦机器人通过自我学习和深度思考之后完成的创作超出了设计者可以想象的范畴，便已超出了精神权利的保护范畴。

（三）如何理解人工智能创作的独创性

独创性概念是知识产权法中的核心概念，在涉及作品是否享有版权的问题上，其主要取决于独创性。

机器人创作的作品是否享有版权，它所面临的首要问题依然是独创性问题。如果简单地从"机器人不是人"的逻辑出发，可以当然地否定机器人作品的独创性。然而问题远没有如此简单，机器人在很多场景下所表现出来的"艺术造诣"甚至远超人类，那么对人工智能作品的独创性的研究还需要回到作品本身。

法理学习惯于将主客体分开研究，在人工智能作品版权的问题上，理应秉承这一思路。机器人是不是人，它所要解决的是权利主体问题；至于机器创作的作品有没有独创性，衡量的是创作水准的问题，理应属于客体的研究范畴。在人工智能产生之前，将创作主体与客体混淆研究的方法并不会有太大问题，毕竟难以想象在自然人之外还有主体能创作出像人一样的作品。然而在人工智能时代，人工智能通过自我学习、深度思考所完成的创作，其水平甚至在某些领域已超越人类，对于此等作品理应纳入独创性的研究范畴，至于其创作主体是否适格则属于另外一个问题。

四 人工智能的算法与数据：知识产权保护新需求

知识产权法该如何更好地保护人工智能是当下迫切需要回答的问题。毕竟机器人不仅仅可以写诗、作画，它还将被广泛应用到生产生活的方方面面。在人工智能时代，绝大多数产品都将呈现高度智能化的样态，由此也将衍生出一系列以人工智能为核心的新的知识产权保护需求。

任何人工智能产品都离不开算法和数据这两个核心概念①，对于人工智能的知识产权保护也将集中在对算法和数据的保护方面。

（一）人工智能背景下的"算法"保护

人工智能的算法有赖于计算机程序来实现，长期以来对计算机程序更多的是通过版权的方式予以保护。版权注重算法的表现形式，而并非是算法的核心思想，侵权者只需要绕开算法的代码表现形式，采用其他代码编译相同算法时便可以避免侵权，因此传统版权保护算法的方法越来越无法满足智能化时代的保护需求，算法商主张专利保护呼声越来越高。中国自2006 年开始允许计算机程序申请专利，但需要与硬件结合在一起；近些年国家专利局进一步提升计算机程序的专利保护，国家专利局的《专利审查指南》第九章还专门规定了"关于涉及计算机程序的发明专利申请审查的若干规定"。

事实上，人工智能算法在专利保护方面面临的最大问题就是《专利法》第 25 条的规定。根据《专利法》第 25 条的规定，智力活动的规则和方法不被授予专利权。《专利法》所保护的发明专利侧重于技术方案，其第 2 条还明确规定："采用技术手段解决技术问题，以获得符合自然规律的技术效果的方案。"长期以来，计算机的算法更像是一种智力活动的规则和方法，

---

① 在近期举办的 2017 年人工智能计算大会（AI Computing Conference，AICC）上，中国工程院专家表示，发展人工智能，就离不开计算、算法、数据三大要素。参见 http://tech. huanqiu. com/original/2017 – 09/11239891. html，最后访问时间：2017 年 11 月 19 日。

面临着第 25 条规则的考验。尽管《专利法》还规定了专利授权的其他条件，诸如"新颖性""创造性""适用性"等，但人工智能的算法一旦落入"智力活动的规则和方法"，将被直接排除在专利保护之外，专利审查员甚至不用考虑它是否符合"新颖性""创造性""适用性"的特征。

因此，避开"智力活动的规则和方法"也就成为人工智能算法获取专利保护的重点。2010 年国家专利局《专利审查指南》在其第九章"关于涉及计算机程序的发明专利申请审查的若干规定"中明确列举了技术方案与智力规则的区别方法（见表 1）①。

表 1　不同计算机算法的属性

序号	技术名称	属性
1	利用计算机程序求解圆周率的方法	智力规则
2	一种自动计算动摩擦系数 μ 的方法	智力规则
3	一种全球语言文字通用转换方法	技术方案
4	一种控制橡胶模压成型工艺的方法	技术方案
5	一种扩充移动计算设备存储容量的方法	技术方案
6	一种去除图像噪声的方法	技术方案
7	一种利用计算机程序测量液体黏度的方法	技术方案
8	一种计算机游戏方法	智力规则
9	一种以自定学习内容的方式学习外语的系统	智力规则

根据《专利审查指南》的要求，上述列举的九个计算机算法，其中像"利用计算机程序求解圆周率的方法""一种自动计算动摩擦系数 μ 的方法""一种计算机游戏方法""一种以自定学习内容的方式学习外语的系统"被视为纯粹的智力规则而被排除在专利法保护范围之外。根据《专利审查指南》的说明，这些算法并不实际解决一个具体的技术问题，同时也不受自然规则的约束，所获得的也不属于符合自然规律的技术效果，因此都被划归为智力规则。然而，像"一种全球语言文字通用转换方法""一种控制橡胶

---

① 参见 2010 年国家专利局《专利审查指南》第 260～270 页，国家专利局网站，http://www.sipo.gov.cn/zhfwpt/zlsqzn/sczn2010.pdf，最后访问日期：2017 年 11 月 20 日。

模压成型工艺的方法""一种扩充移动计算设备存储容量的方法""一种去除图像噪声的方法"旨在解决一个具体的技术问题,受自然规律的约束,有明确的技术手段和技术方法,所实现的也属于符合自然规律的技术效果,因此属于专利法保护的技术方案的范畴[1]。

因此,同为人工智能的算法,是智力规则还是技术方案,对于其能否获得专利保护至关重要,而《专利审查指南》重点考查的又是算法是否在解决一个具体的技术问题,以及算法本身是否会受到自然规律的约束(物理、化学或电学等),最终,算法是否要实现一个受自然规律约束的技术效果。

(二)人工智能背景下的数据保护

人工智能是以大数据的运算作为基础的,缺乏了大数据,人工智能的自我学习和深度思考都将无法完成,因此,大数据也成为人工智能不可或缺的要素。当下的问题是,对于大数据该如何进行知识产权保护,从而完善整个人工智能知识产权保护体系。

综观世界各国对数据库的保护方法,主要有以下三种方法。第一,大数据的版权保护方案。TRIPS 协定第 10 条第 2 款规定:"数据或者其他材料的汇编,无论采用机器可读形式还是其他形式,只要其内容的选择或安排构成智力创作,即应予以保护。"《著作权法》第 14 条规定:"汇编若干作品、作品的片段或者不构成作品的数据或者其他材料,对其内容的选择或者编排体现独创性的作品,为汇编作品……。"显然,版权法保护数据库要求数据库内容的选择或者编排体现独创性。第二,通过《反不正当竞争法》进行保护。如果数据库未经许可被复制或者采集,严重损害了权利人的经济利益、违反市场竞争秩序,可以通过《反不正当竞争法》进行保护。第三,欧盟的"特殊权利模式"(Sui Generis Right)。欧盟于1996 年推出了"关于数据库的法律保护指令",率先建立了关于

---

[1] 参见 2010 年国家专利局《专利审查指南》第 260～270 页,国家专利局网站,http://www.sipo.gov.cn/zhfwpt/zlsqzn/sczn2010.pdf,最后访问日期:2017 年 11 月 20 日。

数据库的"特殊权利模式"。目前,数据库的特殊权利已经在欧盟成员国范围内得以实施。

那么,结合人工智能的特点和发展方向,何种保护方法更有利于促进人工智能产业的发展,是需要重点探讨的问题。数据库被认定为著作权法中的汇编作品而受到版权法的保护,这也是世界上绝大多数国家的共识,据世界知识产权组织(WIPO)统计,全世界有130多个国家为数据库提供了著作权保护。这里需要指出,数据库要获得版权法的保护,需要数据库在选择和编排上体现独创性,然而在人工智能背景下讲究的是算法的智能化,并非数据库编排的独创性,面对海量数据,人工智能甚至提出了对非结构性数据的智能解析。因此,人工智能的发展方向是让传统意义上数据库的独创性转向智能算法的科学性,而将数据库编排要求降至最低。从这一意义上讲,人工智能背景下的大数据或将不再符合版权法关于"汇编作品"的规定。

当然,《反不正当竞争法》在保护大数据方面也发挥着举足轻重的作用。在"广西广播电视报"案件中,双方诉争的电视节目预告表就缺乏版权法意义上的独创性,但最高人民法院肯定它是"电视台通过复杂的专业技术性劳动制作完成的,电视台对其劳动成果应享有一定的民事权利"即"以报纸形式向公众传播的专有使用权",从而实现了从《反不正当竞争法》角度对大数据给予保护①。在"SIC 实时金融系统"信息数据库侵权案件中,终审法院称"SIC 实时金融系统"信息作为一种新型的电子信息产品应属电子信息库,在本质上是特定金融数据的汇编。这种汇编在数据编排和选择上并无著作权法所要求的独创性,不构成著作权法意义上的作品,不能受到著作权法的保护②。终审法院最终只是以"反不正当"为依据判令被告进行赔偿③。

---

① 参见广西壮族自治区柳州地区中级人民法院民事判决书(【1994】柳地法民终字第 127 号)。

② 《阳光数据公司诉霸才数据公司违反合同转发其汇编的综合交易行情信息不正当竞争案》,甘肃法制信息网,http://www.gsfzb.gov.cn/FLFG/SFJS/200504/26512.shtml,最后访问日期:2017 年 12 月 4 日。

③ 杨延超:《为人工智能筹划法律保护》,《经济参考报》2017 年 12 月 5 日。

适用《反不正当竞争法》需要以扰乱市场秩序作为前提条件①，然而在人工智能时代最为凸显的情况则是在于对大数据的采集、复制、利用，这是否属于不正当竞争则是一个十分模糊的问题，这也为人工智能的数据保护和利用带了诸多的不确定性。

相比较而言，欧盟指令的"特殊权利"则给予了数据最为周延的保护。这里的"特殊权利"包括"撷取"与"反复利用"。所谓"撷取"（extraction）是指"采取任何方法或以任何形式，将数据库内容的全部或实质部分（substantial parts）永久或暂时转载到别的载体上"（类似"复制"）；所谓"反复利用"（re-utilization），也译为再利用或二次使用，在 WIPO 提案中改为 utilization，是指"通过销售拷贝、出租、联网或其他传输方式将数据库的全部或实质内容以任何一种形式提供给公众"（类似"发行"）②。事实上，"特殊权利保护模式"是以洛克的劳动财产理论作为哲学基础，不考虑数据库编排的独创性而在于数据库的市场价值，从而明确了基于数据库的基本权利。

五　反思：需要什么样的知识产权法

（一）　冲破传统哲学思维的束缚，拥抱人工智能时代的法律价值

随着深度思考和深度学习算法的全面升级，机器人所彰显的"人"的属性越发强烈，毫无疑问这将对传统哲学认知带来极大的冲击。2017 年 10 月 25 日，在沙特阿拉伯举行的未来投资计划会议上，一个名叫索菲亚（Sophia）的"女性"机器人被授予沙特阿拉伯国籍③。沙特阿拉伯成为世界上第一个授予机器人公民身份的国家，而索菲亚成为史上第一个获得国籍的机器人。与人工智能一样，"人格""创作""劳动""发明"这些传统语

---

① 参见《反不正当竞争法》第 2 条第 2 款：本法所称的不正当竞争，是指经营者违反本法规定，损害其他经营者的合法权益，扰乱社会经济秩序的行为。

② 参见《关于数据库法律保护的指令》第 7 条第 2 款。

③ 参见 http://www.sohu.com/a/200900367_99944956，最后访问日期：2017 年 11 月 20 日。

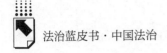

境下的哲学概念也在一步步完成着自我进化。

无论是黑格尔的人格理论，还是洛克劳动财产理论，抑或是卢梭的社会契约论，都在特定历史时期对知识产权法学哲学的发展发挥了重要作用。然而任何理论都有其历史局限性，在人工智能时代，传统的哲学体系难以有效解释相关知识产权法律问题，因此，有必要洞察人工智能的时代特质，进一步完善和丰富人工智能时代知识产权法的哲学体系。

（二）完善人工智能背景下的知识产权主体制度

在这样的一个时代，机器人将与人一样成为创作主体。传统上只有人才能进行创作的格局或将被打破，原有的简单的"工具论"已经无法解释当下的机器创作。为此，欧盟正在试图为机器人创办虚拟的电子人格，如获成功，现有立法中无疑又将新增一类虚拟的法律主体。公司法意义上的法人同样也是虚拟的法律主体，虚拟的法律主体会像自然人主体一样享受法律权利、承担法律义务。

事实上，所有虚拟人格的意义还在于厘清人类社会的权利义务关系，公司作为虚拟人格孕育了有限责任制度，从而厘清了个人与单位的责任划分。同样，为机器人设定虚拟人格的目的也在于解释机器创作的法律现象，从而防止对机器毫无边界的滥用，即有虚拟人格便有版权主体，从而结束机器创作物为无主物的谣言。

作为机器人的虚拟人格最终还是需要与自然人（机器人的设计者）和法人（机器人的投资者）共同来建构法律体系，从而厘清各方的权利义务关系。在机器人虚拟人格下，对于机器创作的版权利益分配，同样还是其中至关重要的问题。

在机器人作为知识产权法中虚拟人格的情况下，还有必要对精神权利予以限制。暂且不论机器创作与人创作的价值大小，仅就其创作过程而言就有本质区别，作为自然人的创作甚至可以理解为一种对艺术的需要，然而机器创作则以使用为主导，作为虚拟人格它将不再享有像自然人作者那样的精神权利，而版权对它保护的重点也将是复制和使用。

（三）完善人工智能背景下的知识产权客体概念

人工智能背景下，智能化产品将围绕算法与数据展开角逐。随着算法与数据所带来的产业价值的不断提升，毫无疑问，它们也将成为新时期知识产权法关注的重点，并且有必要弥补传统知识产权法对算法和数据保护不足的缺失。为适应产业发展需要，中国专利法也正在逐步放开对计算机算法的专利保护，但针对人工智能产品的专利申请，审查指南还有必要进一步完善和补充，以便给予申请者更好的指导。

关于数据的保护，也有必要进一步完善，从而建立版权、不正当竞争、特殊权利三位一体的数据保护模式。其中有关"特殊权利"模式，可以参考欧盟指令中有关特殊权利的规定。完善数据保护的目的，在于规范和激励未来更大数据产业的发展，毫无疑问，数据也将成为人工智能时代最有价值的资源。

（四）完善人工智能作品的知识产权利用制度

在人工智能时代，机器人将会大量参与创作，由此创作艺术作品也将呈现几何倍数的增加，对于艺术作品的高效利用也将成为一个重要问题。传统的版权授权制度存在效率低下的问题，为此，可以参考孤儿作品管理制度来完善人工智能背景作品的利用。

中国现行《著作权法》并未规定"孤儿作品"，但《著作权法（修改草案送审稿）》第51条规定了"孤儿作品"，即"著作权保护期未届满的已发表作品，使用者尽力查找其权利人无果，符合下列条件之一的，可以在向国务院著作权行政管理部门指定的机构申请并提存使用费后以数字化形式使用：（一）著作权人身份不明的；（二）著作权人身份确定但无法联系的"[1]。欧盟在2012年通过的《欧盟孤儿作品指南》也作出了"孤儿作品"的相关规定[2]。

---

[1] 参见《著作权法（修改草案送审稿）》，http://www.law-lib.com/fzdt/newshtml/20/20140609090547.htm，最后访问日期：2017年11月20日。

[2] "The European Union Directive on Certain Permitted Uses of Orphan Works", *Official Journal of the European Union*, October 25 2012.

面对大量由人工智能创作的作品，使用者将无力寻找版权人，甚至也没有必要一定要去寻找版权人。因此，对于人工智能创作物而言，它从一开始就不存在所谓"精神权利"的概念，它的产生便是为了使用，否则机器创作便失去了意义。为此，可以建立类似孤儿作品的制度，对于机器创作物而言，使用者直接提存使用费用便可放心使用，这将极大提升人工智能背景下作品的利用率，也符合人工智能高效创作的产业需求。

六　结语

未来已来，人工智能已悄然走到人们身边，一时之间，机器人、智能创作、新科技、算法、大数据等一系列关键词纷至沓来，全面冲击着现有的知识产权制度。这一切都将激发人们全面反思现有的知识产权制度。事实上，任何一次技术变革都将对知识产权制度产生深远影响，印刷术取代了传统手工制书，从而催生了复制权；广播电视技术的发展催生了传播权，互联网技术又将知识产权从传统的纸质时代带入了全面的数字化时代，由此还诞生了像互联网络传播权等一批新兴的知识产权样态。只不过与前面的技术革命相比，人工智能不再仅仅是工具的升级，它所要颠覆的恰是人们对传统知识产权哲学的认知，甚至人工智能对于创作能力的发展还将超越想象空间，未来，它对知识产权的挑战还将继续，而对这一话题的研究才刚刚开始。

法 治 指 数

Indices of the Rule of Law

B.14

中国政府透明度指数报告（2017）

——以政府网站信息公开为视角

中国社会科学院法学研究所法治指数创新工程项目组 *

摘　要： 2017 年度，中国社会科学院国家法治指数研究中心、法学研究所法治指数创新工程项目组围绕决策公开、管理服务公开、执行和结果公开、重点领域信息公开、政策解读与回应关切、依申请公开等方面，对 54 家国务院部门、31 家省级政府、49 家较大的市政府、100 家县级政府开展政务公开的情况进

* 项目组负责人：田禾，中国社会科学院国家法治指数研究中心主任，法学研究所研究员；吕艳滨，中国社会科学院法学研究所研究员、法治国情调研室主任。项目组成员：王小梅、栗燕杰、胡昌明、徐斌、刘鹏鹏、王祎茗、李鹰、邓华、赵千羚、刘迪、田纯才、王洋、王昱翰、葛冰、冯迎迎、马效领、王述册、王晓莉、王展、王鑫、毛宇翔、冯天阳、朱莹、任昱希、向林、闫文光、阮雨晴、杨德世、吴红强、张润泽、陈可鑫、金俊州、周天琪、荆涵、侯冰洁、胥开文、秦一坚、高云昊、黄恩浩、葛彦彤等。主要执笔人：吕艳滨；刘迪，中国社会科学院法学研究所学术助理。

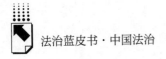

行了评估。报告分析了各评估对象在政务公开工作中取得的
进展和存在的问题，并提出相应的对策建议。

关键词： 政务公开 政府透明度 法治指数 政府网站

2017 年，中国社会科学院国家法治指数研究中心、法学研究所法治指数创新工程项目组（以下简称"项目组"）继续对各级政府政务公开情况进行调研和评估，本报告对此次调研和评估情况进行了总结分析。

一 评估对象、指标及方法

2017 年的评估对象包括 54 家国务院部门、31 家省级政府、49 家较大的市政府、100 家县级政府。本次选取的 100 家县级政府为《国务院办公厅关于印发开展基层政务公开标准化规范化试点工作方案的通知》确定的试点的区县政府。

项目组根据《政府信息公开条例》、中共中央办公厅和国务院办公厅印发的《关于全面推进政务公开工作的意见》、国务院办公厅《〈关于全面推进政务公开工作的意见〉实施细则》、国务院办公厅《2017 年政务公开工作要点》等相关文件，设定了 2017 年的评估指标。针对国务院部门和地方各级政府的一级指标包括决策公开、管理服务公开、执行和结果公开、重点领域信息公开、政策解读与回应关切、依申请公开（见表 1、2、3、4）。

决策公开指标主要考察国务院各部门、各级政府进行重大决策预公开的情况，对国务院各部门、省级政府还考察了建议提案办理结果公开情况。管理服务公开指标主要考察有相应职权的国务院部门、各级政府公开政务服务信息、"双随机"监管信息、行政处罚信息的情况，对各级政府还考察了其公开权力清单的情况。执行和结果公开指标主要考察各级政府公开审计结果、政府工作报告的情况，国务院部门、各级政府公开法治政府建设情况年度报告的情况，较大的市政府和县级政府公开"政府信息公开工作年度报告"的情况。重点领域信息公开指标主要考察国务院部门、各级政府公开规范性文件和财政预决算的情况，还抽查了省级政府公开城市水环境质量排名、较大的市政府公开集中式生活饮用水水源水质监测信息及棚户区改造信息、县级政府教育信息的公开情况。政策解读与回应关切指标包括政策解读和回应关切两项二级指标。依申请公开指标仅考察100家县级政府信函申请的渠道畅通性和答复规范化程度。

表1　政府透明度指数指标体系（国务院部门）

一级指标	二级指标
决策公开（20%）	重大决策预公开（60%）
	建议提案办理结果公开（40%）
管理服务公开（25%）	政务服务信息公开（40%）
	"双随机"监管信息公开（30%）
	行政处罚信息公开（30%）
执行和结果公开（10%）	法治政府建设情况年度报告（100%）
重点领域信息公开（25%）	规范性文件公开（50%）
	财政预决算公开（50%）
政策解读与回应关切（20%）	政策解读（70%）
	回应关切（30%）

表2　政府透明度指数指标体系（省级政府）

一级指标	二级指标
决策公开（20%）	重大决策预公开（60%）
	建议提案办理结果公开（40%）
管理服务公开（25%）	权力清单公开（10%）
	政务服务信息公开（35%）
	"双随机"监管信息公开（25%）
	行政处罚信息公开（30%）
执行和结果公开（15%）	审计结果公开（30%）
	法治政府建设情况年度报告（30%）
	政府工作报告（40%）

续表

一级指标	二级指标
重点领域信息公开(20%)	规范性文件公开(40%) 财政预决算公开(35%) 城市水环境质量排名(25%)
政策解读与回应关切(20%)	政策解读(70%) 回应关切(30%)

表3 政府透明度指数指标体系（较大的市政府）

一级指标	二级指标
决策公开(15%)	重大决策预公开(100%)
管理服务公开(25%)	权力清单公开(10%) 政务服务信息公开(35%) "双随机"监管信息公开(25%) 行政处罚信息公开(30%)
执行和结果公开(20%)	审计结果公开(30%) 法治政府建设情况年度报告(30%) 政府工作报告(30%) 政府信息公开工作年度报告(10%)
重点领域信息公开(25%)	规范性文件公开(25%) 财政预决算公开(20%) 集中式生活饮用水水源水质监测信息公开(30%) 棚户区改造信息公开(25%)
政策解读与回应关切(15%)	政策解读(70%) 回应关切(30%)

表4 政府透明度指数指标体系（县级政府）

一级指标	二级指标
决策公开(10%)	重大决策预公开(100%)
管理服务公开(25%)	权力清单公开(10%) 政务服务信息公开(35%) "双随机"监管信息公开(25%) 行政处罚信息公开(30%)
执行和结果公开(20%)	审计结果公开(30%) 法治政府建设情况年度报告(30%) 政府工作报告(30%) 政府信息公开工作年度报告(10%)

续表

一级指标	二级指标
重点领域信息公开（20%）	规范性文件公开（30%）
	财政预算公开（30%）
	教育领域信息公开（40%）
政策解读与回应关切（15%）	政策解读（70%）
	回应关切（30%）
依申请公开（10%）	渠道畅通性（40%）
	答复规范化（60%）

　　项目组通过观察各评估对象门户网站及其相关部门网站发布的相关信息，分析其落实公开要求的情况。项目组从 2017 年 9 月 27 日起，陆续通过挂号信的方式向 100 家县级政府发送政府信息公开申请，申请内容为："2016 年 1 月 1 日至今，本地区是否为农民工和农村留守妇女儿童提供相应的公共文化服务？如果有，申请公开此项公共文化服务总体完成情况的信息。"指标评估的时间段不尽相同，但总体上截至 2017 年 11 月 10 日。

二　评估结果的总体情况

　　2017 年，国务院部门排在前列的有：工业和信息化部、国家质量监督检验检疫总局、商务部、交通运输部、环境保护部、国土资源部、财政部、文化部、教育部、海关总署、国家林业局（评估结果见表5）。省级政府排在前列的有：贵州省、四川省、北京市、云南省、广东省、河南省、安徽省、山东省、上海市、湖北省（评估结果见表6）。较大的市排在前列的有：合肥、苏州、广州、成都、郑州、宁波、银川、青岛、淄博、深圳（评估结果见表7）。县级政府排在前列的有：上海市普陀区、安徽省宁国市、浙江省宁波市江北区、北京市西城区、上海市虹口区、上海市浦东新区、安徽省合肥市庐阳区、安徽省黄山市徽州区、安徽省灵璧县、江苏省如皋市（评估结果见表8）。

表5 国务院部门政府透明度指数评估结果

排名	国务院部门	决策公开（20%）	管理服务公开（25%）	执行和结果公开（10%）	重点领域信息公开（25%）	政策解读与回应关切（20%）	总分（满分100分）
1	工业和信息化部	51.50	96.00	0.00	75.00	93.33	71.72
2	国家质量监督检验检疫总局	59.50	90.70	100.00	75.00	33.33	69.99
3	商务部	57.50	79.40	70.00	50.00	93.33	69.52
4	交通运输部	73.00	68.20	0.00	73.57	96.67	69.38
5	环境保护部	51.50	66.20	50.00	75.00	86.67	67.93
6	国土资源部	53.50	80.90	0.00	87.50	73.33	67.47
7	财政部	64.00	82.60	0.00	75.00	73.33	66.87
8	文化部	38.00	48.20	0.00	100.00	93.33	63.32
9	教育部	44.00	62.50	0.00	75.00	96.67	62.51
10	海关总署	44.00	78.29	0.00	73.57	78.33	62.43
10	国家林业局	32.00	56.23	0.00	98.57	86.67	62.43
12	民政部	44.00	94.86	0.00	50.00	83.33	61.68
13	人力资源和社会保障部	38.00	53.71	50.00	75.00	83.33	61.45
14	国家统计局	65.50	54.29	0.00	75.00	80.00	61.42
15	国家安全生产监督管理总局	43.00	62.50	0.00	75.00	90.00	60.98
16	国家食品药品监督管理总局	56.00	49.40	50.00	72.14	71.67	60.92
17	农业部	51.50	53.50	0.00	75.00	90.00	60.43
18	科学技术部	64.00	36.80	0.00	73.57	100.00	60.39
19	国家海洋局	56.00	42.80	50.00	75.00	73.33	60.32
20	国家工商行政管理总局	51.50	51.50	0.00	75.00	83.33	58.59
21	国家发展和改革委员会	71.00	67.40	0.00	50.00	75.00	58.55
22	国家文物局	51.50	28.00	0.00	100.00	80.00	58.30
23	中国民用航空局	19.50	40.00	0.00	100.00	96.67	58.23
24	中国银行业监督管理委员会	38.00	66.80	0.00	75.00	71.67	57.38
25	国家知识产权局	38.00	54.20	70.00	50.00	83.33	57.32

续表

排名	国务院 部门	决策公开 （20%）	管理服务 公开（25%）	执行和结果 公开（10%）	重点领域信 息公开（25%）	政策解读与回 应关切（20%）	总分（满 分100分）
26	国家旅游局	32.00	28.00	0.00	100.00	93.33	57.07
27	国家铁路局	38.00	36.80	0.00	100.00	75.00	56.80
28	中国气象局	46.00	54.29	0.00	75.00	73.33	56.19
29	国家信访局	4.00	82.00	0.00	72.14	73.33	54.00
30	水利部	44.00	54.80	0.00	50.00	90.00	53.00
31	中国证券监督 管理委员会	24.00	83.60	0.00	50.00	73.33	52.87
32	国家能源局	56.00	42.90	50.00	50.00	65.00	52.43
33	公安部	32.00	72.70	0.00	50.00	76.67	52.41
34	审计署	32.00	36.00	100.00	50.00	71.67	52.23
35	国家体育总局	23.50	52.57	0.00	75.00	73.33	51.26
36	国家邮政局	38.00	51.80	0.00	50.00	90.00	51.05
37	住房和城乡建 设部	23.50	77.60	0.00	50.00	71.67	50.93
38	国家新闻出版 广电总局	46.00	50.10	0.00	50.00	73.33	48.89
39	国家烟草专卖局	40.00	52.10	0.00	50.00	76.67	48.86
40	国家税务总局	10.00	18.40	70.00	73.57	78.33	47.66
41	中国人民银行	10.00	76.50	0.00	50.00	65.00	46.63
42	外交部	45.50	74.17	0.00	73.57	0.00	46.03
43	国家外汇管理局	4.00	34.80	0.00	75.00	83.33	44.92
44	国家宗教事务局	4.00	45.60	0.00	100.00	36.67	44.53
45	国家测绘地理 信息局	10.00	52.10	0.00	50.00	80.00	43.53
46	国家粮食局	6.00	26.00	0.00	75.00	80.00	42.45
47	中国保险监督 管理委员会	23.50	54.80	0.00	50.00	50.00	40.90
48	国家卫生和计 划生育委员会	10.00	18.20	80.00	50.00	60.00	39.05
49	国家中医药管 理局	17.50	36.57	0.00	50.00	68.33	38.81
50	司法部	0.00	67.00	0.00	50.00	43.33	37.92
51	中国地震局	0.00	26.60	0.00	50.00	93.33	37.82
52	国务院国有资产 监督管理委员会	4.00	0.00	70.00	50.00	83.33	36.97
53	国家民族事务 委员会	0.00	0.00	0.00	100.00	58.33	36.67
54	国家外国专家局	0.00	7.60	0.00	50.00	36.67	21.73

表6 省级政府透明度指数评估结果

排名	省级政府	决策公开(20%)	管理服务公开(25%)	执行和结果公开(15%)	重点领域信息公开(20%)	政策解读与回应关切(20%)	总分(满分100分)
1	贵州省	70.00	68.45	64.00	86.67	96.67	77.38
2	四川省	69.50	68.35	100.00	57.17	96.67	76.75
3	北京市	44.50	73.50	76.00	92.22	96.67	76.45
4	云南省	44.00	80.95	94.00	67.42	96.67	75.95
5	广东省	63.50	78.20	86.80	46.08	96.67	73.82
6	河南省	51.50	79.20	50.00	75.17	96.67	71.97
7	安徽省	51.00	61.13	65.00	85.17	93.33	70.93
8	山东省	19.50	94.30	85.00	59.33	93.33	70.76
9	上海市	38.50	73.40	79.60	59.33	96.67	69.19
10	湖北省	20.50	69.23	85.00	76.33	96.67	68.76
11	福建省	30.00	56.20	100.00	66.33	96.67	67.65
12	天津市	50.00	62.63	66.40	65.89	90.00	66.79
13	湖南省	38.00	70.95	85.00	47.08	90.00	65.50
14	黑龙江省	28.50	63.00	85.00	68.83	86.67	65.30
15	江苏省	41.50	82.63	94.60	22.75	86.67	65.03
16	广西壮族自治区	38.00	66.48	94.00	25.58	93.33	62.10
17	陕西省	6.00	65.23	85.00	61.17	96.67	61.82
18	海南省	21.00	71.20	68.00	46.00	96.67	60.73
19	甘肃省	10.00	49.78	70.00	82.17	96.67	60.71
20	浙江省	20.50	48.90	79.60	65.83	93.33	60.10
21	重庆市	12.00	66.05	44.00	81.33	90.00	59.78
22	宁夏回族自治区	6.00	57.43	74.60	73.33	90.00	59.41
23	山西省	24.00	76.18	52.40	51.25	86.67	59.29
24	河北省	34.50	44.30	94.60	54.83	80.00	59.13
25	江西省	6.00	49.25	88.00	61.83	86.67	56.41
26	内蒙古自治区	25.50	54.33	58.60	57.50	86.67	56.30
27	辽宁省	26.00	46.45	73.60	41.50	78.33	51.82
28	青海省	14.50	54.80	82.60	39.17	73.33	51.49
29	吉林省	19.50	55.38	50.00	1.75	93.33	44.26
30	新疆维吾尔自治区	4.00	44.18	52.00	31.00	83.33	42.51
31	西藏自治区	10.00	45.00	55.00	41.50	35.00	36.80

表7　较大的市政府透明度指数评估结果

排名	较大的市	决策公开（15%）	管理服务公开（25%）	执行和结果公开（20%）	重点领域信息公开（25%）	政策解读与回应关切（15%）	总分（满分100分）
1	合　肥	42.50	69.53	97.85	97.92	100.00	82.81
2	苏　州	54.50	82.55	82.29	89.58	96.67	82.17
3	广　州	92.50	66.55	87.47	74.92	100.00	81.74
4	成　都	47.50	76.43	91.51	78.68	100.00	79.20
5	郑　州	42.50	88.95	67.54	87.01	96.67	78.37
6	宁　波	75.00	61.25	76.51	89.10	93.33	78.14
7	银　川	72.50	84.58	68.00	74.92	90.00	77.85
8	青　岛	32.50	88.70	74.68	84.58	96.67	77.63
9	淄　博	44.50	87.20	72.07	79.33	90.00	76.22
10	深　圳	82.00	60.90	91.71	60.39	96.67	75.46
11	沈　阳	47.50	75.45	85.81	76.92	86.67	75.38
12	福　州	47.50	90.65	62.59	71.17	100.00	75.10
13	厦　门	67.50	68.00	86.88	67.10	90.00	74.78
14	汕　头	47.50	74.48	82.07	64.10	93.33	72.18
15	贵　阳	37.50	89.90	57.28	69.10	100.00	71.83
16	长　沙	20.00	69.18	90.63	77.35	93.33	71.76
17	抚　顺	32.50	91.68	53.72	78.68	90.00	71.71
18	西　安	32.50	88.95	62.76	62.33	100.00	70.25
19	南　京	32.50	65.18	72.40	78.68	93.33	69.32
20	邯　郸	44.50	78.23	64.77	61.10	93.33	68.46
21	武　汉	52.50	74.00	80.34	50.00	90.00	68.44
22	大　连	0.00	78.58	85.24	72.43	90.00	68.30
23	哈尔滨	32.50	67.30	84.20	62.00	90.00	67.54
24	杭　州	42.50	63.00	75.46	67.35	86.67	67.05
25	本　溪	32.50	75.43	89.72	46.25	90.00	66.74
26	徐　州	57.50	77.05	61.48	55.76	83.33	66.62
27	海　口	32.50	88.25	83.87	44.58	76.67	66.36
28	济　南	42.50	74.30	77.17	51.33	86.67	66.22
29	南　昌	32.50	81.45	60.01	63.33	83.33	65.57
30	珠　海	40.00	72.35	76.29	49.10	86.67	64.62
31	吉　林	32.50	59.95	64.00	75.00	86.67	64.41
32	无　锡	47.50	66.95	62.31	53.10	96.67	64.10
33	兰　州	32.50	70.20	61.00	61.25	93.33	63.94
34	南　宁	32.50	72.90	65.03	55.42	90.00	63.46

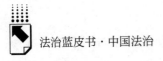

续表

排名	较大的市	决策公开 （15%）	管理服务 公开（25%）	执行和结果 公开（20%）	重点领域信息 公开（25%）	政策解读与回 应关切（15%）	总分（满分 100分）
35	太原	32.50	63.23	67.79	64.10	86.67	63.26
36	淮南	42.50	48.80	67.21	72.67	80.00	62.18
37	唐山	32.50	79.88	66.22	48.92	73.33	61.32
38	齐齐哈尔	32.50	87.73	36.91	59.10	80.00	60.96
39	洛阳	32.50	72.50	87.61	55.76	36.67	59.96
40	鞍山	20.00	77.73	53.35	42.68	90.00	57.27
41	昆明	32.50	72.73	47.14	67.43	43.33	55.84
42	呼和浩特	42.50	57.28	6.33	79.92	86.67	54.94
43	长春	42.50	67.35	37.17	43.67	86.67	54.56
44	西宁	32.50	70.38	68.04	55.67	18.33	52.74
45	包头	0.00	62.83	36.50	68.92	73.33	51.24
46	乌鲁木齐	0.00	54.85	21.48	77.77	86.67	50.45
47	大同	10.00	86.03	21.96	43.00	76.67	49.65
48	石家庄	0.00	59.85	33.51	28.25	80.00	40.73
49	拉萨	0.00	59.50	19.56	22.58	40.00	30.43

表8　县级政府透明度指数评估结果

排名	省份	县级政府	决策 公开 （10%）	管理服 务公开 （25%）	执行和 结果公 开(20%)	重点领 域信息 公开 （20%）	政策解 读与回 应关切 （15%）	依申请 公开 （10%）	总分 （满分 100分）
1	上海市	普陀区	80.00	70.38	100.00	61.14	100.00	100.00	82.82
2	安徽省	宣城市宁国市	32.50	72.90	55.77	74.71	100.00	100.00	72.57
3	浙江省	宁波市江北区	50.00	86.55	54.17	58.14	71.67	100.00	69.85
4	北京市	西城区	32.50	65.88	62.01	62.36	100.00	100.00	69.59
5	上海市	虹口区	57.50	55.60	63.51	63.14	90.00	100.00	68.48
6	上海市	浦东新区	32.50	69.50	92.47	66.14	36.67	100.00	67.85
7	安徽省	合肥市庐阳区	47.50	70.40	67.11	72.00	61.67	80.00	67.42
8	安徽省	黄山市徽州区	62.50	53.93	49.61	75.36	83.33	100.00	67.23
9	安徽省	宿州市灵璧县	62.50	54.95	86.41	29.50	93.33	100.00	67.17
10	江苏省	南通市如皋市	32.50	82.75	57.76	42.14	83.33	100.00	66.42
11	北京市	东城区	32.50	62.55	74.41	45.50	96.67	90.00	66.37
12	江苏省	南京市建邺区	20.00	70.63	81.61	66.00	33.33	100.00	64.18
13	安徽省	滁州市定远县	62.50	41.85	50.11	72.07	86.67	100.00	64.15

续表

排名	省份	县级政府	决策公开（10%）	管理服务公开（25%）	执行和结果公开(20%)	重点领域信息公开（20%）	政策解读与回应关切（15%）	依申请公开（10%）	总分（满分100分）
14	安徽省	六安市金寨县	72.50	64.28	81.85	37.50	75.00	40.00	62.44
15	江苏省	宿迁市沭阳县	0.00	70.90	74.11	33.50	75.00	100.00	60.50
16	北京市	海淀区	10.00	63.08	71.47	54.00	96.67	40.00	60.36
17	浙江省	金华市义乌市	0.00	57.90	89.34	54.50	58.33	70.00	58.99
18	广东省	深圳市罗湖区	47.50	51.40	81.28	43.50	48.33	90.00	58.81
19	浙江省	衢州市江山市	32.50	58.25	60.51	60.50	65.00	70.00	58.76
20	浙江省	嘉兴市嘉善县	32.50	57.45	59.84	40.14	61.67	100.00	56.86
21	北京市	昌平区	62.50	38.53	37.68	50.00	81.67	100.00	55.67
22	广东省	肇庆市高要区	32.50	49.90	69.10	58.00	33.33	90.00	55.14
23	北京市	朝阳区	32.50	52.45	22.80	62.00	78.33	100.00	55.07
24	安徽省	铜陵市义安区	62.50	50.33	36.40	43.36	86.67	70.00	54.78
25	浙江省	温州市瓯海区	0.00	57.73	53.37	50.36	61.67	100.00	54.43
26	上海市	徐汇区	32.50	44.65	41.19	50.14	96.67	70.00	54.18
27	安徽省	亳州市蒙城县	10.00	48.20	38.08	60.00	75.00	100.00	53.92
28	宁夏回族自治区	银川市贺兰县	32.50	38.53	61.40	47.50	61.67	100.00	53.91
29	上海市	金山区	40.00	52.08	34.00	67.14	40.00	100.00	53.25
30	宁夏回族自治区	石嘴山市平罗县	0.00	51.78	86.17	31.36	58.33	80.00	53.20
31	宁夏回族自治区	吴忠市青铜峡市	7.50	69.03	52.44	13.50	76.67	100.00	52.69
32	河南省	汝州市	20.00	61.63	48.24	33.50	58.33	100.00	52.50
33	广东省	梅州市平远县	10.00	48.45	68.53	45.50	36.67	100.00	51.42
34	广东省	佛山市禅城区	84.50	38.83	44.76	43.50	36.67	100.00	51.31
35	河南省	长垣县	32.50	76.58	38.37	27.50	36.67	100.00	51.07
36	湖南省	常德市武陵区	10.00	45.23	45.36	54.00	36.67	100.00	50.88
37	广东省	惠州市博罗县	32.50	41.15	48.76	39.14	61.67	100.00	50.37
38	浙江省	台州市临海市	0.00	72.20	50.17	37.14	33.33	90.00	49.51
39	广东省	云浮市新兴县	20.00	36.90	62.37	46.50	61.67	70.00	49.25
40	云南省	保山市腾冲市	22.50	50.95	59.60	25.50	47.50	100.00	49.13
41	河南省	济源市	10.00	68.88	48.29	41.50	58.33	40.00	48.93
42	湖南省	郴州市资兴市	27.50	36.35	53.10	54.00	36.67	100.00	48.76
43	贵州省	遵义市播州区	0.00	46.93	38.41	67.50	36.67	100.00	48.41

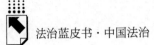

续表

排名	省份	县级政府	决策公开（10%）	管理服务公开（25%）	执行和结果公开(20%)	重点领域信息公开（20%）	政策解读与回应关切（15%）	依申请公开（10%）	总分（满分100分）
44	四川省	成都市新津县	20.00	51.53	50.15	35.50	61.67	70.00	48.26
45	江苏省	常州市天宁区	0.00	45.45	34.12	26.50	93.33	100.00	47.49
46	浙江省	杭州市拱墅区	32.50	63.50	35.96	32.14	36.67	90.00	47.25
47	陕西省	西安市未央区	25.00	47.08	21.88	39.50	90.00	70.00	47.04
48	湖南省	长沙市浏阳市	10.00	31.85	62.04	58.00	65.00	40.00	46.72
49	贵州省	六盘水市六枝特区	60.00	57.25	38.68	43.50	36.67	40.00	46.25
50	四川省	绵阳市盐亭县	32.50	36.80	74.05	44.14	36.67	40.00	45.59
51	江苏省	苏州工业园区	10.00	49.58	27.33	27.50	80.00	90.00	45.36
52	贵州省	黔西南布依族苗族自治州兴义市	20.00	56.25	23.53	38.14	43.33	100.00	44.90
53	黑龙江省	齐齐哈尔市龙沙区	0.00	57.30	38.87	40.00	30.00	100.00	44.60
54	贵州省	黔西南布依族苗族自治州贞丰县	20.00	45.75	38.07	46.36	68.33	40.00	44.57
55	陕西省	榆林市靖边县	32.50	29.03	56.71	40.14	36.67	90.00	44.38
56	江苏省	无锡市滨湖区	20.00	54.43	38.21	37.50	30.00	90.00	44.25
57	黑龙江省	大庆市杜尔伯特蒙古族自治县	0.00	54.43	30.67	39.36	46.67	90.00	43.61
58	云南省	红河哈尼族彝族自治州开远市	0.00	48.95	39.20	17.00	61.67	100.00	42.73
59	贵州省	贵阳市南明区	0.00	25.30	7.68	62.50	81.67	100.00	42.61
60	云南省	楚雄彝族自治州楚雄市	32.50	49.45	38.34	28.50	30.00	90.00	42.48
61	内蒙古自治区	呼和浩特市新城区	0.00	53.50	38.53	58.14	36.67	40.00	42.21
62	内蒙古自治区	包头稀土高新区	0.00	49.50	19.86	56.50	68.33	40.00	41.90

续表

排名	省份	县级政府	决策公开（10%）	管理服务公开（25%）	执行和结果公开(20%)	重点领域信息公开（20%）	政策解读与回应关切（15%）	依申请公开（10%）	总分（满分100分）
63	内蒙古自治区	兴安盟乌兰浩特市	0.00	56.95	37.16	50.00	36.67	40.00	41.17
64	云南省	红河哈尼族彝族自治州弥勒市	0.00	29.38	36.96	45.50	61.67	80.00	41.09
65	贵州省	遵义市凤冈县	20.00	38.53	38.68	38.07	33.33	90.00	40.98
66	广东省	广州市海珠区	44.50	37.30	55.67	36.50	3.33	80.00	40.71
67	四川省	达州市万源市	52.50	42.63	22.07	22.50	43.33	90.00	40.32
68	云南省	楚雄彝族自治州姚安县	0.00	52.90	50.53	6.50	36.67	100.00	40.13
69	河南省	郑州市上街区	0.00	34.75	60.33	34.14	51.67	40.00	39.33
70	黑龙江省	牡丹江市东宁市	0.00	61.85	37.77	21.50	20.00	90.00	39.32
71	河南省	安阳市汤阴县	0.00	41.18	38.34	9.50	61.67	100.00	39.11
72	江苏省	徐州市新沂市	10.00	51.78	24.51	27.50	36.67	90.00	38.84
73	湖南省	株洲市株洲县	0.00	29.60	45.09	40.14	33.33	90.00	38.45
74	黑龙江省	佳木斯市汤原县	0.00	26.75	53.53	36.14	65.00	40.00	38.37
75	四川省	德阳市什邡市	0.00	48.80	30.00	35.50	18.33	100.00	38.05
76	云南省	昭通市绥江县	0.00	37.20	49.59	25.50	64.17	40.00	37.94
77	四川省	攀枝花市西区	0.00	52.50	68.25	9.50	33.33	40.00	37.68
78	陕西省	渭南市华州区	10.00	28.50	22.44	41.00	51.67	90.00	37.56
79	湖南省	岳阳市平江县	0.00	37.80	20.04	46.36	33.33	90.00	36.73
80	陕西省	咸阳市彬县	0.00	42.68	22.80	11.50	51.67	100.00	35.28
81	湖南省	永州市蓝山县	10.00	29.18	15.67	46.14	36.67	90.00	35.16
82	黑龙江省	哈尔滨市道里区	0.00	35.63	30.00	53.50	33.33	40.00	34.61
83	内蒙古自治区	赤峰市克什克腾旗	7.50	26.93	68.37	3.50	30.00	80.00	34.36
84	四川省	凉山彝族自治州西昌市	0.00	25.48	53.94	38.14	36.67	40.00	34.29
85	陕西省	安康市紫阳县	32.50	23.65	38.53	12.50	30.00	100.00	33.87

续表

排名	省份	县级政府	决策公开(10%)	管理服务公开(25%)	执行和结果公开(20%)	重点领域信息公开(20%)	政策解读与回应关切(15%)	依申请公开(10%)	总分(满分100分)
86	四川省	泸州市合江县	17.50	41.20	21.88	15.50	33.33	90.00	33.53
87	黑龙江省	鸡西市密山市	0.00	36.20	37.28	29.50	6.67	90.00	32.41
88	河南省	信阳市潢川县	20.00	17.88	21.28	28.14	36.67	100.00	31.85
89	宁夏回族自治区	中卫市海原县	0.00	34.03	23.17	18.50	30.00	100.00	31.34
90	陕西省	延安市安塞区	32.50	56.68	8.53	14.14	30.00	40.00	30.45
91	内蒙古自治区	乌海市海勃湾区	0.00	48.85	30.00	17.50	30.00	40.00	30.21
92	黑龙江省	绥化市肇东市	7.50	31.65	52.51	23.50	15.00	40.00	30.11
93	湖南省	衡阳市衡阳县	20.00	29.20	7.38	23.00	30.00	100.00	29.88
94	河南省	开封市祥符区	0.00	27.63	22.54	1.50	58.33	90.00	29.46
95	四川省	广元市青川县	7.50	23.43	7.81	19.50	46.67	100.00	29.07
96	内蒙古自治区	锡林郭勒盟镶黄旗	0.00	31.93	38.01	20.50	30.00	40.00	28.18
97	内蒙古自治区	通辽市开鲁县	0.00	50.43	6.12	17.50	36.67	40.00	26.83
98	陕西省	宝鸡市岐山县	0.00	16.08	22.00	11.50	36.67	100.00	26.22
99	宁夏回族自治区	固原市彭阳县	0.00	57.08	10.00	1.50	33.33	40.00	25.57
100	河南省	洛阳市洛龙区	7.50	11.00	20.88	39.50	36.67	40.00	25.08

三 评估发现的亮点

2017 年是全面深入推进政务公开工作的第二年。以中共中央办公厅、国务院办公厅印发《关于全面推进政务公开工作的意见》为标志，国务院相继出台了一系列推动政务公开的文件，所传达出的信号也越来越清晰，即各级政府和部门应全面推进决策、执行、管理、服务和结果全过程、全流程公开；发挥信息发布、政策解读、回应关切三位一体、相辅相成的作用；全面扩大公众参与，使社会大众全面深入参与政府治理的各个环节。评估发现，2017 年全国政务公开工作成效显著。

（一）对本领域本地区政务公开工作指导成效明显

政务公开工作需要相应的操作规范和标准，各级政府政务公开工作的开展离不开上级政府的指导。评估发现，各地方各部门多年来通过制发相关文件、统一公开平台等方式明确了本系统本地区政务公开的标准，规范了公开平台的建设，提升了相关领域相关地区的公开水平。

在环境保护领域，环境保护部制发了《关于印发〈建设项目环境影响评价政府信息公开指南（试行）〉的通知》（环办〔2013〕103 号），对环境影响评价文件审批、建设项目竣工环境保护验收和建设项目环境影响评价资质审批信息的公开作了明确规定，尤其是明确了上述事项的内容要素。评估发现，31 家省级政府全都公开了环保领域的行政审批结果，达到 100%。

在食品药品安全领域，国家食品药品监督管理总局先后制发了《食品生产经营日常监督检查管理办法》《食品安全抽样检验管理办法》《食品药品监管总局关于做好食品安全抽检及信息发布工作的意见》《关于印发药品质量监督抽验管理规定的通知》《药品质量抽查检验管理规定》等文件，对食品监督抽检信息和药品监督抽验信息的公开内容、公开时间、公开方式等作了明确规定。评估发现，国家食品药品监督管理总局、31 家省级政府食药监部门、47 家较大的市政府食药监部门、59 家县级政府食药监部门公开了 2017 年本部门作出的随机抽查结果，公开率较高。

在保障性安居工程领域，住房和城乡建设部先后制发了《关于公开城镇保障性安居工程建设信息的通知》《关于做好 2012 年住房保障信息公开工作的通知》《住房城乡建设部关于做好 2013 年城镇保障性安居工程工作的通知》等文件，对公开主体、公开内容要素、公开时间等作了详细规定。本次评估发现，22 家较大的市政府公开了 2017 年棚户区改造用地计划，35 家较大的市政府门户网站或住建部门网站公开了 2017 年棚户区改造年度建设计划，34 家较大的市政府门户网站或住建部门网站公开了 2017 年棚户区改造项目进展情况，分别占比

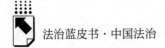

44.90%、71.43%、69.39%，公开程度相对较高。

在政务服务平台建设方面，部分省级政府建设了全省统一的政务服务办事平台，集中公开从省到市再到县乡的政务服务信息，统一了政务服务事项办事指南的内容要素和编排方式，如贵州省、湖南省、广东省等，方便管理，也方便公众和企业办事。

（二）重大决策预公开水平明显提升

对涉及群众切身利益、社会关注度高的重大决策事项进行预公开，广泛吸纳社会大众的意见建议，一方面，有利于提高决策的科学性、民主性和公信力，减少决策执行的摩擦力；另一方面，有利于扩大公众参与，形成良性的政民关系。因此，《关于全面推进政务公开工作的意见》要求，实行重大决策预公开制度，涉及群众切身利益、需要社会广泛知晓的重要改革方案、重大政策措施、重点工程项目，除依法应当保密的外，在决策前应向社会公布决策草案、决策依据，通过听证座谈、调查研究、咨询协商、媒体沟通等方式广泛听取公众意见，以适当方式公布意见收集和采纳情况。2017 年，各地方各部门重大决策预公开进展显著。

第一，通过制定目录清单的方式明确重大决策事项的范围。国务院办公厅等发布的相关文件虽然要求推进重大决策预公开，但对重大决策事项的范围仅笼统表述为"涉及群众切身利益、需要社会广泛知晓的重要改革方案、重大政策措施、重点工程项目"，各级政府部门在具体操作中无所适从。为此，有些地方政府在年初拟定并公开重大决策事项目录，细化重大决策事项、承办部门、决策时间及公众参与方式，不失为一种创新。评估发现，6 家较大的市政府、2 家县级政府网站公开了 2017 年度重大决策事项目录，分别是广州市、邯郸市、苏州市、武汉市、深圳市、淄博市、广东省广州市海珠区、广东省佛山市禅城区。广州市在政府门户网站"法规公文—市政府办公厅文件"栏目公开了广州市人民政府 2017 年度重大行政决策事项目录和听证事项目录。

第二，积极反馈重大决策预公开征集的意见。在重大决策预公开阶段，不仅要征求社会大众的意见建议，还要对征集的意见进行反馈，说明征集意见的总体情况、采纳情况和不采纳的理由，这既是对社会公众的尊重，也是政民良性互动的必然要求。评估发现，1家国务院部门、4家省级政府、6家较大的市政府、10家县级政府门户网站或其政府法制办网站公开了完整的意见反馈信息，包括征集到的意见的总体情况、意见采纳情况和不采纳的理由。例如，四川省在门户网站《征集结果反馈》栏目下公开反馈情况，以文字描述的形式对上述内容作出说明；上海市普陀区制作了意见征集反馈情况表格，表格内容详细，包含了意见来源、反馈内容、采纳与否以及采纳与否的理由四项信息。

（三）行政审批结果公开精细化，方便查找

公开行政审批结果的普遍做法是在政府门户网站设置双公示专栏，集中公开行政审批结果，按照政府部门对其进行分类，或是将其公开在企业信用信息网站上。评估发现，有的评估对象在此基础上按照行政审批事项的种类、时间、申请人等对其进行了更精细的分类。例如，成都市安全生产监督管理局在其门户网站的《安全生产许可公示》栏目下将行政审批结果分为危险化学品经营许可、危险化学品生产许可、危险化学品安全使用许可、烟花爆竹经营（批发）许可、非煤矿山企业安全生产许可、危险化学品建设项目、建设项目职业卫生项目审批许可、隐患整改方案审查情况、非煤矿山建设项目安全设施设计审查许可、金属冶炼建设项目安全设施设计审查许可、非药品类易制毒化学品二类经营备案证明、非药品类易制毒化学品生产二类备案证明、非药品类易制毒化学品生产三类备案证明等13类，并在每一类中对其进行更加细致的分类。又如，贵州省在网上办事大厅的行政审批结果页面设置了检索功能，可以按照受理部门、时间区间、申请人等关键词对公开的行政审批结果进行高级筛选；国家发展和改革委员会的行政审批结果可以按照办结时间、事项类型等进行高级筛选，提高了查找和分析利用的便利度。

（四）部分行政执法领域信息公开程度较高

推行行政执法公示制度，是规范市场执法秩序的重要举措，是打造透明

政府和公信政府的重要路径，是促进简政放权、实现放管结合、切实转变政府职能的有效手段。评估发现，行政处罚事项清单、部分领域的行政处罚结果和随机抽查结果公开程度较高。

第一，普遍公开行政处罚事项清单。评估发现，31家省级政府、48家较大的市政府、100家县级政府门户网站集中公开了各部门的行政处罚事项清单，占比分别为100%、97.96%、100%。

第二，环保领域和食品药品安全领域行政处罚结果公开情况较好。在环境保护领域，41家较大的市政府环保部门公开了2017年本部门作出的行政处罚信息，占比83.67%。在食品药品安全领域，42家较大的市政府食药监部门、74家县级政府食药监部门公开了2017年本部门作出的行政处罚信息，分别占比85.71%、74%。

第三，食药监领域随机抽查结果公开程度相对较高。评估发现，多数评估对象公开了2017年食药监领域的随机抽查结果。国家食品药品监督管理总局、31家省级政府食药监部门、47家较大的市政府食药监部门、59家县级政府食药监部门公开了2017年本部门作出的随机抽查结果，公开程度较高。

（五）部分领域的执行和结果公开相对规范

真实准确地公开政府的重大决策部署的落实情况，有助于加强对政策落实情况的社会监督，增强政府透明度，提升政府公信力，打造法治政府、责任政府。评估发现，各级政府和部门的执行和结果公开情况较好。

第一，部分评估对象定期公开工作总结和部署情况，工作连贯性强。在工作部署方面，18家省级政府、27家较大的市政府、35家县级政府门户网站公开2017年政府工作任务的分解分工情况，明确了工作事项和责任部门，有利于下一步工作的顺利开展。例如，天津市、抚顺市、江苏省常州市天宁区等公开的2017年工作任务分解情况用表格表示，内容清晰。在工作总结方面，2家省级政府、7家较大的市政府、14家县级政府门户网站分阶段公开了2017年工作的落实情况，并且，部分评估对象按月度公开本月政府工作落实情况及下月工作计划，如湖南省株洲市株洲县、安徽省黄山市徽州区等。这既体现了政府工作的连贯性，也便于公众及时了解相关工作进度，加强对政府工作的监督。

第二，法治政府建设情况年度报告的内容相对规范且重点突出。多数报告均按照《法治政府建设实施纲要（2015～2020年）》的要求，从政府职能的履行、制度体系的完善、决策水平的提升以及决策、执法、监督、矛盾化解、人员素质提高等几个主要方面详细列明了上一年度法治政府建设工作的情况，涵盖法治政府建设的各个方面，并且结合当地实践对相关问题作出具体说明。不少行政机关的年度报告还着重强调了法治政府建设中对重点领域（如珠海市）、领导责任（如唐山市）以及保障措施（如济南市）的安排，使得报告内容更为全面。不少国务院部门在法治政府建设过程中创新性地结合了本部门工作性质及特点，作出了非常切合实际的尝试。例如，交通运输部强调了加快推进交通运输立法，构建综合交通运输法规体系的工作努力；环境保护部专门提及了通过法治来强化环境治理和生态保护的工作重点。

（六）部分重点领域信息公开情况较好

第一，国务院部门预决算公开十分规范。评估发现，53家国务院部门公开了本部门2017年预算说明及表格、2016年决算说明及表格。部门预决算说明中都包括本单位职责、机构设置情况、预决算收支增减变化、机关运行经费安排和政府采购情况等内容；部门预决算表格中的一般公共预算支出表均细化到功能分类的项级科目，一般公共预算基本支出表也都细化到经济分类的款级科目，公开得非常规范。这一方面说明，各部门对本部门预决算公开工作非常重视；另一方面也说明，财政部对国务院部门预决算公开的指导较好，成效明显。

第二，集中式生活饮用水水源水质监测信息公开情况较好。评估发现，41家较大的市政府按月公开水源水质监测信息，42家较大的市政府按季度公开供水厂出水水质监测信息，42家较大的市政府按季度公开用户水龙水水质监测信息。有的评估对象公开集中式生活饮用水水源水质监测信息的频率比法定要求更高。同2016年相比，2017年有的评估对象在集中式生活饮用水水源水质监测信息公开方面进步显著，如乌鲁木齐市水务局、齐齐哈尔市住房和城乡建设局2016年未公开供水厂出水水质信息，2017年按要求进行了公开。

（七）政策解读与回应关切总体较好

行政机关及时通过政府网站发布政策解读信息，加强答疑解惑，主动回应公众关切，是提升政府公信力、社会凝聚力，稳定市场预期，保障社会公众知情权、参与权、监督权和切身利益的重要举措。评估发现，行政机关进行政策解读的总体情况较好，网站互动平台建设水平较高。

第一，主要负责人带头宣讲政策，权威性高。主要负责人通过参加新闻发布会、接受访谈等方式带头宣讲、解读政策，发出权威声音，有助于政策措施的宣传，是最具有公信力的解读方式之一。47家国务院部门、30家省级政府、45家较大的市政府、18家县级政府门户网站公布了主要负责人对政策进行解读的信息。

第二，政策解读形式新颖，可读性强。通过图表图解、音频视频等方式，将纯文字形式的政策，通俗易懂地展现出来，便于公众了解政策内容，提高政策本身的亲和力、可接受度。评估发现，多数国务院部门网站所发布的政策解读形式新颖，以图解的方式将政策文件的主旨简洁生动地展现出来，而不是对政策原文的生搬硬套，如教育部图解《中小学校领导人员管理暂行办法》，以清晰的结构和文字展现各种条件和要求，简洁明了，清晰易懂。

第三，初步尝试将政策解读贯穿于政策制定、政策发布和政策执行落实全过程。将政策解读关口前移，在决策阶段就开展决策草案解读，有利于提升公众参与的针对性，提高决策公开的质量和效果，还有利于提升后期政策解读的效果。评估发现，10家国务院部门、3家省级政府、3家较大的市政府和5家县级政府对决策草案进行了解读或说明。有的评估对象将决策草案说明在民意征集栏目中与决策草案同时发布，或在专门板块中呈现，如上海市普陀区；或以附件形式呈现并可下载，如珠海市、上海市金山区。加强对政策执行和落实情况的解读，有利于提升政府工作成效的可接受度和传播效果。评估发现，部分评估对象在网站上发布了对审计报告的解读信息，如福建省、浙江省、深圳市等。浙江省审计厅网站以问答的形式针对审计工作报告的特点、财政总体收支情况、重大政策措施贯彻落实跟踪审计情况、民生领域审计的具体情况、揭示的重大违纪违法问题线索等作了详细的解答，提高了审计报告的亲和力。有的评估对象对政府工作报告的内容进行了解读，说明了政府工作落实情况的主要亮点，如山东省等。

第四，普遍设置网站互动平台并回应公众意见建议。在回应重大舆情问题之外，在门户网站开设政民互动平台，回应公众个人关切，也是提升政府公信力、构建良性政民关系的重要内容。评估发现，51 家国务院部门、30 家省级政府、48 家较大的市政府、97 家县级政府门户网站设置了在线互动平台，如领导信箱、留言板、在线咨询等；41 家国务院部门、30 家省级政府、49 家较大的市政府、95 家县级政府门户网站公开了反馈信息。

四 评估发现的问题

2017 年，政务公开工作虽然取得了上述成就，但仍有一些共性问题需要解决。

（一）部分领域政务公开标准有待明确

第一，重大决策事项的范围界定不明确。中共中央办公厅、国务院办公厅《关于全面推进政务公开工作的意见》、国务院办公厅《〈关于全面推进政务公开工作的意见〉实施细则》、国务院办公厅《2016 年政务公开工作要点》等文件都要求推进重大决策预公开，但对于重大决策事项的范围仅笼统表述为"涉及群众切身利益、需要社会广泛知晓的重要改革方案、重大政策措施、重点工程项目"，下级政府及部门在具体操作中无所适从，还有可能出现推卸责任的现象。

第二，随机抽查结果和查处情况的公开方式不明确。虽然《国务院办公厅关于推广随机抽查规范事中事后监管的通知》明确要求加强抽查结果运用，抽查情况及查处结果要及时向社会公布，接受社会监督，国务院办公厅也将其写入了《2016 年政务公开工作要点》《2017 年政务公开工作要点》中，但随机抽查只是行政监管、检查的一种方式，随机抽查结果是否需要与其他类型的检查结果区分放置，或作明确标注，并无明确要求。此外，经随机抽查发现问题后所作出的查处结果的种类多种多样，如通报、处罚等，单从通报和处罚信息的内容中也无法区分哪些是针对随机抽查发现的问题对象的查处。并且，查处情况和抽查结果之间具有关联性，二者是否需要关联发布，也无明确指示。

（二）决策预公开亟待加强

第一，多数未进行重大决策预公开。中共中央办公厅、国务院办公厅《关于全面推进政务公开工作的意见》明确要求，积极实行重大决策预公开，扩大公众参与，对社会关注度高的决策事项，除依法应当保密的外，在决策前应向社会公开相关信息，并及时反馈意见采纳情况。但评估发现，29 家国务院部门网站和 13 家省级政府、8 家较大的市政府、56 家县级政府门户网站或其法制办网站未公开 2017 年重大决策草案征集意见的信息；52家国务院部门、24 家省级政府、36 家较大的市政府、87 家县级政府未在门户网站或其法制办网站公开 2017 年对重大决策草案征集到意见的反馈情况。

第二，对重大决策草案征集意见的反馈内容不详细，过于敷衍。评估结果显示，2 家省级政府、7 家较大的市政府、2 家县级政府仅公开了征集意见的总体情况，未公开意见采纳情况；其中，1 家省级政府、4 家较大的市政府甚至仅公开了征集的意见的数量，未对涉及的主要观点作说明，过于简略。1 家国务院部门、1 家省级政府、1 家县级政府仅公开了征集到意见的总体情况和采纳情况，未对不采纳的理由作说明，降低了决策的说服力和公信力。

（三）政务服务信息公开不细致，有待改进

第一，政务服务事项办事指南的内容不全面。《关于加快推进"互联网＋政务服务"工作的指导意见》规定，规范和完善办事指南，列明依据条件、申请材料、流程时限、收费标准、注意事项等信息。但评估发现，部分评估对象公开的政务服务事项办事指南内容未能包括办理依据、申报条件、申报材料、办理地点、办理流程、办理时限、收费标准等核心要素。22家国务院部门、18家省级政府、21家较大的市政府、63家县级政府公开的部分政务服务事项的办事指南中未包括上述全部要素。中国证券监督管理委员会直接将法律法规条文罗列上去作为部分政务服务事项的申报条件。安徽省黄山市徽州区的办理时限写的是"办理时间周一至五"。

第二，政务服务事项办事指南的内容不明确。政务服务事项办事指南是群众和企业办事的说明书，内容应当明确，给予清晰的指引。但评估发现，部分评估对象的政务服务事项办事指南中的办理依据、申报条件、申报材料、办理地点等都含有模糊性表述，容易让群众和企业看不明白。40家国务院部门、14家省级政府、30家较大的市政府、70家县级政府的部分政务服务事项的办理依据只有法律法规名称和条款数，或者只有法律法规名称，没有具体的条款内容。35家国务院部门、12家省级政府、24家较大的市政府、67家县级政府的部分政务服务事项的申报条件中含有"其他""等"表述。37家国务院部门、8家省级政府、11家较大的市政府、38家县级政府的部分政务服务事项的申报材料中含有"其他""等"表述。10家国务院部门、9家省级政府、18家较大的市政府、36家县级政府的部分政务服务事项的办理地点不明确。

第三，政务服务事项办事指南的内容不准确。政务服务事项办事指南的内容应当准确，以免误导群众。但目前，政务服务事项办事指南的公开平台多元，如政府门户网站的在线办事栏目、政务服务中心网站、部门网站等，很容易发生多平台间发布信息不一致的现象。评估发现，1家省级政府、2家较大的市政府、32家县级政府多平台发布的同一政务服务事项的办事指

南的内容不一致，主要体现在办理依据的法律法规名称、条款数不一致、申报材料不一致、办理期限不一致、面向对象不一致等。多平台公布的内容一致的办事指南中也存在一个内容详细、一个内容简略的情况。

（四）行政执法信息公开仍有提升空间

第一，"双随机"监管信息公开程度低。《国务院办公厅关于推广随机抽查规范事中事后监管的通知》《国务院办公厅关于印发 2017 年政务公开工作要点的通知》明确要求，制定并公布随机抽查事项清单，明确抽查依据、抽查主体、抽查内容、抽查方式等，要加强抽查结果的运用，向社会公开随机抽查结果和查处情况。但评估发现，20 家国务院部门未公开本部门随机抽查事项清单，20 家省级政府、24 家较大的市政府、79 家县级政府门户网站未公开本级政府各部门随机抽查事项清单。其中，有的政府门户网站仅公开了部分部门的随机抽查事项清单。另外，国务院部门的随机抽查结果公开程度低。37 家国务院部门网站未公开 2017 年本部门的随机抽查结果。安监领域的随机抽查结果公开程度也不高，28 家省级政府安监部门、38 家较大的市政府的安监部门、87 家县级政府安监部门的部门网站、政府门户网站或企业信用信息网未公开本部门 2017 年作出的随机抽查结果。

第二，行政处罚结果公开程度仍不理想。公开行政处罚结果，既是对行政机关行使行政处罚权的监督，也是在发挥政府信息对市场主体的规范和服务作用。但评估发现，34 家国务院部门未公开 2017 年本部门作出的行政处罚结果，当然不排除某些部门在 2017 年未作出过行政处罚决定；16 家省级政府质监部门、16 家省级政府工商部门、19 家省级政府知识产权管理部门、63 家县级政府城市管理综合行政执法部门、71 家县级政府安监部门未公开 2017 年本部门作出的行政处罚结果，公开率低。同时，这也反映了不同部门行政处罚结果的公开程度参差不齐。

（五）部分政府运行的结果类信息公开仍不到位

第一，审计结果公开情况不佳。国务院办公厅《2016 年政务公开工作要点》《2017 年政务公开工作要点》和《国务院关于加强审计工作的意见》都要求，深化审计结果公开，做好党中央、国务院重大政策措施落实情况跟踪审计结果公开，尤其要加大问题典型和整改典型公开力度，促进政策落地生根。但评估发现，6 家省级政府、25 家较大的市政府、83 家县级政府的审计部门未公开 2016 年本级预算执行审计报告；11 家省级政府、30 家较大的市政府、79 家县级政府的审计部门未公开单独的专项审计报告，其中，部分评估对象在本级预算执行审计报告中对专项审计结果进行了描述，但未公开单独的专项审计报告。

第二，法治政府建设情况年度报告公开程度不高。根据《法治政府建设实施纲要（2015～2020 年)》，县级以上地方各级政府及其部门每年第一季度要向相关单位报告上一年度法治政府建设情况，报告要通过报刊、政府网站等向社会公开。但评估发现，42 家国务院部门网站和 7 家省级政府、14 家较大的市政府、66 家县级政府门户网站或其法制办网站未公开 2016 年度法治政府建设情况年度报告。

第三，政府工作报告内容有欠缺，影响政府公信力。政府工作报告一般包括当年工作总结和下一年工作安排两部分。每一年各级政府都会在政府工作报告中对下一年要完成的事项作出承诺，下一年，各级政府也应在政府工作报告中对上一年承诺事项作出回应，告知承诺事项的完成情况，这是责任政府建设的重要表现。但评估发现，个别评估对象 2016 年政府工作报告未对上一年工作报告提及的个别承诺事项作出回应，如山西省 2016 年度政府工作报告未完全回应积极稳妥推进新型城镇化事项；甚至有的评估对象的2016 年度政府工作报告中无当年工作总结部分，未对上一年度的工作安排作出回应，如北京市朝阳区 2016 年度政府工作报告中只对过去五年或四年的工作进行了回顾，而没有对 2015 年的具体工作进行总结回应，云南省保山市腾冲市 2016 年度政府工作报告也存在同样的问题。

（六）重点领域信息公开仍有短板

第一，规范性文件的清理、备案信息公开和有效性标注情况欠佳。规范性文件,俗称"红头文件",是指行政机关作出的对不特定多数人的权利义务产生影响、可以反复适用的文件的总称。评估主要对规章以下规范性文件进行考察。规范性文件是行政机关依法行政的依据,也是社会大众依法活动的准则,与社会大众切身利益密切相关,因此,规范性文件的制发、备案、清理等信息应当公开,便于民众知晓。《国务院关于加强法治政府建设的意见》(国发〔2010〕33号)明确规定,加强备案工作信息化建设,备案监督机构要定期向社会公布通过备案审查的规章和规范性文件目录;加强对行政法规、规章和规范性文件的清理,建立规章和规范性文件定期清理制度,对规章一般每隔5年、规范性文件一般每隔2年清理一次,清理结果要向社会公布;探索建立规范性文件有效期制度。国务院办公厅《2017年政务公开工作要点》也要求,要及时公开政策性文件的废止、失效等情况,并在政府网站已发布的原文件上作出明确标注。但评估发现,14家省级政府、40家较大的市政府、92家县级政府门户网站或其法制办网站未公开2017年规范性文件备案审查信息。25家国务院部门、15家省级政府、22家较大的市政府、61家县级政府门户网站或其法制办网站未公开近三年规范性文件清理结果。41家国务院部门、15家省级政府、33家较大的市政府、77家县级政府未在门户网站或其法制办网站规范性文件栏目或目录中设置效力一栏,或在具体规范性文件页面上方显示有效性,或在文件末尾规定有效期。

第二,部分地方政府预决算公开不规范。财政部《关于印发〈地方预决算公开操作规程〉的通知》对各级政府应公开的政府预决算说明与表格的内容提出了最基本的要求。但评估发现,仍有1家省级政府、6家县级政府门户网站或财政部门网站只公开了各部门预决算信息,未公开本级政府预决算信息。在预算表格公开方面,19家省级政府、25家较大的市政府、72家县级政府未能公开全部6张表格(一般公共预算收入表、一般公共预算支出表、一般公共预算本级支出表、一般公共预算本级基本支出表、一般公共预算税收返还和转移支付表、政府一般债务限额和余额情况表)。其中7家省级政府、4家较大的市政府、17家县级政府未公开任何2017年政府预算表格。

第三，义务教育阶段信息公开程度较低。国务院办公厅《2017 年政务公开工作要点》要求，推进义务教育招生入学政策公开，县级政府要公开义务教育招生范围、招生条件、学校情况、招生结果等信息。但评估发现，49 家县级政府未公开本地区小学招生范围，57 家县级政府未公开本地区中学招生范围。其中，北京市东城区开设了义务教育招生工作系统，但该系统中的信息未向社会大众开放。虽然不排除有些地方可能会在实体公告栏、宣传栏、学校门口等张贴公告，告知义务教育划片结果，但这已经不能满足信息化时代人们对于随时随地查看信息的需求，所以，仍需完善公开方式，将政府信息"应上网尽上网"。在招生条件公开方面，44 家县级政府未公开幼升小或小升初普通学生招生入学条件，37 家县级政府未公开幼升小或小升初随迁子女招生入学条件。在学校情况公开方面，34 家县级政府未公开学校情况。在招生结果公开方面，仅 4 家县级政府公开了 2017 年义务教育招生结果，其余均未公开。

（七）政策解读发布水平有待提升

政策解读与政策文件同步发布、关联阅读程度低。国务院办公厅《2017 年政务公开工作要点》规定，各地区各部门要按照"谁起草、谁解读"的原则，做到政策性文件与解读方案、解读材料同步组织、同步审签、同步部署。《国务院办公厅印发〈关于全面推进政务公开工作的意见〉实施细则的通知》规定，文件公布时，相关解读材料应与文件同步在政府网站和媒体发布。政策解读与政策文件同步发布，可以提高政策解读的时效性，政策解读与政策文件可关联阅读，极大方便了公众查找和理解政策文件。但评估发现，29 家国务院部门、29 家省级政府、18 家较大的市政府、23 家县级政府的政策解读信息的上网时间与政策文件的上网时间间隔超过 3 个工作日。甚至有的评估对象先发布政策解读，数日之后才发布政策文件，如浙江省、广东省深圳市罗湖区、浙江省宁波市江北区等。32 家国务院部门、11 家省级政府、30 家较大的市政府、37 家县级政府门户网站没有在政策解读项下设置可导向该解读所对应政策文件的链接，甚至存在有政策解读却找不到对应政策文件的情形。

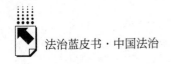

（八）依申请公开仍存法律风险

依申请公开是政府信息公开制度的重要方面，但评估发现，部分评估对象仍有未按期答复申请、答复不规范的问题。第一，仍有评估对象答复不及时。29 家县级政府未在法定期限内答复申请。第二，答复格式不规范。18 家县级政府出具的答复书未盖有公章，或未明示作出答复的机关。其中，大多数基层政府答复依申请公开信息时所使用的邮箱为个人邮箱，而非官方办公邮箱，一些所用私人邮箱的不恰当昵称也会影响政府信息公开的规范化程度。经统计，答复申请的邮箱域名为 gov 的仅有上海市与北京市两个直辖市的区县政府。第三，答复内容不规范。行政机关作出对申请人不利的答复时，应援引法律依据、说明理由、明示救济渠道。但在作出不利答复的 16 家县级政府中，2 家县级政府未告知法律依据，9 家县级政府未说明理由，10 家县级政府未告知救济渠道。其中，2 家县级政府完全未告知法律依据、理由和救济渠道，如上海市徐汇区的答复内容仅是"您的来信收悉，经审查，来信内容属于咨询"。第四，答复不严谨。例如，四川省成都市新津县政府提供的答复信息中包括一份规范性文件的草稿，该草稿上标注的公开属性是不予公开，但新津县政府却将其提供给了项目组。

（九）政务公开平台建设有待加强

政府门户网站是政务公开第一平台，其建设的好坏直接影响政务公开的效果。但评估发现，仍有政府和部门的网站栏目设置不规范，存在多平台并存且不互通的现象。

第一，政府门户网站栏目设置不规范。在政府门户网站上为同类信息设置专门栏目，集中且分类公开相关信息，既方便行政机关对政府信息的管理，也方便社会大众查找信息。但评估发现，很多评估对象门户网站的栏目设置不精细。国务院办公厅《2017 年政务公开工作要点》《财政部关于印发〈地方预决算公开操作规程〉的通知》都明确要求，自 2017 年起，地方各级财政部门应当在本级政府或财政部门门户网站上设立预决算公开统一平台

（或专栏），将政府预决算、部门预决算在平台（或专栏）上集中公开。对在统一平台公开政府预决算、部门预决算，应当编制目录，对公开内容进行分类、分级，方便公众查阅和监督。但大多数评估对象的财政预决算专栏未分类分级，如江西省政府门户网站虽然设置了《财政预决算》栏目，但栏目下无子栏目，所有的部门预决算信息、省财政总收入完成情况及其他说明等都混乱堆放在这一个栏目内，造成查找不便。

第二，多平台并存且不互通。目前，在部分领域，发布政府信息的平台有多个。例如，行政处罚信息可以发布在部门网站、政府门户网站的双公示专栏、企业信用信息网上，但多个平台上发布的同一部门的行政处罚信息或交叉重叠或各不相同，没有一个网站上有完整的信息，甚至有的平台长时间不更新，群众甚至不知道这些信息平台的存在。究其原因，在于多个公开平台由不同的部门分别管理，且多个平台间没有较好的协调同步机制。信用信息平台本身就有至少两套系统，一个是国家工商行政管理总局下的国家企业信用信息公示系统，一个是工业和信息化部下的信用中国系统，除此之外，各部门按照国家发展和改革委员会的要求在门户网站设置双公示专栏，而三家主管部门尚未建立良好的协调沟通和行政处罚信息的同步发布机制，既不利于公开标准的统一，也容易导致信息发布分散化，还浪费了行政资源，得不偿失。又如，行政审批事项的办事指南既在部门网站公开，又在政府门户网站的在线办事平台公开，还在政务服务中心的网站上公开，多平台发布的行政审批事项办事指南并非来自同一信息源，且互不链接，信息的准确性很难保障。

五　发展展望

中共十九大报告指出，转变政府职能，深化简政放权，创新监管方式，增强政府公信力和执行力，建设人民满意的服务型政府。全面深化政务公开在其中发挥着不可或缺的作用，使政府权力运行更加规范有序，令广大人民群众能参与、可监督，并真正享受到深化改革的红利。

第一，树立对政务公开的正确认识。政务公开工作人员正确积极的公开意识是做好政务公开工作的关键。在推进政务公开过程中必须不断适应形势变化，明确为什么公开、为谁公开、公开什么等问题。因此，政务公开培训应常抓不懈，注重加强对政务公开形势的宣讲，让政务公开工作人员明白，政务公开不仅仅是行政机关单向性的主动公开信息和被动的依申请公开信息，更是要充分发挥信息的管理和服务作用，推动简政放权、放管结合、转变政府职能，也是让社会大众参与到政府决策和社会治理过程中来，构建良好的政民关系，打造共建共治共享的社会治理格局。

第二，理顺公开工作机制，加强部门间的协同合作。政务公开不能仅仅依靠公开部门自身的努力，政府部门间就公开工作明确职责分工，协同合作是政务公开和谐统一的重要保障。因此，建议充分理顺工作机制，加强政务公开牵头部门间的协同合作。充分发挥政务公开领导小组的统筹协调作用，尤其要协调各部门对同一公开事项的标准，避免因多头管理造成的对外公开不统一、不一致、不同步等现象。同时，充分发挥政府法制办的"参谋"作用，以保证对外公开信息的质量，并防范可能存在的风险。

第三，注重总结和推广经验。根据国务院办公厅印发的《开展基层政务公开标准化规范化试点工作方案》，全国各地都在开展基层政务公开标准化规范化试点工作，试点工作将在2018年收官。应当以此为契机，全面总结政务公开工作经验，在一定领域的公开工作中形成细化且具备操作性的工作机制和公开标准。

第四，注重处理好公开与不公开的关系。政务公开既要依法逐步扩大公开范围，满足公众知情需求，也要注意公开限度。应当吸取2017年安徽省部分政府网站泄露个人信息的教训，注重公开方式方法，避免不当公开引发对当事人及行政管理秩序的消极影响。

第五，以大公开理念推动政务公开工作。应当按照公开、解读、回应一体化的理念推动公开工作，公开信息应当根据社会形势、舆情状况做好舆情及社会风险评估，并应当配合解读工作等，确保公开信息的准确、全面，消除被误解误读误判的风险。对于形成的舆情及其他社会关切，建立快速反应机制，作出内容妥当的回应。

第六，加强政府网站的信息化建设。众所周知，政府网站是政府信息公开的第一平台，其建设的好坏直接影响政务公开的效果，但政府网站上信息的对外展示依托网站和信息的后台管理，后者显然更为重要。因此，应进一步加强政府网站的信息化建设，建设完善的后台管理系统，依据制定好的主动公开目录设定内容要素，使行政机关履职过程中的每个环节都可以在后台管理系统中留痕，可经过内部保密审查程序后自动推送到互联网。同时，加强网站栏目设置的规范化建设，提升网站使用的友好性。

B.15
中国司法透明度指数报告（2017）

——以法院网站信息公开为视角

中国社会科学院法学研究所法治指数创新工程项目组*

摘　要： 2017 年，随着司法体制改革的不断深入推进和最高人民法院司法公开平台的建设完善，司法公开已经成为全国各级法院的共识，审务信息公开范围不断扩大、审判信息公开的广度和深度进一步拓展，执行信息公开对基本解决执行难的推进产生重要影响，司法改革信息越来越开放透明。未来，适应深化司法体制综合配套改革的要求，司法公开在细节和人性化方面仍然存在进一步提升的空间，应当更多借助信息化手段优化平台建设，从公众需求角度出发深化司法公开，进一步规范公开的体制机制，发挥大数据公开的作用，加强法院网站的运维，进一步提升司法公开质量，提高司法公信力。

关键词： 司法公开　司法透明度　法治指数　法院信息化

2017 年是本轮司法体制改革的决战之年，也是全面深化司法体制综合

---

* 项目组负责人：田禾，中国社会科学院国家法治指数研究中心主任，法学研究所研究员；吕艳滨，中国社会科学院法学研究所研究员、法治国情调研室主任。项目组成员：王小梅、栗燕杰、胡昌明、徐斌、刘雁鹏、王祎茗、赵千羚、刘迪、田纯才、王洋、王昱翰、葛冰、冯迎迎、王君秀、王贺斌、司雨、闫文光、余子龙、高振娟等。执笔人：胡昌明，中国社会科学院法学研究所助理研究员；田禾；赵千羚，中国社会科学院法学研究所学术助理；冯迎迎，中国社会科学院法学研究所学术助理。

配套改革的开启之年。党的十九大报告提出，要深化司法体制综合配套改革，全面落实司法责任制，这一任务的完成离不开不断追求公平正义的改革，更离不开公开、透明的司法环境。2017 年 11 月 1 日，最高人民法院在第十二届全国人民代表大会常务委员会第三十次会议上所作的《关于人民法院全面深化司法改革情况的报告》指出，司法公开理念不断强化、司法公开平台已经构建、司法公开广度和深度进一步拓展，司法公开成为法院深化司法改革的重要组成部分。2017 年 4 月 20 日，最高人民法院印发的《最高人民法院关于加快建设智慧法院的意见》指出，阳光化是建设智慧法院的三个重要维度之一。为准确呈现和评价 2017 年中国司法公开成效，中国社会科学院国家法治指数研究中心、法学研究所法治指数创新工程项目组（以下简称"项目组"）继续以法院网站为视角对最高人民法院、31 家高级人民法院（以下简称"某某高院"）和 49 家中级人民法院（以下简称"某某中院"）共计 81 家法院的司法透明度进行评估。这是 2011 年之后开展的第七次评估，评估时段为 2017 年 9 月 15 日至 11 月 30 日。

一 评估指标体系

指标体系每年都会根据中国司法的进展变化和年度特点进行优化、调整。2017 年中国司法透明度指数评估的指标体系加大了对司法公开深度和广度的考察，对公开细节的深层次分析，并重点评估了司法公开体现改革成果和服务当事人的水平。

调整后，2017 年中国司法透明度指数评估的指标体系包括"审务公开""审判公开""执行公开""数据公开"和"司法改革"5 个一级指标（见表 1）。

"审务公开"主要是指与审判执行相关的司法行政事务的公开，包括"平台建设""人员信息""规范性文件"以及"任职回避信息"等内容。由于在门户网站上公开地址、交通图示、联系方式、管辖范围、下辖法院、内设部门、机构职能、投诉渠道等概况信息已成法院公开的常态，因此"法

表1 中国司法透明度指标体系（2017）

一级指标	二级指标
审务公开（20%）	平台建设（40%）
	人员信息（30%）
	规范性文件（20%）
	任职回避信息（10%）
审判公开（30%）	诉讼指南（20%）
	审判流程（30%）
	庭审公开（30%）
	减刑、假释信息（10%）
	司法文书（10%）
执行公开（20%）*	执行指南（40%）
	执行曝光（20%）
	执行惩戒（10%）
	终本案件信息（10%）
	执行举报（20%）
数据公开（20%）	财务数据（50%）
	工作报告（35%）
	司法业务数据（15%）
司法改革（10%）**	司法改革专栏（20%）
	司法改革方案（20%）
	员额制（10%）
	立案登记制（20%）
	案外干预记录（20%）
	领导干部办案情况（10%）

　　* 由于执行公开不适用于最高人民法院，因此，最高人民法院的审务公开、审判公开、数据公开和司法改革的权重分别为30%、30%、30%和10%。
　　** 司法改革专栏、司法改革方案和员额制不适用于中级人民法院，因此，中级人民法院立案登记制、案外干预记录和领导干部办案情况的权重分别为70%、20%和10%。

院概况"不再作为本次评估的内容。平台建设评估的重点是从法院门户网站的有效性和友好性两个方面进行评估；人员信息则从法院领导姓名、学习工作简历、职务及分管事项，审判人员的姓名、学历及法官等级，书记员姓名三个方面进行评估；另外，2017年度新增任职回避信息指标，旨在考察法官任职回避的落实和公开情况，便于群众监督。

审判公开仍然是本次评估的重点。"审判公开"包括诉讼指南公开、庭审公开、审判流程和审后公开，其中，诉讼指南是庭前对当事人提供诉讼服务的重要工作，也是准备起诉的当事人浏览法院网站的主要目的之一，该指标评估诉讼指南公开信息的准确性、便捷性和全面性；庭审公开除了公众旁听、庭审视频公开和庭审文字直播之外，新增院庭长审理案件的庭审直播指标；审后公开主要是指减刑、假释公开、裁判文书公开和司法建议的公开情况。自从2013年11月最高人民法院颁布司法解释部署全国法院裁判文书上网公开以来，裁判文书上网公开逐渐成为各级人民法院的共识，但是裁判文书公开的全面性和规范性仍有待加强。《最高人民法院关于人民法院在互联网公布裁判文书的规定》明确要求，"不在互联网公布的裁判文书，应当公布案号、审理法院、裁判日期及不公开理由"。因此，2017年司法文书公开指标重点对裁判文书的反向公开情况加以评估，即是否公开不上网文书的数量、案号、理由等。2017年度还新增三级指标"司法建议公开"，评估法院是否公开了司法建议的对象、主要内容等。

2017年是最高人民法院宣布用两到三年时间基本解决执行难的关键一年，执行公开对于规范执行行为、提高执行工作质效至关重要。"执行公开"包括执行指南的公开、终本案件信息公开①、执行曝光、执行惩戒公开、执行举报等。2017年，项目组在前一年增设"终本案件信息"指标的基础上增加了该指标的权重。由于在司法实践中不少法院为提高结案率往往会将不应当终本的案件按照终本处理，2016年10月29日最高人民法院颁布了《关于严格规范终结本次执行程序的规定（试行）》，不仅明确了终本案件的适用条件，还要求终本裁定书在互联网上公开。政府机关、公职人员、人大代表、政协委员应当作为遵纪守法的楷模，自动履行法院判决

---

① 终本即终结本次执行程序，是指人民法院在案件执行过程中，对于确实无财产可供执行的案件暂时终结本次执行程序，等待被执行人有财产可供执行时，再行恢复执行。实践中，终结本次执行程序往往被滥用，法官为了提高结案率，在未穷尽执行措施的情况下或者将不属于无财产可供执行的案件进行终本结案。见中国社会科学院法学研究所法治指数创新工程项目组《中国司法透明度指数报告（2016）——以法院网站公开为视角》，载李林、田禾主编《中国法治发展报告 No. 15（2017）》，社会科学文献出版社，2017。

义务，为此，2017年，项目组增加了对曝光上述特殊主体不履行生效判决情况的考察，引导法院将上述特殊主体不主动履行法院判决的情况予以公开。

"数据公开"指标分财务数据和司法业务数据两大类，前者包括预决算、"三公"经费和涉案款物数据的公开，后者指法院的年度工作报告、年报、白皮书或专题报告、案件统计数据等信息的公开。2017年项目组对同类预决算数据予以合并、简化，同时在司法业务数据原有指标基础上增加了三级指标破产案件公开，引导法院更加全面、细致地公开司法业务数据。

2017年，司法改革各项措施在全国各级法院全面铺开、落地，"责任""落实""督导"成为司法体制改革的关键词。从2015年起，项目组开始将"司法改革信息公开"纳入评估指标，但未设置权重，不计入分值；2016年将其作为"审务公开"的一部分计入分值。2017年，司法改革信息作为司法透明度的一级指标，增加了权重和分值。司法改革信息公开共设置司法改革专栏、司法改革方案、员额制、立案登记制、案外干预记录和领导干部办案情况6个二级指标，其中前三项（司法改革专栏、司法改革方案、员额制）仅评估最高人民法院和各高级人民法院。

二 总体结果

2017年，被评估的81家法院司法透明度指数的平均分为56.2分，基本与前两年持平，其中80分以上的有4家，60～80分的有18家，50～60分的有33家，50分以下的有26家。排名前二十的法院依次为广州中院、长春中院、宁波中院、吉林高院、吉林中院、北京高院、海口中院、浙江高院、南京中院、上海高院、成都中院、杭州中院、最高人民法院、江苏高院、海南高院、湖南高院、深圳中院、黑龙江高院、徐州中院和湖北高院（评估结果见表2）。

经过连续七年的司法透明度指数评估，法院司法透明度整体有所提升，但是随着评估更加侧重公开的效果和公开的广度、深度，不同法院透明度的差距仍然不小。部分法院始终重视司法公开工作，不断创新深化公开内容，在评估结果排名中稳居前列。例如，广州中院、宁波中院、成都中院、北京高院、浙江高院、深圳中院、海口中院、杭州中院、上海高院、湖南高院、南京中院等11家法院连续四年（2014年、2015年、2016年、2017年）排名进入前二十，其中，广州中院、宁波中院、吉林高院、浙江高院4家法院连续三年（2014年、2015年、2016年）排名进入前十。广州中院已经连续三年在司法透明度测评中拔得头筹，并且评估得分呈现不断上升趋势。当然，也有一些原来传统上司法公开不具有优势的法院借助最高人民法院建设四大公开平台的契机，急起直追，排名不断提升。近三年来，透明度排名持续提升的法院包括长春中院、吉林中院、海南高院、黑龙江高院、兰州中院、江西高院、青海高院、本溪中院、辽宁高院等，其中三年排名累计提升20名以上的法院包括：长春中院、黑龙江高院、兰州中院、江西高院、青海高院和本溪中院等。

表 2　中国司法透明度指数评估结果

排名	评估对象	审务公开（20%）	审判公开（30%）	数据公开（20%）	执行公开（20%）	司法改革（10%）	总分（满分100分）
1	广州中院	100.00	83.50	98.13	95.00	90.00	92.68
2	长春中院	78.00	88.00	63.75	92.00	100.00	83.15
3	宁波中院	94.00	75.50	82.50	82.00	70.00	81.35
4	吉林高院	83.00	87.50	70.63	74.00	93.00	81.08
5	吉林中院	90.00	88.00	45.00	83.00	95.00	79.50
6	北京高院	67.00	81.00	83.75	79.00	70.00	77.25
7	海口中院	81.00	84.50	69.38	84.00	45.50	76.78
8	浙江高院	80.00	64.50	83.75	83.00	67.00	75.40
9	南京中院	75.00	80.50	63.75	80.00	35.00	71.40
10	上海高院	55.00	85.00	61.25	74.00	72.00	70.75
11	成都中院	70.50	72.00	57.50	74.00	85.00	70.50
12	杭州中院	65.00	72.00	64.38	83.00	59.50	70.03
13	最高人民法院	76.00	66.00	65.63	—	70.00	69.29
14	江苏高院	62.00	78.00	86.88	60.00	23.00	67.48
15	海南高院	62.00	64.50	79.38	52.00	90.00	67.03
16	湖南高院	66.00	69.00	75.63	62.00	46.00	66.03
17	深圳中院	60.00	73.50	63.75	44.00	70.00	62.60
18	黑龙江高院	74.00	70.50	64.38	32.00	70.00	62.23
19	徐州中院	58.00	72.00	63.75	56.00	45.50	61.70

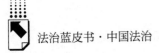

续表

排名	评估对象	审务公开 (20%)	审判公开 (30%)	数据公开 (20%)	执行公开 (20%)	司法改革 (10%)	总分(满 分100分)
20	湖北高院	55.00	69.00	51.88	74.00	47.00	61.58
21	兰州中院	69.00	67.50	48.75	52.00	70.00	61.20
22	厦门中院	70.00	67.50	63.75	44.00	49.00	60.70
23	江西高院	74.00	66.00	51.88	52.00	46.00	59.98
24	重庆高院	74.00	52.50	61.25	76.00	19.00	59.90
25	青海高院	71.00	73.50	58.13	52.00	16.00	59.88
26	太原中院	86.50	54.00	70.00	32.00	59.50	59.85
27	淮南中院	72.50	64.50	41.25	52.00	70.00	59.50
28	合肥中院	74.00	69.00	61.25	41.00	35.00	59.45
29	广西高院	66.00	70.50	48.13	60.00	33.00	59.28
30	四川高院	68.00	64.50	34.38	77.00	39.00	59.13
31	内蒙古高院	67.00	72.00	71.88	36.00	24.00	58.98
32	石家庄中院	73.50	72.00	41.25	54.00	35.00	58.85
33	陕西高院	66.50	67.50	60.63	52.00	26.00	58.68
34	淄博中院	71.00	64.50	46.25	56.00	45.50	58.55
35	济南中院	58.00	67.50	56.25	52.00	45.50	58.05
36	本溪中院	67.00	69.50	45.00	44.00	59.50	58.00
37	安徽高院	71.00	73.50	46.88	50.00	17.00	57.33
38	邯郸中院	65.00	75.00	46.25	40.00	35.00	56.25
39	珠海中院	50.00	72.00	65.00	32.00	45.50	55.55
40	福建高院	45.00	66.00	67.50	44.00	43.00	55.40
41	郑州中院	83.00	58.50	55.63	32.00	49.00	55.18
42	武汉中院	64.00	72.00	25.63	53.00	49.00	55.03
43	广东高院	67.00	58.50	70.00	32.00	36.00	54.95
44	山东高院	74.00	63.00	56.88	40.00	16.00	54.68
	无锡中院	61.50	60.00	44.38	60.00	35.00	54.68
46	河北高院	61.00	70.50	47.50	48.00	19.00	54.35
47	辽宁高院	69.00	61.50	48.13	48.00	16.00	53.08
48	甘肃高院	43.00	66.00	36.88	68.00	36.00	52.98
49	云南高院	61.00	67.50	41.88	42.00	36.00	52.83
50	天津高院	50.00	57.00	71.88	32.00	44.00	52.28
51	汕头中院	54.00	61.50	61.25	32.00	35.00	51.40
52	西宁中院	52.00	67.50	33.75	52.00	35.00	51.30
53	大连中院	73.00	49.50	33.75	40.00	70.00	51.20
54	西安中院	52.00	57.00	48.75	52.00	35.00	51.15
55	哈尔滨中院	39.00	67.50	56.25	40.00	35.00	50.80

续表

排名	评估对象	审务公开（20%）	审判公开（30%）	数据公开（20%）	执行公开（20%）	司法改革（10%）	总分（满分100分）
56	长沙中院	67.50	52.50	33.75	34.00	70.00	49.80
57	苏州中院	68.00	58.50	42.50	32.00	35.00	49.55
58	沈阳中院	49.00	57.00	62.50	32.00	35.00	49.30
59	新疆高院	54.00	61.50	48.13	32.00	35.00	48.78
60	青岛中院	43.00	64.50	31.25	44.00	45.50	47.55
61	抚顺中院	60.00	45.00	45.00	44.00	35.00	46.80
62	大同中院	64.00	67.50	1.25	32.00	70.00	46.70
63	南昌中院	44.50	58.50	51.25	32.00	35.00	46.60
64	山西高院	67.00	63.00	60.63	0.00	19.00	46.33
65	鞍山中院	63.00	52.50	38.75	32.00	35.00	46.00
66	南宁中院	41.00	66.00	35.00	36.00	35.00	45.70
67	宁夏高院	39.00	60.00	41.25	49.00	17.00	45.55
68	洛阳中院	54.00	63.00	33.75	16.00	56.00	45.25
69	贵州高院	60.00	70.50	50.00	0.00	19.00	45.05
70	包头中院	47.00	48.00	46.25	32.00	56.00	45.05
71	河南高院	24.50	60.00	52.50	40.00	36.00	45.00
72	唐山中院	49.50	60.00	1.25	60.00	45.50	44.70
73	昆明中院	71.00	63.00	8.13	32.00	35.00	44.63
74	拉萨中院	51.00	72.00	1.25	36.00	49.00	44.15
75	福州中院	60.00	46.50	41.25	32.00	35.00	44.10
76	齐齐哈尔中院	75.50	64.50	8.75	0.00	59.50	42.15
77	乌鲁木齐中院	28.00	69.00	13.75	32.00	35.00	38.95
78	西藏高院	51.00	58.00	0.00	44.00	20.00	38.40
79	银川中院	49.00	52.50	1.25	41.00	35.00	37.50
80	呼和浩特中院	50.00	39.00	33.75	16.00	35.00	35.15
81	贵阳中院	40.00	48.00	31.25	1.00	45.50	33.40

三 发现的亮点

随着司法改革的推进和深入以及最高人民法院司法公开平台的建设完善，司法公开已经成为全国各级法院的共识。2017 年，有的法院为提升司法公开水平，向司法公开领先的法院调研学习，有的法院则由专人负责研究对比司法公开做得好的法院网站，从中找出经验做法，提升自身公开水平。总体上，司法公开领域呈现各法院你追我赶、司法透明度水准不断提高的局面，司法公开迈上新台阶。

（一）审务透明度稳中有升

1. 法院网站不断优化

评估显示，被评估法院普遍设立了门户网站，而且这些门户网站具有识别度高、寻找便捷等特点，门户网站无法打开、网站内容点击无效的现象明显减少。门户网站不唯一的法院从 2016 年的 16 家减少到 10 家，网站唯一性显著提高。与此同时，网站的友好性不断提升。一是网站检索功能愈加完备。提供网站检索功能，有助于当事人便捷、迅速地获取所需的司法公开信息，评估的 81 家法院网站中，有 76 家网站具备检索功能，占 93.8%，其中 62 家具有综合检索功能，较 2016 年提高 4.9 个百分点。二是网站的栏目设置更加合理。一些法院设置了审判公开、审务公开、审判流程公开、执行信息公开等一级栏目，以便当事人能够迅速找到相应的信息。有的法院在门户网站中区分了司法服务区、司法公开区、司法政务区三个板块，在司法服务区还针对不同对象设置了当事人服务、公众服务和律师服务专区。

2. 司法人员信息公之于众

评估显示，法院对司法人员的信息公开呈现更加开放的态势。2017 年，评估的 81 家法院中公开院长、副院长等院领导姓名的从 2016 年的 59 家增加到 66 家，占 81.5%，14 家法院公开了院领导的分管范围，27 家公开了院领导的学历，23 家公开了院领导的工作经历，分别占 17.3%、33.3% 和 28.4%。其中，广州中院、长春中院、吉林中院、宁波中院、本溪中院公开了以上所有信息。公开法官姓名的法院从 2016 年的 54 家增长到 58 家，公开法官任职时间或者法官级别的从 2016 年的 40 家增长到 44 家，6 家公开了法官的学历或者工作简历，其中，广州中院、长春中院、吉林中院、宁波中院、成都中院、杭州中院公开了以上所有信息。公开书记员（法官助理）

姓名等相关信息的法院从 2016 年的 10 家增加到 11 家。另外，山东高院、黑龙江高院、天津高院、广州中院、长春中院、宁波中院、本溪中院、吉林中院、西宁中院等 9 家法院公开了所有院级领导的分管范围、学历和工作经历等事项，10 家法院公开了法官的学历和工作经历。吉林高院、长春中院等还公开了办公室、审判管理办公室、信访局等司法辅助部门的职责、负责人姓名等相关信息。

3. 审务公开内容不断丰富

评估显示，审务公开的信息内容日益多样化。早在 2011 年，最高人民法院就颁布了《关于对配偶子女从事律师职业的法院领导干部和审判执行岗位法官实行任职回避的规定（试行）》，规定人民法院领导干部和审判、执行岗位法官的配偶、子女在其任职法院辖区内从事律师职业的，应当实行任职回避。任职回避体现了对法官的中立要求，只有法院公布了法官任职回避的情况，才便于人民群众监督，否则该文件可能成为一纸空文。评估显示，海南高院、广州中院和宁波中院 3 家法院将法官任职回避情况予以公示，海南高院不仅公布了法官配偶子女，还公布了其他近亲属，如兄弟姐妹、岳父、妹夫等从事律师职业的情况，公布的内容十分详尽，包括法官姓名、所在部门、职务、与本人关系，亲属所在的律师事务所、从事工作，此外，还主动公布了海南三级法院离任人员从事律师职业情况统计表等。

另外，评估的 81 家法院中，公布本院规范性文件的法院 62 家，其中设专栏发布本院规范性文件的法院达到 53 家，分别比上一个年度提高 6.2 和 9.9 个百分点。

（二）审判公开纵深推进

1. 诉讼指南公开完备

诉讼指南是法院提供诉讼服务的首要工作，也是司法公开的基本要求。评估的 81 家法院，100% 都设置了诉讼指南栏目，集中发布诉讼指南信息，体现出对诉讼指南的高度重视。评估显示，诉讼指南公开具有以下特征。一是栏目分类清晰明确，便于查找。此次评估中，54 家法院的诉讼指南栏目按照指南类别、诉讼类型等标准进行分类，占 66.7%；有的是按照诉讼类型公布了民事诉讼指南、刑事诉讼指南、行政诉讼指南等，如江苏高院、武汉中院、深圳中院等；有的按照指南类别分类，如安徽法院诉讼服务网在《诉讼指南》栏目下分设《诉讼流程》《诉讼费用标准》《诉讼风险提示》《权利义务告知书》等子栏目；徐州中院在《诉讼指南》栏目中分类公布了诉讼风险提示、诉讼费用收费标准等信息。二是诉讼指南发布内容较为全面。81 家法院公布了诉讼风险提示的有 76 家，占 93.8%；公开了诉讼流程的有 52 家，占 64.2%；公开法律文书样本的有 72 家，占 88.9%；公布了诉讼费用标准的有 77 家，占 95.1%；告知当事人权利义务的有 48 家，占 59.3%。三是创新便于当事人诉讼的做法。一些法院网站栏目设置比较有新意。例如，武汉中院司法公开网上服务平台，《诉讼工具》栏目中设有立案审理期限计算工具、延迟履行利息计算工具等；南京中院的网站设有《12368 服务热线》《倾听专区》《代表委员信箱》《法官工作邮箱》《院长信箱》等栏目；厦门中院提供的风险提示书为中英文版本，方便涉外当事人查阅信息。

2. 流程公开呈现实质化

当事人是司法公开的主要对象，案件的审理进程则是当事人关心的主要事项之一。近年来，最高人民法院将审判流程公开作为司法公开的重要内容。2017 年，项目组增加了审判流程查询和电子阅卷查阅等评估项目，评估显示，法院审判流程公开总体情况良好。在 81 家法院中，当事人可以登录门户网站查询案件流程信息的有 68 家，占 83.9%。查询案件流程的栏目，一般设置在网站的当事人服务区或诉讼服务网站中，当事人通过获取的账号密码即可登录查看案件流程信息。安徽高院等还对查询方法进行了简要说明，便于公众正确使用该系统。另外，评估显示法院开庭公告公布比较及时。81 家法院中，只有两家没有公布开庭公告，而通过网络及时公布开庭公告的有 45 家，占 55.6%，设置开庭公告检索功能的法院从 2016 年的 16 家增至 27 家，占 33.3%。

3. 庭审视频直播水平继续提升

庭审视频直播的公开体现在最高人民法院的平台建设和地方法院自主公开两方面。从庭审直播平台来看，自 2016 年 9 月最高人民法院推出中国庭审公开网以来，庭审公开已经成为法院审判公开的常态工作。目前，中国庭审公开网不仅可以连接全国 32 家高级人民法院，通过高级人民法院还可以进一步连接其下辖的中级人民法院和基层人民法院，实现全国法院全覆盖。截至 2017 年 12 月，全国各级法院通过中国庭审公开网直播庭审 58 万余次，观看量达到 44 亿人次。在中国庭审公开网上，不仅可以观看庭审直播，还能够实现庭审回放、热点视频直播排行，通过案号、案件名称等关键词还可以实现庭审直播检索等诸多功能。此外，在《庭审预告》栏目中，注册用户还可以订阅预告中公布的庭审直播。在《庭审直播》栏目中，公众能够通过网站了解庭审基本信息，发表意见、收藏、分享，对庭审直播视频的清晰度和流畅度进行评价。在《数据公开》栏目中，公众还可以看到接入中国庭审公开网的各级法院数量、各法院累计直播的庭审数量等内容。

从地方法院庭审直播公开来看，庭审直播视频的频次、范围、更新速度等都有不同程度提升。各地的庭审直播也有不少亮点和创新做法。陕西高院庭审直播网的庭审视频在民事、刑事、行政案件分类的基础上，又对一审、二审、再审视频进行了分类。江西法院审判综合服务平台非常直观，以地图形式标明各地市庭审视频的直播和回顾，省去检索这一环节，方便了查阅人。黑龙江高院的庭审直播内容比较丰富，除了直播预告、正在直播外，又将案件分为民事案件、刑事案件、行政案件、执行案件、审监案件和其他分类公布，还可以通过标题、案件类型、法院、庭审日期等对庭审直播进行检索查询。

4. 数据公开呈现跨越式发展

2017 年，项目组对法院司法统计数据透明度连续第七年进行评估。在评估之初的 2011 年和 2012 年，司法统计数据的公开情况十分不理想，法院普遍将其作为审判内部信息不予公开。2017 年，司法统计数据的公开已经成为大多数法院的共识，一些法院司法统计数据的公开数据量大、形式新颖，有的法院还提供了司法统计报告供公众参考，司法数据公开的进展集中体现在以下方面。

一是最高人民法院上线了司法大数据服务网，该网集合了专题深度研究、司法知识服务、涉诉信息服务、类案智能推送、智能诉讼评估、司法自主统计等功能。在《专题深度研究》栏目中，展示了关于知识产权侵权、离婚纠纷、危险驾驶罪、信用卡诈骗等专题的司法大数据报告；在司法自主统计中，公众如果有相关司法统计数据要查询，可以向最高人民法院提交要求公开的申请。

二是工作报告公开越来越普遍。2017 年，公开工作报告的法院从 2016 年的 38 家提升到 53 家，占 65.4%，其中 26 家法院在网站上设置专门栏目，对工作报告进行集中公开。值得一提的还有《最高人民法院公报》（以下简称《公报》）在最高人民法院门户网站上实现了免费公开，公众可以通过按照期数和关键词等检索六个月前的《公报》内容全文。

三是部分法院司法统计数据公开越来越全面。例如，南京中院、珠海中院等开设了专门的司法统计数据栏目，还有的法院司法统计公开内容不断拓展，在原有的各类案件情况统计基础上，开通了实时的司法统计信息公开功能。例如，长春中院、吉林中院在《审判动态》栏目下，不仅按季度公布审判态势分析报告，而且公开了实时审判数据、司法统计分析报告。宁波中院不仅公布了全院的收结案数据、法官人均结案数，还可以由当事人自定义案由、法院和时间段来查询相关审判数据。

四是部分法院公开司法建议。司法建议是人民法院在审判执行中为预防纠纷和犯罪发生，针对案件所涉单位和部门在制度上、工作中存在的问题而提出的健全制度、规范管理、填补漏洞的建议。司法建议是法律赋予人民法院的重要职责，是人民法院加强和创新社会管理，坚持能动司法、服务大局、司法为民的重要途径。司法建议作为法院参与社会治理的一部分，其建议对象、建议内容、回复情况等应当予以公开。评估显示，上海高院、广州中院、长春中院、宁波中院、本溪中院、吉林中院、南京中院等 7 家法院在网站上公开了 2017 年度司法建议书或者司法建议发送情况。

（三）阳光执行助力"基本解决执行难"

2017 年是解决最高人民法院庄严承诺用两到三年时间基本解决执行难问题的关键一年。向当事人公开执行相关信息能够满足当事人的知情权，也有助于将执行工作置于阳光之下，减少暗箱操作和权力寻租，同时加强执行的威慑力。

1. 搭建平台曝光失信

为提升执行透明度，强化对执行工作的监督，最高人民法院在《人民法院第四个五年改革纲要（2014～2018）》中提出，"完善执行信息公开平台"，包括"整合各类执行信息，推动实现全国法院在同一平台统一公开执行信息，方便当事人在线了解执行工作进展"。中国执行信息公开网向当事人和社会公众公开与执行案件有关的各类信息。案件当事人可以凭证件号码和密码从平台获取执行立案、执行人员、执行程序变更、执行措施、执行财产处置、执行裁决、执行结案、执行款项分配、暂缓执行、中止执行、终结执行等信息。公众也可以在该网站上查询司法拍卖等信息。为加强执行案款管理，切实维护当事人合法权益，最高人民法院于 2016 年 11 月在中国执行信息公开网上开设《执行案款领取公告查询》栏目，由各执行法院将联系不上当事人的案款信息予以公告。

2. 执行指南更加完备

执行信息公开首先体现在对当事人执行信息的告知，执行指南公开则是执行信息告知的基础。评估显示，2017 年，评估法院执行指南的公开和告知比例进一步提升，执行指南内容比较完备。81 家法院中，公布执行指南的 76 家，占 93.8%，其中 68 家执行指南内容全面，既有权利义务告知，又包括"执行须知"等，占 84.0%，浙江高院、宁波中院、青岛中院等执行指南有专门分类，并且公开内容较为丰富。此外，被评估法院公开执行流程图的 19 家，比 2016 年增加 9 家，提升 11.1 个百分点。例如，青岛中院公开的内容包括执行案件立案标准、执行案件启动程序、执行收费标准、执行费缓减免条件及程序、强制执行工作流程、执行案件启动程序等。南京中院执行指南公开内容非常丰富，主要包括执行流程、执行管辖、执行期间、申请执行所需材料、执行依据、执行申请书格式等。

3. 执行举报渠道公开成为共识

执行举报渠道的公开，有助于法院及时了解执行线索，执行案件当事人等及时向法院提供执行线索，充分保障其诉讼权益。评估显示，81家法院中，有36家公布了执行举报渠道，占44.4%，公开比例比上年提升12.4个百分点，其中，提供独立的执行举报专栏的法院有18家，占22.2%。81家法院中，江西高院、浙江高院、宁波中院、石家庄中院、吉林中院、杭州中院、济南中院、唐山中院等8家法院的执行举报栏目易查找，执行举报方式简洁明了，尤其是浙江高院和杭州中院，网站建设简明大方，执行信息公开全面、易查找。

4. 加大曝光力度，强化执行威慑力

党的十八届四中全会明确要求，"加快建立失信被执行人信用监督、威慑和惩戒法律制度"。被执行人以各种手段逃避、规避执行甚至抗拒执行是造成执行难的直接原因，要基本解决执行难，除了提升法院查人找物能力、规范法院执行行为之外，还必须对被执行人进行失信惩戒，对情节恶劣的还要依法追究相应的法律责任。

2017年，公开罚款或拘留等信息的法院增加至13家，有7家法院公开了追究拒执罪的相关数据，吉林高院、云南高院、广州中院、宁波中院、石家庄中院、吉林中院、南京中院等7家法院进行了双重公开。2017年公开限制高消费名单的法院增加至36家，公开限制出境人员名单的法院增至29家，25家法院进行了限制高消费和限制出境名单的双重公开，分别占44.4%、35.8%和30.9%。有10家法院公布了执行悬赏信息，其中湖北高院、湖南高院、北京高院、广州中院、长春中院、合肥中院、南京中院、海口中院等8家法院既公开了限高、限制出境名单，又公布了执行悬赏名单，公开内容丰富，其中广州中院公布了特殊主体失信被执行人名单，将不履行法定义务的学校、医院等事业单位及其法定代表人名单予以公布，该法院还尝试在"头条号"公布未履行被执行人的姓名、身份证等基本信息，扩大影响，督促被执行人主动履行执行义务。

（四）以看得见的方式推动司法改革

党的十八大报告提出"要进一步深化司法体制改革"，但是司法体制改革不是政法机关、人民法院的内部事务，司法改革必然对司法权的运行产生影响，必然会对当事人的权益产生重要影响，这项关乎全社会的重大改革，在推进过程中不能闭门造车，应保持公开透明。为此，项目组从 2015 年开始对法院司法改革的透明度进行测评，2017 年评估结果显示，中国司法改革的透明度逐年提升。

1. 司法改革栏目内容日趋丰富

中央提出的司法改革政策，需要各地加以落实、推进，并提供具体方案。各高级法院正是地方法院司法改革政策的落实者和统筹推动者，各地司法改革措施是否透明也主要看高级法院能否设立司法公开栏目、是否提出公开司法改革举措和方案。评估结果显示，最高人民法院率先垂范，在审判业务板块中设置了司法改革栏目，在该栏目里集中展示司法改革的最新成果和重大事件。31 家高级法院中有 14 家在网站上设置了司法改革栏目，比 2016 年增加 4 家。司法改革栏目公开的内容也更加丰富，如吉林高院在《司法改革》栏目中分设了上级司法改革政策文件、本级司法改革方案、本级司法改革情况、立案登记制、法官员额制、院领导办案、案外干预记录、律师权益保护等内容。还有一些中级人民法院也设置了司法改革栏目，主动公开司法改革的相关内容。例如，广州中院的《司法改革》栏目内容涵盖了司法改革的动态、文件，不仅有中央及上级的司法改革文件，还公开了本院制定的一些文件或实施细则，2017 年开始不定期发布"广州法院信息司法改革专刊"，截至 7 月已经发布了 53 期。《司法改革》栏目下设置了《司法改革动态》《司法改革要闻》《直播司法改革》《上级司法改革政策文件》《本级司法改革总体方案》《司法责任制改革》《法院员额制改革》《审判辅助人员管理改革》《立案登记制改革》《工作机制改革》《律师权益保护》等

11 个子栏目。

在司法改革方案的公开方面，北京高院、陕西高院、黑龙江高院等 12 家法院公开了中央司法改革方案。吉林高院、浙江高院、海南高院、湖北高院、湖南高院、上海高院等 10 家法院公开了本级司法改革方案。公开司法改革方案表明法院勇于接受社会监督，值得称赞。

2. 法官员额及配套措施公开逐步精细化

员额制是整个司法责任制改革的基石，通过员额制改革选出优秀人才进行办案并对案件负责。员额制的规定、遴选程序对社会公开有助于加强全社会对法院司法改革进程的监督。2017 年，项目组对高级法院门户网站是否公开员额制的相关规定、遴选委员会的组成以及遴选程序进行考察。评估发现，浙江高院、黑龙江高院、北京高院 3 家高级法院公开了员额制的规定和遴选程序，浙江高院、黑龙江高院公开了进入员额的法官数量和名单。广州中院还主动公布了未入额但在过渡期内从事办案工作的法官信息，以便公众监督。

入额的领导干部办案情况是司法员额制能否起到实效、司法改革能否真正革除司法行政化弊端的关键。最高人民法院《关于加强各级人民法院院庭长办理案件工作的意见（试行）》规定，法院院庭长办案应达到一定的比例，同时规定各级人民法院院庭长办案任务完成情况应当公开接受监督。"各高级人民法院审判管理部门负责每年度辖区各法院院庭长办案量的测算核定，逐月通报辖区各级人民法院院长、副院长、审判委员会专职委员、其他入额院领导的办案任务完成情况，包括办案数量、案件类型、审判程序、参与方式、开庭数量、审判质量等。"为此，项目组对各法院 2017 年是否公开领导干部办案规定、办案情况进行了评估。评估显示，有 2 家法院公开了领导干部办案规定，为广州中院和吉林中院；此外，吉林高院按季度公开领导办案情况分析报告，在报告中详细公开了领导干部占法官员额的比例、案件的收结案情况、人均办案数量、办案类型、办理"重点案件"情况以及各级法院办案任务完成情况，还在报告中公开了法院每名入额领导干部办案的数量。此外，该报告还直接对领导干部办案情况进行分析和评议："从全省法院院领导承办案件的范畴看，多数案件仍旧集中在简单类型的案件上，'重点案件'仅有1255件，占院领导受理案件总数的11.36%，'精英审判'的作用没有得到充分发挥"①，这种公开的态度和方式十分值得称赞。

四 存在的问题

2017年，法院的司法公开工作在深度和广度上进一步推进，但在公开的细节和人性化方面仍然存在进一步提升的空间。

（一）裁判文书公开仍有完善空间

一方面，随着《关于人民法院在互联网公布裁判文书的规定》的颁布实施和中国裁判文书网的不断升级改版，裁判文书公开平台功能不断强大，区分了不同地区、不同类型案件，实现了文书根据案由、案号、当事人、法院、案件类型、审判人员、律师、法律依据和全文的高级检索。中国裁判文书网公布文书数量愈加庞大，截至2017年12月31日，中国裁判文书网公开的裁判文书超过4100万份，这个数字还在以每天数万份的速度增长，网站访问量突破125亿次，用户覆盖210多个国家和地区，已经成为全球最大且最受瞩目的裁判文书公开资源库。但与此同时，裁判文书的公开仍然存在一些问题，主要体现在反向公开仍然没有受到多数法院重视，司法解释明确规定不在互联网公布的裁判文书，应当公布案号、审理法院、裁判日期及不公开理由，但公布上述信息可能泄露国家秘密的除外。评估显示，2017年，在文书公开平台上设置了不上网文书公示栏目，公开了不上网的文书数量、案号和理由的仅有吉林高院、上海高院、广州中院、南京中院、长春中院、吉林中院、海口中院等7家法院，仅比2016年增加2家，占评估法院的8.6%，裁判文书反向公开的规定落实情况仍然不佳。此外，中国裁判文书

---

① 《全省法院2017年3季度院领导办案情况分析报告》，吉林省高级人民法院司法公开网，http://www.jlsfy.gov.cn/yldbafx/154304.jhtml，最后访问日期：2017年12月16日。

网集合了全国各地的裁判文书，备受公众瞩目，但是在登录该网站查询裁判文书时，每操作一次都会弹出对话框"当前网站访问量大，请输入验证码后继续访问 wenshu. court. gov. cn"，虽然如此设置是出于技术上的考虑，但严重影响公众获取信息的顺畅性，使得一个开放平台的友好性大为削弱，得不偿失。

（二）关键信息公开情况不尽如人意

2017 年，新增的一些评估指标针对的是司法权力运行、司法改革的关键信息，但是评估显示，这些信息的公开情况不尽如人意。例如，对司法建议书、院庭长办案和特殊主体被执行人公开等关键信息的评估发现，仅有上海高院、宁波中院等 7 家法院对司法建议书的信息进行了公开，吉林高院、长春中院、吉林中院 3 家法院对院庭长办案的数量和类型进行了公开，而对特殊主体被执行人公开的法院只有 1 家。

严格执行案件终本程序，是规范执行行为、解决执行难的重要举措。2017 年，项目组根据《关于严格规范终结本次执行程序的规定（试行）》的要求，评估了各法院公开终本案件的情况。评估显示，81 家法院中，公开终本案件信息的仅 12 家，其中只有吉林高院、安徽高院、浙江高院、北京高院、上海高院、成都中院、杭州中院等 7 家法院公布的案件终本信息齐全，包含了案号、被执行人、立案日期、结案日期、终本裁定书、举报线索等内容。

（三）信息公开半遮半掩现象仍然存在

部分人民法院的门户网站友好性欠佳，一些平台信息公开不充分的现象仍然存在。一是信息查阅不方便。例如，有的法院虽然公开了财务信息、工作报告或者法官名录、机构名录信息，但当事人无法直接从网页打开，而是需要下载到本地电脑，电脑只有安装了相应的软件才能打开浏览。二是信息公开过程烦琐、不便。以中国执行信息网终本案件信息公开为例，网页名为"全国法院终结本次执行程序案件公开与查询"，但是网页只是滚动播放终本案件信息，无法搜索各法院的终本案件列表，也没有公开全国法院的终本案件数量。此外，该网站滚动播放的终本案件只显示案号、法院和日期三类信息，无法查阅详细信息。在点击案号后，提示要输入验证码，而输入验证码后，又要求输入被执行人姓名，在不知道被执行人姓名时，滚动播放的终本案件信息无法查看。即便公众通过检索找到的终本案件，也只显示终本案件的案号、被执行人姓名/名称、身份证号码/组织机构代码、执行法院、立案时间、终本日期、执行标的、未履行金额等简单事项，没有公开终本理由和终本裁定书等更受关注的执行终本信息。

（四）各地司法公开呈现"马太效应"

全国各地法院的司法公开程度参差不齐，各地法院司法透明度呈现两极分化，一些司法透明度较高的法院，对司法公开工作高度重视，不断完善网站建设，公开内容不断丰富、公开形式不断创新，基本实现了应公开尽公开。评估发现，沿海地区部分法院保持司法公开的传统优势，对司法公开工作高度重视。例如，宁波地区的海曙区人民法院、江北区人民法院和慈溪市人民法院在门户网站开设了裁判文书反向公开栏目，定期公开裁判文书不公开的理由、案号、审理法院和裁判日期等信息。部分地区法院的司法公开呈现快速进步态势，司法公开工作曾经相对滞后的东北某些地区，随着领导的重视和网站的改版进步显著。例如，吉林省近年来司法公开工作取得长足进步，不仅被评估的法院，全省法院的司法公开工作都迈上了一个新台阶。

有些法院则始终对司法公开不够重视，网站建设落后、检索不便、公开内容少、运行速度慢甚至无法打开的现象依然存在；还有的法院特别是中西部地区基层法院信息化基础薄弱，软硬件设施达不到司法公开平台建设的要求；也有一些东部经济发达地区的高级法院对司法公开工作不重视，没有借鉴周边甚至本省中级人民法院司法公开的经验，门户网站信息公开滞后，排名停滞不前。评估显示，各地法院的司法公开水平呈现强者愈强、弱者愈弱的"马太效应"。2017年评估的81家法院中，司法透明度不足40分的5

家，其中得分最低的法院仅 33.40 分，不仅比 2016 年的最低分 36.10 分降低了 2.70 分，而且与 2017 年度透明度得分最高的法院得分 92.68 分相差将近 60 分，差距越发明显。透明度评估中，得分最低的 10 家法院平均分只有40.3 分；2017 年度排名榜尾的 15 家法院中有 7 家已经连续三年排名倒数，司法公开工作停滞不前。

（五）司法公开需求导向不突出

1. 公开内容与公众需求不完全匹配

一些网站定位不准确，大量版面用来报道法院的新闻动态、法院的工作部署、法院领导的工作日程等。例如，某高院门户网站在显著位置设立了《法院要闻》《领导动态》《院史陈列》等栏目，有些法院门户网站中法官的文体活动、抒情诗文等占据了较大篇幅。法院网站主要用来宣传法院的各项工作，反映法官日常工作、生活的做法，与当事人的需求相去甚远，与司法公开的初衷和目的不相符合。

2. 网站界面设计不尽合理

一些网站首页设置公开栏目不合理，网页显示的内容杂乱无章，当事人无法及时发现所需信息。例如：9 家法院没有设置专门的法院规范性文件发布栏目，规范性文件分散在网站各处，给当事人查找这些文件造成极大不便；19 家法院虽然公布了本院的工作报告，但是没有设置相应栏目，而是将工作报告放在《新闻动态》或者《法院动态》等栏目中；将财务信息公开混杂在法院新闻栏目或者尚没有公开财务信息的法院有 37 家，占评估法院的 45.7%。浮动窗口，特别是无法关闭的浮动窗口影响公众浏览网页、查找信息的体验，评估显示，仍然有 12 家法院的网站中存在浮动窗口，其中 3 家的浮动窗口无法关闭。

3. 检索不方便、信息更新不及时现象时有发生

评估发现，有的法院检索功能过于简单，部分网页检索无法显示或者显示内容不准确；有些法院虽然设置了很多公开栏目，但是有些栏目点击后无法链接；有的法院发布内容和所在栏目名称不符，如《规章制度》栏目下

面发布一些法院的新闻动态；有的栏目甚至出现信息空白、开"天窗"的现象，只有标题没有正文或者内容（个别法院信息公开空白现象比较严重，有近半数的栏目打开后没有任何实质内容）；有的法院发布的开庭公告将本级法院和下级法院的开庭公告混在一起，公众需要逐条浏览查询所需要的开庭信息；还有的法院司法公开没有形成常态化，公开内容更新不及时，甚至存在突击公开现象，同一时期上传一批新的文件内容，此后一年半载甚至三五年都没有更新内容。

（六）司法信息的整合度有待提升

《中国司法透明度指数报告》连续多年对人民法院司法公开平台过于分散提出改进的意见和建议。评估显示，2017 年，人民法院平台分散情况有所改善，门户网站唯一并能够有效打开的法院从 2016 年的 65 家增加到 71 家，但是平台多、司法信息分散的问题尚未得到根本解决。

有的法院在法院门户网站、专门的司法公开网、诉讼服务网或司法信息网之外还开设了庭审直播网或者执行工作的专项平台。81 家法院中，将诉讼服务、司法公开、法院门户网站集合在一个平台的法院只有 13 家。平台林立造成司法信息分散、重复、矛盾，一些公开渠道信息陈旧、更新不及时。例如，某高级法院门户网站和司法信息网两个网站都有执行曝光信息，但是限制出境、限制高消费、失信被执行人等执行信息只在司法信息网更新，门户网站上的信息只更新到 2014 年 7 月。信息的双重和多重发布无形中增加了当事人检索的难度和成本。

近年来，最高人民法院大力推进司法公开平台建设，开设了大量专门的公开平台，仅在最高人民法院网首页展示的公开平台就有审判流程信息公开、庭审直播公开、裁判文书公开、执行信息公开、诉讼服务网、全国企业破产重整案件信息网、司法案例网、全国法院诉讼活动通知查询网、中国司法大数据服务网、减刑假释、暂予监外执行信息网等十余个网站，有些公开平台下又设立了诸多次级平台。这些网站和平台的大量建设的确有助于提高司法公开的覆盖面，但是，最高人民法院对各平台的整合并不重视,各公开平台之间互联互通不足,进入子平台后往往无法返回上级平台,也无法进入其他公开平台,当事人需要在不同网站检索相关信息时极为不便,更为关键的是,多个平台之间的数据无法连通。例如,全国过半数省份直接使用了最高人民法院的执行案件流程信息管理系统,但该系统内的执行案件裁判文书仍然需要返回各地法院后,从各地法院上传到裁判文书网。

(七)庭审直播收费值得商榷

评估发现,各地法院在向中国庭审公开网上传庭审直播视频时,遭遇有偿服务问题,即地方法院需要向中国庭审公开网的平台建设企业缴纳价格不菲的平台使用费和基础设施租赁费。作为全国性司法公开平台,此种做法值得商榷。一是加重了地方法院司法公开的负担。中国庭审公开网作为最高人民法院指定的庭审直播网站,涉及面广,全国3000余家法院都要与平台建设方签订合同、缴费,增加了地方法院司法公开的成本。二是一定程度上阻碍了庭审直播的推广和公开。由于各地法院上传直播视频的数量、效率等与其支付第三方费用多少相关,这一做法导致各地庭审直播公开工作受制于其付费能力,经济不发达地区、付费能力不强的法院司法公开工作受到限制。三是由于平台建设者垄断了庭审直播视频公开的渠道,最高人民法院根据平台公开的情况对各地法院公开进行考核时,平台建设者从某种意义上成为庭审直播工作好坏的决定者,这样的考核结果很可能有失公允。

五 完善建议与发展展望

2016年11月5日,最高人民法院《关于深化司法公开、促进司法公正情况的报告》提出,深化司法公开、促进司法公正是人民法院的长期任务。党的十九大报告提出,进一步推进司法改革,深化司法体制综合配套改革为司法改革和司法公开提出更明确的方向和要求。

（一）借助信息化手段优化平台建设

建设法院信息化3.0版不仅对司法公开提出了更高的要求，也为司法公开提供了平台，拓展了司法公开的广度与深度，但是，信息化本身存在的问题也会制约司法公开的纵深发展。因此，应当加快提升信息化水平，改善优化当前法院网站出现的搜索栏目设置无效、多平台数据发布不一致、案件流程信息不准确不全面、裁判文书一键上网功能不健全等司法公开工作中亟待解决的问题，让法院信息化充分有效地服务司法公开，促进法院网站和司法公开平台优化，运用信息化技术促进司法透明度的提升，用信息化手段保障当事人和公众的知情权。

（二）从公众需求角度出发深化司法公开

努力让人民群众在每一个司法案件中感受到公平正义的目标，对司法公开提出了更高的要求。今后，应当不断拓展司法公开的广度和深度，以当事人和公众为导向，努力满足群众多元司法需求。部分法院需要转变司法理念，面向社会公众公开法院司法信息。以社会公众的切身利益为出发点，多征求社会公众的意见和建议，社会大众对司法公开监督的同时也能够促进法院司法公开工作，真正做到司法为民、司法便民。

（三）进一步规范公开的体制机制

由于缺乏明确的制度规范，司法公开过程中一定程度上存在内容和形式不统一、不规范、随意性大等问题，应当加强司法公开的规范化和强制力。近年来，最高人民法院通过制定司法解释对裁判文书上网、终本案件公开等提出了明确要求，今后应逐步对司法流程、审务信息、执行制裁信息等的公开制定规则，进一步细化司法公开的标准和范围，严格履行宪法法律规定的公开审判职责，切实保障当事人依法参与审判活动、知悉审判工作信息的权利。同时应注意严格执行法律规定的公开范围，既依法公开相关信息，又严守国家秘密和审判工作秘密。

（四）提升司法大数据公开应用水平

2017 年 12 月 8 日，中共中央政治局就实施国家大数据战略进行了第二次集体学习，习近平总书记强调，大数据发展日新月异，我们应该审时度势、精心谋划、超前布局、力争主动，深入了解大数据发展现状和趋势及其对经济社会发展的影响，分析我国大数据发展取得的成绩和存在的问题，推动实施国家大数据战略。在司法领域，开放共享服务是中国智慧法院建设的重要理念，也是实现司法公正、满足群众诉求、助力司法改革和司法管理的重要手段，还是法学学术发展的重要养料。从数据中得出研究结果是当前法学进步最为重要的方式之一，也是今后发展的重要方向。大数据可以帮助学术界从理论探索转向实证分析，学术界得出的结论也就更加科学、更有依据、更符合实践需求。但是目前数据获取难度非常高，拥有大量司法数据的法院，特别是最高人民法院，应当以更加开放的胸怀开放裁判文书、指导性案例等司法信息，不应为公众浏览和下载相关资料、文书设置验证码等障碍。同时，应当依托不久前上线的中国司法大数据服务网，加强对司法信息资源的研究利用，更好地服务法官办案、服务人民群众、服务经济社会发展。

（五）加强法院网站运维

司法公开不仅需要技术投入，也需要人力资源投入。以网站司法信息公开为例，法院内部的司法信息每时每刻都在发生变化，如果没有专门的网站维护力量和人员，必然导致司法信息更新不及时，甚至司法信息发布错误。因此，加强司法公开工作，还应配备专门的网络技术人员以及了解司法工作业务的专业人员进行日常运营维护，司法信息不仅应当公开还应当以正确的方式有效地公开，及时对发布的信息进行检查和调整可保证司法信息发布的规范性。

B.16
中国检务透明度指数报告（2017）
——以检察院网站信息公开为视角

中国社会科学院法学研究所法治指数创新工程项目组*

摘　要： 2017 年，中国社会科学院法学研究所法治指数创新工程项目组在连续五年评估基础上，微调评估指标，以网站公开为主线，对最高人民检察院、31 家省（自治区、直辖市）人民检察院和 49 家较大的市人民检察院的检务公开工作进行量化评估。报告从基本信息、检务指南、检察活动、统计总结四个方面，分析梳理了 2017 年度中国检务公开的现状、成效与问题，并就检务公开的继续完善，从公开内容、渠道平台、流程机制等方面提出对策建议。

关键词： 检务公开　门户网站　量化评估

2017 年，中国社会科学院法学研究所法治指数创新工程项目组（以下简称"项目组"）连续第 6 年对检务透明度情况进行评估。

一　评估对象、指标及方法

在以往五年评估基础上，根据中央文件精神和预先摸底的情况，2017 年度

---

* 项目组负责人：田禾，中国社会科学院国家法治指数研究中心主任，法学研究所研究员；吕艳滨，中国社会科学院法学研究所研究员、法治国情调研室主任。项目组成员：王小梅、栗燕杰、胡昌明、徐斌、刘鹏鹏、王祎茗、赵千羚、刘迪、田纯才、王洋、王昱翰、葛冰、冯迎迎、朱雪飞、刘颖、李晨龙、狄行思、宋君志、邵玉雯、卿务邦、高杰冉、郭睿等。执笔人：栗燕杰，中国社会科学院法学研究所副研究员；田禾；吕艳滨。

评估指标与上年保持一致，仅对二级以下的指标进行了增删，并相应微调权重。

2017 年检务透明度的评估对象，与 2016 年保持一致，仍包括最高人民检察院，31 家省（自治区、直辖市）人民检察院以及 49 家较大的市人民检察院。

评估内容仍然分为 4 个板块：基本信息、检务指南、检察活动和统计总结。各板块权重分别为 20%、30%、30%、20%（见表 1）。

表 1　检务透明度评估指标体系及权重（2017）

一级指标	二级指标
基本信息（20%）	网站设置（20%）
	微平台（20%）
	机构设置（30%）
	人员信息（30%）
检务指南（30%）	工作流程（20%）
	检务须知（30%）
	新闻发布会（20%）
	网上咨询（30%）
检察活动（30%）	法律文书（40%）
	刑事申诉公开审查（30%）
	重大案件查办情况（30%）
统计总结（20%）	工作报告（40%）
	预决算（30%）
	"三公"经费（30%）

2017 年，项目组对具体指标进行了微调。2017 年 6 月 27 日，第十二届全国人民代表大会常务委员会第二十八次会议通过了《关于修改〈中华人民共和国民事诉讼法〉和〈中华人民共和国行政诉讼法〉的决定》，并于 2017 年 7 月 1 日起施行，由此，民事公益诉讼、行政公益诉讼成为各级检察院的重要职责。鉴于此，2017 年度评估将公益诉讼相关的内容纳入检务指南、检务活动中进行评估。2017 年 11 月，第十二届全国人民代表大会常务委员会第三十次会议通过了《全国人民代表大会常

务委员会关于在全国各地推开国家监察体制改革试点工作的决定》。《监察法（草案）》也向社会公开征求意见。县级以上地方各级人民政府的监察厅（局）、预防腐败局和人民检察院查处贪污贿赂、失职渎职以及预防职务犯罪等部门的相关职能，将整合至监察委员会。基于此，在检务指南、检察活动方面，将自侦案件、职务犯罪预防等方面的相关内容予以删减整合，或降低权重。

在评估数据获取渠道方面，项目组继续以门户网站为主要渠道，同时辅以电话验证，对于微博、微信进行辅助验证。无门户网站或在评估期间无法打开的有6家检察院：省级检察院有新疆、西藏两家，市级人民检察院有本溪、青岛、西宁、拉萨四家。广东省广州市①、深圳市②、河南省洛阳市③等较大的市人民检察院的门户网站，在评估、复查期间均曾经数日甚至较长时期无法打开。

评估自2017年8月10日正式开始，完成于2017年11月15日。在复查结束后，新上线的内容和新发现的成效创新，在报告中会有提及，但并不计算在评估结果分值之内。

二　总体评估结果

评估结果显示，2017年检务透明度稳步提升。总体上，经过多年制度建设

---

① 广州市人民检察院的门户网站（http://wsjcy.qyw.gov.cn/）首页显示使用了三维技术，需要安装silverlight插件。虽然在往年评估中表现不稳定，但也能经常打开甚至取得不错成绩。但在2017年度评估期间，项目组多位成员安装插件后，使用了搜狗、360和IE等多种浏览器，均不能打开进入。在复查期间，网站能够打开，仍予评估、复查。

② 深圳市人民检察院的门户网站（http://www.shenzhen.jcy.gov.cn/）在评估期间、复查期间均显示"网站改版中，敬请期待！"，仅有"行贿档案查询""2016年度预决算公开""2017年度预决算公开"三条内容。在复查临近结束时，网站能够打开，仍予评估测评、复查。

③ 洛阳市人民检察院的门户网站（http://www.luoyang.jcy.gov.cn/）在评估和复查期间，长期显示"该页面因服务不稳定可能无法正常访问！"但也时而表现正常。项目组坚持每天观测，最终完成评估、复查。

和实践完善，检务公开效果显著，不断向司法办案延伸，在满足公众知情权利、便利公众和当事人办事、倒逼检务活动规范等方面，取得积极成效。2017 年检务透明度评估结果显示，排名前十的依次为：江苏省人民检察院、最高人民检察院、南京市人民检察院、苏州市人民检察院、上海市人民检察院、山东省人民检察院、徐州市人民检察院、湖北省人民检察院、安徽省人民检察院和广东省人民检察院；在省级人民检察院层面，排名前五的依次为：江苏省人民检察院、上海市人民检察院、山东省人民检察院、湖北省人民检察院和安徽省人民检察院；在较大的市人民检察院层面，排名前五的依次为：南京市人民检察院、苏州市人民检察院、徐州市人民检察院、南昌市人民检察院和汕头市人民检察院（见表2）。

就地区维度看，经济较为发达地区检察院的检务公开相对较好。比如，江苏省的评估对象，在 2017 年度表现较为突出。但也存在例外。不少相对欠发达地区评估对象的部分板块表现可圈可点。以统计总结指标为例，广西、河南、内蒙古、辽宁、黑龙江、沈阳等地均斩获佳绩。也有些发达地区表现不尽如人意。这显然与对检务公开工作的重视程度和制度建设差异有关。检务公开未做好的，"非不能也，实不为也"。另外，就层级维度观察，一般而言较高级别的检察机关更为重视检务公开工作；而较低级别的检察机关，往往差别相对较大。

表 2　中国检务透明度 2017 年度总体评估结果（满分：100 分）*

单位：分

排名	检察院	总分	基本信息	检务指南	检察活动	统计总结
1	江苏省人民检察院	72.10	86.50	86.00	30.00	100.00
2	最高人民检察院	71.78	87.00	84.60	30.00	100.00
3	南京市人民检察院	71.05	83.50	74.50	40.00	100.00
4	苏州市人民检察院	64.58	73.50	55.60	44.00	100.00
5	上海市人民检察院	64.40	69.00	72.00	30.00	100.00
6	山东省人民检察院	62.78	57.00	74.60	30.00	100.00
7	徐州市人民检察院	62.65	73.50	59.50	42.00	87.50
8	湖北省人民检察院	62.18	84.00	54.60	30.00	100.00
9	安徽省人民检察院	61.98	87.00	68.60	30.00	75.00
10	广东省人民检察院	61.58	79.50	55.60	30.00	100.00
11	湖南省人民检察院	61.00	94.00	44.00	30.00	100.00

续表

排名	检察院	总分	基本信息	检务指南	检察活动	统计总结
12	南昌市人民检察院	59.00	69.00	44.00	40.00	100.00
13	汕头市人民检察院	58.58	72.00	42.60	38.00	100.00
14	广州市人民检察院	58.08	73.50	56.60	38.00	75.00
15	吉林省人民检察院	57.18	69.00	64.60	30.00	75.00
16	广西壮族自治区人民检察院	57.08	69.00	47.60	30.00	100.00
17	辽宁省人民检察院	56.78	72.00	44.60	30.00	100.00
18	天津市人民检察院	56.18	69.00	44.60	30.00	100.00
19	内蒙古自治区人民检察院	55.58	84.00	32.60	30.00	100.00
20	北京市人民检察院	54.78	69.00	56.60	30.00	75.00
21	四川省人民检察院	53.00	69.00	34.00	30.00	100.00
22	深圳市人民检察院	52.98	68.50	38.60	34.00	87.50
23	郑州市人民检察院	52.58	73.50	46.60	38.00	62.50
24	长沙市人民检察院	51.48	52.00	46.60	32.00	87.50
25	河北省人民检察院	50.68	69.00	59.60	30.00	50.00
26	浙江省人民检察院	49.98	72.00	38.60	30.00	75.00
27	石家庄市人民检察院	49.88	69.00	39.60	34.00	70.00
28	河南省人民检察院	49.28	66.00	23.60	30.00	100.00
29	包头市人民检察院	49.10	69.00	31.00	40.00	70.00
30	黑龙江省人民检察院	48.98	60.00	26.60	30.00	100.00
31	武汉市人民检察院	48.58	87.00	52.60	38.00	20.00
32	无锡市人民检察院	48.20	47.00	30.00	46.00	80.00
33	山西省人民检察院	48.18	79.50	27.60	30.00	75.00
34	重庆市人民检察院	47.58	62.00	50.60	0.00	100.00
35	宁波市人民检察院	46.88	72.00	15.60	36.00	85.00
36	珠海市人民检察院	46.50	45.00	49.00	36.00	60.00
37	沈阳市人民检察院	46.45	64.00	11.50	34.00	100.00
38	江西省人民检察院	46.08	57.00	35.60	30.00	75.00
39	济南市人民检察院	44.83	63.00	42.10	32.00	50.00
40	云南省人民检察院	44.58	57.00	30.60	30.00	75.00
41	呼和浩特市人民检察院	44.08	66.00	12.60	42.00	72.50
42	成都市人民检察院	43.28	54.00	46.60	40.00	32.50
43	南宁市人民检察院	42.48	79.00	18.60	32.00	57.50
44	大同市人民检察院	41.98	69.00	56.60	4.00	50.00
45	昆明市人民检察院	41.43	39.00	51.10	36.00	37.50
46	海南省人民检察院	41.38	57.00	36.60	30.00	50.00
47	贵州省人民检察院	41.20	69.00	28.00	30.00	50.00

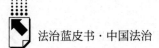

续表

排名	检察院	总分	基本信息	检务指南	检察活动	统计总结
48	淄博市人民检察院	40.98	44.00	23.60	32.00	77.50
49	兰州市人民检察院	39.98	39.00	24.60	36.00	70.00
50	厦门市人民检察院	39.70	79.50	32.00	4.00	65.00
51	杭州市人民检察院	39.48	32.00	17.60	36.00	85.00
52	陕西省人民检察院	39.28	57.00	29.60	30.00	50.00
53	大连市人民检察院	38.48	72.00	28.60	30.00	32.50
54	福建省人民检察院	37.78	69.00	16.60	30.00	50.00
55	甘肃省人民检察院	35.68	42.00	27.60	30.00	50.00
56	福州市人民检察院	34.78	24.00	25.60	36.00	57.50
57	贵阳市人民检察院	34.58	42.00	11.60	34.00	62.50
58	西安市人民检察院	33.68	54.50	38.60	4.00	50.00
59	哈尔滨市人民检察院	31.98	50.00	18.60	38.00	25.00
60	乌鲁木齐市人民检察院	30.40	47.00	7.00	38.00	37.50
61	唐山市人民检察院	30.10	41.00	27.00	46.00	0.00
62	淮南市人民检察院	29.28	42.00	8.60	36.00	37.50
63	邯郸市人民检察院	28.68	60.00	21.60	34.00	0.00
64	宁夏回族自治区人民检察院	28.48	54.00	20.60	30.00	12.50
65	吉林市人民检察院	27.28	51.00	5.60	38.00	20.00
66	太原市人民检察院	26.00	14.00	6.00	38.00	50.00
67	洛阳市人民检察院	25.58	69.00	18.60	4.00	25.00
68	海口市人民检察院	24.68	24.00	23.60	6.00	55.00
69	长春市人民检察院	23.20	54.00	20.00	8.00	20.00
70	银川市人民检察院	21.60	21.00	24.00	34.00	0.00
71	青海省人民检察院	18.70	50.00	4.00	0.00	37.50
72	合肥市人民检察院	18.60	30.00	11.00	6.00	37.50
73	齐齐哈尔市人民检察院	17.78	30.00	22.60	0.00	25.00
74	抚顺市人民检察院	16.78	14.00	5.60	6.00	52.50
75	鞍山市人民检察院	9.18	17.00	12.60	0.00	10.00
—	新疆维吾尔自治区人民检察院	—	—	—	—	—
—	西宁市人民检察院	—	—	—	—	—
—	西藏自治区人民检察完	—	—	—	—	—
—	青岛市人民检察院	—	—	—	—	—
—	拉萨市人民检察院	—	—	—	—	—
—	本溪市人民检察院	—	—	—	—	—

﹡本文评估得分及百分比数据，均保留至小数点后两位。

三　成效与经验总结

评估结果显示，2017 年度中国检务公开表现平稳，既有中央政策、最高人民检察院文件的继续落实，已有创新探索的推广，也有新类型、新形态的"自选动作"，总体上实施平稳，检察机关日渐走向开放。

（一）检务公开成为改革重点

2017 年，最高人民检察院向全国人民代表大会常务委员会所作的《关于人民检察院全面深化司法改革情况的报告》用较大篇幅报告"构建阳光司法机制"的内容，表明全国检察院实现了案件信息公开系统全覆盖，电子卷宗系统全覆盖，全程视频接访全覆盖，微博、微信、新闻客户端全覆盖，新闻发言人全覆盖，检察开放日活动全覆盖等①。在地方，检务公开成为各地检察院工作报告的重要内容。一些检察院还公开了检务公开的专项报告。比如，江西省九江市人民检察院就全市检察机关推进公开工作的主要做法、存在不足和今后打算进行了系统报告②。

这表明，检务公开作为检察改革的重要内容，受到最高人民检察院和地方各级人民检察院的普遍重视。与此同时，最高人民检察院下发《关于进一步加强检察机关门户网站建设的意见》等制度文件，利用信息化推进检务公开，特别是检务公开与网上办案、检务公开与网上办事的有机结合，也不断向前推进，形成良性互动。

（二）多种渠道初步形成合力

借助新媒体开展检务公开值得关注。在被评估检察机关全面开通微博、微信的基础上，其他公开平台也浮出水面。比如，越来越多的检察院在今日

---

① 参见《最高人民检察院关于人民检察院全面深化司法改革情况的报告——2017 年 11 月 1 日在第十二届全国人民代表大会常务委员会第三十次会议上》，http：//www. spp. gov. cn/zdgz/201711/t20171102_ 204013. shtml，最后访问日期：2017 年 12 月 24 日。
② 参见《九江市人民检察院关于推进司法公开工作情况的报告》，http：//www. jxjjrd. gov. cn/dyxc/201705/t20170526_ 1729652. htm，最后访问日期：2017 年 12 月 23 日。

头条开通了检察头条号，成为检务公开的新阵地。与此同时，新媒体的公开、服务等功能日益丰富。比如，内蒙古自治区包头市人民检察院的微信公众号（包头检察，微信号为 bt-jcy）整合多项检务公开和互动栏目，可实现网上举报、网上申诉、案件信息公开、行贿犯罪档案查询等功能。这为公众获得检务信息甚至在线办事提供了便捷的新渠道。此类做法已日渐广泛化。

网站与微博、微信等新平台的对接情况良好。在检察机关微博、微信走向全覆盖的背景下，越来越多的检察机关注重传统门户网站公开与新媒体公开在形式、内容上的衔接。在自身门户网站上提供微博链接或二维码且可以登录的，有 28 家省级检察院和 30 家较大的市人民检察院，分别占 90.32% 和 61.22%；在自身门户网站上提供微信二维码且可以手机扫描登录的，有 27 家省级检察院和 28 家较大的市人民检察院，分别占 87.10% 和 57.14%。由此，既有集中又有分工的多元化、多层次检察信息公开格局初步形成。检务公开的传播力、引导力、影响力、公信力都明显提升。

（三）信息获取便利度有所增强

搜索功能逐渐成为检察院网站标配。网站的搜索引擎对于公众快速获取检察信息具有重要作用。评估结果显示，有 25 家省级检察院和 29 家较大的市人民检察院有经验证有效的检索功能，分别占 80.65% 和 59.18%；其中，具有高级检索功能的，有 6 省级检察院和 13 家较大的市人民检察院，分别占 19.35% 和 26.53%。

集中统一公开值得瞩目。一方面，全国统一的检务公开平台开通以来，功能日渐丰富，集中公开效果明显。自 2014 年人民检察院案件信息公开网（http：//www.ajxxgk.jcy.gov.cn）投入运行以来，经过三年多时间运行，集中公开的内容日趋丰富完善，更新也较为及时。在法律文书公开方面，该集中公开平台进行了类型化处理，现分为起诉书、抗诉书、不起诉决定书、刑事申诉复查决定书、其他法律文书等①；在重要案件信息方面，则区分为职

---

① 在此需要指出的是，截至 2017 年度评估结束，在案件信息公开网上虽然有分类，但不少项下空白的情况并非少见。在框架搭建基本告一段落的背景下，地方检察机关更应积极主动，尽快往里填充内容，并走向制度化、常态化。

务犯罪案件、热点刑事案件、典型案例和其他案件等。2017 年度评估中的另一个重要发现是，行贿犯罪档案查询的平台走向集中。最高人民检察院网站首页提供了"行贿犯罪档案查询"图标，点击进入后，既有查询的工作简介、工作须知和工作流程，也有相关的法律法规、信息发布以及工作动态和行业动态，而且还设置了《查询导航》栏目，现已整合接入四川、湖南、广东、内蒙古、山东等多地的行贿犯罪档案查询链接，点击即可进入当地的查询平台或专门网页。另一方面，地方性的相对集中公开也成为许多检察机关的通行做法。其典型如黑龙江省人民检察院，该院在门户网站首页设置了"全省检察微博群""全省检察微信群""全省检察新闻客户端群"的链接，既充实了检务公开的内容，形成矩阵集群效应，也给社会各方查询利用带来一定便利。再如，青海省人民检察院将省内三级检察机关的部门预算支出予以集中公开，汇总到一张表格中，既便于浏览对比，也有利于社会监督①。

新闻发布会公开日渐普及。评估门户网站显示，2017 年 1 月 1 日起召开过新闻发布会的，有 17 家省级检察院和 15 家较大的市人民检察院，分别占 54.84% 和 30.61%。有图文、视频方式，公开内容全面完整的，分别为 2 家和 3 家，分别占 6.45% 和 6.12%。其中，山东省将新闻发布会的视频完整地放在门户网站上②，此种视频公开具有强烈的直观性、现场性，原汁原味地保留了发布会的内容和细节，将成为今后检务活动公开的重要方向之一。

浮动窗口可开可关。网站有浮动窗口，可以起到提醒作用；但如无法关闭则妨碍浏览而受到"嫌弃"。评估显示，网站有浮动窗口而可以关闭的，省级检察院共有 9 家，较大的市人民检察院则共有 5 家，分别占 29.03% 和 10.20%；而有浮动窗口但无法关闭的，省级检察院为 0 家，较大的市人民检察院也仅有 3 家。这表明，在浮动窗口的应用上，各级检察

---

① 参见《全省检察机关 2016 年部门预算编制说明》之附件"2016 年全省检察机关预算公开表.XLS"，http：//www.qh.jcy.gov.cn/jwgk/308.jhtml，最后访问日期：2017 年 12 月 25 日。

② 比如，《2017 年山东检察机关未成年人检察工作新闻发布会》，http：//www.sdjcy.gov.cn/html/2017/xwfb_ 0808/15775.html，最后访问日期：2017 年 12 月 22 日。

院既发挥其吸引受众注意力的效果，也不至于妨碍其正常浏览获取信息，这种情况正逐步成为主流。

（四）法律文书公开丰富化

截至评估结束，通过自身门户网站或信息公开网公开本检察院制作的起诉书的，已有 38 家较大的市人民检察院，占 77.55%。在起诉书日渐普及的基础上，其他法律文书的公开也走向常态化。通过自身门户网站或信息公开网公开抗诉书的，有 10 家较大的市人民检察院，占 20.41%；通过自身门户网站或信息公开网公开刑事申诉复查决定书的，有 27 家较大的市人民检察院，占 55.10%[1]。另外，北京市人民检察院将被害人权利义务告知的公开予以常态化[2]。显然，在不涉密的前提下，这种将各类检务文书不断主动公开上网的做法值得关注、推广。

（五）检务公开功能有延伸

有些检察院依托检务公开，在线办事功能得到强化。行贿犯罪档案查询提供查询指南或查询平台链接、联系方式的，有 20 家省级人民检察院和 30 家较大的市人民检察院，分别占 64.52% 与 61.22%。其中，在评估期间，深圳市人民检察院虽然网站改版主体内容无法打开，但仍存续的《行贿犯罪档案查询》栏目，不仅提供了全市检察机关的办公地址、咨询电话，行贿犯罪档案查询的申请所需材料、申请方式和操作提示、结果领取方式和异议复核申请，而且可以点击"行贿犯罪档案查询入口"登录"深圳市行贿犯罪档案查询申请"系统，或直接登录"深圳市行贿犯罪档案查询申请系统"，在线提交申请进行网上查询。有的检察院致力于通过检务公开提升企业、公众的法治思维，推进全民守法。非公经济是国家改革创新、经济增

---

① 需要指出的是，评估结束后项目组发现，在信息公开网集中公开这种法律文书的检察机关仍在增加中。

② 参见其网站的《公示公告》栏目，http://www.bjjc.gov.cn/bjoweb/gsgg/index.jhtml，最后访问日期：2017 年 12 月 9 日。

长、增加就业的重要引擎，非公企业面临各类法律风险不容低估。对此，江苏省无锡市人民检察院公开了《非公企业常见法律问题防范指南》①，从生产经营、合同管理、劳动用工、知识产权、违法犯罪等方面，明晰企业自身和相关主体的权利义务，以期提升企业的依法经营、依法维权能力。上海市人民检察院的微信公众号提供法律问答功能，便于使用者快速获得所需资讯和指引。

（六）报告统计公开成就斐然

19 家省级检察院和 14 家较大的市级检察院公布了关于 2016 年度本院工作情况的工作报告，分别占 61.29% 和 28.57%（其中明确注明"摘要"或类似表述的均为 4 家）。21 家省级检察院和 16 家较大的市级检察院公布了关于 2015 年度本院工作情况的工作报告，分别占 67.74% 和 32.65%。在预决算公开方面，26 家省级检察院和 19 家较大的市级检察院同时公开了 2016 年度的预决算和 2017 年度的预算，分别占 83.87% 与 38.78%。其中，一些检察院采用 Excel 表格的形式，将预决算予以深度、系统公开，值得赞许。值得一提的是，有的检察院借鉴政府、法院数据公开的经验，探索检务数据公开。比如，江苏省人民检察院公布了全省检察机关司法办案主要数据②。上海市人民检察院每年发布《上海金融检察白皮书》，系统分析金融犯罪案件。此类数据公开将为大数据应用打下基础，应予关注并适时推广。

（七）信息无障碍值得瞩目

据推算，中国有超过 8502 万名残疾人，其中视力残疾有 1263 万人③。

---

① 《非公企业常见法律问题防范指南》，http：//www.wuxi.jcy.gov.cn/doc/2017/10/13/1540908.shtml，最后访问日期：2017 年 12 月 14 日。

② 《2017 年 1 至 9 月江苏检察机关司法办案主要数据公开（附表）》，http：//www.jsjc.gov.cn/xinwenfabu_34003/201711/t20171108_186775.shtml，最后访问日期：2017 年 12 月 25 日。

③ 参见《2010 年末全国残疾人总数及各类、不同残疾等级人数》，中国残疾人联合会门户网站，http：//www.cdpf.org.cn/sjzx/cjrgk/201206/t20120626_387581.shtml，最后访问日期：2017 年 12 月 24 日。

由此，加强检察机关门户网站的信息无障碍建设，对于消除数字鸿沟，更好满足残疾人等特殊群体的知情权利、参与权利，共享社会公平正义有积极作用，是现代社会文明的重要标志。近年来，一些检察机关注重门户网站的无障碍建设和改造，值得关注和推广。海南省人民检察院的网页自带语音提示系统，便于盲人、弱视群体使用获取信息，在信息无障碍方面迈出了坚实一步。广东省人民检察院的"阳光检务网"，更是在无障碍方面前进一大步，在网站首页和各页面提供"大字幕""老人""读屏""盲人"等辅助功能，均直接设置对应的快捷键便于使用，为身体机能存在障碍的群体获取检务信息提供巨大便利。

四 存在问题与不足

检务公开经过多年发展，其成效固然值得梳理总结，但存在的问题同样值得关注，特别是多年延续下来的老问题以及各地广泛出现的带有一定普遍性的问题，尤其应予重视，个别领域的停滞乃至倒退更需警惕。

第一，部分检察院在检务公开工作方面不作为现象突出。①门户网站建设仍未普及。在微博、微信已实现全覆盖的背景下，仍有多家检察院或无网站或网站无法打开，当地对网站建设的不重视可见一斑。其中，青海省西宁市人民检察院连续两年网站无法打开①。②一些检察院网站缺乏必要维护。项目组评估中发现，辽宁省鞍山市、河北省邯郸市等多地检察院门户网站比较简陋，信息量不大。门户网站栏目空白的现象仍不同程度存在。比如，陕西省西安市人民检察院的院领导介绍在 2016 年度和 2017 年度评估连续两年显示为空白。

第二，公开持续性不够。检务公开如逆水行舟，不进则退。大量检务活动、活动结果需要持续跟进公开，或按照特定周期予以公开。以预决算和

---

① 2017 年虽然在青海省人民检察院（http://www.qh.jcy.gov.cn/）的首页上提供了西宁市人民检察院的链接，但点击后仍为青海省人民检察院的网站首页。

"三公"经费的公开为例，本应按年度持续公开。评估发现，在强力督促下，这些内容公开一度普及，但近年来，此类信息的公开却出现停滞甚至倒退。河北省、吉林省长春市等地检察院，虽然之前年份公开过预决算和"三公"经费，却没有2016年和2017年的内容。甘肃省人民检察院的《法律文书》《工作报告》等栏目，其内容也仅更新到2014年。甘肃省兰州市人民检察院的《法律咨询》栏目，其最新上网日期显示为"2012年04年01日"。吉林省吉林市人民检察院的《通知公告》栏目，最新内容为2016年9月上网的《2015年度吉林市人民检察院部门决算》，之后再无更新①。吉林省、湖北省、北京市等地人民检察院的工作报告公开，也暴露出类似问题。浙江省杭州市人民检察院公开的立案标准、权利义务、须知指南，甚至仍为2005年上传②的，内容显然过时。

第三，检察院基本情况的公开仍较为滞后。①机构设置方面的公开尚未跟上。反映本机关的机构设置、职能情况，是检务公开中最基本的内容，但时至2017年仍表现不佳。评估显示，提供关于部门设置、职能分工、联系电话的完整信息的，仅有3家省级人民检察院和5家较大的市人民检察院，分别占9.68%和10.20%。②人员公开尚未取得实质性突破。与法院的法官信息公开全面化形成鲜明对比，检察官信息的公开尚未普及。完整提供本院领导姓名、职务、职责分工、教育背景和工作经历等方面信息的，仅有4家省级人民检察院和1家较大的市人民检察院，分别占12.90%和2.04%。其中，内蒙古自治区人民检察院做得比较到位，提供了检察官姓名、任职时间、教育背景的部分或全部信息的，则为8家省级人民检察院和10家较大的市人民检察院，分别占25.81%和20.41%③。其中，江苏省人民检察院公

---

① "首页 > 通知公告"，http：//www.jilin.jcy.gov.cn/tzgg/，最后访问日期：2017年12月14日。

② http：//www.hzjcy.gov.cn/website/directorycontent.aspx？sel=786，最后访问日期：2017年12月14日。

③ 在此需要说明的是，检察机关公布全部检察官的姓名、任职时间信息的，尚未发现。故评估中放宽标准，凡是公布部分检察官上述信息的，均计算在内。即便如此，评估结果依然不容乐观。

布了机构设置的负责人和人员，对于入额的员额检察官，还予以特殊注明。

第四，指南须知的公开远未满足需求。指南类的公开依然任重而道远。指南须知作为检务公开的"规定动作"，理应优先推进，普遍展开，但评估结果却不尽如人意。①检务指南板块得分远低于平均水准。对评估结果略加统计即可发现，检务指南板块超过60分的，仅有江苏省人民检察院、最高人民检察院、上海市人民检察院、山东省人民检察院、南京市人民检察院、安徽省人民检察院和吉林省人民检察院寥寥数家，远低于总得分情况。②仍有较多检察院尚未全面公开指南须知。比如，在门户网站未公开刑事申诉相关指南的，有11家省级人民检察院和31家较大的市人民检察院，分别占35.48%和63.27%。未公开民事行政申诉须知的，有15家省级人民检察院和32家较大的市人民检察院，分别占48.39%和65.31%。未公开监所检察须知的，则有26家省级人民检察院和44家较大的市人民检察院，分别占83.87%和89.80%。③指南更新性不够问题突出。办事指南、权责清单随着法律、政策的出台修订而及时修订完善，是便利当事人和社会公众了解公权力运行方式、明晰自身权利义务的基本要求。在政务公开领域，已经普遍建立起政府机关权责清单的动态调整机制。但反观检察院，检务指南的动态更新远未普及。随着《关于修改〈中华人民共和国民事诉讼法〉和〈中华人民共和国行政诉讼法〉的决定》于2017年7月1日起施行，民事公益诉讼、行政公益诉讼成为各级检察院的重要职责。最高人民检察院就"全面实施检察机关提起公益诉讼制度，依法保护国家利益和社会公共利益不受侵犯"主题召开新闻发布会，之前最高人民检察院也制定下发了《关于深入开展公益诉讼试点工作有关问题的意见》，但各地检务公开中公益诉讼方面的内容并不尽如人意。评估结果显示，仅有5家省级人民检察院和3家较大的市人民检察院依据2017年修改后的法律列明了最新的公益诉讼指南，分别占16.13%和6.12%。在此值得注意的一个现象是，有些检察院出现新闻报道和事迹宣传及时更新但指南须知却不能跟上的情况。仍以公益诉讼为例，虽然不少检察院在新闻宣传中提到重视和推进公益诉讼工作，但在法律依据、检务指南中却付之阙如，大多未能及时更新上网。连及时公开和更新都未做到，其实施效果堪忧。显然，这对于新出台法律制度的实施和功能发挥，客观上不无消极影响。

第五，检务公开友好性有待提升。以检务指南的公开为例，许多评估对象虽然有所公开，但友好性严重缺失，不便于获取、理解和应用。其表现包括，一是缺乏必要类型化。大多简单罗列上去，或者没有按照检察业务进行必要的归类、梳理，或者虽有分类，但栏目设置内容摆放有待改进。比如，江苏省无锡市人民检察院虽然公开了《被害人网上告知诉讼权利义务的通告》，但却置于《特别关注》栏目内，与其他新闻宣传混在一起。再如，甘肃省兰州市人民检察院的《法律咨询》栏目①，虽冠以"咨询"之名，但内容却纷繁复杂，既有司法解释文件，也有新闻报道、典型案例，其定位含混不清。二是缺乏完整性。比如，吉林省人民检察院的《法律法规查询》栏目，下设司法解释和规章制度两个板块②，但全国人大及其常委会制定的法律、国务院制定的行政法规，却无处寻觅，其内容严重不完整。三是缺乏可读性。不少检察机关的指南须知，直接照搬法条文件，虽然严谨性上并无问题，却令一般公众费解。四是缺乏互动性。通过网上平台咨询获取信息，是政府政务公开、法院司法公开的重要渠道，也有利于形成互动，增强公开的需求本位。建立有效网上咨询平台的，有 10 家省级人民检察院和 19 家较大的市人民检察院，分别占 32.26% 和 38.78%。五是缺乏统一性。在对外门户网站上，仍有 2 家省级人民检察院、1 家较大的市人民检察院设有两个甚至更多门户网站，且未标明孰新孰旧。在此应明确，门户网站作为首要、权威的在线公开平台，应当具有唯一性。在新媒体公开方面，多个平台不同步、不一致问题也已显现。比如，安徽省人民检察院提供了两个微博平台，但其新浪微博（https：//weibo. com/anhuijiancha）更新及时，而腾讯微博（http：//e. t. qq. com/anhuijiancha）则更新相对滞后。

---

① "甘肃省兰州市人民检察院 > >法律咨询 > >频道首页"，http：//www. lzsrmjcy. gov. cn/html/list _ 1240. html，最后访问日期：2017 年 12 月 14 日。
② 参见"首页 > >阳光检务 > >便民服务 > >法律法规查询"，http：//www. jl. jcy. gov. cn/ygjw/bmfw/flfgcx/，最后访问日期：2017 年 12 月 14 日。

第六，公开平台稳定性问题凸显。2017 年度，在评估过程中，包括青海省、浙江省杭州市、河南省洛阳市、广东省广州市等人民检察院，门户网站都一度出现页面打不开、网站暂时失效等问题。这可能与有的领导关注重心过度偏向"两微一端"等新型公开方式，而相对忽视了门户网站建设，或忽视了网站建设的兼容性、安全性，有一定关系。

第七，检务公开发展严重不均衡。①内容上存在失衡。比如，山西省太原市、河北省唐山市等地人民检察院，检务公开的重点仍然在于新闻、宣传类信息，而对于民众更为关切的办事、权利义务须知公开，重视程度相对不足。②公开的文书类型存在失衡。量刑建议书、检察建议、检察意见等检察法律文书的公开有待引起重视。究其根源，重业务轻公开的现象仍广泛存在。项目组对一些检察院的调研也表明，基层检察院的重心，往往放在公诉、侦查监督、批捕等业务方面，检务公开往往未受到足够重视，与制度化、常态化差距还相当大。

五　展望建议

长期以来，检察院作为"神秘感"较强的国家机关，许多公众往往不识其真面目。在立法公开、政务公开、司法公开、警务公开普遍推行的当下，检察院较为神秘的体验感依然挥之不去。为适应权利保障的需要，针对评估发现的问题，检务公开的纵深推进，应立足需求本位强化互动回应，不断拓展功能，注重从以下方面加以完善。

公开内容全面化。①指南公开应当加强。在中央统一部署和最高人民检察院的强力推进下，检察法律文书、重大案件查办等检察活动的公开，取得成效之著前所未有。但也应注意的是，检务指南须知类的公开却相对较为滞后。展望未来，应注重检务公开的全面、均衡推进。在全面依法治国背景下，特别是随着司法改革和国家监察体制改革的推进，《人民检察院组织法》《检察官法》等一系列法律的修订将提上日程。有必要未雨绸缪，在法律修订出台之际尽快进行相关检察机关职能、指南须知、办事流程等方面的修订更新，并在法律生效之际及时公开上网。②在不违反国家法律法规关于保密要求的前提下，量刑建议书、检察建议、检察意见等检察法律文书的常规化公开有待积极探索，并建立制度。③文书统计和数据的公开应当成为着力重点。在大数据应用走向纵深的背景下，在检察文书公开走向普遍化和常态化的当下，相关统计公开应尽快起步、发展，以更好地服务司法改革，服务企业公民需要。

各层级各渠道形成合力。①应注重检察院门户网站作为公开第一平台的功能发挥。应当清醒地认识到，新媒体平台公开固然有便于获知、传播力强等优势，但门户网站的基本性、重要性也不容低估。首先应确保门户网站7天24小时随时随地顺利打开。各级检察院应提升对网站建设重要性的认识。要明确门户网站建设管理的主体责任，加强与网信、工信、公安、保密等机关协作，加强技术设施建设，健全日常监测机制，及时发现和解决自身和下级检察院门户网站中存在的突出问题，着力确保公开平台载体的稳定性。②重要、正式的检务信息应多渠道公开。有必要凸显门户网站公开的权威性、正式性等优势，发挥好门户网站的定向定调功能；与此同时，在微博微信做好转载和宣传解读，做好分众化、对象化的传播。由此，多种公开平台形成合力，实现公开效果、传播力和影响力的最大化。③不同层级检察机关应有所分工侧重。比如，一般层面的法律法规和司法文件、办事指南，可由省级人民检察院统一公开；设区的市和区县人民检察院，则负责公开检务信息中富有当地特色和特殊性的内容，如基于检察改革带来的特别性机构设置、办事地点和联系方式等。这样，既有利于确保法律监督的统一实施，也有利于民众快速获得地方性、个性化的检务信息。再如，重大案件信息的公开，则除最高人民检察院的集中平台公开外，检察院在自家网站，以凸显地方特色、本土需求的定位有针对性地公开较为合适。山东省人民检察院设置《权威发布》栏目，并在标题上明确标注"打虎""拍蝇"，既增强了生动性、可读性，与"人民检察院案件信息公开网"上的"重要案件信息"公开在功能上有所区分，也提升了对违法犯罪的震慑效果。

将检务公开嵌入工作流程。连续多年评估显示，一些在检务公开方面起步较早、成效突出的检察机关，近年来却后继乏力。其背后原因在于，检务公开费时费力，如仅靠领导一时重视则难免遭遇人走茶凉问题。在检务工作之外的检务公开，难免被检察机关的领导、业务机关认为增加工作量，加剧了人少案多困境。其出路在于，借鉴政府政务公开和法院司法公开的成功经验，将检务公开嵌入检务活动日常流程。以民事行政申诉为例，相关法律文书是否上网公开，应作为办理的必备环节；如拟不公开的，工作人员应提交有关机构领导审批。由此，既有利于落实"以公开为常态、不公开为例外"的理念，也有利于实现检务公开的制度化和常态化。

加强信息无障碍服务能力建设。按照《残疾人保障法》《无障碍环境建设条例》的要求，检察机关应带头加强网站无障碍服务能力建设，对门户网站、微博、微信、客户端等进行无障碍改造，形成网络信息无障碍服务环境，以方便残疾人、老年人等特殊群体便捷、快速获取检察信息。

B.17

中国警务透明度指数报告（2017）

——以公安机关网站信息公开为视角

中国社会科学院法学研究所法治指数创新工程项目组*

摘　要： 在中国，警务公开兼具政务公开和司法公开双重属性，在民生、法治、司法、诚信等维度上具备特殊价值。2017年，中国社会科学院法学研究所法治指数创新工程项目组研发中国警务透明度指标体系，以公安机关网站信息公开为视角对4家直辖市公安机关和27家省会（自治区首府）城市公安机关的警务公开进行评估。评估结果显示，阳光警务成为政务公开的标杆和典范，主要表现为服务网络化和阳光化、警务公开局部集约、机构信息公开良好、预决算公开成常态、数据开放趋势明显、处罚公示渐成规模。未来，为适应全面深化公安改革的需要，中国警务公开应进一步强化人员公开、完善财务公开、整合公开平台、规范文书公开、建立警务大数据。

关键词： 警务透明度　警务公开　执法公开　警务大数据

公开透明是现代法治的本质要求和显著特征。随着2008年《政府信息

---

* 项目组负责人：田禾，中国社会科学院国家法治指数研究中心主任，法学研究所研究员；吕艳滨，中国社会科学院法学研究所研究员、法治国情调研室主任。项目组成员：王小梅、栗燕杰、胡昌明、徐斌、刘雁鹏、王祎茗、高振娟、宋爽、赵千羚、刘迪、田纯才、王洋、王昱翰、葛冰、冯迎迎等。执笔人：王小梅，中国社会科学院法学研究所副研究员。

公开条例》的实施，尤其是互联网信息技术的发展和国家大数据战略的确立，与信息化高度融合的政务公开，无论是广度还是深度都迈上了新台阶，完成了从单向公开到双向互动、由电子政务向智慧政务的飞跃。在政务公开的发展进程中，警务公开最先推广至全国，1999 年，公安部印发《关于在全国公安机关普遍实行警务公开制度的通知》（公通字〔1999〕43 号），部署全国范围内的警务公开。而在电子政务建设中，公安机关也是信息化投入力度最大、发展最为迅速的部门，信息化不断拓展警务公开范围、创新公开方式，全方位提升警务透明度。

公安机关既是行政执法机关，又负责刑事案件的侦查，因此警务公开兼具政务公开和司法公开双重属性。中国共产党第十八届中央委员会第四次全体会议通过的《中共中央关于全面推进依法治国若干重大问题的决定》明确提出，推进审判公开、检务公开、警务公开、狱务公开等政法信息公开。为客观准确衡量中国警务公开的情况，中国社会科学院国家法治指数研究中心、法学研究所法治指数创新工程项目组（以下简称"项目组"）研发中国警务透明度指标体系，以网站信息公开为视角，选择一定层级的公安机关对中国的警务透明度进行评估。

一 中国警务公开之特殊价值

根据《人民警察法》的规定，人民警察包括公安机关、国家安全机关、监狱的人民警察和人民法院、人民检察院的司法警察。与其他机关相比，公安机关的职责覆盖面最广，最具有代表性，因而此处的警务公开仅指公安机关的警务公开。公安机关作为政府的职能部门，《政府信息公开条例》以及中共中央、国务院出台的有关政务公开的文件均适用于警务公开，政务公开所具备的诸如满足公民知情权、监督权力运行、防止权力腐败等价值也都适用于警务公开。项目组之所以在中国政府透明度指数之外单独研发中国警务透明度指数，主要基于中国警务公开具有以下几个维度的特殊价值。

（一）中国警务公开之民生维度

现代政府的职能定位是提供公共管理与服务。与其他政府职能部门相比，公安机关提供的职能最为广泛，与公众的生产生活息息相关。根据《人民警察法》的规定，公安机关的职能覆盖户政、出入境、治安、交通安全、网络安全、经济文化保卫、刑事侦查、禁毒、保安、消防等方面。可以说，在中国的机构设置中，没有哪个机关能够像公安机关如此深刻地影响民众生活的方方面面，大到宏观层面的国家安全、公共安全和社会秩序，小到微观层面公民个人的出行、住宿。警务公开要求人民警察在提供这些公共管理与服务时，坚持公开、便民原则，公开办证网点和办事流程，方便人民群众办事，方能体现执法为民的理念，从而服务和改善民生。

（二）中国警务公开之法治维度

依法公开、阳光执法，是规范和完善公安执法工作、建设法治公安的客观需要。公安机关不仅具有治安、消防、户政、交通管理等广泛的权力，而且能够直接针对公民的人身权和财产权采取强制和处罚措施，因此公安行政执法是政府法治的关键领域，是政府执法的缩影。在法治社会，权力越大，受到的制约也越大，公安机关能如此广泛深刻地影响公民权利，更应该严格依照法律行使权力。公安干警是和平时期付出最多、牺牲最大的执法队伍，为国家安全和社会稳定作出了巨大贡献，但部分公安人员执法简单粗暴也饱受诟病。2016 年、2017 年，相继发生的北京雷洋案、兰州民警粗暴执法案、上海民警执法摔童事件等都与公安执法不规范有关，并不断刺痛民众的神经，将公安执法推上了舆论的风口浪尖。为推动公安执法规范化，2016 年 9 月，中共中央办公厅、国务院办公厅下发《关于深化公安执法规范化建设的意见》。规范执法，除了明确执法规范之外，还应该从公开入手，打造"阳光警务"，将执法依据、流程和结果予以公开，接受社会监督，以公开促规范，从而提升公安执法的法治化程度和水平。

（三）中国警务公开之司法维度

公安机关执法包括行政执法和刑事执法两个方面，单就刑事侦查而言，警务公开属于司法公开的范畴，因此与政务公开的标准和法律适用不尽相同。即使是在司法公开范畴内部，与检察、审判活动相比，在司法实践中，侦查活动多采用秘密方式进行，因此侦查公开又具备区别于检务公开和审判公开的逻辑。为推进刑事执法工作的公开化和透明度，公安部刑事侦查局于2005年7月26日下发《关于实行"办案公开制度"的通知》（公刑〔2005〕1228号），决定自2005年8月1日起在全国公安机关刑侦部门实行"办案公开制度"。2013年11月25日，《人民日报》发表《深化司法体制改革》一文，将警务公开列为司法体制改革的重大事项之一，提出要不断推进警务公开、狱务公开。2015年2月15日，中共中央审议通过了《关于全面深化公安改革若干重大问题的框架意见》，提出完善执法权力运行机制，将警务公开改革向纵深推进。

（四）中国警务公开之诚信维度

阳光警务、执法公开是构建诚信社会的客观需要。经济社会发展到一定阶段迫切需要构建诚信社会，而公安执法涉及交通安全、出入境、治安、消防等各个领域，公安机关所掌握的违法犯罪信息是构建社会诚信体系的重要数据来源。为贯彻落实《国务院关于印发〈社会信用体系建设规划纲要（2014~2020年）〉的通知》（国发〔2014〕21号）和《国务院关于建立完善守信联合激励和失信联合惩戒制度　加快推进社会诚信建设的指导意见》（国发〔2016〕33号），2017年1月3日，国家发展和改革委员会、交通运输部、公安部、中国民航局、中国铁路总公司五部门联合下发《关于加强交通出行领域信用建设的指导意见》（发改运行〔2017〕10号），要求公安交通管理部门自2017年春运开始，通过当地新闻媒体、门户网站等渠道公开公示涉及13种情形的严重交通违法人员和企业。公安部交通管理局通过"122交通网"定期公布该类信息，同时在信用中国网进行公开，为金融、保险公司、征信等机构评估决定当事人获得相关资质（如市场准入、融资授信，确定保险费率、纳税信用级别、信用等级）提供参考。将公民、企业严重交通违法记录与个人信用、行业准入、金融保险利益等挂钩，有利于推动公民自我约束、自觉守法，推动企业明确安全主体责任、自觉加强道路运输安全管理。上述信息的公开还有助于社会监督的充分开展，为交通安全宣传教育提供了真实的案例，为不断提高全民交通守法意识、安全意识和公德意识开辟了新的路径。进而言之，公开公民、企业严重交通违法信息是建立以公民身份号码和组织机构代码为基础的公民统一社会信用代码制度、违法犯罪记录与信用挂钩等制度的重要步骤之一，有助于依法有效监管和制约违法失信者，充分发挥信用惩戒、监督和威慑作用，也是新时期深化公安改革的必然要求。

二　指标体系、评估对象与方法

构建一套科学合理的指标体系是指数评估的前提和关键，为此，项目组详细梳理相关法律文献，充分调研中国各地公安机关、境外警察局的实际做法，并广泛征求了人民警察、律师、学者的意见，站在公众以及当事人信息需求的角度，结合中国全面警务改革的重点问题，研发制定了中国警务透明度指标体系。

（一）指标体系的设定原则

与其他法治指数一样，中国警务透明度指标体系的设定遵循依法设定、客观中立、重点突出、适度前瞻的原则。

1. 依法设定

中国警务透明度指标体系严格依照宪法、法律、法规、规章关于警务公开的要求设定。《宪法》关于"一切权力属于人民"的规定是包括警务公开在内的权力公开的逻辑起点。源自人民赋予的权力，其运行的过程和结果应该向人民公开，接受人民的监督。《人民警察法》第 44 条规定："人民警察执行职务，必须自觉地接受社会和公民的监督。人民警察机关作出的与公众利益直接有关的规定，应当向公众公布。"2008 年实施的《政府信息公开条例》为警务公开提供了法规依据。为推动警务公开，公安部先后制定了三部规范性文件，即 1999 年《公安部关于在全国普遍实行警务公开制度的通知》、2005 年公安部刑侦局《关于实行"办案公开制度"的通知》和 2013 年 1 月 1 日施行的《公安机关执法公开规定》，其中《公安机关执法公开规定》将散见于一些法律法规和规范性文件中关于执法公开的要求进行整合，构成中国警务透明度指标体系设置的直接依据。

2. 客观中立

与通常采取问卷调查的方法所进行的实证研究不同，中国警务透明度指数评估并未进行满意度问卷调查，而是强调实证研究的客观性，设定一套相对客观的指标体系。作为第三方评估，指标体系的设定秉持客观、中立的原则，尽量将"好"与"坏"这样主观性、随意性极强的判断标准转化为客观且具备操作性的评估指标，所有指标的设定完全从是否符合法律与情理、是否有助于公众获取信息的角度考虑。指标体系一旦确定，评估人员对评估事项仅可做"有"和"无"的判断，而不能凭主观判断"好"与"坏"，最大限度地压缩评估人员的自由裁量空间。

3. 重点突出

如前所述，公安机关具有非常广泛的职能，一套可操作的指标体系不可能穷尽所有职能，只能选取重点领域或与民众生活最为密切的方面设定指标，并且作为首个年度的评估，评估指标的设定遵循先易后难的原则，随着评估的逐年推进再不断调整和丰富评估内容。2017 年，中国警务透明度指标体系着重于户政管理、出入境管理和交通安全管理三方面职能。

4. 适度前瞻

指标设计贯彻了立足现状并适度前瞻的原则，不仅要体现公安机关在推动警务透明方面的实际状况，更要通过调研评估，提出警务公开工作发展的未来方向，为公安机关进一步提高警务透明度提供对策建议。当然，引导性指标在指标体系中占有很小的比例，且权重也较低。

（二）指标体系的建构与解读

按照 1999 年《关于在全国公安机关普遍实行警务公开制度的通知》的规定，公安机关的执法办案和行政管理工作，除法律法规规定不能公开的事项外，都要予以公开。公安机关既是提供公共管理和服务的政府职能部门，又是执法机构，因此项目组从服务和执法两个维度设定警务透明度指标。另外，围绕提供服务和进行执法的人财物等基本信息也应该向社会公开。总体而言，中国警务透明度指标体系由"基本信息公开""服务公开"和"执法公开" 3 个一级指标组成（见表 1）。

1. 基本信息公开

基本信息主要指公安机关的职能、机构设置以及人财物等信息。基本信息公开下设"网站建设""职能架构""人员信息""财务信息""年报或工作总结"等 5 个二级指标。

"网站建设"主要考察网站的友好性，即首页有无浮动窗口。浮动窗口的设置是为了提醒浏览者注意该信息，然而这种设置往往会干扰阅读，重要信息的提醒完全可以放在顶端进行滚动播出。

"职能架构"指标旨在让公众了解公安机关的职责和机构设置，具体包括公安机关的职责、人民警察权利义务、内部架构及职能、窗口单位、派出所等。虽然与其他机构相比，公安机关对于公众来说并不陌生，上至耄耋老人，下至三岁儿童，都知道"有困难找警察"，但是真正清楚公安机关职能的人少之又少，因此有必要向社会普及公安机关的职能、架构、警察的职权等，并公开窗口单位和派出所的联系方式，方便群众办事。《公安机关执法公开规定》对其也提出了明确的公开要求。

除了机构公开之外，人员公开也是基本信息公开的重要组成部分。什么样的人在领导警察队伍，有多少警察在提供服务，执法人员的素质结构如何，这些都关系到服务和执法的质量。人员公开指标下设"领导信息""警察数量""警察结构" 3 个三级指标，其中"领导信息"考察公安机关领导的姓名、职务、分工、工作简历、学历等信息的公开情况。

财务公开主要考察公安机关预决算及"三公"信息的公开、警察薪资及津贴公开、公安机关罚款及其他收费数据的公开。经过多年政务公开实践，预决算及"三公"经费的公开在社会上已经达成共识，相比之下，公职人员收入公开仍属于禁区。警察作为公职人员，其薪资及津贴应该公开透明。另外，虽然行政罚款和收费遵循收支两条线的原则，但是公安机关在一定时间段内的罚款金额和收费金额还是应该向社会公开。

数据公开是警务公开的重点，作为首年度的警务透明度指数评估，项目组决定从年报或工作总结入手建构数据公开的指标。公安机关通过年报或工作总结的公开，可以向社会展示一年的工作业绩及成效，接受社会公众的监督。

2. 服务公开

服务公开主要是指公安机关向社会公开公安行政许可、非行政许可审批、备案类事项的法律依据、申请条件、办理程序、办结期限、申请途径及方式，以及申请应当提交的材料目录、示范文本、制式文书和格式要求等。"服务公开"下设"户政服务""交管服务""出入境服务"3个二级指标。

"户政服务"主要考察公安机关是否提供户口、居民身份证、居住证等证件办理的指南信息。"交管服务"主要考察公安机关是否向社会公开交通事故处理常识，提供办理驾驶证和机动车辆的业务指南，提供高速路况查询以及交通管制信息的公开信息。《道路交通安全法》第39条规定，公安机关交通管理部门需要采取限制交通的措施，或者作出与公众的道路交通活动直接有关的决定，应当提前向社会公告。《公安机关执法公开规定》也要求公开公安机关采取的限制交通措施、交通管制信息和现场管制信息。"出入境服务"主要考察公安机关是否公开因私出国电子普通护照的办理指南、大陆居民往来台湾通行证的办理和签注信息、往来港澳通行证的办理及签注信息。

3. 执法公开

《公安机关执法公开规定》将执法公开界定为公安机关依照法律、法规、规章和其他规范性文件规定，向社会公众或者特定对象公开刑事、行政执法的依据、流程、进展、结果等相关信息，以及开展网上公开办事的活动。执法公开有助于规范公安机关执法行为，保障公民的知情权、参与权、表达权和监督权，实现公正廉洁执法。项目组在"执法公开"指标下设置"案件查询""文书公开""重大案情发布""警情通报""监督投诉"5个二级指标，既包括行政执法案件的公开，又涵盖刑事执法案件的公开；既有过程性公开，又有结果性公开；既有静态信息的公开，又有动态信息发布；既有对社会的普遍公示，又有对特定对象的告知。

"案件查询"是指公安机关依托信息化平台向特定对象提供行政、刑事案件的过程和结果信息。根据《公安机关执法公开规定》，公安机关在网上或者窗口单位接受行政许可、非行政许可审批、备案类事项申请时，可以向申请人提供查询编号，方便查询事项的受理情况、办理进展、办理结果。除了向特定对象提供案件查询功能之外，执法公开还有一项重要的公开，即文书公开。根据《治安管理处罚法》第5条之规定，治安管理处罚的实施应该公开。"文书公开"主要指行政处罚决定书和行政复议决定书的公开，可以是原文公开，也可以是摘要信息的公开，并且要求提供文书检索功能，以方便公众准确找到目标信息。"重大案情发布"要求公安机关对于影响广泛的重大案件，应及时发布案情信息，以回应社会关注，避免引发恐慌和谣言。《公安机关执法公开规定》第9条规定，"公安机关应当向社会公开涉及公共利益、社会高度关注的重大案件调查进展和处理结果"。《公安机关执法公开规定》规定，公安机关可以定期向社会公开辖区社会治安状况、火灾和道路交通安全形势、安全防范预警信息等。为落实这一倡导性规定，项目组设置了"警情通报"指标，要求公安机关定期发布警情信息，让公众了解身边的社会治安和环境安全情况。根据《人民警察法》第46条规定，公民和组织对人民警察的违法、违纪行为有检举和控告的权利，《公安机关执法公开规定》也明确公安机关应公开举报投诉的方式、途径，为此，项目组设置了"监督投诉"指标，要求公安机关提供监督投诉举报须知，并将不涉密的监督投诉办理情况予以公开。

表1　中国警务透明度指标体系（2017）

一级指标及权重	二级指标及权重
基本信息公开(40%)	网站建设(10%)
	职能架构(30%)
	人员信息(20%)
	财务信息(20%)
	年报或工作总结(20%)
服务公开(20%)	户政服务(40%)
	交管服务(30%)
	出入境服务(30%)
执法公开(40%)	案件查询(30%)
	文书公开(40%)
	重大案情发布(10%)
	警情通报(10%)
	监督投诉(10%)

（三）评估对象与方法

中国警务透明度指数评估对象为27个省、自治区人民政府所在地的市级公安机关和4个直辖市的公安机关。就层级而言，项目组之所以选取特定级别公安局作为评估对象，是因为市级公安机关具有承上启下之功能，既承接和落实上级公安机关的工作任务和部署，又领导和统揽分局、县局的警务工作。就地域而言，选择省级人民政府所在地的市比较具有代表性，一般而言，能够代表本地警务公开工作水平。

中国警务透明度指数评估主要采取网站观察的方法，由评估人员对照指标体系对评估对象的网上警务公开进行测评。项目组选择网站观察作为评估方法，与警务公开方式的不断拓展与更新相适应。传统上，警务公开的渠道包括公示栏、牌匾、手册以及报刊、电台、电视台等新闻媒介。为适应社会信息化的发展，《公安机关执法公开规定》在传统手段外，明确将政府网站作为公开的主要方式。项目组成员在进行网站观察时，以评估对象的官方网站为主，辅助以上级公安机关的网站和统一专项信息公开平台，同时参考同级政府信息公开平台和征信平台。复核人员对评估结果进行复查，重点核查扣分的指标项。无论是评估人员还是复核人员，均进行截屏留证。除了采取网站观察方法之外，项目组还采取电话验证的方式对网站公开的电话的有效性进行验证。评估数据采集时间为 2017 年 12 月 1 日至 2017 年 12 月 31 日。

三　评估结果：阳光警务成为政务公开典范

2017 年，31 家公安机关的警务透明度指数的平均分为 67.3 分，其中 25 家公安机关得分在 60 分以上，及格率为 80.6%。排名前十的公安机关为杭州市公安局、南宁市公安局、合肥市公安局、武汉市公安局、福州市公安局、贵阳市公安局、上海市公安局、南京市公安局、西安市公安局、长沙市公安局，其中贵阳市公安局与上海市公安局并列第六名，西安市公安局和长沙市公安局并列第九名（见表 2）。与项目组研发的中国政府透明度指数、中国司法透明度指数、中国检务透明度指数、中国立法透明度指数相比，无论是最高分，还是平均值，还是及格率，中国警务透明度指数的评估结果均有不俗的表现，为政务公开树立了标杆和典范。

表 2　中国警务透明度指数评估结果

排序	评估对象	基本信息公开（40%）	服务公开（20%）	执法公开（40%）	总分（满分:100 分）
1	杭州市公安局	62	100	95	82.8
2	南宁市公安局	78	100	74	80.8
3	合肥市公安局	66	100	84	80.0
4	武汉市公安局	80	100	66	78.4
5	福州市公安局	66	100	79	78.0
6	贵阳市公安局	72	100	71	77.2
	上海市公安局	64	100	79	77.2
8	南京市公安局	42	100	95	74.8
9	西安市公安局	52	100	84	74.4
	长沙市公安局	62	100	74	74.4
11	兰州市公安局	72	100	60	72.8

续表

排序	评估对象	基本信息公开 (40%)	服务公开 (20%)	执法公开 (40%)	总分 (满分:100分)
12	济南市公安局	52	100	79	72.4
	石家庄市公安局	36	100	95	72.4
14	广州市公安局	76	100	54	72.0
15	呼和浩特市公安局	50	100	79	71.6
16	北京市公安局	64	100	60	69.6
17	郑州市公安局	72	100	50	68.8
	昆明市公安局	72	100	50	68.8
19	成都市公安局	68	100	45	65.2
20	太原市公安局	58	100	50	63.2
	银川市公安局	58	100	50	63.2
22	长春市公安局	52	100	55	62.8
	哈尔滨市公安局	52	100	55	62.8
24	天津市公安局	42	100	61	61.2
25	重庆市公安局	30	100	71	60.4
26	南昌市公安局	42	100	45	54.8
27	海口市公安局	66	100	20	54.4
28	沈阳市公安局	60	100	20	52.0
29	乌鲁木齐市公安局	34	100	40	49.6
30	西宁市公安局	46	100	18	45.6
31	拉萨市公安局	34	94	30	44.4

四　发现的亮点

在政府部门中，公安机关的信息化投入较大，信息化水平也相应较高，因此，在"互联网+警务"的推动下，警务公开成为政务公开的标杆和典范，主要表现在以下几个方面。

（一）服务网络化、阳光化

在政务服务中，公安行政管理工作同群众生产生活息息相关，其服务的公开便捷度直接关系民生保障水平。2017年，项目组选择户政、交通管理和出入境三项政务服务进行服务公开评估，结果显示，除了拉萨市公安局未提供交通管制信息公开之外，30 家公安机关的服务透明度均为满分，做到应公开尽公开。公安机关通过网站提供了所有的指南类信息，用于指导公民办理户口、身份证、驾驶证、机动车辆、出入境等证件业务，公开了交通事故处理常识、交通管制信息，并提供高速路况查询服务。

警务服务公开得益于公安机关长期以来实行网上办事的成熟实践。2012年，公安部集中推出 14 项便民利民措施，其中包括健全"网上公安局、网上派出所、网上警务室"，推行公安行政管理业务网上申请、网上办理、网上审批。网上办事既要求事前公开，即向社会公开行政许可、非行政许可审批、备案类事项的法律依据、申请条件、办理程序以及行政管理相对人依法享有的权利义务和监督救济渠道等信息，也要求事中和事后公开，即向特定对象公开行政许可、非行政许可审批、备案类事项受理情况、办理结果等信息。公安机关推动服务事项的网上公开、网上办理，体现了管理与服务并重、维护秩序与保障权利统一的理念，是保障民生、建设服务型政府的必然要求，向智慧警务迈出了关键一步。

（二）警务公开局部集约

警务公开局部实现集约化是指警务公开在某些领域和某些地域实现了集约化。首先，出入境信息公开集约化。出入境信息公开集约化平台有两个：一个是公安部出入境管理局的官方网站，公开出入境相关的法律法规、动态资讯、服务指南等信息；另一个是"公安出入境网上办事平台"，集中提供出入境相关的网上办事指引、全国各地出入境证件和边检业务的网上预约以及网上办事机构查询服务。其次，交通管理信息公开集约化。根据《道路交通安全法》第 5 条规定，国务院公安部门负责全国道路交通安全管理工作。公安部交通管理局搭建全国统一的"公安部互联网交通安全综合服务管理平台"（122. gov. cn），开设 31 个地方频道（其中江苏和浙江两省覆盖地市），提供各地交通安全管理信息和网上业务办理。再次，一些地区实现一站式警务公开。上海市公安局搭建"阳光警务大厅"，作为全方位综合性网上警务平台，向社会提供一窗式警务信息和办案公开查询、一网式行政审批办理、一站式警民互动交流和便民利民服务。"一窗式公开"是指向特定主体提供办案进展查询、律师预约会见、亲属视频会见以及向公众公开行政处罚、行政复议、刑事复议复核、赃物发还等信息。"一网式办理"是指"上海公安政务大厅"分别针对个人和法人提供治安、出入境、交警、边防、消防、网安、水上、机场、人口、刑侦等事务的办事指南和部分业务的网上办理。"一站式服务"是指提供在线咨询、信访大厅、热点问题、民警预约、意见征询、移动警务等互动交流，交通出行等便民服务以及各种违法犯罪线索举报和"110"信箱等网上"110"服务。

（三）机构信息公开良好

作为主要公共服务的提供者，公安机关应向社会公开其职能、警察的权利和义务、机构设置以及窗口单位和派出所的联系方式等信息。评估结果显示，除了警察的权利和义务信息之外，公安机关的职能架构信息公开度整体良好。31家公安机关均在其网站上公开了机构职能和内设机构，公开率达到100%；29家公安机关公开了其窗口单位的联系电话，公开率达到93.5%；19家公安机关公开了其下辖派出所的联系方式，公开率达到61.3%。有的地方对公安电话进行了集中公开，如陕西省公安厅建设公安机关阳光警务执法办案公开系统，设置电话公开栏目，对窗口单位和派出所的电话进行了集中公开；石家庄市公安局在其网上便民服务栏目集中公开了派出所地址及联系方式、刑警中队地址及联系方式、窗口服务单位地址及联系方式。相比之下，人民警察的权利义务公开度较低，31家公安机关中，只有北京、天津、上海、太原、银川等5地公安机关公开了人民警察的权利义务，公开率只有16.1%。

为了验证公开的电话号码的有效性，评估人员在公开派出所联系电话的公安局中，每个公安局随机抽取2个位于不同区县的派出所，拨打网上公开的电话号码。结果显示，多数电话能够正常接通，但也有4家派出所的电话是空号或者在不同的时间段（上班期间和下班期间）多次拨打均为占线或无法接通，这 4 家公安机关分别是济南市长清区新城派出所、长春市经济技术开发分局中东治安派出所、石家庄市赵县赵州镇派出所、郑州市金水路分局（派出所）。另外，西安市蓝田县文姬路派出所的电话接通后，工作人员的态度生硬。

（四）预决算公开成常态

经过最近几年政府信息公开的实践，预算作为重要的政务信息，其公开已成为常态，公安系统的预决算信息公开也不例外。评估结果显示，31 家公安机关除了拉萨市公安机关外均公开了预决算信息和"三公"信息，并且有些地方还公开了下辖机构的财务信息。例如，昆明市公安局通过《财政预算决算公开》专栏公开了各分局和看守所 2016 年财政支出绩效自评公开情况的说明。

（五）数据开放趋势明显

公安机关在提供公共管理和服务的过程中汇聚了大量的数据，除了保密数据之外，公安数据开放无论是对于完善社会诚信体系还是促进政府科学决策和精准管理都具有重要意义。2017 年中国警务透明度指数评估虽未单独设置数据公开指标，但对公安机关的工作总结以及统计信息公开进行了评估。评估结果显示，部分公安机关有意识公开各类统计数据，公安数据开放趋势明显。公安机关公开的数据包括综合性工作总结、案件结果数据、服务统计数据等。例如，昆明市公安局在公开行政处罚结果信息时，采取通报某一时间段的处罚情况的形式，公开了交通违法行为查处情况以及机动车客运行业治安违法行为查处情况等。杭州市公安局在《统计分析》栏目公开了历年的工作总结，并按月份、按季度公开火灾信息、交通事故信息，既有数据整理，又有分析报告。长沙市公安局公开了诸如《入境：2017 年 11 月份全市出国境人员数据分析》《2017 年重点车辆严重交通违法行为公示》《2017 年上半年长沙交通事故研判分析》等分析报告。重庆市公安局公开了重庆"110"数据分析、出国数据分析等报告。贵阳市公安局公开了其工作总结以及强制戒毒所工作总结。

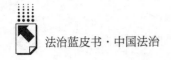

（六）处罚公示渐成规模

处罚公示包括两个层面，一是公安机关将违法行为进行公示，二是将公安机关的行政处罚决定书予以上网公开。评估发现，为警示违法行为，共建社会诚信，公安机关加大处罚信息的公开力度。以"严重交通违法行为公示公开"为例，"公安部互联网交通安全综合服务管理平台"各地方频道设置了《严重交通违法行为公示公开》栏目，公布各地"重点车辆严重违法行为公示""驾驶人考试作弊行为公示""满 12 分被降级驾驶人公示""死亡事故负有责任驾驶人公示"。截至 2017 年 12 月 23 日，除了海南频道无法打开之外，在 30 个地方频道中，只有吉林、江西、山东、河南、湖北、湖南、贵州、云南、青海等 9 个省份未公开严重交通违法行为信息，公开了严重交通违法行为信息的有 21 个省（自治区、直辖市），达到 67.7%，其中西藏明确标注无相关行为。为适应信用信息双公示的要求，公安机关在加大许可信息公示的同时也强化了对行政处罚信息的公开。评估结果显示，31家公安机关中，公开行政处罚决定书的已有 13 家，并且有的还提供处罚决定书的检索功能。还有些地方（如南宁市）在公安执法信息公开中公开了刑事案件、行政案件、行政复议案件、国家赔偿案件的信息。

五　问题与展望

整体而言，中国警务公开取得了较好的成绩，但也存在一些短板，在未来的发展中有待进一步规范和提升。

（一）加强人员公开

人员队伍是提供公共服务和进行执法的基本保障，警务人员公开包括公安机关领导信息的公开和警务人员数量和结构的公开，评估结果显示，除了领导信息公开之外，警务人员的数量和结构整体处于不公开状态。31 家公安机关中，虽然有 26 家公开了领导信息，但是仅有 13 家公开了正副职领导的姓名、分工、学习工作简历等完整信息，另外 13 家公开的领导信息不完整。31 家公安机关中，只有 5 家公开了警务人员的数量，其中呼和浩特市公安局和沈阳市公安局提供了行政执法人员名单，太原市公安局公开了编制数量，海口市公安局公开了民警数量，武汉市公安局公开得较为详细，不仅公开了在职人员的名单及详细情况，还在武汉市公安局机构编制情况表中公开了行政编制数和行政在职人数。至于警员队伍结构，只有武汉市公安局可以从其公开的在职人员名单中了解到相应的信息。未来，公安机关应加强人员信息的公开，除了公开领导班子的详细信息之外，还应该公开执法人员名单以及警察队伍的数量和结构信息。

（二）完善财务公开

除了预决算和"三公"信息公开之外，财务公开还包括公职人员的收入公开和罚款、收费信息公开。评估结果显示，公安机关除了普遍公开预决算和"三公"信息之外，对于警察的薪资津贴以及罚款、收费等信息的公开讳莫如深。评估发现，31 家公安机关中，公开薪资津贴的为 0，公开收费信息的有 2 家，1 家是广州市公安局，发布了《广州出入境管理支队 2016 年度收费收入公示》，1 家是长沙市公安局，公开了 2013 年行政事业性收费数据。未来，应强化公职人员的收入公开，并将罚款和收费信息纳入财务公开范围，真正实现财务透明。

（三）整合公开平台

评估发现，警务公开平台较为分散，公安机关不仅通过官方网站发布信息，还通过本级政府的政府信息公开网站发布信息，还有些信息是由上一级公安机关发布。即使是公安机关的官方网站，也存在专项平台林立的情况，如出入境、交通管理等均有单独的网站。平台分散不仅增加公开成本，还造成数据割裂，并且给公众获取完整的信息带来困扰。例如，济南市公安局在山东民生警务平台（山东省公安厅主办）上设置执法办案公开查询系统，公开了行政处罚决定书，但是在山东政务服务网济南站点的行政处罚公示中，济南市公安局没有任何信息。目前，全国范围正在开展政务公开平台整合。《中共中央办公厅　国务院办公厅关于全面推进政务公开工作的意见》（中办发〔2016〕8号）、《国务院办公厅〈关于全面推进政务公开工作的意见〉实施细则》（国办发〔2016〕80号）、《国务院办公厅关于加强政府网站信息内容建设的意见》（国办发〔2014〕57号）均提出推进公开平台集约化建设。未来，应借助政务网站集约化建设的趋势，在保障技术安全的前提下，对警务公开平台进行整合，实现警务信息公开的集约化。

（四）规范文书公开

对于执法机关而言，文书公开主要指行政处罚决定书的公开和行政复议决定书的公开。评估发现，由于文书公开涉及个人信息保护，不少公安机关在文书公开时对文书内容进行隐名处理，如石家庄、济南、合肥、贵阳、西安、西宁等市的公安局在处理违法行为人或申请人的身份证号、出生年月、家庭住址等信息时，也对其姓名进行了隐名处理。文书公开究竟是否要对当事人的个人信息进行隐名处理，取决于文书公开的目的。作为信用信息公示的行政处罚决定书，如果进行隐名处理，则很难达到信用信息公示的目的。行政复议决定书公开是为了监督复议机关，虽然与信用信息公示无关，但是也没有必要隐去申请人的姓名。为了保护个人隐私，只需要在文书公开时对自然人的出生年月、身份证号码、详细住址等信息进行处理即可。未来在对文书公开进行统一规范时，应明确信息处理标准，如隐去自然人的家庭住址、通信方式、身份证号码、银行账号、健康状况等个人信息，以及被处罚人或申请人以外的自然人姓名。

（五）开放公安数据

在国家大数据战略背景下，公安机关保持数据开放尤为重要，因为公安机关在其提供管理服务和执法过程中掌握了大量准确的信息，从基础的身份识别信息到精确的移动轨迹数据。借助信息技术的优势，警务信息数字化程度较高，警务公开发展到高级阶段必然要求数据开放，建立社会共享的公安大数据。公安机关既是行政执法机关又是刑事侦查机关，在促进公安数据开放过程中，要妥善处理公开与保密的关系，既不能公开涉及国家秘密以及可能妨碍正常执法活动或者影响社会稳定的执法信息，也不能因噎废食以保密为借口一概不公开。《公安机关执法公开规定》第 28 条规定，公安机关应当建立健全执法公开审批程序和保密审查机制。以公安机关工作计划公开为例，评估发现，公安机关在进行信息公开时对公开和保密的界限把握标准不一致，有的地方，如合肥市公安局虽然在其网站上设置了年度工作规划信息公开专栏，但是内容却显示为"我局工作规划涉及警务秘密，不适宜对外公开"。但是也有不少地方的公安机关公开了其工作计划，如昆明市公安局公开了 2017 年政务公开工作要点分工方案、工作重点等信息，贵阳市公安局公开了 2017 年度审计工作报告，西安市公安局公开了 2017 年工作计划。未来，应建立保密事项的筛查甄别机制，对于涉及保密的信息，如果能够区分开来，可以将保密信息隐去之后进行公开，而不能以部分保密为由拒绝对整体信息的公开，否则将无法最终构建公安大数据，损害公安机关的公信力和亲和力。

B.18
中国海事司法透明度指数报告（2017）

——以海事法院网站信息公开为视角

中国社会科学院法学研究所法治指数创新工程项目组*

摘　要： 2017年，中国社会科学院法学研究所法治指数创新工程项目组对全国10家海事法院的司法公开情况进行了第五次评估。为了增加可比性，项目组也对10家海事法院所在地的高级/中级人民法院进行了评估和比较研究。结果显示，中国海事司法透明度稳步提升，海事法院司法公开工作整体情况略优于普通法院，海事典型案例和审判白皮书公开进步明显。与此同时，一些以往评估中发现的问题继续存在，"僵尸栏目"和发布平台分散的问题没有得到改善，两极分化的格局仍然延续。为更好地服务保障"一带一路"建设和海洋强国战略，海事司法公开应向制度化、常态化、国际化方向发展。中国应继续提升海事司法透明度，完善公开制度，健全工作机制，统一发布平台，定期发布典型案例、指导性案例和海事审判白皮书。

关键词： 海事司法　透明度　司法公开　法治指数

---

* 项目组负责人：田禾，中国社会科学院国家法治指数研究中心主任，法学研究所研究员；吕艳滨，中国社会科学院法学研究所研究员、法治国情调查研究室主任。项目组成员：张文广、王小梅、栗燕杰、赵千羚、王君秀、王珊等。执笔人：张文广，中国社会科学院国际法研究所副研究员。本报告在指标设计、调研和报告写作中，得到了许多专家、学者、法官、律师的支持和帮助，在此一并致谢。

为评估中国海事司法透明度的发展状况，2017 年中国社会科学院法学研究所法治指数创新工程项目组（以下简称"项目组"）继续以中国海事法院网站的信息公开为视角，对中国海事司法透明度进行了第五次调研和评估。

一　2017年中国海事司法公开重要事件回顾

2017 年，全国 10 家海事法院继续通过官方网站、省级司法公开平台、全国性司法公开平台、中国涉外商事海事审判网及各种媒体公布法院审判、执行情况，海事司法透明度、司法公信力和国际影响力不断提升。

（一）《最高人民法院工作报告》重视司法公开工作

2017 年 3 月 12 日，最高人民法院在工作报告中提出："健全审判流程、庭审活动、裁判文书、执行信息四大公开平台，进一步拓展司法公开的广度和深度，让人民群众看得见、感受到公平正义"，"要完善公开制度机制，增强公开效果，让人民群众更好地感受到公平正义"，"加强国际司法交流，讲好中国法治故事，为推进全球治理贡献更多中国司法智慧"[1]。

（二）最高人民法院首次发布年度十大典型海事案例

2017 年 4 月，最高人民法院公布 2016 年海事审判十大典型案例，彰显了海事司法在维护国家海洋权益、引领国际海事规则、统一海事裁判尺度、提升海事司法公信力等方面的作用[2]。这是最高人民法院首次发布年度十大典型海事案例，受到了海事界、法律界的广泛关注。

（三）最高人民法院发布第二批涉"一带一路"十大典型案例

2017 年 5 月 15 日，最高人民法院发布涉"一带一路"建设第二批典型

---

[1]　《最高人民法院工作报告》，http://news.xinhuanet.com/politics/2017lh/2017 – 03/19/c_1120653949.htm，最后访问日期：2017 年 12 月 26 日。

[2]　《2016 年全国法院海事审判十大典型案例》，《人民法院报》2017 年 4 月 29 日，第 3、4 版。

案例。其中，与海事司法相关的案例有四个，分别涉及提单持有人的权利性质、海域污染损害赔偿、海上货物运输合同、集装箱超期使用费等。

（四）中国海事法院首次审理海事刑事案件

2017年6月5日，作为管辖海事刑事案件的试点法院，宁波海事法院依法受理宁波市人民检察院指控被告人艾伦·门多萨·塔布雷（Allan Mendoza Tablate）犯交通肇事罪一案。这是中国海事法院首次受理海事刑事案件，也是本年度社会关注度最高的海事案件之一。宁波海事法院通过互联网及时发布信息，裁判文书生效后上网公开，效果良好。

（五）海事法院信息化工作取得新突破

2017年4月19日，上海海事法院举行海事联动指挥中心启动仪式。6月28日，全国第一家智慧海事法院实践基地——智慧海事法院（上海）实践基地在上海海事法院正式挂牌成立。智慧海事法院（上海）实践基地建设"要立足国际海事司法中心建设需要，注重收集全国海事案件信息和裁判文书，汇聚司法数据并进行深入分析，为完善国际海洋法治贡献中国智慧，提供中国方案，不断提升中国海事司法国际影响力和话语权"[1]。

（六）全国海事法院首个五年发展规划出台

2017年4月12日，上海海事法院发布《上海海事法院五年发展规划纲要（2017~2021）》。这是全国海事法院出台的首个五年发展规划。规划明确，上海海事法院未来五年发展将以"现代""创新""专业""智慧""透明"为特征，以"智慧法院""数据法院"建设为目标，力争把上海海事法院建成全国海事审判信息化建设实践基地。

---

[1] 《全国首家智慧法院实践基地挂牌成立》，http://news.xinhuanet.com/local/2017-06/29/c_1121229594.htm，最后访问日期：2017年12月1日。

二 指标体系和评估方法

（一）评估对象

与前四次评估相同的是，2017 年中国海事司法透明度指数的评估对象为全国 10 家海事法院：上海海事法院、天津海事法院、青岛海事法院、大连海事法院、广州海事法院、武汉海事法院、海口海事法院、厦门海事法院、宁波海事法院和北海海事法院。

为如实反映海事法院司法公开的情况和水平，本次评估增加了横向比较，即在板块、指标和权重相同的情况下，项目组对十家海事法院所在地的高级人民法院（直辖市）或中级人民法院（其他市）的司法公开情况进行评估和比较研究。本次评估的 10 家地方法院名单如下：上海市高级人民法院、天津市高级人民法院、青岛市中级人民法院、大连市中级人民法院、广州市中级人民法院、武汉市中级人民法院、海口市中级人民法院、厦门市中级人民法院、宁波市中级人民法院和北海市中级人民法院。

（二）评估重点

2017 年度中国海事司法透明度评估重点已在《中国海事司法透明度指数报告（2016）》中公开，即"2017 年度的中国海事司法透明度评估将更加关注司法公开的质量和深度，评估的重点包括但不限于：信息公开的及时性、大数据的分析与应用、海事审判白皮书的发布、典型案例和精品文书的公开、与全国性司法公开平台之间的有效链接、在中国海事诉讼服务平台上的更新情况等"[1]。

（三）指标体系

在板块设置及其权重方面，2017 年度评估和 2016、2015 年度保持一

---

[1] 李林、田禾主编《中国法治发展报告 No. 15 （2017）》，社会科学文献出版社，2017，第270 页。

致，即审务公开占20%，立案庭审公开占30%，文书公开占30%，执行公开占20%。每一板块满分100分。在二级指标和权重方面，本年度没有增设新的指标，权重维持不变，仅对文书公开指标进行了微调，将2016年度的"3.2裁判文书内容完整性""3.3裁判文书内容信息处理"合并为"文书内容"，将"3.5裁判文书上网数据公开"和"3.6公开不上网裁判文书的相关情况"合并为"数据公开"。经优化和调整后的中国海事司法透明度指数测评指标体系（2017）共计有4个一级指标、21个二级指标（见表1）。

表1　中国海事司法透明度指数评估指标体系（2017）

一级指标及权重	二级指标及权重
审务公开(20%)	平台建设(35%) 人员信息(15%) 财务信息(15%) 年度报告与统计数据(25%) 规范性文件(10%)
立案庭审公开(30%)	诉讼指南(20%) 开庭公告(20%) 旁听(20%) 庭审直播(20%) 发布制度(10%) 庭审笔录(10%)
文书公开(30%)	中国裁判文书网链接(10%) 文书内容(30%) 典型案例(30%) 数据公开(30%)
执行公开(20%)	中国执行信息公开网链接(10%) 执行指南(20%) 终本案件(20%) 执行曝光(20%) 执行惩戒(20%) 执行举报(10%)

（四）评估的方法及原则

评估主要采取观察和验证的方法。2017年度，项目组对海事法院网站更新情况进行了全程跟踪，并与微信公众号"海商法研究中心"合作，选取海事法院网站上和媒体报道中有价值的信息。此外，项目组对全国10家海事法院的门户网站及其在全国性司法公开平台上的更新情况进行了评估。凡是评估人员无法找到信息内容、无法打开网页的，均由其他评估人员利用互联网上的多个主要搜索引擎进行查找，采取更换计算机及上网方式、变更上网时间等方式进行多次验证。

为保证结果的准确性、中立性和客观性，评估坚持以下原则：第一，提前发布评估重点和评估期限，让评估对象有充分的时间准备和改进工作；第二，评估指标客观化，即只测"有"还是"没有"、有效信息的数量、网上公开的时间等；第三，评估指标相对稳定，每年基本上只作微调，重大变化提前发布；第四，评估工作和复核工作由不同的人员完成。

三　总体评估结果

2017年度，全国10家海事法院中，7家海事法院的排名发生了变化，8家海事法院的得分上升，平均分跨过了及格线并比上一年度提高了15.69%。2家海事法院得分在90分以上，2家海事法院得分在80~90分，2家海事法院得分在60~70分，1家海事法院得分在50~60分，1家海事法院得分在40~50分，2家海事法院得分在30~40分（见表2）。

表2　中国海事司法透明度指数评估结果

排名	海事法院所在地	审务公开（20%）	立案庭审公开（30%）	文书公开（30%）	执行公开（20%）	总分（满分100分）
1	上海	93.5	95.0	95.0	80.0	91.7
2	宁波	95.0	86.0	95.0	90.0	91.3
3	厦门	88.5	80.0	95.0	65.0	83.2
4	北海	94.5	80.0	83.0	65.0	80.8
5	广州	79.5	40.0	88.0	55.0	65.3

续表

排名	海事法院所在地	审务公开（20%）	立案庭审公开（30%）	文书公开（30%）	执行公开（20%）	总分（满分100分）
6	海口	83.5	60.0	65.0	45.0	63.2
7	天津	51.5	76.0	55.0	25.0	54.6
8	武汉	69.5	35.0	55.0	25.0	45.9
9	青岛	42.5	30.0	54.0	15.0	36.7
10	大连	54.5	20.0	35.0	15.0	30.4
平均分		75.25	60.2	72.0	48.0	64.31

　　鉴于板块、指标和权重与2016年度基本一致，2017年的评估结果与2016年具有较强的可比性。但是，需要指出以下几点。第一，门户网站是海事司法透明度评估的重点。一些海事法院重视在传统媒体上公开，却没有将相关信息在其门户网站上公开，影响了其最终得分。第二，排名反映的是相对水平。排名下降既可能是因为其他海事法院进步更快，也可能与评估对象对司法公开工作重视程度不够有关。第三，信息化与透明度既有联系，也有区别。一些海事法院信息化程度或许很高，但其成果却没有在网站上展示出来，透明度得分并不理想。

　　本次评估是项目组对中国10家海事法院进行的第五次评估，历次评估的结果见表3。

表3　中国海事司法透明度指数评估排名（2013~2017）

排名	2013年	2014年	2015年	2016年	2017年
1	宁波	宁波	宁波	上海	上海
2	广州	北海	北海	北海	宁波
3	北海	广州	广州	厦门	厦门
4	上海	上海	海口	宁波	北海
5	海口	天津	青岛	广州	广州
6	厦门	厦门	上海	青岛	海口
7	武汉	青岛	天津	海口	天津
8	大连	大连	厦门	天津	武汉
9	青岛	海口	大连	大连	青岛
10	天津	武汉	武汉	武汉	大连

2017 年，中国海事司法透明度稳步提升，经验得到推广，亮点继续保持，整体趋势继续向好。

第一，重视程度上升，竞争更加激烈。《中国海事司法透明度指数报告（2016）》发布后，上海、北海、厦门海事法院迅速在其门户网站上对评估结果进行了报道。多家海事法院主动与项目组联系，希望能改进工作，不断提升海事司法透明度。一些海事法院将评估结果写入工作报告、海事审判白皮书、工作要点、年度十件大事等。海事司法透明度指数报告继续受到最高人民法院的重视，最高人民法院领导在第二十五届全国海事审判研讨会上指出，要重视提升海事司法透明度，突出抓好"智慧法院"建设，加快提升海事审判能力现代化水平①。

2017 年度，一些海事法院对中国海事司法透明度指标体系进行了认真研究，按照指标的要求改进工作，同时借鉴其他海事法院的亮点，不断拓展司法公开的广度和深度，取得了较为理想的成果。从评估结果看，上海、宁波、厦门、北海海事法院得分均超过 80 分，分数均超过 2016 年评估第一名的分数。经历了五次评估后，已无一家海事法院能一直保持排名前三位。从进入前三名的次数看，四次的有两家海事法院（宁波、北海），三次的有一家海事法院（广州），两次的有两家海事法院（上海、厦门）。从趋势上看，各家法院竞争愈加激烈，任何一个板块得分不理想都可能会影响到最终排名。

第二，与一般法院比，海事法院透明度得分整体占优。如前所述，为如实反映海事司法公开的水平，本次评估还按照相同的板块、指标和权重，对 10 家海事法院所在地的高级人民法院（直辖市）或中级人民法院（其他市）进行了评估。结果显示，海事法院司法透明度评估得分相对较高。在十对法院的横向比较中，七家海事法院的得分高于其所在地的高级人民法院（直辖市）或中级人民法院。

---

① 张之库、严怡娜、李慧：《第二十五届全国海事审判研讨会在大连进行》，《人民法院报》2017 年 6 月 16 日，第 1 版。

第三，海事司法公开的视野更加开阔。2017 年度，上海海事法院、广州海事法院、宁波海事法院的英文网站运行更加稳定，内容更加丰富，更新更加及时。2017 年 4 月，宁波海事法院首次以中英文双语形式发布《2016年浙江海事审判白皮书》，并通过法院门户网站用英文视频发布白皮书内容，及时发布典型涉外案例。2017 年 6 月，上海海事法院正式发布中英文版 2016 年度海事审判白皮书。2017 年 8 月，广州海事法院首次用三种语言发布海事审判白皮书。此外，海事法院也更加注重在外文平台上发布信息。除了 2016 年度海事司法透明度报告所提的《中国海事商事法律报告》（Chinese Maritime and Commercial Law Reports）外，由美国杜兰大学海商法研究中心和上海国际航运研究中心合作推出的"中国海事案例国际推广平台"① （www. chinesemaritimecases. com）也正式在美国上线。根据介绍，平台将对接中国 10 家海事法院，每年选取 100 个典型案例，将其翻译成英文并适当加上摘要及评述，免费提供给公众查阅。平台未来还将每年在美国出版一本案例集②。

但是，在取得明显进步的同时，2017 年度海事法院司法公开工作还存在以下不足。

第一，"僵尸栏目"众多的现象没有得到根本改善。一些海事法院网站栏目照搬地方法院的模板，没有考虑专门法院的特点，导致许多栏目要么闲置多年，要么信息错置。海事法院网站应结合海事审判工作的特点，合理设置网站栏目，及时更新相关信息。有的栏目，如《执行曝光》，若本年度确实没有可以更新的内容，则应加以说明并标注日期。

第二，发布平台分散的现象继续存在。例如，除了门户网站外，一些海事法院还开通了审判信息网、阳光司法网、诉讼服务平台等，但在门户网站上或无说明，或无链接，更新情况也不理想。又如，一些海事法院重视微信推送和媒体发布，但相关内容没有及时在网站上公开，这

---

① 原文用的是"判例"，考虑到我国并非判例法国家，本文改用"案例"。
② 《"中国海事判例国际推广平台"上线　向全球推广中国海事判例》，http：//www. sh. chinanews. com/spxw/2017 – 12 – 12/32791. shtml，最后访问日期：2017 年 12 月 26 日。

种做法既弱化了门户网站司法公开第一平台的地位，也增加了公众检索的成本。

第三，两极分化的格局日益明显。从五次评估的结果看，强者恒强、弱者更弱的格局更加明显。一些海事法院奋勇争先，志在夺冠，一些海事法院对透明度评估重视程度不够，积极性不高，排名连年下滑或长期低位徘徊，还有个别海事法院抱着得过且过、只要不垫底就行的态度。

四　板块评估结果

（一）审务公开

审务公开的指标及权重是：平台建设（35%）、人员信息（15%）、财务信息（15%）、年度报告与统计数据（25%）、规范性文件（10%）。在四大板块中，审务公开是2017年度评估平均得分最高的板块。

2017年9月1日，广州海事法院官方微信公众号正式上线。至此，全国10家海事法院的微信公众号均已开通并上线运行。截至评估结束，尚有一家海事法院的微信公众号在评估期间（2017年1月1日至2017年10月31日）没有有效推送过一条信息。上海、厦门、宁波、广州、武汉海事法院微信公众号推送的内容信息量大，点击率相对较高。从模式上看，上海、宁波海事法院的微信公众号和门户网站的同步性更强，值得其他海事法院借鉴。

海事审判白皮书的发布情况较为理想。2017年度，九家海事法院发布了海事审判白皮书。宁波海事法院、上海海事法院发布了双语白皮书，广州海事法院发布了三语白皮书，青岛海事法院发布《海事审判白皮书（2016）》，厦门海事法院发布了《2016年海事审判工作白皮书》，大连海事法院发布了《2016年度海事行政审判白皮书》，北海海事法院发布了《审判白皮书（2016）》，武汉海事法院发布了《2016年海事海商审判白皮书》，海口海事法院发布了《海事行政审判白皮书（2012～2016）》。除《浙江海事审判情况报告》外，宁波海事法院还发布了《宁波海事法院海上货运代理纠纷审判情况（2012年1月~2016年12月）》《舟山地区海事海商纠纷审判情况通报》《宁波海事法院温州法庭审判情况报告》《宁波海事法院台州法庭审判情况报告》《宁波海事法院船舶融资租赁合同纠纷审判状况》等多个专项或区域审判白皮书。

数据公开方面，宁波海事法院的做法值得推荐。从网站显示的情况看，宁波海事法院形成了相对完善的工作机制，一些信息的发布时间相对固定，如每月20日公布上月收接案件情况表等。

（二）立案庭审公开

立案庭审公开板块的评估指标及权重：诉讼指南（20%）、开庭公告（20%）、旁听（20%）、庭审直播（20%）、发布制度（10%）、庭审笔录（10%）。2017年度，立案庭审公开和文书公开是中国海事司法透明度指标体系中权重最高的板块，但遗憾的是，这一板块的得分情况并不理想，平均分勉强跨过及格线。

诉讼指南的公开状况相对较好。2016年2月24日，最高人民法院发布了《关于海事法院受理案件范围若干规定》。6家海事法院网站及时更新了诉讼指南，8家海事法院对诉讼指南进行了分类，方便公众查询。

庭审直播状况不能令人满意。从中国庭审公开网的记录看，评估期间，5家海事法院进行过庭审直播，4家海事法院在中国庭审公开网上找不到任何记录，一家海事法院虽能找到记录但在评估期间没有更新。

旁听公开不能令人满意。6家海事法院网站上搜索不到旁听规则。2017年度，公开庭审笔录的法院数量有所增加。上海、宁波、北海海事法院均在网站上公开了庭审笔录。

（三）文书公开

文书公开的评估指标及权重：中国裁判文书网链接（10%）、文书内容（30%）、典型案例（30%）、数据公开（30%）。

文书公开历来是中国海事司法透明度评估的重点。文书公开能满足公众的司法参与权和知情权，倒逼法官认真对待每一个案件，促进法律适用和裁判尺度的统一，引导民众合理解决纠纷①。

文书内容完整性评估结果令人满意，在随机抽查的 200 份文书中，没有发现一份文书是不完整的。但在文书内容信息处理方面，仍发现有文书对自然人信息未按要求处理、企业地址不明确的情况存在。

典型案例公开较 2016 年度有了明显的改进。2017 年度，绝大多数海事法院网站公开的案例评析数量超过十个。在公众号"海商法研究中心"推送的海事法院信息中，典型案例的点击率和留言数量相对较多，反映了公众对典型案例的关注和需求。

数据公开方面，裁判文书上网数据公开的情况优于反向公开的情况。7 家海事法院公开了裁判文书上网数据，4 家海事法院公开了不上网裁判文书的数据。

（四）执行公开

执行公开板块的指标和权重为：中国执行信息公开网链接（10%）、执行指南（20%）、终本案件（20%）、执行曝光（20%）、执行惩戒（20%）、执行举报（10%）。执行公开板块是 2017 年中国海事司法透明度评估得分最低的板块，10 家海事法院中，仅有 4 家海事法院跨过了及格线。

得分情况相对较好的是与中国执行信息公开网的链接。10 家海事法院中，8 家海事法院网站建立了与中国执行信息公开网的有效链接。在执行举报方面，8 家海事法院网站提供了邮箱或电话。

其他指标的得分都不甚理想。例如，与 2016 年度评估结果一样，仍然只有两家海事法院网站提供了执行流程。仅有 3 家海事法院公开了执行惩戒信息，4 家海事法院公开了终本案件的数据等。

---

① 史洪举：《裁判文书上网　让公平正义看得见》，《人民法院报》2018 年 1 月 6 日，第 2 版。

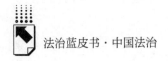

五　完善建议

中共十九大报告明确指出，要"坚持陆海统筹，加快建设海洋强国""推动形成全面开放新格局""以'一带一路'建设为重点""推进贸易强国建设""探索建设自由贸易港"等。上述工作的推进，给建设国际海事司法中心提供了历史性机遇。建设国际海事司法中心的核心是要把中国打造成为国际海事诉讼目的地，关键在于提高中国海事司法的公信力和国际影响力。

习近平总书记指出："执法司法越公开就越有权威和公信力。"① 作为中国司法的国际窗口，海事审判一直是国际社会关注的重点。中国裁判文书网大量的海外访问、英文版《中国海事商事法律报告》和"中国海事案例国际推广平台"的上线，都可以证明这种需求的真实存在。司法公开可以增进各国对中国司法和法治建设的深入了解，树立中国海事司法公平、公正、权威的良好形象，提升中国海事司法的公信力和国际影响力。

从外宾来访和最高人民法院领导出访的报道看，信息化、司法公开、案例互换是会谈中经常提及的议题。在《中国司法透明度指数报告》《中国海事司法透明度指数报告》连续多年的推动下，越来越多的海事法院开始重视司法公开工作，中国海事司法透明度不断提升。

针对评估中发现的问题，项目组建议重视以下方面的工作。

第一，明确海事法院院长是司法公开工作的第一责任人。从历年评估的结果看，"一把手"的重视程度与司法公开的评估结果密切相关。"一把手"重视司法公开的，排名情况通常较好。"一把手"重视程度不够或更换"一把手"的，排名通常会停滞不前甚至倒退。海事审判涉外性强，关系到中国司法的国际形象，海事司法公开理应得到更多的重视和关注。

---

① 《习近平眼中的"法治中国"》，http：//politics. people. com. cn/n/2014/1022/c1001 - 25889039. html，最后访问日期：2017 年 12 月 26 日。

第二，突出海事法院门户网站司法公开第一平台的地位，完善网站检索功能。从评估的结果看，目前能够做到在一个平台上公开全部信息的海事法院不多。项目组曾多次建议将海事法院门户网站明确为司法公开的基础平台，但效果并不理想。在信息爆炸的时代，平台建设应向集约化方向发展，同时应完善检索功能，降低公众获取信息的成本。海事法院可以在其他平台上发布信息，但应在门户网站上提供有效链接和说明。

第三，发布中英文年度海事审判白皮书和十大典型案例。随着中国综合国力的持续提升和开放程度的不断扩大，国际贸易界、海事界、法律界对中国海事案例的关注度不断提升。在司法领域，中国"逆差"严重。丰富的海事案例和审判经验是中国海事司法的优势所在。发布中英文海事审判白皮书和典型案例，可以向国际社会输出中国智慧，提供中国方案，形成中国规则。

新时代开启新征程，新时代呼唤新作为。中国海事审判进入历史上最好的发展时期。"一带一路"倡议和海洋强国战略的推进，既给国际海事司法中心建设提供了历史性机遇，也对中国海事司法提出了更高的要求。司法公开永远在路上，只有进行时，没有完成时。项目组将进一步完善中国海事司法透明度指标体系的科学性、中立性和客观性，提高评估的真实性、准确性和权威性，与各界携手，努力提升中国海事司法公信力和影响力，助力国际海事司法中心建设。

B.19
中国儿童权利保护状况及
第三方评估指标体系

中国社会科学院法学研究所法治指数创新工程项目组 *

摘　要：　儿童权是人权的重要组成部分，儿童权利保护需要依靠法律，
　　　　　其保护力度与效果直接关系到国家的未来。在国际法层面，
　　　　　中国已经加入以《儿童权利公约》为核心的儿童权利保护国
　　　　　际公法公约体系和由海牙国际私法会议牵头构建的儿童权利
　　　　　保护国际私法公约体系；在国内法层面，中国《宪法》和主
　　　　　要的部门法中均有对儿童权利保护的特别规定，儿童权利保
　　　　　护专门性法律也在《未成年人保护法》《预防未成年人犯罪
　　　　　法》基础上日趋完善；此外，一些政策性文件对儿童权利保
　　　　　护同样意义重大。以实证的方法构建评估中国儿童权利法律
　　　　　保护状况的指标体系能够客观反映中国儿童权利保护的成就
　　　　　与问题，推动中国儿童权利法律保护理论与实践走向更高水
　　　　　平。

关键词：　儿童权　人权　法治保障　实证法学

---

* 项目组负责人：田禾，中国社会科学院国家法治指数研究中心主任，法学研究所研究员；吕
艳滨，中国社会科学院法学研究所研究员、法治国情调研室主任。项目组成员：王小梅、栗
燕杰、胡昌明、徐斌、刘雁鹏、王祎茗等。执笔人：王祎茗，中国社会科学院法学研究所助
理研究员；田禾；吕艳滨。

20 世纪是儿童的世纪，在人类发展史这一百年中，儿童及儿童权利得到了前所未有的重视与保护，法律对于儿童权利的保护机制得以全方位建立，这对儿童在整个人群中地位的提升功不可没。

关于儿童的定义，在 20 世纪历经各种国际公约的不断探讨界定而逐渐趋于统一，区分儿童与成人的标准也由年龄与婚姻状况并存转为单一的年龄标准。

1958 年《抚养儿童义务判决的承认和执行公约》规定："本公约目的在于保证各缔约国互相承认和执行，因年未满二十一周岁、未婚的婚生子女、非婚生子女或养子女要求抚养而提出国际性或国内性诉讼时所作的判决。"[①] 1965 年《收养管辖权、法律适用和判决承认公约》也作出了类似规定。《儿童权利公约》规定："为本公约之目的，儿童系指 18 岁以下的任何人，除非对其适用之法律规定成年年龄低于 18 岁。"[②] 由于《儿童权利公约》的国际影响力较大，以年龄定义儿童的标准于其后成为通说。

儿童的定义虽简单，但其背后的隐含价值于国家而言意义深远。为什么要定义儿童？因为成年人是一国之现状与既定事实，儿童则毋庸置疑是关乎国家未来命运的特殊群体，潜力无限。从人口资源的角度讲，成长中的儿童能否得到妥善照顾及其素质培养之高下是决定一国未来走向及其国际地位的核心要素。从儿童自身角度讲，受能力限制，儿童群体理应得到成人群体的特别关注和全方位保护，同时这种关注和保护也是国家和政府的重要职责，儿童权应是一国人权保障策略和行动的重中之重。反过来讲，儿童权的保障状况是检验一国人权保障状况的试金石。国家关爱儿童、保障儿童权利，不仅仅是出于对未来利益的考虑，更是其人权保障的职责义务所在，而保障基本人权是国家政权的合法性基础。

---

① 中国共产主义青年团中央委员会、中华人民共和国国务院法制局编《中华人民共和国未成年人保护法规汇编》，法律出版社，1992，第 940 页。

② 中国社会科学院法学研究所编译《国际人权文件与国际人权机构》，社会科学文献出版社，1993，第 410 页。

将不超过 18 岁作为标准定义儿童，从而将其与成人区分开来只是一个逻辑起点，以便将儿童权利单独列出予以特殊保护。成人的权利只有一部分可以算作基本人权的范畴，但儿童权利几乎全部可以纳入基本人权范畴。关于人权的概念至今未有定论，人权概念只有接受程度之别，但没有任何一个概念能够得到普遍接受。中国对于人权的官方定义为："一般说来，人权是在一定的社会历史条件下，每个人按其本质和尊严享有或应该享有的基本权利。"① 对于人权概念界定之困难也是学界通识。

但在儿童权属于人权的界定上各方意见却高度一致。1948 年联合国颁布的《世界人权宣言》第 25 条第 2 款和 1993 年联合国第二次世界人权大会通过的《维也纳宣言》也作出了类似规定。在人权框架下对儿童权利予以特殊保护是国际社会的共识。为数不少的人权文件都专门提及儿童，并规定对其进行特殊保护。

近年来人权主流化成为世界潮流，人权成为社会主流话语，无论是发达国家还是发展中国家都概莫能外。在儿童权领域，人权主流化表现为儿童权利日益得到国际社会和各国政府的重视，儿童权研究和理论发展自 20 世纪起加速并取得重大突破，国际法和各国国内法均有所行动，出台了儿童权利保护的专门法律文件。

1989 年联合国大会通过的《儿童权利公约》是第一个专门保障儿童权利的国际公约，其内容涵盖公民、文化、经济、政治和社会权利等全部基本人权类型。这一公约的深远意义在于突出人权中首要的但经常为成人所忽视的儿童权利的特殊地位，对儿童权利概念给予必要的澄清，提醒成人世界对儿童权利给予特殊关注，也是成人群体对儿童群体的庄严承诺。该公约确立了儿童权利保护的四项核心原则：无歧视原则、儿童最大利益原则、尊重儿童基本权利原则、尊重儿童观点原则。这四项基本原则成为日后国际法以及缔约国国内儿童权利立法的指导性原则，公约中阐述的每项权利都是维护和

---

① 姜伟：《完善人权司法保障制度》，载《〈中共中央关于全面深化改革若干重大问题的决定〉辅导读本》，人民出版社，2013，第 222 页。

保障儿童的人格尊严与健康发展所固有的。《儿童权利公约》问世以来，全球儿童的生存和发展状况已得到极大改善。

一 中国儿童权利保护法律架构

（一）中国儿童权利保护的国际法框架

1. 儿童权利保护国际公法公约

就目前中国加入的保护儿童权利的国际公约而言，《儿童权利公约》是毋庸置疑的基础与核心。1991 年 12 月，第七届全国人民代表大会常务委员会第二十三次会议决定批准中国加入《儿童权利公约》，该公约于 1992 年 4 月 2 日起对中国生效。该公约规定了生存权、受保护权、发展权和参与权这四种最基本的儿童权利。2000 年 5 月，联合国大会针对国际社会普遍存在的侵害儿童权利的重点与热点问题，在《儿童权利公约》的基础上通过了《关于儿童卷入武装冲突问题的任择议定书》和《关于买卖儿童、儿童卖淫和儿童色情制品问题的任择议定书》，中国也选择加入这两项议定书。

自加入该公约以来，中国政府务实履行公约中的各项规定和义务，定期向联合国提交中国关于《儿童权利公约》执行情况的报告，并向国际社会和中国国内公众开放该报告。加入公约以来，中国将"儿童最大利益"原则放在首位，在政策、法律等多个维度一贯坚持儿童优先，落实儿童优先发展战略，极大地推动了中国儿童各项权利的实现，中国儿童权利保障在公约的带动下不断走向更高阶段。中国最近一次报告履约情况是 2010 年向国际儿童权利委员会提交了《中国关于〈儿童权利公约〉执行情况的第三、四次合并报告》，该委员会于 2013 年审查了中国政府提交的报告并提出了相关建议。

除《儿童权利公约》外，1985 年联合国《少年司法最低限度标准规则》（《北京规则》）、1988 年联合国《预防少年犯罪准则》、1990 年《联合国保护被剥夺自由少年规则》都是中国已经加入的重要国际公法文件。

2. 儿童权利保护国际私法公约

儿童权利保护的国际私法制度主要依靠海牙国际私法会议牵头构建。海牙国际私法会议是全球性政府间的非政府组织，以促进家庭立法和保护儿童为己任，致力于推动解决家庭与儿童的国际保护问题。在其已经建立的儿童权利保护国际私法公约体系中，中国政府加入了 1993 年《海牙跨国收养公约》，中国香港特别行政区、澳门特别行政区均分别加入了《海牙跨国收养公约》《海牙诱拐儿童公约》①。

3. 儿童权保护的国际法实施机制

国际法在国内的落实需借助国内法的转化，中国对儿童权利保护国际公约的转化有明确的政策依据②。而儿童权利保护的海牙公约则建立起以缔约国中央机关为核心的国际私法与行政合作机制，通过规定缔约国中央机关的职责和工作程序来实现公约对缔约国儿童的保护。中国承担国际法上儿童权利保护义务的主体主要有中央人民政府、民政部等中央国家机关及其下属机构和委派机构、特别行政区政府和相关机构等。

（二）中国儿童权利保护的国内法框架法律体系

1. 中国现有儿童权利保护法律体系

宪法是国家的根本大法，国家以根本大法的形式专门提出对儿童权利的保护足以彰显儿童群体的特殊法律地位及其权利的重要性。中国《宪法》有多条涉及儿童权利的保护，如《宪法》第 46 条、48 条、49 条就儿童受教育权、受保护权、受抚养权和免受虐待的权利、女童权利作了基础性的规定。《宪法》的重视和特殊保护为建立健全周密的儿童权利保护法律体系打下了基础、定下了基调。《刑法》《民法总则》《民事诉讼法》《婚姻法》

---

① 参见汪金兰《儿童权利保护的国际私法公约及其实施机制研究——以海牙公约为例》，法律出版社，2014，第 201~205 页。
② 第七届全国人民代表大会常务委员会第 23 次会议决定批准中国加入《儿童权利公约》时即声明：中华人民共和国将在符合其《宪法》第 25 条关于计划生育的规定的前提下，并根据《未成年人保护法》第 2 条的规定，履行《儿童权利公约》第 6 条所规定的义务。

《收养法》《反家庭暴力法》《义务教育法》等基础性法律中涉及儿童的条款为数不少且都经过了仔细求证，以确保对儿童权利进行有别于成人的特殊保护。中国保护儿童权利的专门性法律目前有 2 部。其一是 1991 年制定、2006 年修订的《未成年人保护法》，该法被誉为保护儿童权利的"小宪法"。其二是 1999 年制定的《预防未成年人犯罪法》，该法以保障未成年人身心健康，培养未成年人良好品行，有效预防未成年人犯罪为立法目的。除法律之外，通过行政法规、部门规章、地方性法规、司法解释等法律形式，中国立法编织起保护儿童权利的法网，中国的儿童权利保护法律体系已经建立并较为完备。

立法之外的一些政策性文件对于中国儿童权利的保护同样意义重大，如《中国儿童发展纲要（2001～2010 年）》《中国儿童发展纲要（2011～2020 年）》《国家人权行动纲要（2012～2015 年）》《反对拐卖人口行动计划（2013～2020 年）》《国务院关于加强困境儿童保障工作的意见》《中国教育改革和发展纲要》，等等。相关政府部门和社会组织也相继制定一系列针对性的规划，如国务院残疾人工作协调委员会组织有关部门制定的《残疾人事业"九五"计划纲要》、卫生部出台的《中华人民共和国腹泻病控制规划》、国家卫生和计划生育委员会出台的《全国儿童急性呼吸道感染防治规划纲要》，等等。2006 年制定的《国民经济和社会发展第十一个五年规划纲要》提出："实施儿童发展纲要，依法保障儿童生存权、发展权、受保护权和参与权，改善儿童成长环境，促进儿童身心健康发展。"省级政府层面纷纷以此为指引出台本地区儿童权利保护的发展规划。这些政策性文件是中国政府根据特定时期的现实需要，为保障儿童权利所采取的一系列针对性举措，为相关儿童权利保护法律法规的顺利实施提供保障和动力。

2. 中国现有儿童权利保护实施机制

国务院妇女儿童工作委员会是国家层面的儿童权利保护工作综合协调机构，该委员会由 35 个成员单位组成，由国务院副总理或国务委员担任主任，专司妇女儿童事业，协调和推动政府有关部门制定和执行事关妇女儿童的各项法律法规和政策措施。此外，在国家层面还有预防青少年违法犯罪领导小组等负责专门事项的工作机构。在地方，"目前有 29 个省、自治区、直辖市和 71% 的地、市、县设立了未成年人保护委员会或者青少年教育保护委员会。全国自上而下设立了各级妇女儿童工作委员会、预防青少年违法犯罪工作领导小组、未成年人思想道德建设工作机构和关心下一代工作委员会"①。各级政府的教育部门、民政部门、卫生部门、文化部门、人力资源和社会保障部门，以及各级司法机关都有专门办理儿童、青少年或未成年人事务的专门机构或专门办事机制。国家层面和 31 个省份都成立了《中国儿童发展纲要》实施效果监测评估机构，每年对中国儿童发展的各项指标进行监测、统计和评估。

保护儿童权利不仅是政府的责任，更是全社会的共同责任。因此，中国儿童权利保护机制也是覆盖社会各个层面的联动机制。妇联、共青团等社会团体在这方面发挥了举足轻重的作用，村民委员会、居民委员会等基层组织也始终处在儿童权利保护工作的第一线。此外，儿童权利保护组织在儿童权利保护工作中的作用日益凸显，未来将形成"以政府为主导，民间组织为主力，社区为根据地，家庭、学校为后盾，儿童为中心，社会为保障"的"一体、两翼、两后盾、一中心、一保障"全社会共同参与新模式②。

二　中国儿童权利保护现状

（一）中国儿童权利保护取得的成效

中国儿童的生存权得到妥善保护，儿童的健康权保护成效显著。国家统计局于 2016 年 10 月发布的《〈中国儿童发展纲要（2011～2020 年）〉中期

---

① 《全国人大常委会执法检查组关于检查〈中华人民共和国未成年人保护法〉实施情况的报告》，中国网，http：//www. china. com. cn/policy/txt/2008 - 09/16/content_ 16464513. htm，最后访问日期：2017 年 12 月 2 日。
② 《联合国〈儿童权利公约〉在中国正式生效 20 周年》，人民网，http：//society. people. com. cn/n/2012/1120/c1008 - 19637530. html，最后访问日期：2017 年 12 月 2 日。

统计监测报告》（以下简称《监测报告》）显示，2015 年，中国婴儿死亡率为 8.1‰，5 岁以下儿童死亡率为 10.7‰，与 2010 年比分别下降 5‰和 5.7‰。2015 年，全国 18 岁以下儿童伤害死亡率为 15.82/10 万，比 2010 年降低 6.59 个十万分点。中国儿童的生命质量逐年提升，生命权保障愈发有力。2015 年，儿童出生低体重率为 2.64%，5 岁以下儿童低体重率为 1.49%，已提前实现"低出生体重发生率控制在 4% 以下，低体重率降低到 5% 以下"的既定目标。0 ~ 6 个月婴儿纯母乳喂养率已超过 50% 的既定目标。5 岁以下儿童贫血患病率为 4.79%，明显低于"5 岁以下儿童贫血患病率控制在 12% 以下"的既定目标。此外，中国积极采取多项措施预防出生缺陷和残疾，孕产期保健、出生缺陷监测、新生儿保健和疾病筛查等措施有效预防和减少了儿童残疾的发生。

中国儿童受教育权保护进步明显。《监测报告》显示：中国政府重视儿童教育，致力于推进教育改革，中国教育在学前教育、义务教育、特殊教育、高中阶段教育等方面取得全方位进展。学前三年毛入园率持续提高，2015 年该比例为 75%，超过既定目标 5 个百分点。全国城市公办幼儿园、农村公办幼儿园数量分别比 2010 年增长 74% 和 57%。全国学前教育学校、学前教育专任教师、学前教育在校学生数量呈快速增长态势。九年义务教育普及率不断提高，2015 年，九年义务教育人口覆盖率已达 100%，义务教育巩固率达到 93%。2015 年，全国高中阶段毛入学率达 87%，高中教育投入持续增加。《中华人民共和国关于〈儿童权利公约〉执行情况的第三、四次合并报告》指出，中国政府在保障女童、残疾儿童、贫困儿童、患病儿童、少数民族儿童教育公平方面采取了专门的措施。

中国儿童福利日益提升。首先，中国强化对儿童福利机构的管理，出台了《关于制定福利机构儿童最低养育标准的指导意见》《社会福利机构管理暂行办法》《儿童社会福利机构基本规范》《关于加强孤儿救助工作的意见》《关于制定孤儿最低养育标准的通知》等文件。其次，完善儿童福利机构功能，由单纯养育型向"养育、医疗、特殊教育、康复"及技能培训等多功能型转变。最后，创新养护模式，开展社工培训。中国儿童福利事业取得了儿童福利机构数量增加、孤儿人数减少、残疾儿童专业康复服务能力提高的新进展。此外，国家免疫规划规定接种的各类疫苗接种率保持在99%以上。困境儿童救助工作受到中共中央、国务院高度重视，在《国务院关于加强困境儿童保障工作的意见》的指引下，家庭尽责、政府主导、社会参与的困境儿童保障工作格局正在形成。

中国儿童生存的社会环境更加安全。中国儿童的生存环境得到持续改善，鉴于国家经济发展、环境污染治理取得成效，对儿童重视程度不断提高，儿童生存环境安全程度随之提升。随着教育法治建设的推进，"依法治校"工作的深入开展，儿童接受教育的校园环境也更加安全有序。针对儿童的出版物、音乐影视作品不断涌现，网络和新媒体技术的普及为儿童认知能力的提升创造了绝佳条件。与此同时，政府对儿童信息环境的监管从未松懈，严格审定内容、净化网络空间等行动为儿童营造了积极向上的信息环境。

中国儿童司法保护机制日益完善。为适应儿童特殊的身心特征和发展需要，公安机关、人民检察院、人民法院、看守所和监狱等司法机关纷纷出台专门制度，在司法全流程中实现了对儿童的特殊照顾与保护。例如，建立未成年人专门司法机构（未成年人刑事检察科、少年审判庭），儿童法律援助和司法救助机制得到完善，初步形成了未成年人司法保护社会联动机制，等等。《监测报告》数据显示，2015年，得到法律机构援助的未成年人数为14.6万余人，与2010年相比增幅达66%。未成年人犯罪人数和占比持续下降。

（二）中国儿童权利保护存在的问题

中国在儿童权利保护方面取得的进展与成绩有目共睹，但这项工作任重而道远且永远没有终点，在发展过程中仍存在诸多问题与不足，需要予以关注并在今后逐一解决。

首先，全社会儿童权利保护的意识有待提升。一方面，虽然人类命运共同体对儿童给予特殊关注与照顾是不分种族和文化的共同传统，但儿童权利保护理念是不断发展的，儿童权利保护理论时有更新。另一方面，中国有自己的发展路径与节奏，也有个性化的制度设计与长远安排。近年来一些热点事件反映出的亲子关系紧张、儿童之间矛盾引起的成人间的过度反应、家长与学校及政府的冲突等均反映了社会意识在转变过程中出现了失序现象，儿童权利保护在适应本国国情的前提下要始终站在世界前列，需要全社会儿童权利保护意识的持续更新与提升。

其次，儿童权利保护的均等化问题亟待解决。第一，中国经济发展的区域差异导致儿童权利保护存在区域间的不平衡现象。地区差异、城乡差异体现在儿童死亡率、义务教育普及率、医疗资源分布、社会福利、财政投入等多个方面。第二，不同年龄阶段儿童权利保障需求的满足程度存在差异。比如，学龄前儿童公立教育资源不足，私立教育机构的有效监管仍存盲点，义务教育阶段校园霸凌现象需要法律迅速予以应对，高中教育和职业教育水平有待提升。第三，对不同儿童群体进行个性化照顾的机制与环境仍不理想。比如，对各类困境儿童的关照体系还不健全。困境儿童产生的原因具有复杂性和多样性，残疾儿童康复，留守儿童监护、受教育，流动儿童受教育、犯罪预防、艾滋孤儿医疗救助、监护，女童受教育、避免遭受性侵害，等等。这些都需要相关制度安排，相应地需要政策倾斜和财政投入的持续增加。

最后，儿童权利保护的文化环境有待改善。信息时代的来临对儿童成长而言是双刃剑，其积极影响显而易见，其负面作用也需要高度重视和积极预防。信息爆炸、文化多元容易给成长中的儿童造成价值观混乱、心理失衡等影响，而一些"负能量"、暴力淫秽信息等也在地下网络中悄然传播，直接危害青少年精神健康。如何有效治理网络信息乱象，净化文化环境，让儿童在健康的文化氛围内成长，是全社会共同面临的难题。

三 儿童权利保护评价指标体系

中国社会科学院国家法治指数研究中心（以下简称"中心"）长期积极

开展实证法学研究，坚持以实为本的作风和优良传统。为客观评价中国儿童权利保障状况，中心研发了儿童权利保护指标体系。中国儿童权利保护评估指标体系（以下简称"儿童权指标体系"）是中心人权指标体系宏伟蓝图的一部分，其开发历时一年。

（一）设立宗旨

儿童权指标体系的设立宗旨在于真实反映中国儿童权利保护现实状况，一方面展示中国儿童权利保护工作取得的成绩和中国儿童生活、教育等方面的全面改善；另一方面通过客观的数据和对比性的分析发现中国儿童权利保护实践中存在的问题，后续针对问题提出对策，从而为未来中国儿童权利保护工作指明方向。指标体系的发布和评估工作最终希望达到的社会效果是引起全社会对儿童权利保护的重视，增强公众对儿童权利保护法治的信心，让有关部门及时掌握儿童权利保护法律及政策的实施效果，并为其调整法律和政策或制定新的法律和政策提供依据和建议，最终推动中国儿童权利保护走向更高水平。

（二）设立原则

1. 依法设定

儿童权指标体系依法设定是逻辑前提和指标体系正当性与科学性的先决条件。依法设定原则是指所有指标均有明确的法律法规、政策文件作为依据或者源自其原则性规定，不得随意创设。设定儿童权指标体系的依据包括法律、行政法规、部门规章等等，如《宪法》《未成年人保护法》《疫苗流通和预防接种管理条例》《全国儿童保健工作规范（试行）》等等。一些涉及儿童权利保护的重要政策性文件也是儿童权指标体系的当然依据，如《国家人权行动纲要（2012~2015年）》《中国儿童发展纲要（2011~2020年）》《反对拐卖人口行动计划（2013~2020年）》等等。

2. 客观公正

儿童权指标体系的问世，旨在通过客观、真实、可验证、可回溯的数据，准确反映当前中国在儿童权保护方面取得的成效和存在的问题。一方面，满足社会公众的知情权，避免其被不实言论误导；另一方面，为政府部门提供策略抉择的量化标准和客观依据，辅助其有效开展未成年人保护工作，附带提升其应对突发舆情、维持社会稳定的能力。较之于以往常用的满意度调查等评估方法时常失于主观与偏颇的弊端，这种客观的评估方法更具有科学价值和指导意义。

3. 重点突出

儿童权利概念内涵丰富，外延广泛，评估不可能做到事无巨细面面俱到，只能抽取儿童权利中具有支柱性的框架性权利和事关儿童生存、发展、日常生活的基本权利等重要方面作为评估对象，由此形成对中国儿童权利保护状况的宏观描述及对其未来走向的大致判断。现有指标体系的任何一个方面均有可能发展成为系统的独立指标体系，这项工作有待成熟的框架性指标体系的切实运行与实践检验，也是儿童权指标体系的未来发展方向。

4. 适度前瞻

儿童权指标体系的设计初衷不仅仅立足现状，更希望能着眼于未来。因此，一些指标的设计会对标《国际儿童权利保护公约》和国内儿童权利保护性法律法规中较为先进甚至可以说是超前的引导性规定，由此帮助评估对象及时认清问题，找准发展方向。

（三）指标简介

儿童权指标体系立足国内，因而在一级指标设计上以《中国儿童发展纲要（2011～2020年）》所确定的目标策略为基本架构，共分为生存权、受教育权、儿童福利、社会环境权、司法保护五个一级指标，其下设二级、三级、四级指标，四级指标多达百余项。具体的指标背后均有详尽的法律法规和政策依据。预计于2018年正式启动的评估将选取一部分指标作为参数，对全国除港澳台外的 31 个省级行政区的儿童权利保护工作进行检验。

1. 生存权

生存权是首要的人权，也是最基本的儿童权利。在此本指标体系采纳的是生存权的狭义概念，即仅指生命权和适当限度的健康权。

（1）生命权。生命权是儿童享有一切权利的先决条件。《儿童权利公约》规定："缔约国确认每个儿童均有固有的生命权。缔约国应最大限度地确保儿童的存活与发展。"《中国儿童发展纲要（2011～2020 年）》首先提出了降低婴儿、儿童死亡率的要求。

（2）健康权。《儿童权利公约》规定："缔约国确认儿童有权享有可达到的最高标准的健康，并享有医疗和康复设施"，并于其后提出 6 项具体目标。此外，还有 5 处专门提及儿童的健康，对儿童的身心健康可谓特别关注。《中国儿童发展纲要（2011～2020 年）》针对增进儿童健康状况提出的目标和策略措施较之其他部分更加细致具体。

2. 受教育权

受教育权是发展权的重中之重，受教育程度决定了儿童人生之路的基本走向。《儿童权利公约》和《中国儿童发展纲要（2011～2020 年）》均对保障儿童受教育权作出了明确的规定，因为儿童的未来就是国家和世界的未来。儿童的成长是分为不同阶段的，不同成长阶段的儿童需要与其身心发展相适应的教育资源供给，因此受教育权一级指标之下按照儿童受教育的部分阶段分为学前教育、义务教育、高中教育三个二级指标，二级指标以下则依据法律法规和相关政策针对不同教育阶段的不同要求设立。

（1）学前教育。学前教育发展水平较低是无法回避的现实，幼儿园、学前班都存在诸多问题，教师数量不足、素质参差不齐、硬件设施建设水平有待提高、安全隐患有待排除、管理制度不健全、相关法律法规缺位等问题是现阶段发展学前教育的"硬伤"。《中国儿童发展纲要（2011～2020 年）》提出了学前教育工作的总体要求，"促进 0～3 岁儿童早期综合发展。基本普及学前教育。学前三年毛入园率达到 70%，学前一年毛入园率达到

95%；增加城市公办幼儿园数量，农村每个乡镇建立并办好公办中心幼儿园和村幼儿园"，一些省份也针对自身学前教育存在的问题制定了相应对策。

（2）义务教育。义务教育是各个教育阶段中的重头戏，是决定未来公民整体素质的基础教育。中国政府历来重视义务教育的普及及其质量的不断提高。但是义务教育同样存在地区发展不平衡的问题，部分儿童接受义务教育情况不容乐观，如农村留守儿童、流动儿童和残疾儿童的就学问题就一直困扰着地方政府。《中国儿童发展纲要（2011～2020年)》响应国家"十二五"规划的要求，提出了义务教育巩固率①需要达到的目标，并特别提出了确保困境儿童充分接受义务教育的任务目标。

（3）高中教育。义务教育的年限通常会随经济社会发展水平的提高而延长，近年来高中免费教育在广东、浙江等省份取得了良好效果，普及十二年义务教育的呼声也越来越高。高中教育的普及代表了国家教育的发展水平，也从一个侧面展示了国家经济社会的发展状况，同时还是群众对教育资源需求不断扩大、对其要求不断提升的表现。《中国儿童发展纲要（2011～2020年)》提出了高中毛入学率达到90%的要求，对于当今中国而言可谓合理。中等职业教育属于广义的高中教育，能够更好地实现因材施教，为国家培育更多的专业技术人才，弥补了目前专业技术人才严重不足的缺陷。长期以来，职业教育作为高中教育的副产品存在，办学质量提升缓慢，人才培养模式滞后，既难以争取到优质生源，也无法大量培养素质过硬的专业技术人才。基于对职业教育现状的清醒认识，《中国儿童发展纲要（2011～2020年)》提出扩大职业教育规模、提升办学质量的要求。

3. 儿童福利

福利的概念有广义和狭义之分："广义的社会福利是指国家依法为全体公民普遍提供的一种旨在保障一定的生活水平和尽可能提高生活质量的现金和服务的社会保障制度；狭义的社会福利是具体指为老年人、残疾人、妇女

---

① 九年义务教育巩固率＝毕业人数÷入学人数（含正常流动生）×100%。

儿童以及精神病人等特殊群体提供的社会服务。"① 相应地，儿童福利也有广义与狭义之别。在儿童权指标体系中，儿童福利遵循中国国情语境下的惯常用法采纳其狭义概念，即政府对儿童群体提供的社会服务。

（1）儿童保健。随着生活水平的不断提高，健康、保健日益引起人们的重视，儿童保健更是如此。但是儿童保健领域不断暴露出问题和短板，首当其冲的就是儿童用毒疫苗事件，该事件反映出儿童保健工作仍缺乏全流程的法律制度机制予以保障。《中国儿童发展纲要（2011～2020年）》提出了提高儿童身心健康素养的若干具体措施，为法制的进一步细化指出了方向。

（2）困境儿童救助。2016年国务院发布《关于加强困境儿童保障工作的意见》，被重点关注和保障的包括"因家庭贫困导致生活、就医、就学等困难的儿童，因自身残疾导致康复、照料、护理和社会融入等困难的儿童，以及因家庭监护缺失或监护不当遭受虐待、遗弃、意外伤害、不法侵害等导致人身安全受到威胁或侵害的儿童"，从生活、医疗、教育、监护、残疾儿童社会福利服务等多个方面对困境儿童施以全方位的救助与支援。

4. 社会环境权

儿童的社会环境权是一个宽泛的概念，涉及全社会对儿童施以保护和照顾的方方面面。按照儿童生活的不同时空维度上述概念可以分为实体社会环境安全和虚拟社会环境安全，实体社会环境安全主要涵盖生存环境安全和校园环境安全两类，虚拟社会环境安全主要指传媒、网络等信息环境对儿童成长是否有益。

（1）安全的生存环境。儿童在体力智力上相对成人处于弱势，因而其衣食住行都需要特别关注和专门的社会保护机制保障。儿童食品药品安全问题、儿童服装玩具用品安全问题引发的社会矛盾不时出现，暴露了相关法律制度的缺失或执法力度不足的弊病。衣食住行这些基本生存需求足够安全是全社会呵护儿童、保障其健康成长的首要前提，要达到这个目标需要立法和执法提供双重法治保障。

---

① 谢冰主编《社会保障概论》，武汉大学出版社，2015，第327页。

（2）安全的校园环境。学校是家庭之外儿童成长时间最长的场所，儿童在校园中遭受的伤害某种程度上说比在家庭中可能性更大。诸如校园霸凌、未成年人犯罪等现象已逐渐成为令家长、学校、政府部门都深感头痛的棘手问题。依法治校是应运而生的对策性举措，但如何细化、落实依法治校的要求，各地都在探索之中。江苏等地的有益经验值得通过评估的方式予以肯定并向全国推广。

（3）安全的信息环境。互联网时代的到来极大地改变了人们的生活，为生产生活带来了前所未有的高效率和快节奏，成为儿童足不出户便能够认知世界的重要途径；但信息爆炸也同时带来了一些弊端，各类信息不分好坏泥沙俱下，信息分类和管理技术手段缺失，均会对大众心理造成一定影响，特别是缺乏辨别能力和自控能力的儿童更易受到不良信息的侵害，引发严重的心理问题，甚至在行为上出现偏差。如何在虚拟世界护卫儿童心理健康是摆在法治面前的时代命题。一些新媒体技术的出现一方面加重了上述不良影响，但另一方面，如果新信息技术运用得好，又能够在促进儿童全方位发展中发挥事半功倍的效果。通过法律手段充分发挥信息技术的优势，遏制其不良影响是当前儿童权利保护工作的重点。

5. 司法保护

对儿童的司法保护是指对身处司法程序中的儿童的特别保护，实施儿童司法保护的主体主要有公安机关、人民检察院、人民法院、看守所、监狱等等。《未成年人保护法》第50条明确规定了公安机关、人民检察院、人民法院以及司法行政部门保护涉诉未成年人权利的义务。各个司法机关陆续出台了特别规定予以落实，如《公安机关办理未成年人违法犯罪案件的规定》《检察机关加强未成年人司法保护八项措施》《最高人民检察院关于进一步加强未成年人刑事检察工作的通知》《最高人民法院关于审理未成年人刑事案件具体应用法律若干问题的解释》等。未成年人司法保护的特殊制度主要有：案件专门机构或专人负责制度、法律援助制度和听取律师意见制度、合适成年人到场制度、慎诉少捕及逮捕必要性证明制度、社会调查报告制度、不起诉及附条件不起诉制度、案件快速办理制度、犯罪记录封存制度、

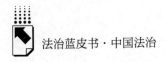

社会观护制度、分管分押制度。在此基础上，不少先行先试地区已建立起与未成年人司法工作相关的社会保护联动机制。

附表：

中国儿童权利保护评估指标体系

一级指标	二级指标
生存权	生命权
	健康权
受教育权	学前教育
	义务教育
	高中教育
儿童福利	儿童保健
	困境儿童救助
社会环境权	生存环境
	校园环境
	信息环境
司法保护	公安机关的司法保护
	检察机关的司法保护
	人民法院的司法保护
	看守所、监狱的司法保护
	未成年人司法保护联动机制

法治国情调研

Investigation of the Rule of Law

B.20

重塑基层治理新范式

——杭州市余杭区信息化助力依法治理调研报告

中国社会科学院法学研究所法治指数创新工程项目组*

摘　要： 信息化作为实现国家治理体系和治理能力现代化的必备要素，为国家治理转型升级带来了空前机遇。浙江省杭州市余杭区按照基层治理法治化的要求，立足需求导向，有计划、有步骤推进治理体系智慧化建设，有效应对了基层治理亟待解决的问题。未来应继续坚持大融合、大共享、大应用思路，逐步推进基层治理的感知智能化、管理精准化、服务便捷化，

* 项目组负责人：田禾，中国社会科学院国家法治指数研究中心主任、法学研究所研究员；吕艳滨，中国社会科学院法学研究所研究员、法治国情调研室主任。项目组成员：王小梅、栗燕杰、徐斌、刘雁鹏、胡昌明、王祎茗、李鹰、田纯才等。执笔人：李鹰，中国社会科学院法学研究所博士后研究人员；王祎茗，中国社会科学院法学研究所助理研究员。

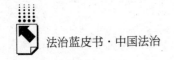

不断提升社会治理的智慧化、法治化水平。

关键词： 信息化　社会治理　公共服务　依法治理

信息技术的应用从根本上改变了世界面貌，信息资源已成为战略性资源，对信息资源的掌握程度和应用水平决定了国家和政府的国际竞争力，政府信息化则是实现国家治理能力现代化的必由之路。

传统社会治理模式有其固有弊端，如主要依靠行政命令自上而下单向推行，缺乏与群众的有效互动，无法及时准确地掌握民情民意有可能导致政府决策脱离群众、出现偏差。社会快速发展、人员流动性大、社会成员诉求多元化给传统模式带来严峻挑战。面对与日俱增的监管任务，人少事多矛盾凸显，财政开支不堪重负。互联网和信息技术的快速发展与广泛应用，为政府治理模式转型升级、克服原有弊端提供了可能。习近平总书记指出："随着互联网特别是移动互联网的发展，社会治理模式正在从单向管理转向双向互动，从线下转向线上线下融合，从单纯的政府监管向更加注重社会协同治理转变。"

毋庸置疑，信息的获取、传递以及处理，对于社会治理法治化而言，已经成为核心内容。建立健全信息化保障机制，充分运用云计算、大数据等技术，加强信息一体化整合，提升信息化保障和应用水平，全面助力提升社会治理现代化水平，也是互联网时代科学决策、依法行政、司法公正的重要命题。

浙江省杭州市位于有"中国经济发展重要引擎"美誉的长江三角洲，杭州都市圈是全国首个都市圈经济转型升级的综合改革试点。隶属于杭州市的余杭区各项经济社会发展指标位居浙江省前列，入选 2017 年全国综合实力百强区。卓越的发展成效得益于余杭区政府先行先试、积极谋求转变的实践探索，为提升基层治理能力，化解发展中遇到的各种难题，余杭区积极谋划借力信息化提升基层依法治理能力。

一 搭建信息共享平台，纵横捭阖创新机制

（一）系统升级

街道自建系统改造升级，成为区级系统的子系统，实现上下层级间的信息共享。"良安通"系统原为良渚街道主导开发，最初用于加强街道所辖范围内各村（社区）和企业的联系，明确村（社区）和企业检查、自查任务与落实情况。2015年余杭区安全生产监督管理局将已有街道安全生产管理平台升级为全区区级层面的"余杭区良安通"系统，定位于"良好的基层安全生产信息沟通平台"，探索用"互联网＋安全监管"模式，并作为镇街联系村（社区）、规模以上企业的工作系统，纳入全区安全生产信息化管理系统。目前全区企业都纳入了安全生产信息库管理，"良安通"作为镇街与村（社区）、企业的信息沟通平台，不仅创造性地解决了基层安全生产措施落实难的问题，大幅增强了基层安全监管力度，还补充加强了镇街到村（社区）和企业的信息沟通，为全区安全生产信息化各项系统提供了最基础的第一手信息资源，为下一步区级层面开展"互联网＋公共安全监管"模式积累经验。

（二）横向联动

线下纠纷处理模式转化为线上部门联动平台，打通跨部门的信息壁垒。2015年起，余杭区人民法院在道路交通事故一体化调处机制的基础上，探索建立"互联网＋交通事故纠纷处理"新模式。杭州市中级人民法院和余杭区人民法院被最高人民法院确定为道路交通事故损害赔偿案件"网上数据一体化处理"综合改革试点法院。这项以"互联网＋"推进道路交通事故纠纷解决的综合改革之所以能协同管理、跨部门建设，成功处理道路交通纠纷，在于其已经具备了良好的线下一体化调解基础。2013年，围绕道路交通的多元化纠纷解决机制，余杭区人民法院、公安交警、司法行政、

保险公司、鉴定机构实行集中统一办公，"诉前人民调解 + 司法确认"及诉中调解发挥了重要作用，调解成功率逐年上升。由于道路交通纠纷常年在民事纠纷中占比高达 15%，为余杭区人民法院的第一大类民事纠纷，由法院牵头在线下一体化处理机制的基础上，运用互联网技术与设备，将在物理空间存在的交通事故诉调中心内化成虚拟的交通事故大数据后台，使得各职能部门参与交通执法与事故处理中形成的数据能够"一次形成，综合利用"，搭建起数据流通、案件管理、不同主体分界面一体化处理的网络平台。

（三）纵向互通

由省、市级自上而下形成同级系统互通，实现大数据与部门联动。其制度契机在于，省一级数据库系统建设对辖区管理有明确的整体设计方案与实施步骤，要求区一级根据省信息系统建设基础公共数据类型及说明，梳理基层公共数据库的相关数据，并在重点治理领域搭建公共数据池。由此，余杭区已有 10 个部门打通了信息系统数据库，向省市协同平台申请了省平台 31 个数据服务接口，市平台 24 个数据服务接口。在具体系统建设上，一般是依托省市级既有的在线平台的开发和应用，在完成上下层级信息和系统对接的前提下，实现办理事项的网上受理，推动线上与线下融合，实现重点项目的网上全流程办理。例如，余杭区行政服务中心、公共资源交易管理办公室的"在线审批监管平台 2.0 系统"在浙江省政务服务网的系统上，根据省数管中心相关技术规范要求，结合余杭实际深化"互联网 + 政务服务"，完成区各部门与省统一用户认证系统、省事件协同系统、浙江政务服务 App 等系统的功能接入。2017 年 10 月 13 日，该平台已正式上线运行，已按要求进行赋码、受理、办理、监督等各项工作，基本实现全区基础数据"一张图"目标。与之相似，临平街道的"街道社区事项在线办理"也是在浙江政务服务网信息平台的框架内，向社区全面延伸便民服务功能。

（四）异地协作

由区政府部门牵头搭建协作协议，推进异地协作机制。2017年11月初，余杭区市场监管局在红盾云桥和智慧网监平台的基础上，引导系统开发和功能应用，会同阿里巴巴集团召开全国20城市网络发展与治理跨区域合作会议，以此契机与青岛高新区、上海长宁、云南芒市、湖南株洲等全国24个城市和地区局签订异地协作协议，开发并推广使用异地协作智能平台，实现与异地工商（市场监管）部门之间网络案件协查和移动移交网上流转，大大提升网络监管协作效率，并同步加强异地信息安全管理。

（五）机制创新

余杭区制定《余杭区四个平台基础信息实现部门打通和数据共享的实施方案》，围绕谁来采、谁来管、怎么考三个方面，建立信息采集、信息管理、信息考核等长效化、常态化工作机制。

一是信息采集机制。以专职网格员队伍为骨干力量，网格其他力量为补充，建立网格信息采集机制。①基础数据和信息采集。熟悉网格内"人、地、物、事、情、组织"各项基本情况，负责相关信息的全面、准确、完善、及时更新。②重点人员走访记录。开展精神障碍患者、社区矫正人员、刑满释放人员、吸毒人员及重点信访人员等重点人员的走访随访，并录入信息系统，形成留痕管理。③做好事件处置记录。按照全科网格的工作要求，及时发现、排查、上报网格内的矛盾纠纷、安全隐患等问题，全程跟踪网格事务办理落实情况，及时掌握、回应民生诉求。二是信息管理机制。由镇街综合信息指挥室作为责任主体，组织实施本辖区内网格基础数据采集、更新日常数据管理、系统维护工作。落实专人负责信息系统管理，按照信息化工作操作规范，形成信息系统事件流转、处置的完整闭环。三是信息考核机制。区基层治理综合指挥中心结合四个平台和全科网格工作，制定信息考核办法，将信息化建设纳入全区平安考核，定期进行通报、排名。镇街综合指

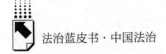

挥室结合辖区实际，制定信息化工作考核机制，在薪酬待遇中设置专门的信息化考核奖励，奖勤罚懒，奖优罚劣。

二 多元信息共享结点，上下左右协调治理

近年来，余杭区形成"领域＋区域＋地域"的信息共享结点，其领域主要指以重点领域办理事项形成的信息枢纽，区域是如产业互联网小镇等由地方政府主推的、用于聚合互联网企业和孵化高新技术的特色小镇，地域则涵括了余杭各街道的全科网格建设。这三个结点不再彼此孤立，而是由省、市、街道的综合治理信息指挥室及综合信息平台串联为信息共享中心，各类资讯不仅能够进行分门别类汇聚，并便于有的放矢地进行专业化处理。

（一）综合信息平台扎根于基层

余杭区由区镇两级共同推动，分别设立区基层治理综合信息指挥中心和镇（街）综合信息指挥中心，根据省数管中心的规范要求，建立起四个综合信息平台的整体框架。借助综合信息指挥中心，民政局、住建局等部门形成信息化联动机制。组建多部门精干力量为成员的工作专班。在系统开发之初，统筹推进标准地址库、网格一张图等数据标准化建设，强化兼容性，避免产生新的信息孤岛。

在数据整合方面，开发完成网格边界、楼栋立面、房屋、企业、出租屋隐患、重点人员管理、网格力量分布、党支部等要素的上图展示。经过前期工作，现已初步建立标准地址库，基本实现全区基础数据"一张图"的目标。

在职能分工方面，区基层治理综合信息指挥中心与区大联动办合署办公，区社会治理大联动服务中心增挂基层治理综合指挥保障中心牌子，负责区级平台日常事务，推进部门协同，加强信息共享，促进联合处置。

在执法协作方面，"政府协调、属地负责、执法主体牵头、相关部门协同"的联合执法工作格局初步形成。镇（街）综合信息指挥室则具体负责

统筹协调指挥"四个平台"及区域内各条块的管理服务力量，承担信息汇总、综合研判、流转督办、指挥协调、绩效评估等职能，根据网格特点和需求合理调配社会治理联动大队力量，并完善了事件交办处置流程，形成事件处置的完整闭环。

（二）跨部门业务协同重点突破

无论是上下级还是跨部门，往往都涉及如何围绕某类办理事项建立相应的联动、协同数据库。余杭区法院的两类"互联网＋纠纷处理"特色机制都是在信息资源互通共享基础上，通过开发应用程序进行机制创新。其一是道路交通纠纷"网上数据一体化处理"机制，围绕在余杭区民事案件中占比最高的道路交通纠纷，通过多部门网络设施协同建设，上线交通事故信息数据库，形成交通事故信息的网上储存和网上利用，实现道路交通纠纷的网上办理、网上查询、网上调解及推动。由此，既高效化解了道路交通纠纷，也有效打破信息壁垒、数据鸿沟，提升了大数据的应用水准。从海量数据中找到引发交通事故的原因、特点、规律，有效降低交通事故发生的概率，社会治理的前瞻性得到强化。其二是试点电子商务网上法庭，在线审理网络交易纠纷案件。受理的案件争议集中于消费者通过淘宝等平台网购后，由于产品质量问题或者宣传不当而产生的合同纠纷、侵权纠纷。系统正式上线后，余杭法院在线处理了万余起案件。由此，网购纠纷难以高效、公正处理的问题得以破解，有效提升了网络交易的公信度，进而促进了电子商务产业的发展。

对政府部门重点业务模式进行梳理整合，开发建成系统平台，也是跨部门业务协同的重要做法。余杭区在浙江省内首推的不动产综合业务平台，在不动产登记物理集成的基础上，形成"一个流程、一份材料、一套人马"的办理模式，真正实现全区通办、异地可办。在此基础上，开通网上预申请和预审核服务，积极整合网签系统，打通房产开发商、中介、银行、公积金等企业、机构的源头数据。在房产买卖网签时，按照不动产登记要求，录入有关数据和证件信息，减少后期窗口的重复审核、录入。同时，按不动产

"一件事"的服务内容，推进公共服务"3＋X"和不动产登记服务联合办理，实行不动产登记与水电气联动过户。2017 年，区市民之家不动产综合办理区共设置 36 组、72 个联办窗口，群众只需携带 1 套材料，20 分钟完成办理，三部门办事材料清减率达 67%。截至 2017 年 10 月底，累积办理业务 32 万余件，受理总量位列各区（县、市）前列。拓展不动产综合业务平台功能，在整合税费系统和扩展数据共享的基础上，不断提升数据质量、打通人员使用功能，着力实现"20 分钟完成受理、1 小时出证"。进一步打破政企壁垒，建立信息互通互联机制，重复资料不重复提交，实现不动产登记到房屋入住所有办理事项的"一键叫号、一次验证、一窗受理、一次办结"。在窗口身份核实和数据审核后，即可出票领证。由此，真正做到数据"多跑腿"、群众"少跑路"。

（三）全科网格区镇村社全覆盖

余杭构建区、镇街、村社网格干群三级联动的基层网格化监管体系，构建由信息系统运维外包服务公司、局信息管理办公室、各科所信息化管理员三位一体的信息管理网络，覆盖到基层社会治理的各个方面。在内容上，包括市场监管以及消防安全和安全生产工作，文化市场的"扫黄打非"工作，各类重点人员的管控和排查，平安建设宣传等工作都纳入网格化管理机制，形成全区"镇街联动治理、村社网格管理"运作模式。以全科网格为单位，综合执法信息的标准化操作稳步推进，试点街道基本形成了录入、处置、反馈、统计以及周例会信息初步研判的处理程序。

三 创建信息化处理特色模式，内外专业统筹治理

（一）创设信息化便民公共服务专项平台

余杭区注重以信息化方式建设凸显民生需求的公共服务综合平台，不仅拓展了政务服务平台，基本实现了行政审批、确认、核准、备案以及便民服

务的全网覆盖。

在政务服务方面，借力"互联网＋"全面落实"最多跑一次"改革。2014年6月，由余杭区行政服务中心与区信息中心共同牵头推进浙江政务服务网余杭平台建设，除46个涉密事项外，将其余389项（含子项）行政许可事项全部统一纳入平台管理，完成14个省份系统接入，统一了界面、统一了身份认证，初步实现了行政许可的一站式网上运行。2015年，将除行政处罚外的其他7类315个事项纳入平台网上办理，推动了余杭平台向乡镇、街道和平台延伸，并作为统一的政务服务发布平台对外使用。发展至今，按照省级指导目录要求，除涉密或法律法规有特殊要求的事项外，其他所有事项均已开通在线咨询、网上申请、在线申报、在线查询等一系列功能，切实便利了办事企业和群众。

街道便民服务中心的建设，也在网格化管理中开发便民服务功能模块。下发专门文件，临平街道据此成立便民服务平台领导小组，梳理了部门下延至镇街服务事项19项，下延至村社服务事项56项，本着先易后难、逐项加载的思路，梳理出卫计、民政、司法等部门的17个与群众最为紧密相关的服务事项，作为第一批事项加载到系统中。工作人员根据事项需求，配备电脑、高拍仪、智能一体机硬件设备，做到线上线下一体化运行。

此外，各部门的自建服务平台，不仅便于获知民生信息，也便于查询政府监管与消费维权等信息，成为履行职责的重要渠道。比如，区市场监管局在隐患或事故多发的领域全面推行"三个一"监管模式，即食品生产领域一张网、流通领域一张卡、餐饮中央厨房"一张图"建设，实现食品安全追溯体系全覆盖。再如，针对企业证照管理工作的环节烦琐问题，在杭州市多证合一、证照联办网上审批系统的基础上，余杭区启用商事登记"一网通"，于2017年8月31日核发余杭区首张全程电子化营业执照，从申请、审核到发照全程均在网上操作，总共耗时不过2小时，实现"跑零次"。区公积金中心则推出业务办理网上申报，缴存单位使用住房公积金专用网银盾，即可自助在网上办理职工登记、职工停缴、各类补缴以及年度调整等业务。系统平台的便捷、安全等优势，使得通过网上申报系统的申请量逐渐增加，网上申报系统办理的业务量在一些部门已超越了窗口办件量。

（二）网络市场治理监管调处双轨道运作

余杭区探索网络打假新模式，加强网络监管力度，净化网络市场秩序。2015年起，利用淘宝平台的数据资源联合开展执法监管，对商品供销情况进行数据分析，快速获取违法网点的精确线下地址，提升违法行为查处的瞄准率。着力于构建三位一体打假模式，即行政机关、商标权利人、网络交易平台三方合作共进，形成线上线下全链条打击商标侵权行为的执法机制，形成"线上到线下再到线上"的循环模式滚动开展。

加强投诉处理与交易监管，完善网上消费的权益保护。一是新设未来科技城（海创园）淘宝工作站，承担涉及淘宝（天猫）平台的投诉举报处理职责。二是设立网络经济监管大队，正式组建起浙江全省首个区县级网络经济监管分局，承担起网络交易监管和网络消费投诉处理职责。三是发挥网购平台的纠纷化解作用。开通绿色通道，投诉由平台直接处置。四是通过信息化提升处置效能。依托杭州市市场监管局举报投诉指挥系统和智慧网络监管平台，实现网络消费投诉举报数据网上流转，提升了处置效率。

（三）助力提升纠纷化解效能实现公开公正

余杭区的道路交通系统与电子商务法庭试点，裁判标准与纠纷处理流程等全过程完全公开，信息不对称和当事人过高的赔偿预期等都将因为在线平台的不断应用和推广而逐渐消弭，在一定程度上解决了同案不同判的司法疑症。由于网上法庭案件管理平台对案件设定了严格的时间节点，有利于减少拖延；对案件当事人而言，案件双方均足不出户实现了诉讼成本大幅降低，尤其对原告而言几乎是零成本维权，便捷性和高效性空前提高。余杭区人民法院自2015年5月通过电子商务网上法庭公开开庭审理，尝试当事人通过在线视频的方式出庭。

余杭区人民法院试行的"互联网＋纠纷处理"新模式，在受案效率提升的同时，也可能导致当事人滥用诉权的问题出现，曾有当事人一天内在网上法庭发起 80 多个诉讼。针对虚假诉讼、滥用诉权等问题，余杭区电子商务网上法庭通过裁判文书网以及电子商务网上法庭查询涉案当事人情况，如是否存在类似情况大量起诉等现象，以判断原告是否存在欺诈的可能。总体上，网络平台的一体化处理功能确实为当事人纠纷的异地处理、快速获赔、"流通成本"节约提供了坚强的技术支撑。既满足了群众多元化的司法需求，也为行业调解的非诉讼纠纷解决方式提供了司法保障，使司法正义透过互联网的多维渠道成为民众看得见、有得选的正义。

四　余杭信息化助力基层治理的经验

（一）做好技术开发应用，实现数据联通辅助执法监管

依托网上一体化平台所提供的数据支撑，余杭区推广使用数字智能终端、移动终端等新型载体，运用宽带互联网、移动互联网、广播电视网、物联网等，推动政务服务迈向智慧化、网络化。一是通过手机移动终端为基层一线监管人员提供智慧灵动的移动执法平台，开发手机 App，实现职能部门人员手机端的业务支持数据查询、日常巡查数据录入、音视频证据采集、现场执法文书打印确认、法律法规在线支持等功能。二是基于 GIS 电子地图实现镇街网格化图层管理，通过 GIS 电子地图系统构建智能化指挥中心，迅速、动态地识别事件，构造针对特定应急事件的信息处理、指挥调度、决策支持系统，为统一决策、统一指挥提供帮助。三是为执法人员配备先进设备，如执法记录仪、移动执法终端等设备，并利用云终端等多种机制"软硬结合"，探索智慧监管新模式，既准确记录执法证据、线索，提升线上巡查监管能力，又强化执法监督，切实维护了当事人合法权益。

（二）运用多种信息媒介，全方位发挥信息化治理成效

为全面推进综合改革项目提供有力支持，余杭区制定了推广计划，通过

官方介绍、媒体宣传、发放宣传册、网络直播等多种途径，让更多民众了解改革的具体内容和成效，提升社会认知度和接受度。至 2017 年底，全区 20 个镇街通过分阶段分片区推广，共完成网格边界绘制 1583 个，地址信息录入 419049 条，地址定位 267527 条，人员信息采集 1715059 人，企业排查 3883 家，共采集字段 200 余个，初步形成数据积累汇聚。

（三）政府主导政企协作，引导企业应用云计算大数据

据统计，余杭区 90% 以上的企业没有自主性的云建设或云扩容计划。为此，余杭区以政府主导统筹各方信息资源，积极利用外部智囊和社会力量，推广"服务租赁"等政府向企业购买服务模式，探索提升大数据应用能力，实现政府与企业 IT 资源信息共享。对于阿里巴巴、联通等大型云服务商，引导其建立面向制造企业的大数据、云计算服务平台；而对于其他信息化水平较高、技术渐已成熟的企业，则引导其在应用工厂物联网的基础上，逐步推广工业互联网的应用范围。就前者而言，2015 年首创的政企协作即用于联动打击炒信（即利用各种途径和手法进行涉嫌虚假交易、炒作信用等）新模式，依托阿里巴巴集团大数据，联手平台打击网络炒信行为，率先在有效整治网络炒信方面破冰，取得了积极的社会反响。两年来共查办 300 余件炒信案件，罚没款 600 万元。在政府与企业共同打造产业余杭大数据平台的项目方面，2016 年 9 月，浙江联通与余杭区政府正式签订战略合作协议，其宗旨是为政府与企业沟通搭建信息平台，实现企业数据汇聚沉淀，降低企业信息化投入成本。中国联通大数据运营中心、产业互联网研究院、创新孵化基地随后落户临平新城。余杭大产业办、经信局等区政府以"服务租赁"方式，分五年向联通购买服务。就后者而言，政府鼓励企业推进云计算、大数据在工厂物联网和工业互联网企业的应用，并加强相关培训。

（四）系统化 + 人工辅助，推动信息化执法逐步规范化

余杭形成了以信息化工作推进小组为核心，以网格员和大数据分析应用

工作小组为骨干力量的队伍，并持之以恒加强培训和绩效考核，不断提升队伍的业务能力。

不少部门设置了信息化工作推进小组，如市场监管局成立智慧市场监管工作推进小组、余杭街道和临平街道的综合执法平台领导小组等，领导小组下设办公室，办公室设在综合信息指挥室，办公室主任承担平台统筹协调和日常管理工作。此类做法均较多见。网格员主要为街道在整合派出所、联动、防违控违、安监力量的基础上，形成的"一格一专"人员配置，通过任务清单的形式安排工作事项，确保贯彻落实。

大数据分析应用工作小组主要以办公室牵头，信息办负责技术保障，各业务科室提供技术人员，并积极引入外部大数据分应用专家和大数据分析利用外包服务，统筹建立大数据分析应用机制。

社区、相关职能科室、基层站所负责人会在网格员上岗前对其开展业务知识集中培训，确保上岗前对网格情况、基本工作以及业务知识全面掌握，以更快投入工作。此外，余杭区通过制定《余杭区社会治理网格工作实绩考核办法》《余杭区社会治理专职网格员薪酬体系指导意见》《余杭区社会治理兼职网格员指数积分管理办法》等考核方案，突出过程管控和量化考核，着力解决了基层社会治理网格化工作中网格工作不主动、评价不精准、考核不配套等问题。绩效考核同样引入信息化，网格考核对照考核标准的六大板块 68 个考核点进行了深度开发，将自动化网格考核作为终极开发目标。

（五）区域各辖区一盘棋，打通信息孤岛，破除数据烟囱

余杭区信息化系统的融合开发与资源共享，是在全国及省级统筹共进的基础上逐步推动完成的。与系统建设同步推进的是上级文件的出台，加强了信息处理的流程管理，确保全流程有章可循。例如，"余杭区良安通"系统，是在 2017 年浙江省综治委下发了《关于推进全省基层社会治理"一张网"建设 进一步深化"网格化管理组团式服务"的通知》（浙综治委办〔2015〕12 号）的通知，对探索深化、整合基层网格化建设提出了总体的目标与要求后，余杭区才正式开启了对该公共安全监管系统的完善。再如，余

杭街道的"综合执法平台"也是在杭州市委、市政府颁布《加强乡镇（街道）"四个平台"建设 完善基层治理体系的实施意见》（市委办发〔2016〕74号）后，余杭区委办公室、区政府办公室跟进出台《关于推进基层治理体系"四个平台"建设的工作方案》，上下级文件共同促成并保障系统的稳定运行，切实推动了不同行政层级以及部门间系统的融合开发，既有助于做好电子化政务服务云的基础性工作，也为后续大数据利用、领导决策提供更科学的参考依据。

五 信息化助力基层治理未来展望

余杭运用信息化助力基层治理取得了卓越成效，但是也有一些值得注意的问题，而这些问题在全国各地方也不同程度地存在。由于信息化基层治理在各地尚处于起步阶段与磨合期，仍面临阻碍信息开放共享与资源整合的多重壁垒，部门专业人才匮乏和技术力量不足等问题，在一定程度上是影响系统推广不平衡、功能利用不到位的重要因素。未来基层治理信息化应注意以下几点。

（一）畅通共享机制破解数据碎片化难题

造成数据碎片化有以下几方面的原因。第一，部门数据壁垒尚未完全打破；第二，内外网系统未能实现对接；第三，线上与线下衔接有待系统化制度化疏导。未来应注意统一不同职能部门对信息化系统的开发与运用的认知和接受程度，需要进一步沟通来克服信任度不足的问题；政务信息系统外网处理和内网系统登记处理有效对接，切实减轻信息处理承办人录入工作负担，提高效率，节约人力；实现从线下物理上的一体化到线上数据一体化的升级跨越，提升系统融合度。

（二）深入开发大数据资源提升利用成效

总体上，建立大数据分析应用及展示平台仍处于探索阶段。如何利用先进的信息技术和分析方法开展大数据的分析研判，开展大数据有效挖掘分析和利用，实现综合数据查询、统计分析，乃至于依托信息资源出台高质量的分析报告，为政府领导决策提供参考等尚待摸索。究其原因主要如下：其一，在信息应用意识方面，信息维护人员主动拥抱新科技的意识还不强，基层干部因循沿用传统工作方式，不会用、不愿用的现象还不同程度存在，全局总体应用状况的不平衡制约了信息深度开发的可能；其二，在信息资源整合共享方面，存在信息系统开发多而整合度欠缺的现象，基层治理的海量信息分散在各相关部门，离大融合、大共享、大应用的要求还有距离，增加了基层负担，在人员数量及技术条件有限的情势下也影响到信息系统的推广、聚合与决策运用；其三，在信息应用水平方面，基本停留在数据的分析统计等初步应用阶段，大数据发掘利用的手段不系统、不全面，网上信息发现能力、引导能力、服务现实能力还有待进一步提高。

（三）提升信息化治理队伍的专业化程度

大部分负责信息处理的人员都或多或少承担着其他的工作职责，这在一定程度上影响了诸如调解之类工作的开展。人员分工不明的原因可能如下：专职信息处理人员与兼职信息处理人员的身份、职责定位不清，短期内专职人员配备到位有难度，还承担大量基层行政工作；现已配备到位的专职信息处理人员，其工作能力、素质与信息化工作要求还有较大差距；考核激励机制还有待健全；亟须开展业务知识和应用技能培训，培养一批既精通业务、懂管理又掌握信息技术的复合型人才，逐步实现监管网格化、专业化。针对上述现象，未来应在理顺专职与兼职人员关系、提高政府信息化工作人员整体素质、强化监督考核机制和开展业务培训等方面做文章，以期达到人员队伍专业化程度与信息化治理工作要求相匹配的目标。

（四）充分依托信息化手段推动阳光政务

依托外网门户，打造向社会大众、企业和相关部门提供相关业务信息访问的平台和可公开信息的数量仍然有限。余杭区市场监管局在加强食品安全信息公开方面，通过平台将食品安全相关信息予以发布和传播，实现网络食品安全信息的公开透明，充分利用网络技术加强对网络食品经营者相关视频信息的检查，确保网络食品经营者如实、规范标注食品相关安全和管理信息，具有示范意义。未来各地应借鉴该经验，在信息依法公开基础上提供面向公众的综合信息服务，切实提升阳光政务建设水平。

（五）大力推广依托网络的纠纷解决模式

依托网络的纠纷解决模式是信息化带来的有别于传统纠纷解决模式的重要变革，但这一创新举措仍面临学理、法理等诸多困境与挑战。例如，网上法庭的在线视频开创了当事人参与庭审的第二空间，在当事人未出现在视频镜头中时，如何适用《民事诉讼法》关于对被告缺席审理或原告无正当理由拒不到庭按撤诉处理的规定亦值得探讨。再如，裁判文书的电子送达问题。依据现行法律规定，裁判文书不适用电子送达，随着网上法庭模式的推广，网上法庭具备上传裁判文书的功能，现有法律规定也可能不符合现实需要而存在修改的必要。这些都是政府信息化实践过程中需要持续摸索与验证的重要问题。

余杭实践为破解信息共享难题、助力依法治理等提供了可供参考的路径。以信息化辅助依法治理需要由顶层设计、部门牵头，在前期系统适用的基础上，分阶段循序渐进地进行。要解决信息共享机制不畅等问题，作为基层政府，需要争取上级部门的认可与支持，争取在更高层面获得自上而下的推动。就制度机制的常态化建设，只能依靠国家从全局角度进行顶层设计和法律完善。最后，信息化治理机制体制的建设、优化和完善不可能一蹴而就，这将是一个分步骤、分领域、分项目进行的工程。

B.21
中小学依法治校的江阴尝试

中国社会科学院法学研究所法治指数创新工程项目组 *

摘　要： 依法治校是实现校园科学化、民主化管理的重要方式。江阴
　　　　 在推动依法治校过程中认真贯彻党中央、国务院、教育部的
　　　　 相关规定，有诸多创新举措，为依法治校提供了新的模板和
　　　　 样本。推广江阴经验和做法，对全国依法治校工作具有重要
　　　　 借鉴意义。

关键词： 依法治校　校务公开　中小学

依法治校由来已久。1999 年教育部下发的《关于加强教育法制建设的
意见》强调，"积极推进依法治校""要把依法治校的情况作为考核教育行
政部门工作人员、学校负责人工作实绩的重要内容"。2003 年教育部出台
《关于加强依法治校工作的若干意见》，要求切实采取有效措施，大力推进
依法治校工作。2005 年教育部根据《关于开展依法治校示范校创建活动的
通知》，评选并公布了依法治校的示范校。2012 年教育部印发了《全面推
进依法治校实施纲要》，强调加强章程建设，健全科学决策、民主管理机
制等内容。2015 年，党的十八届四中全会通过的《中共中央关于全面推进
依法治国若干重大问题的决定》指出，"把法治教育纳入国民教育体系，

---

　* 项目组负责人：田禾，中国社会科学院国家法治指数研究中心主任，法学研究所研究员；吕
　　艳滨，中国社会科学院法学研究所研究员、法治国情调研室主任。项目组成员：王小梅、栗
　　燕杰、胡昌明、徐斌、刘雁鹏、王祎茗等。执笔人：刘雁鹏，中国社会科学院法学研究所助
　　理研究员。

从青少年抓起，在中小学设立法治知识课程"。2016年，教育部印发《依法治教实施纲要（2016~2020）》，为依法治教提供了总纲。地方在推动依法治校过程中严格按照上级部署，充分结合当地特点，扎实推进依法治校工作。

地处经济发达地区的江苏省江阴市，在推动依法治市过程中，认真贯彻党中央、国务院和教育部的相关规定，把依法治校摆在推动地方治理方式和地方治理能力现代化的突出位置，取得了突出成效。截至2017年底，江阴市共有各级各类学校183所，在校学生209596人。具体情况为：幼儿园70所，幼儿44357人；小学41所，学生93760人；初中35所，学生40377人；普通高中12所，学生17656人；中等职业学校7所（含一所行业办技工学校），学生13061人；高等学校1所，学生3369人；成人教育中心校15所；特殊教育中心校1所，学生241人；与体育局联办体育学校1所，学生117人。为解决依法治校的各类问题，江阴市勇于创新，完善校园管理体制机制，创新管理手段，探索依法治校道路。

一　法治副校长全覆盖

近些年来，学校教学管理中各类涉法事件频繁发生，学校内部的和谐、学校周边的安全都受到了极大的挑战。为加强学校的安全防护意识、提高教师的法治意识和法治水平，降低学校的风险发生概率，2017年4月，国务院办公厅印发的《关于加强中小学幼儿园安全风险防控体系建设的意见》指出："探索建立由校园警务室民警或者担任法治副校长、辅导员的民警训诫的制度。"江阴非常重视法治副校长的作用，截至2017年底，江阴所有中小学共配备了194名法治副校长，做到了全覆盖、无遗漏。在法治副校长的选任上，江阴市各中小学都会选择政治素质好、业务能力强、关心中小学学生成长、热心青少年法治宣传的派出所所长、司法所所长、法官、检察官、律师。在法治副校长的履职上，法治副校长不仅定期为学校教师和学生讲解法律知识，培养他们的法治意识，而且还能为学校开展预防青少年违法犯罪、防范涉法事件提供法律帮助。通过法治副校长的全覆盖,江阴中小学整体形成了全校学法、治校依法、遇事找法的良好氛围。

二 制定实施校园章程

校园规章制度是管理学校的重要依据,若没有明确的校园章程制度,教师教学管理、学生惩戒和奖励、绩效考核等就没有章法可依,校园管理便会陷入混乱。目前发生在中小学的各种涉法事件暴露了校园章程建设的短板,也凸显了校园章程建设的重要性。江阴市在试点的基础上大力推行"校校有章程,一校一章程"工作。各中小学以国家法律法规、规章为依据,结合现代教育理念,遵循合法、科学、规范、特色的原则,建立并完善校园的各项章程制度。例如,江阴市华士实验中学制定了《江阴市华士实验中学章程》和《华士实验中学管理规程》,涵盖"校务管理""德育管理""教学管理""队伍管理""安全管理""总务管理"等一系列规章制度。此外,江阴非常重视中小学校园章程的合法性、合理性。每一部中小学校园章程都听取了律师、检察官、法官等专家的意见,保障校园章程的合法性;每一部中小学校园章程都充分听取教师、家长、学生等的意见,保障章程具备合理性。校园章程通过之后,学校通过校园网、校园通、召开会议和公开张贴等形式向师生广泛宣传学校各项管理制度。学校章程成为学校一切工作的指导文件,依据制度实施办学活动成为广大教师的共识,"遵纪守法,从我开始"成为学校师生的自觉行为准则。

三 完善校园体制机制

完善的体制机制是校园正常运转的前提,也是校园日常管理的准则。江阴在推动依法治校过程中狠抓体制机制建设,通过不断完善学校管理和运转的体制机制,保障依法治校平顺落地。第一,建立健全校长负责制。江阴市各中小学建立并完善了校长负责制,校长作为校园管理的第一责任人，既要保障党和国家的各项方针政策、法律法规落实，又要保证校园管理科学有序、政令畅通、令行禁止。第二，建立健全教职工代表大会制度。江阴各中小学平均每年召开一到两次教代会（含临时教代会），充分保障教师代表的民主权利。通过教代会就学校的办学方针、体制改革、年度考核、奖惩条例、津贴发放等重大问题充分听取教职员工的意见和建议，确保决策的科学性和权威性。校级领导和中层正职每年在教代会上进行年度述职，接受教师代表的民主评议；学校的财务会计在教代会上作财务预决算报告，汇报学校的财务状况，接受教代会审议；每年教代会上，学校行政部门充分听取教职员工的合理化意见和建议，并及时整理、汇总，提出学校的整改意见。第三，建立学校理事会、家长委员会机构。江阴建立学校理事会，每年召开理事会会议 1~2 次，主动接受社会监督，自觉规范办学行为，听取社会评价，学校的办学行为、办学绩效得到了理事会成员和社会的充分肯定。

四　公开民主调和关系

针对学校管理受到外界不必要的干预，江阴各中小学将公开作为重要抓手，将民主监督融入教学管理的关键环节，通过学校董事会、家长委员会、教师代表会以及其他组织捋顺政府、学校和家长之间的关系。第一，坚持校务公开。中小学校领导是校务公开的第一责任人，每个学校都设置校务公开栏公布校园食堂采购、学校经费使用等相关信息，设置意见箱和校长信箱，收集教师、学生以及家长等各方面的意见建议，设置举报电话，加强校园监督。此外，有的学校还充分利用校园网络平台，将教职员工的奖惩、职称评审、校园重大决策等内容在校园网络平台公开。有的学校设立校园开放日，让家长委员会代表陪同学生共同起居、生活、学习，从而更好地了解学校的管理制度，尊重学校的各项规定。第二，坚持民主监督。江阴各中小学在校务公开的基础上，主动接受来自家长委员会、教师代表大会以及社会的监督。学校充分听取家长委员会的意见，改进学校管理模式；学校教师可以通过教师代表大会向学校提交意见或者建议，极大增强了教职工的民主参与意识。第三，坚持沟通交流。江阴各中小学将积极沟通作为化解政府、学校、家长矛盾的重要利器。凡是涉及重大问题及师生重要权益的事项，江阴市教育主管部门都会协同学校理事会、家长委员会、教代会共同协商解决，充分听取理事、家长、师生的意见，主动接受师生、家长和社会监督，凡不涉及学生隐私的内容均公开处罚结果。第四，坚持依法处理。江阴教育主管部门和各中小学坚持依法处理，严格依据《教师法》《义务教育法》《未成年人保护法》《侵权责任法》等法律法规，确保师生权益得到落实和保障。同时，江阴各中小学建立和实行维权申诉制度，依法处理师生与学校之间的纠纷，依法维护教职工和学生的合法权益，无压制或者打击报复师生申诉的行为。

五　校园普法深入推进

江阴市结合当地特色制定了《江阴市教育系统法制宣传教育和依法治校工作第六个五年规划》《江阴市教育系统七五普法工作方案》，明确了工作的总体目标、具体要求和主要措施。各中学在推动校园普法方面，从确定法治宣传教育的内容入手，结合各学校自身的特点，充分运用政府、法院、检察院以及社会力量，将校园法治宣传的任务落到实处。第一，明确学习载体。学法需要有明确的学习载体，不能零散随意学习，确保系统性和完整性。江阴各中小学针对不同对象分别采取了不同的措施。对于学校领导和教师而言，学校把校领导学习有关法律法规安排到办公会议中，把教职工理论学习法治内容落实到政治学习之中。每年下发法律知识学习材料，或者动员和要求教师进行相关法律的网络学习，或聘请律师、法官、检察官前往学校开展法治讲座。对于学生而言，江阴各中小学设置了专门的法治课程，培训了主讲法治课程的教师。第二，巧用活动载体。江阴各中小学通过法治报告会、主题研讨会、教师例会等形式开展宣传教育活动。例如，有的中小学利用教师例会时间，多次邀请法官、检察官、民警来校为教师开展法治主题教育。第三，活用宣传载体。各中小学充分利用校园宣传栏、布告栏、黑板报等载体，从预防青少年犯罪、校园暴力、食品安全、道路安全等多方面开展法治教育。第四，编纂使用普法教材。江阴市编纂了符合中小学使用的系列普法教材，解决了学法的系统问题，教材图文并茂，并配以案例，让在校学生系统了解与自身相关的法律知识，同时加强了学生的自制力。第五，旁听法院庭审。江阴法院选择适合的案件，协同地方教育主管部门组织各中小学教师和学生参加法院庭审和旁听，让教师和学生在旁听中直观感受到公平正义等法治理念。

六　打造平安和谐校园

校园安全是开展教育的前提，是学校发展的基本保证，是学校管理的底线要求。江阴市坚持"以人为本、安全第一"的观念，把构建平安和谐校园作为安全教育的工作主旨。为保障江阴各中小学的校园安全、校园和谐，江阴市采取了以下措施。第一，成立平安校园领导小组。该小组组长由各中小学校长担任，并吸收当地派出所、司法所、检察院、法院的干警为小组成员，其中校长是校园安全的第一责任人，小组成员对相应的具体安全问题负直接责任。第二，制定平安校园规划和实施方案。江阴各中小学制定符合自身特点的平安校园规划、实施方案、年度计划，并与各级各类人员、家长签订安全目标责任书。此外，江阴部分学校将各类安全事件进行分类，制订了安全预案并定期组织学生进行应急演练。第三，妥善处理纠纷。对于矛盾纠纷的化解，一方面需要学校公正处理，以事实为依据，以规章制度为准绳。另一方面，很多青少年之间的矛盾与原生家庭、成长环境关系密切，简单依靠学校老师调处矛盾并不能将矛盾消除。江阴充分利用社工的力量，通过一对一的家访、聊天、谈心，深层次了解问题学生的家庭背景，并制订专业方案，解决学生面临的真实困境，从根源上避免问题学生、问题青年的产生。第四，清理周边环境。江阴市要求公安、工商、劳动、城建、文化等相关部门加强学校周边环境治理，消除校外安全隐患。有的学校主动与交管局、派出所联系，在上下学时间段由交警、公安负责维持秩序。

七　中小学依法治校展望

就全国来看，推进依法治校也面临一些困境，其中有些问题，江阴等地方政府已经通过积极努力取得一定的成效，有些还在积极探索解决路径，还有些则需要在全国推进依法治国的大背景下谋划顶层设计。

（一）校园普法实效有待提升

党的十八届四中全会指出，"全民普法是依法治国的长期基础性工作"，党的十九大报告指出，"加大全民普法力度，建设社会主义法治文化，树立宪法法律至上、法律面前人人平等的法治理念"。从校园普法的现状来看，目前普法仍有提高空间。第一，学校轻视问题仍然存在。中国大部分中小学的教育教学都是以中考、高考作为最终的指挥棒，无论法治教材再如何编写，法治素材再怎么齐全，各中小学基本不会重视。有的地方甚至出现占课现象，严重挤压学生学习法律知识的时间。第二，缺少监督考核机制。校园普法工作是否开展、成果好坏、有何问题等无法通过现有的评价体系得到回应。各地开展的法治示范校也是以填写表格，自报材料为主，根本无法真正掌握法治教育的真正情况。第三，缺少责任清单。中央宣传部、司法部《关于在公民中开展法治宣传教育的第七个五年规划（2016~2020）》中指出：建立普法责任清单制度。对于校园普法来说，很多学校虽然开展了普法工作，但是并未建立相应的普法责任清单，教育主管部门、校长、教导处主任、班主任、代课老师应当承担什么样的普法责任，应当如何承担责任各地都缺少详细的规定，校园普法的制度建设仍然存在空白。第四，媒体消减普法功效。当前网络等媒体中充斥了大量宣扬暴力、血腥的电影、视频、小说，三观尚未形成的未成年人极容易受到这些不良信息的蛊惑和影响。即便在学校学习了大量的法治知识，也抵不过宣扬血腥暴力的网络媒体。中小学生接触上述不良信息之后，受结拜兄弟、混江湖、跑社会等观念影响，而将在学校学到的条条框框抛之脑后。

针对校园普法的困境，建议通过以下手段推进校园普法、加强监督考核、强化普法责任。第一，将《宪法》纳入中考和高考之中。《宪法》是国家的根本大法，也是中国特色社会主义法律体系的核心，更是历次普法的重点内容。将《宪法》纳入中考和高考之中，有助于扭转学校、学生以及家长对法治课程的态度。基于升学的考虑，学校将会配备最好的法治老师，学生也会认真对待法治课程，家长亦会加强宪法学习以辅导准备参加中考和高考的子女。通过中考和高考的指挥棒，可以强化社会大部分群体学习法律知识的热情和动力。第二，完善校园普法的体制机制。对于政府主管部门来说，应当加强校园普法的考核机制建设；对于学校来说，应当建立健全校园普法的责任清单，明确校长、教师、家长的普法责任。第三，加强内容监管和分级。为克服媒体消减校园普法效果，一方面要加强媒体监管，对于过分血腥暴力的内容应当及时删除，对于宣扬错误思想的媒体应当予以警戒；另一方面要引入内容分级制度，无论是电影、电视、图片以及文字，都应当注明分级，对于未成年人不宜接触的内容应当在明显位置进行标注。

（二）校园责任泛化有待攻克

依法治校要解决的不仅是校园内部的问题，有时要面对来自社会多方面的压力。尽管江阴通过加强校务公开、增强民主监督等多种方式部分捋顺了学校、政府、学校之间的关系，但学校责任泛化依然没有得到彻底解决。一旦出现事故，家长、媒体、社会群众仍然会倾向认为学校有责，有时通过家委会、教代会、学校董事会、教育主管部门的多方沟通，仍然无法得到有效解决。为推动教育事业发展，也为了青少年的健康成长，建议从以下几个方面着手，解决校园责任泛化的问题。

第一，坚守法律底线，严格依法办事。关于校园中发生事故如何归责，《侵权责任法》有详细的规定，在确定校园伤害事故中，应当由学校担责的，严格依照法律规定赔偿损害。第二，加强法治教育，重塑社会风气。在加强学校教师法治意识的同时，也应当强化家长的法治教育。作为学校，应当学会依靠法律武器，既不逃避责任也不无原则退让；作为家长，应当理性分清事故责任，防止出现一旦发生事故就将责任推卸给学校的惯性思维。同时，教育主管部门应当发挥积极作用，引导社会舆论走向，改变公众对学校一味苛责的习惯，重塑社会风气。第三，聘请第三方介入事故处理与纠纷协商。建议由教育主管部门、医疗机构、法院、检察院、律师事务所抽取专业人才组建家庭矛盾纠纷处理的第三方机构。当学生出现意外伤害事故，处理有异议时，由这个第三方机构来调查处理，使学校、教师能够把更多的心思和精力用于教育教学，而不是疲于应对与家长的矛盾纠纷。第四，通过购买保险分担责任。面对校园伤害的赔偿纠纷，购买校园意外伤害保险是一项值得考虑的措施。一旦发生校园伤害事故，受伤学生能够及时得到保险机构的救济赔偿，也就能够及时得到抢救治疗，从而分散和减轻伤害后果，减轻学校的经济赔偿负担，也解除了学校和家庭的后顾之忧。

（三）校园治理能力仍需提高

江阴通过学校董事会、教代会、家委会实现民主管理，通过布告栏、公开栏、网络平台等推动校务公开，上述举措取得了良好的效果。但就全国来看，目前校园治理能力和治理水平仍需提高。第一，民主监督很难落地。目前学校领导在校园管理中普遍处于强势地位，而教代会则普遍处于弱势地位，二者无法平等对话，更不可能对学校管理层形成有效的监督。第二，校务公开尚未制度化、法治化。目前从中央到地方，尚无规定校务公开的法律法规，仅有部分地区印发了校务公开的规范性文件，如贵阳市教育局印发了《贵阳市教育系统校务公开规定（试行）》。缺少规范化的校务公开可能面临如下问题。首先，校务公开内容过于零碎。有的学校重点公开食堂餐饮，有的学校重点公开选班信息，哪些内容应该重点公开，哪些内容可以不予公开，目前仍没有统一标准。其次，公开程序尚不健全。目前学校哪些部门应当编辑或汇总信息不得而知，应当如何保存信息也没有明文规定，甚至学生、家长申请信息公开也没有相应的渠道。再次，公开监督滞后。在缺少强制性规定约束的情况下，校方所公开的内容必然经过层层审核，教师、家长、学生通过公开所得到的信息价值必然大打折扣，对于学校的监督也会后

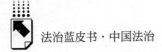

知后觉。最后，民主参与沦为摆设。民主的前提是信息公开，一般行政主管部门掌握的信息往往多于学校领导，学校领导掌握的信息又多于普通教师，普通教师掌握的信息多于家长和学生。由于信息公开不到位，很多民主参与方很难提出针对性的意见，沦为民主参与旗号下的摆设。

为进一步提高校园治理能力，提升校园治理水平，建议加强校园民主制度建设，提升校务公开法治化水平。第一，强化民主与监督，改变学校管理中普遍存在的"校行政"强势而"教职工代表大会"等组织弱势的状况，建立与完善学校党组织、行政部门、学术机构以及教职工民主监督机构在学校工作的运行规则，充分发挥师生在教育教学、学校治理中的主体作用。要深化理事会制度、家委会制度建设，完善社会利益相关者参与学校民主管理与监督的体制机制，为学校的改革发展获取外部支持。第二，制定校务公开管理规范。从全国层面推动校务公开，首先必须解决有法可依的问题，建议立法机关就校务公开进行立法，规范公开主体、公开程序、公开内容、公开保障和监督等方面内容。第三，强化校务公开监督。公开是提高学校管理水平的重要抓手，教育行政主管部门应当严格依照制度规范，对下辖的学校就公开情况进行定期督查，提高学校公开质量和公开水平。

B.22
社会治理视野下的基层平安建设

——以珠海市平安社会建设实践为例

中国社会科学院法学研究所法治指数创新工程项目组*

摘　要： 社会治理和平安建设的重点和难点在基层，活力和动力也在基层。近年来，珠海市着力完善平安建设体制机制，推动平安建设精细化管理，扩大平安建设社会参与，筑牢平安建设基层基础工作，加强立体化社会治安防控体系建设，在做好社会治理和平安建设常规工作的同时，开展了具有本地特色的积极探索和创新。加强和创新基层治理，推进平安中国建设，有赖中央的统筹顶层设计和整体制度安排，应在总结地方实践经验的基础上，不断完善党委领导、政府主导、社会协同、公众参与、法治保障的社会治理体制，全面提升平安建设的社会化、法治化、智能化、专业化水平，打造共建共治共享的社会治理格局。

关键词： 平安建设　社会治理　共建共治共享　法治保障

改革开放以来，随着社会财富的迅速积累和人民生活水平的提升，新旧

* 项目组负责人：田禾，中国社会科学院国家法治指数研究中心主任，法学研究所研究员；吕艳滨，中国社会科学院法学研究所研究员、法治国情调研室主任。项目组成员：王小梅、栗燕杰、胡昌明、徐斌、刘雁鹏、王祎茗、田纯才等。执笔人：田禾；田纯才，中国社会科学院法学研究所学术助理。

社会矛盾日益积累并有急剧爆发的趋势，经济社会发展和变迁给社会治理带来新的问题和挑战，中国开始步入社会风险高发阶段，面临加强和创新社会治理的艰巨任务①。平安建设是当前中国社会治理中的一项基础性工作。建设平安中国，加强和创新社会治理，是中共十九大明确提出的重要目标和任务，是"十三五"规划纲要的重要内容，是保障维护社会和谐稳定、确保国家长治久安、人民安居乐业的重要工程，是实现国家治理体系和治理能力现代化、不断提升人民群众获得感和满意度的必然要求。社会治理和平安建设的重点和难点在基层，活力和动力也在基层，推动平安中国建设既有赖于中央的顶层设计和统筹协调，也离不开地方的探索实践。应当在总结地方实践经验的基础上，着力打造共建共治共享的社会治理格局，积极推进基层社会治理创新，坚持专项治理与系统治理、综合治理、依法治理、源头治理相结合，全面提升平安建设的社会化、法治化、智能化、专业化水平。

一　社会治理与平安建设的目标及挑战

（一）社会治理与平安建设目标的提出

中共十八大以来，中共中央根据经济社会发展的新形势、新要求，提出加强和创新社会治理的目标和任务，并在实践中不断予以深化。

2004 年 9 月，中共十六届四中全会提出，要"加强社会建设和管理，推进社会管理体制创新"，在中国社会建设历史中具有重要意义。2013 年 11月，十八届三中全会作出"创新社会治理体制"的重大部署，提出"全面推进平安中国建设"的目标。2015 年 10 月，十八届五中全会明确了"加强和创新社会治理"的任务，提出完善党委领导、政府主导、社会协同、公

---

① 参见薛澜《国家治理框架下的社会治理——问题、挑战与机遇》，《社会治理》2015 年第 2期。

众参与、法治保障的社会治理体制，推进社会治理精细化，构建全民共建共享的社会治理格局。2017 年 10 月，中共十九大围绕"打造共建共治共享的社会治理格局"的目标，进一步深化了社会治理部署，提出"提高社会治理社会化、法治化、智能化、专业化水平"的要求。从单一的"社会管理"到综合的"社会治理"，反映了中国共产党执政理念的新提升，昭示着中国治理模式正在发生深刻变化①。

平安建设是当前中国社会治理中的一项基础性工作。加强和创新社会治理，是建设平安中国的基本途径。中共十八大以来，中央有关部门提出"在更高起点上全面推进平安中国建设"的新目标、新任务。2013 年 5 月，习近平同志就建设平安中国作出重要指示，强调把人民群众对平安中国建设的要求作为努力方向，坚持源头治理、系统治理、综合治理、依法治理，努力解决深层次问题，着力建设平安中国，确保人民安居乐业、社会安定有序、国家长治久安②。2016 年 10 月，习近平同志就加强和创新社会治理作出重要指示，强调要继续加强和创新社会治理，完善中国特色社会主义社会治理体系，努力建设更高水平的平安中国，进一步增强人民群众的安全感③。社会治理和平安建设日益融为一个密不可分的整体。全面深化平安建设，必须将其放在加强和创新社会治理全局中去谋划和实施。

（二）社会治理与平安建设面临的挑战

中共十八大以来，中国统筹推进"五位一体"总体布局、协调推进"四个全面"战略布局，不断加强和创新社会治理，推进社会建设，平安建设取得了突出成效。当前，中国发展处于可以大有作为的重要战略机遇期，

---

① 参见邵光学、刘娟《从"社会管理"到"社会治理"——浅谈中国共产党执政理念的新变化》，《学术论坛》2014 年第 2 期。
② 参见《习近平就建设平安中国作出重要指示　强调：把人民群众对平安中国建设的要求作为努力方向，确保人民安居乐业　社会安定有序　国家长治久安》，《人民日报》2013 年 6 月 1 日，第 1 版。
③ 参见《习近平就加强和创新社会治理作出重要指示　强调：完善中国特色社会主义社会治理体系，努力建设更高水平的平安中国》，《人民日报》2016 年 10 月 13 日，第 1 版。

也面临诸多矛盾叠加、风险隐患增多的严峻挑战，平安建设任重而道远①。

一是社会治理和平安建设体制机制仍显落后，难以适应新时代社会发展的内在要求。一方面，社会治理和平安建设法律体系不健全。在过去的一个时期，中国偏重经济领域立法，社会领域立法相对不足。当前平安建设创新尚处于探索阶段，最突出的问题是缺乏社会治理和平安建设的有效法律保障，一些涉及保障改善民生、推动社会建设、解决社会矛盾纠纷和完善社会风险防范的法律缺位②，制度供给严重不足。另一方面，社会治理和平安建设观念相对滞后。当今中国经济社会发展和法治的进步，要求政府职能逐步实现以社会管理控制为主到社会管理与服务并重并以公共服务为主的转变，然而一些地方和部门在推进社会治理和平安建设中，重权力轻权利、重管理轻服务、重效率轻公平的现象仍然存在，反映了治理理念的滞后。同时，社会治理和平安建设方式仍比较单一。在计划经济时代，政府管理经济社会事务的手段以行政命令为主，形式比较单一，随着社会主义市场经济体制的确立，社会治理手段也应走向多样化，并开始以经济手段、法律手段为主，但从社会治理和平安建设的实践来看，行政手段仍然是一些地区采取的主要手段，难以适应新形势下社会治理和平安建设的现实需要。

二是经济发展新常态既对加强和创新社会治理提出了迫切要求，也给平安建设带来新的挑战。近年来，中国经济发展进入新常态，一方面，经济增速放缓，一些地区经济面临较大的下行压力，市场主体生产经营困难，地方财政收入受限，政府提供公共服务和民生保障的能力被削弱，劳动、社保、环保等领域矛盾数量激增，一些群众缺乏收入来源生活困难，社会风险点增多，如果处理不当，有可能造成个人极端事件或者群体性事件。另一方面，政府着力深化改革，调整优化经济结构，处置"僵尸企业"，化解过剩产能，难免会带来改革的"阵痛"，深刻改变既有的权利结构和社会利益格局，容易催生一些新的社会矛盾和问题。经济新常态不是孤立现象，它必然

---

① 参见谭志林《社会治理创新的成效、挑战与推进路径》，《社会治理》2016 年第 4 期。
② 刘洪岩：《社会管理创新的法制化途径》，载中国社会科学院法学研究所等编《法治与社会管理创新》，中国社会科学出版社，2012，第 4 页。

会影响社会领域，带来社会治理的新态势，这就对社会治理和平安建设提出了新的更高的要求。

三是人民群众日益增长的美好生活需要，给加强和创新社会治理、促进平安建设带来更大压力。中国特色社会主义进入新时代，中国社会主要矛盾已转化为人民日益增长的美好生活需要和不平衡不充分的发展之间的矛盾。当然，中国仍处于社会转型期，历史上长期积累起来的深层次问题凸显的同时，一些新的社会问题和不确定因素也随之出现，社会结构、利益结构不断调整，社会阶层重新分化，利益诉求多样化，社会矛盾和社会风险累积，社会问题更加复杂，社会治理和平安建设的难度越来越大。同时，随着全面依法治国的深入推进，人民群众的法治意识不断增强，权利意识被唤醒，越来越多的群众选择拿起法律武器维护自身权益，一些群众甚至选择非常规手段维权，给社会治理和平安建设带来新的压力，一些地方面临"维稳"和"维权"的两难选择。

四是城市化和信息化的深入推进使社会问题更加凸显，社会治理和平安建设的难度不断增加。城市化和信息化的深入推进是近年来中国发展的突出特色和亮点，在给经济社会发展和人民生产生活带来便利的同时，也给社会治理和平安建设带来新的问题。城市是人类问题的聚集区，也是社会问题的聚集区，城市化带来了社会问题严重性的集中，而信息化则凭借其便捷性有可能带来社会问题影响力的扩大，城市化、信息化带来的社会问题"集中"和"扩大"使得社会问题的复杂性、风险性和危害性都更加凸显。受国际形势的影响，中国各类传统安全问题和新型安全问题交织，面临的恐怖袭击等风险上升；同时，网络安全、环境安全等新型安全问题不断涌现，且有扩大、蔓延的态势。如何创新城市安全治理、网络安全治理，确保城市公共安全和网络安全，是加强和创新社会治理、推进平安建设必须完成的艰巨任务。

郡县治，天下安。加强和创新社会治理，推动平安建设，必须发挥地方和基层的积极性。为客观反映中国社会治理和平安建设的现状，总结中国社会治理和平安建设的经验与不足，为加强和创新社会治理、推动平安中国建设提供借鉴，中国社会科学院国家法治指数研究中心、中国社会科学院法学研究所法治指数创新工程项目组对一些地区平安社会建设实践进行了调研，并选择广东省珠海市为样本进行了分析和总结。

二　珠海市推动平安社会建设的背景

广东省地处中国改革开放最前沿，起步较早的经济体制改革为这片土地的经济释放了活力，积累起丰富的物质财富，开放的市场机制则为这片土地上生活的人们带来思想意识上的革新。珠海市位于广东省南部，珠江入海口西岸，背靠大陆，面向南海，是中国最早的四个经济特区城市之一，与澳门特别行政区毗邻，与香港特别行政区隔海相望。地缘因素为珠海创新社会治理、推动平安社会建设和完善法治实践，营造了良好氛围。

珠海市地处中国经济最为发达的地区之一，经济发展和城市建设具有东部沿海发达城市的一般特征，同时又呈现鲜明的地方特色，其中最突出的就是经济社会的协调发展。改革开放以来特别是中共十八大以来，珠海市站在协调推进"五位一体"总体布局的高度，将社会建设摆在经济社会发展大局中更加突出的位置，坚持在充分发挥经济体制改革"试验田"作用的同时，在社会建设领域也积极先行先试，不断完善体制机制，着力保障改善民生，大力培育发展和规范管理社会组织，探索建立与社会主义市场经济相适应的社会治理模式，社会大局和谐稳定，社会建设初见成效，"宜居""幸福"逐渐成为珠海的城市名片。

同时，珠海市作为改革开放前沿和全省社会管理体制改革先行先试地区，先期遇到了经济社会主体多元、利益诉求多样、社会矛盾增多、管理难度加大等种种挑战和压力，遇到了社会建设滞后于市场经济发展、社会治理短板制约市场经济转型升级等普遍性问题。随着中国经济发展进入新常态，珠海市面临转型升级的历史任务。"一带一路"倡议和粤港澳大湾区建设，对珠海市建设法治化国际化营商环境提出了新的更高要求，地处国际交流和港澳合作前线则为珠海市社会治理和平安建设带来新的特殊问题。2013 年 1

月，珠海市委、市政府印发《关于全面创建平安珠海的意见》，对加强和创新社会治理、深化平安建设作出战略部署。2014年，珠海市委、市政府作出"创建社会建设示范市"的部署，把创建社会建设示范市作为建设"生态文明新特区、科学发展示范市"的重要内容加以谋划，强调"着力完善社会管理机制，建设平安珠海"。2016年12月，珠海市第八次党代会贯彻创新、协调、绿色、开放、共享的新发展理念，提出"在转变政府职能、完善市场体系、优化营商环境、创新社会治理等方面率先探索、走在前列"的目标，吹响了新时期珠海市创新社会治理、深化平安社会建设的号角。

三　珠海市推动平安社会建设的实践

近年来，珠海市按照中共中央、国务院和中央有关部门关于加强和创新社会治理、建设平安中国的部署和要求，着力完善平安建设体制机制，推动平安建设精细化管理，扩大平安建设社会参与，筑牢平安建设基层基础工作，加强立体化社会治安防控体系建设，在做好社会治理和平安建设常规工作的同时，开展了具有珠海特色的积极探索和创新。

（一）以平安指数为突破口，推动精细化管理

为建立直观反映、衡量各地区平安建设成果的指标体系，推动平安建设精细化管理，经过广泛调研和充分论证，2014年11月，珠海市在全国率先以镇街为单位每天发布平安指数综合平安状况量化指标。2015年1月，珠海市印发《珠海市"平安指数"工作机制》，深化平安指数实际应用，充分发挥"平安指数引领平安建设"的作用。2014年11月以来，珠海市每天通过《珠海特区报》《珠江晚报》和微信公众号等媒体向社会公布包含万人违法犯罪警情数、万人消防警情数、万人交通安全警情数等与群众关系最密切、对群众影响最直接的三项指标综合得分，并根据得分按照"蓝、黄、橙、红"分级进行四色预警，对红色预警地区及时进行相关平安提示，为公众提供安全防范指导，并监督下级党委、政府的平安建设落实情况。

　　为强化平安指数的应用效果，珠海市借助市创建平安珠海工作领导小组办公室平台，在全市范围内建立了以各区、各镇（街道）党委（党工委）、政府（办事处）为主体，各职能部门积极参与，集动员、研判、预警、督办、问责、宣传"六位一体"的平安指数工作机制。通过平安指数机制，珠海市公安机关尤其是各辖区分局和派出所，可以借助平安指数分析影响当地平安的原因，向所在地党委、政府争取有力支持，通过党委、政府统筹协调、整体推动，实现平安建设齐抓共管的工作目标，从根本上改变过去依靠公安机关"单打独斗"的工作局面。珠海市将平安创建落实到小区、企业、学校等基层单位，通过"解剖麻雀式"建立镇（街）、村（居）"平安指数"工作体系和长效机制，并对全市"平安指数"工作机制落实情况及治安重点地区整治工作开展专项督导。

　　平安指数机制运行以来，取得了显著成效。一方面，平安指数提供了平安建设的量化指标，推动了平安建设工作绩效提升。平安指数机制运行三年来，珠海市整体实现"警情下降，指数上升"的目标，全市治安状况持续好转，2015年、2016年和2017年，全市违法犯罪警情连续大幅度下降，同比降幅分别达到11.41%、29.74%和4.14%。另一方面，平安指数凝聚了社会共识，推动提升了人民群众在平安建设中的获得感。平安指数的发布，保障了人民群众对全市平安状况的知情权和参与权。平安指数数据不仅有综合观察评价，更有具体到三个项目的分值，不仅使各镇街平安状况一目了然，也提醒了市民日常工作生活的注意事项，群众可以根据平安指数变化及时监督、参与地方平安建设工作，人民群众在平安建设中的获得感显著提升。

（二）以志愿警察为抓手，建设专业队伍

　　珠海市在总结综合治理、治安联防等工作经验的基础上，大胆创新，平安建设队伍不断加强。一方面，强化治安巡控力量投入，通过合理调整警力配置，深入推动机关警力下基层、基层警力下社区工作，目前珠海市派出所警力占分局警力的55.15%，社区警力占派出所警力的40.5%，民警与辅警

比例达到 1∶1，基层警力得到有力保障。另一方面，推进基层群防群治队伍建设，进一步规范群防群治相关制度规范，整合各类群防群治队伍，加大综治队员、巡防队员、禁毒社工、交通协管员、户管员、保安员等专职群防群治队伍建设，落实经费保障，广泛动员党团员、民兵、青年志愿者、离退休人员等参与治保、调解、帮教、禁毒、防范邪教、普法等平安建设工作。2016 年，珠海市组织群防群治队伍 16800 人次参加治安巡逻，现场协助调解纠纷 550 起。进一步完善"1357"反恐防暴快速反应机制，设立市级治安卡点 15 个、机动治安卡点 45 个，全年查获枪支 1 支、毒品 500 克以上 1起、在逃人员 6 人。

为探索新形势、新常态下的社会治安治理新模式，珠海市公安局香洲分局在充分吸收和借鉴国外先进经验的基础上，于 2015 年 4 月组建起国内第一支"志愿警察大队"，通过强化制度建设、完善组织架构、优化运作模式、健全组织保障、改善内部管理，遴选和招募公职人员、退役官兵、高级工程师、公司高管、教师、律师、记者、企业主等社会各界精英，统一着装，志愿协助公安机关开展接处警、安保巡逻、纠纷调处、防范宣传和服务群众等基层基础性警务工作。截至 2017 年 8 月，香洲区志愿警察大队共有队员 215 名，累计参与纠纷调处、安保巡逻、服务群众等各类勤务 9492 人次，工作 56085.6 小时。一方面，有效弥补了警力不足，形成基层警务工作的有力补充；另一方面，提供了群众展示舞台，实现了个人理想和社会价值双赢，同时，搭建了沟通互动平台，促进了警民关系和谐发展。

（三）以立体防控为重点，夯实工作基础

珠海市全面贯彻全国社会治安防控体系建设工作会议精神，结合珠海市"十三五"规划，研究制定了《关于加强社会治安防控体系建设工作的实施方案（2016～2022）》，着力抓好"五张网"① 建设，并将立体化社会治安

---

① 即社会面治安防控网、重点行业和重点人员防控网、企事业单位内部防控网、社区防控网和网络防控网。

防控体系建设难点和问题项目化、具体化，拟定 13 个市一级重点工作，分别落实牵头单位，明确责任人、工作目标和进度，将建设项目纳入年度综治考核，达到"以项目化促综治工作，带动平安珠海建设"的目的。

建设立体化社会治安防控体系，必须把人防、物防、技防手段充分结合起来。近年来，珠海市推动开展了"技防村居"建设，在农村重点开展"治安视频＋村联防队"建设，在城市重点开展"住宅单元智能门禁＋视频"工程建设，努力实现城市"住宅单元智能门禁＋视频"全覆盖。同时，建立"数字"网格化综合服务管理新模式，珠海高新技术产业开发区成立"数字高新"指挥中心，组建网格化社会治理队伍，建立基础数据信息库，形成以综治中心为依托、以综治信息为支撑、以综治网格为基本单元、以综治力量为主导的"中心＋网格化＋信息化"管理架构，不断夯实平安建设的人防、物防和技防基础。

围绕立体防控体系建设，珠海市积极开展了探索和创新。一是加强对大数据应用的统筹规划。珠海市推进数据信息整合共享，努力打造"信息资源一体化、打防管控一体化、网上网下一体化"的立体化、信息化社会治安防控体系。探索搭建全市综治大数据应用平台，打通上下信息数据通道。加快推进各级政法综治维稳部门数据流、业务流、管理流的有机融合，把数据信息联通到基层一线，真正发挥科技信息的实战效用。二是扎实推进综治信息化建设。珠海市明确公共安全视频建设的技术指标、系统平台建设的行业标准和各单位建设的数量要求及时间进度等，全面深入开展珠海市公共安全视频监控系统建设与应用。截至 2017 年 11 月底，全市 22 个镇（街）、311 个村（社区）已完成综治视联网系统安装并进行设备调试，提前一年实现全市覆盖。三是大力推进"雪亮工程"① 建设。珠海市积极统筹推进全市

---

① "雪亮工程"是以县、乡、村三级综治中心为指挥平台、以综治信息化为支撑、以网格化管理为基础、以公共安全视频监控联网应用为重点的"群众性治安防控工程"。它通过三级综治中心建设把治安防范措施延伸到群众身边，发动社会力量和广大群众共同监看视频监控，共同参与治安防范，从而真正实现治安防控"全覆盖、无死角"。取"群众的眼睛是雪亮的"之义，称之为"雪亮工程"。

"雪亮工程"建设，截至 2017 年 11 月底，全市共完成 2411 个一类点建设联网工作，完成率 105.7%，提前超额完成任务。珠海市积极推动综治信息系统、综治视联网和"雪亮工程"融合，组织研发综治一体机，率先实现三个系统在同一平台使用，有效解决了基层综治部门信息技术力量薄弱的问题。

（四）以平安细胞为基础，带动全面提升

2013 年初，珠海市委、市政府《关于全面创建平安珠海的意见》明确提出"全面开展'平安细胞'工程建设，夯实创建平安珠海的基层基础""加快实现基层平安创建活动全覆盖"的目标。五年来，珠海市全面推进平安区域（平安镇街、平安村居、平安边界、平安山林）、平安场所（平安市场、平安工矿、平安景区、平安文化娱乐场所、平安宗教场所）、平安单位（平安校园、平安医院、平安企业）、平安行业（平安交通、平安金融、平安餐饮、平安"电网"）和平安家庭等五大类 17 项基层平安创建活动，与本地区经济社会发展同规划、同部署、同推进，拓宽创建范围，充实创建内容，提升创建层次和水平。到 2015 年，全市各行政区和 90% 以上的镇（街道）、村（社区）、单位、企业、校园、医院、家庭达到平安创建标准。

2017 年，珠海市提前制定印发了《珠海市 2017 年"平安细胞"创建工作方案》和《珠海市"平安细胞"创建考核验收工作方案》，充分发挥各综治成员单位职能作用，结合市综治委成员单位联系点工作，强力推进全市平安细胞建设，重点开展平安校园、平安医院、平安交通、平安家庭、平安企业创建，实现平安细胞建设全覆盖。其中，香洲区年内"平安校园"建设投入 450 万元，效果显著；"平安家庭"建设深入民心，开展"德行香洲"等活动共计逾 600 场次，华发社区荣获省"平安家庭"创建示范社区；"平安文化娱乐市场"建设进一步净化了未成年人成长环境。金湾区着力打造"平安细胞"公共安全视联网建设，一期建设投入经费 793.82 万元，建立覆盖全区两镇 21 个村居、12 所学校、2 家医院共 771 个视频摄像头，以及公安专网 468 个摄像头、600 多户智能门禁系统视频的综治视联网平台。斗门区狠抓"平安交通"建设，针对无牌无证、异地号牌摩托车、电动车存

在的严重交通安全隐患问题，精心组织，周密部署，多策并举，不断加大"双禁"① 整治力度，效果显著。

四 珠海市平安社会建设经验和面临的困难

（一）珠海市平安社会建设取得的经验

1. 守住法治底线是珠海平安社会建设的前提

法治化是实现国家治理体系和治理能力现代化的必由之路。习近平同志强调，"法治是平安建设的重要保障"，"深入推进平安中国建设，发挥法治的引领和保障作用，坚持运用法治思维和法治方式解决矛盾和问题"，"提高平安建设现代化水平"②。珠海市注重把平安社会建设全面纳入法治轨道，以法治思维和法治手段解决平安社会建设中的问题。一方面，珠海市充分运用经济特区立法权和较大的市（设区的市）立法权，为社会治理和平安建设提供法制保障。近年来，珠海市先后制定了《珠海经济特区道路交通安全管理条例》（2005 年 5 月）、《珠海市消防条例》（2006 年 4 月）、《珠海经济特区志愿服务条例》（2012 年 11 月）、《珠海经济特区见义勇为人员奖励和保障条例》（2014 年 7 月）、《珠海经济特区安全生产条例》（2016 年 9 月）和《珠海经济特区公共安全技术防范条例》（2016 年 9 月）等地方性法规。其中，2013 年 10 月，珠海市八届人大常委会第十四次会议审议通过《珠海经济特区社会建设条例》，是全国出台较早的同类地方性法规之一，为此后珠海市推进社会治理和社会建设提供了重要法律依据。另一方面，珠海市努力培育办事依法、遇事找法、解决问题用法、化解矛盾靠法的良好法治环境。珠海市持续推进"法律顾问进村居"和"公共法律服务体系建设"工作，实现公共法律服务中心全覆盖，努力满足基层群众的法律需求。同

---

① 即禁摩托车、禁电动自行车。
② 参见《习近平就深入推进平安中国建设作出重要指示 强调：发挥法治的引领和保障作用，提高平安建设现代化水平》，《人民日报》2014 年 11 月 4 日，第 1 版。

时，珠海市利用走访、现场宣传、法制课等多种形式，深入开展禁毒、防诈骗、防范邪教、法律援助、安全生产等方面的宣传工作，进一步提高重点地区群众的法律意识和安全防范意识，引导群众通过法律渠道有效化解社会矛盾，维护自身合法权益。

2. 推动体制创新是珠海平安社会建设的关键

全国社会治安综合治理创新工作会议指出，创新是一个民族进步的灵魂，也是推进社会治理现代化的不竭动力①。必须坚持向改革要活力、向创新要动力，积极推动理念、制度、机制、方法创新，建立健全符合中国国情、具有时代特征的社会治理体系，提高社会治理现代化水平。完善的工作体制机制是推动平安建设的基础，平安建设是一项系统工程，牵涉面广，工作内容复杂，必须通过不断推进机制创新及时防范和应对层出不穷的新矛盾、新问题，打破政府包办一切、政法综治部门"单打独斗"的模式，推进协同治理，综合运用行政、法律、经济等手段，推进平安建设体制机制的现代化。2014年初，珠海市作出将社会管理综合治理委员会与创建平安珠海工作领导小组合二为一的决定，奠定了平安社会建设工作的体制机制基础。在实际工作中，珠海市创新完善新形势下预防和化解矛盾纠纷，推进人民调解与行政调解、司法调解的协调联动，深化诉前联调工作，促进调解、仲裁、行政裁决、行政复议、诉讼等有机衔接，切实抓好各单位落实矛盾纠纷多元化解的工作职责，深化重点领域社会矛盾专项治理，推动了社会矛盾纠纷化解和平安珠海建设。同时，珠海市从本地实际出发，发挥独特区位优势，以《粤港澳大湾区城市群发展规划》出台和港珠澳大桥通车为契机，加强珠港澳在社会治理创新方面的合作交流，探索研究珠港澳社会治理合作新模式，以维护社会稳定和改善社会民生为重点，促进社会、经济、文化等领域的良好发展，推进社会协同治理，打造珠港澳"平安共同体"，共建大湾区优质生活圈，保障粤港澳大湾区的长期繁荣稳定。

---

① 参见《孟建柱在全国社会治安综合治理创新工作会议上强调：坚持创新引领，提高预防各类风险能力，进一步增强人民群众安全感》，《法制日报》2016年10月14日，第1版。

3. 激发基层活力是珠海平安社会建设的基础

社会治理和平安建设的重点和难点在基层，活力和动力也在基层。加强和创新社会治理，推动平安社会建设，必须激发基层内在活力，推动基层自治，实现基层共治共享。2014 年底以来，珠海市建立平安指数动员、研判、预警、督导、责任、考核"六位一体"工作机制，通过平安指数机制，将平安创建落实到小区、企业、学校等基层单位，通过"解剖麻雀式"建立镇（街）、村（居）"平安指数"工作体系和长效机制，并对全市"平安指数"工作机制落实情况及治安重点地区整治工作开展专项督导，成效明显。近年来，珠海市深入推进综治网格化管理试点工作，对香洲区梅华街道和斗门区斗门镇两个试点的综治网格员进行了岗前培训，大大提高了综治网格员的实际操作能力。2016 年 8 月以来，金湾区委托专业机构对全区近 300 名综治网格员进行了轮训，并为保障第十一届航展顺利召开作出了贡献。珠海市落实定人、定格、定责，初步形成以综治中心为依托，以综治信息为支撑，以综治网格为基本单元，以综治力量为主导的"中心 + 网格化 + 信息化"管理架构，完善了基层平安建设机制。同时，珠海市大力推进基层群防群治队伍建设。按照"社会治理网格化"要求，进一步厘清并界定各类群防群治队伍的地位性质、权利义务、保障奖励等，进一步整合各类群防群治队伍，推进制度化、规范化建设。不断加大综治队员、巡防队员、禁毒社工、交通协管员、户管员、保安员等专职群防群治队伍建设，落实经费保障，广泛动员党团员、民兵、青年志愿者、离退休人员等参与治保、调解、帮教、禁毒、防范邪教、普法等平安建设工作，充实了基层平安建设的辅助力量。

（二）珠海市平安社会建设面临的困难

近年来，珠海市在加强和创新社会治理、推动平安建设方面取得了明显成效，但也存在一些问题和薄弱环节。一是社会治理和平安建设创新举措仍处于探索阶段，缺乏必要的法律支撑，平安建设的不少经验呈现碎片化，缺乏必要的提炼和升华。例如，目前关于志愿警察工作依据的立法目前仍是空白，法律主体地位边界模糊，虽然广东省公安厅出台了《关于规范全省警务辅助人员管理使用的指导意见》，为志愿警察工作开展提供了一定的依据，但该指导意见仅是政策性文件，未能形成志愿警察的制度支撑，志愿警察在经费、培训等方面面临不少尚待解决的问题。二是社会治理和平安建设领导责任制落实力度不够，社会治理和平安建设工作尚未实现常态化，平安建设长效机制亟待建立。随着平安建设工作进入第五年，珠海市个别地区和单位开始出现懈怠，对综合治理和平安建设的重视程度有所下降，人财物保障弱化，平安建设措施落实不力，基层基础工作相对薄弱，综合治理和平安建设政策工具的使用还失之于"软"，需综合采用法律手段和政策工具进一步促进综合治理和平安建设。三是社会治理和平安建设新问题不断涌现，但综合治理和平安建设工作机制难以及时调整完善，在一些发案集中、群众反响较大的社会问题应对上力量相对不足，亟须加强。近年来，以珠海市为代表的中国东部沿海城市逐渐迈入"流动社会"，流动人口的大量涌入给当地综合治理与平安建设带来巨大压力，由于编制管理等限制，有限的公安等综治力量面对庞大的管理服务群体显得捉襟见肘、力不从心。加之综合治理和平安建设信息化运用中的问题，人口基础信息采集率不高，人口统计数据失真失准，缺乏有力统筹管理机构，社会公共安全存在隐患，严重影响了综合治理和平安建设效果的进一步发挥。

五 社会治理与平安建设的发展方向

调研发现，虽然中国不少地方在社会治理和平安建设方面进行了不少探索和创新，但囿于各方面的限制，很多创新显得零散而庞杂，可复制的模式较少，可推广的经验不多。应该看到，加强和创新基层治理，推进平安中国建设，有赖中央的统筹顶层设计和整体制度安排，应当按照中共十九大要求，不断完善党委领导、政府主导、社会协同、公众参与、法治保障的社会治理体制，全面提升平安建设的社会化、法治化、智能化、专业化水平，打造共建共治共享的社会治理格局。

一是坚持依法治理，完善平安建设法律支撑。平安中国建设要坚持运用法治思维和法治方式解决问题，当前最关键的是要完善平安建设的法律支撑。在协调推进"四个全面"战略布局的背景下，应该补齐社会领域立法短板，在时机成熟时制定"社会治安综合治理法"，以法律的形式统一各地在社会治理与平安建设方面的创新和经验，明确平安建设的基本原则、主要内容和有关部门的义务和责任，为社会治理和平安建设创新提供制度保障。另外，要进一步完善平安建设行政执法与刑事司法衔接工作机制，依法打击违法犯罪行为，实现社会治理和平安建设领域的严格执法和公正司法，让人民群众在社会治理和平安建设的执法、司法过程中感受公平正义，切实保障人民群众合法权益，推进依法治理落到实处。同时，要推进社会矛盾纠纷多元化解，加强矛盾纠纷多元化解机制地方性法规政策制度建设，推进人民调解与行政调解、司法调解的协调联动，深化诉前联调工作，促进调解、仲裁、行政裁决、行政复议、诉讼等有机衔接，切实抓好各单位落实矛盾纠纷多元化解的工作职责，创新完善新形势下预防和化解矛盾纠纷的方法，深化重点领域社会矛盾专项治理。

二是坚持协同治理，扩大平安建设公众参与。社会治理和平安建设中要转变政府包办一切的传统思维，正确处理政府和市场的关系，形成政府、市场和社会互动互补的局面。在发挥好社会治理和平安建设主导作用、履行好社会治理和平安建设兜底责任的前提下，充分发挥社会组织和社会力量的积极作用，有序扩大公众参与。一方面，要持续做好平安建设宣传工作，进一步加大社会动员体系建设力度，深入推进平安宣传"五进"① 工作，切实提高人民群众对平安创建工作的知晓率、支持率、参与度。各有关部门要结合工作职能和特点，利用自身资源优势，坚持面上宣传和线上宣传有机结合，充分发挥传统媒体和新兴媒体的积极作用，广泛深入开展平安创建宣传活动，保障人民群众的知情权和参与权，提高人民群众在平安建设中的获得感。另一方面，要充分发挥社会组织和专业机构作用。积极发挥志愿服务协

---

① 即进家庭、进学校、进社区、进场所、进企业。

会、见义勇为协会等社会组织作用，不断扩大平安志愿者队伍，引导、激励更多群众参与社会治安工作，营造"全民创安、共建共享"的社会氛围。同时加强对社会组织规范管理的政策研究，推进社会组织明确权责、依法自治，充分发挥其在参与社会事务、维护公共利益、救助困难群众、化解矛盾纠纷等社会治理中的重要作用。

三是坚持创新治理，增强平安建设基层活力。基层是平安中国建设的第一线，也是社会治理的活力之源。建立健全富有活力和效率的新型基层治理体系，是平安建设的基础。增强平安建设基层活力，要发挥好乡镇（街道）和村（社区）在社会治理中的基础性作用，完善权力清单、责任清单，推动其把工作重心转移到公共服务、公共管理、公共安全等社会治理工作上来，通过改善考核、激励方式提高基层干部参与平安建设的积极性。一方面，推动行政体制和管理方式创新，实现扁平化管理，适当减少管理层级，把更多的力量充实到平安建设一线，总结各地网格化管理经验，充实基层治理力量，实现资源下沉、服务下沉、管理下沉。另一方面，要进一步发扬人民民主，推动基层群众性自治组织建设，发挥村规民约作用，促进群众在城乡社区治理、基层公共事务和公益事业中依法自我管理、自我服务、自我教育、自我监督，通过村（居）民自治完善民意收集、协商互动机制，把各行各业中的从业人员和社会组织发动起来，让其成为社会治安基本要素掌控的"千里眼"和"顺风耳"，弥补专业力量和专业手段的不足。

四是坚持智慧治理，强化平安建设技术保障。信息化和大数据是当今社会的大趋势，社会治理和平安建设要把握国家大数据战略和"互联网＋"战略发展机遇，顺应社会治理和平安建设对象多元化、环境复杂化、内容多样化的趋势，应用信息化和大数据提升社会治理和平安建设的精准性、预见性、高效性。当前，中国各地区、各部门在智慧政务建设方面取得了积极成效，但在深度运用信息化和大数据处理相关问题方面还存在明显不足。未来，要加快建设立体化、信息化社会治安防控体系，着力抓好科技信息化运用，打造"信息资源一体化、打防管控一体化、网上网下一体化"的立体化、信息化社会治安防控体系。同时，进一步加强大数据应用统筹规划，健全各类基础技术规范标准，推进数据信息整合共享，按照"大整合、高共享、深应用"的要求，着力打通政法综治部门之间以及同一部门内部不同业务模块之间的信息数据通道，探索搭建全域平安建设大数据应用平台，打通上下信息数据通道，加快推进各级政法综治部门数据流、业务流、管理流的有机融合，在确保信息安全前提下加强与其他部门的信息互联互通和综合利用，把数据信息联通到基层一线，真正发挥科技信息的实战效用，拓展社会治理和平安建设成效的广度和深度。

B.23

征地信息公开的法治化探索

刘志强*

摘　要：　征地信息公开是国土资源领域政务公开的重要内容，做好政务公开工作是提高征地管理规范化水平、维护被征地农民权益的重要保障。近年来，各级国土资源主管部门认真贯彻落实中央关于全面推进政务公开的重要决策部署和《政府信息公开条例》等法律法规的要求，以群众需求为导向，征地信息公开工作取得了积极成效，制度化建设水平得以提高，公开内容不断丰富，公开渠道日趋多元，并在公开的信息化建设方面取得了突破。

关键词：　征地　信息公开　政务公开

推进政务公开是建设服务型政府，增强政府公信力、执行力的重要措施，也是建设法治政府、推进国家治理体系和治理能力现代化的必然要求。征地信息公开是国土资源领域政务公开的重要内容，做好政务公开工作对于提高征地管理规范化水平、维护被征地农民权益具有重要的保障作用。近年来，各级国土资源主管部门认真贯彻落实中央关于全面推进政务公开的重要决策部署和《政府信息公开条例》等法律法规的要求，以群众需求为导向，建章立制，积极探索，依托信息化，助推公开化，征地信息公开工作取得了积极成效。

---

* 刘志强，国土资源部不动产登记中心（法律事务中心）副研究员。

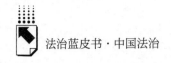

一 推进征地信息公开的重要意义

"正义不仅要得到实现,而且要以人们看得见的方式得以实现。"党的十八届四中全会通过的《中共中央关于全面推进依法治国若干重大问题的决定》明确指出,"全面推进政务公开。坚持以公开为常态、不公开为例外原则,推进决策公开、执行公开、管理公开、服务公开、结果公开"。征地管理工作关系社会经济发展,涉及群众切身利益,社会广泛关注,做好征地信息公开工作,无疑是推进国土资源领域政务公开的重中之重。

第一,推进征地信息公开,是全心全意为人民服务的本质要求。全心全意为人民服务是中国共产党的根本宗旨,是服务型政府建设的根本要求。"尽心尽力维护群众权益"是国土资源管理工作的根本出发点和落脚点。征地管理一头连着经济社会发展,一头连着群众权益保护。土地征收工作既要为社会经济发展提供用地保障,同时也要维护好被征地农民权益。让征地决策、执行、结果等信息及时与被征地农民见面,多听被征地农民意见,多接受被征地农民监督,保障被征地农民知情权、参与权、表达权、监督权,有利于从源头预防和化解矛盾纠纷,更好地维护群众权益,保障社会和谐稳定。

第二,推进征地信息公开,是加强法治国土建设的客观需要。公开透明是法治政府的基本特征。近年来,征地管理制度政策体系不断完善,补偿安置标准逐步提高,安置途径日趋多元,征地程序更加规范。但是个别地方片面追求发展速度,征地工作随意草率,制度政策执行不够到位等问题也时有发生。推进征地信息公开,让征地行为在阳光下运行,能够推动征地工作依法规范,促进征地管理各项制度政策更加完善,落实更加到位,有利于进一步提高政府的公信力和执行力,推进治理能力现代化。

第三,推进征地信息公开,是加强廉洁政府建设的重要举措。阳光是最好的防腐剂。权力只有公开运行,才能防止被滥用。做好征地信息公开工作，是预防征地领域腐败案件发生、加强廉洁政府建设的重要举措。推进征地信息公开，为群众了解和监督征地行为创造了条件，有利于提升征地行为的透明度，规范征地权力运行，从源头上防范腐败行为的发生。可以说，征地信息公开，不仅是提升征地管理公开透明度的一项重要举措，更是检验维护群众权益的试金石，是规范征收权力运行的紧箍咒。

二　征地信息公开采取的举措及成效

近年来，中央高度重视政务公开工作，相关法律规定也日趋完善。2004年3月，国务院印发了《全面推进依法行政实施纲要》，将政府信息公开作为推进依法行政、建设法治政府的重要内容。2008年5月，《政府信息公开条例》正式施行，公开政府信息成为行政机关的法定义务。2016年，中央又连续下发了《关于全面推进政务公开工作的意见》和《〈关于全面推进政务公开工作的意见〉实施细则》，从决策、执行、管理、服务和结果五个方面明确了政务公开的主要内容。国土资源部坚决贯彻落实党中央、国务院决策部署，始终将征地信息公开作为一项重要工作来抓，完善制度规范、明确公开责任、丰富公开内容、拓展公开渠道、提升服务能力，大力推进征地信息公开信息化，有效维护了群众的合法权益。

（一）征地信息公开制度化水平不断提高

"良法是善治之前提。"践行法治，首先必须有系统完备的法律制度和政策体系作为保障。根据《土地管理法》等法律法规规定，市县人民政府负责组织用地报批和征地实施，征地补偿安置等信息由市县人民政府及其国土资源主管部门产生，因此做好市县征地信息公开工作是确保征地信息公开取得实效的关键。据此，国土资源部先后印发了《关于做好征地信息公开工作的通知》（国土资厅发〔2013〕3号）、《关于进一步做好市县征地信息公开工作有关问题的通知》（国土资厅发〔2014〕29号），按照把政务信息公开压实在基层的思路，对征地信息公开工作作出系统部署，明确了公开内容、责任主体、公开渠道和公开时限等要求。根据文件的要求，按照"公开为常态，不公开为例外"的原则，用地批复文件、征地告知书、"一书四方案"①、征地公告、征地补偿安置方案公告等征地审批前、审批后信息均纳入主动公开范围；审批前调查结果和听证笔录、审批后征地补偿登记和征地补偿费支付凭证等信息都纳入依申请公开范围。按照"谁制作、谁公开"和"就近、便民"的原则，明确市县人民政府是征地信息公开的主体，负责公开征地审批前、审批后组织实施信息以及相关报批材料信息，中央和省级国土资源主管部门主要负责公开用地批准文件。出台上述规定，明确了公开责任，健全了工作机制，为各地扎实有效做好征地信息公开工作提供了基本依据。

（二）征地信息公开内容不断丰富

各级国土资源主管部门坚持以公开为常态，不公开为例外，大力推进征地决策公开、执行公开、管理公开、服务公开和结果公开，努力使公开内容涵盖征地管理的全流程、征地服务全过程。在制度政策方面，各地在制定出台征地相关法律法规、规范性文件、补偿标准时，广泛听取社会意见，增强决策透明度，提高决策科学化水平；决策出台后，及时在门户网站公开相关政策文件，并做好政策解读，积极引导社会舆论；在征地行为履行方面，完善建立了审批前、审批中、审批后全流程信息公开。在征地报批前，需要严格履行告知、确认、听证程序。一些地方结合本地实际，积极探索开展社会稳定风险评估，采取民主协商与被征地农民签订协议等方式，广泛听取公众意见；征地批准后，涉及的用地批复文件、"一书四方案"也及时予以公开；批后实施中，建立了"两公告一登记"制度，公开征收范围、补偿标准、安置途径等信息。在回应社会关切方面，各地普遍建立了舆情收集、研

---

① 《建设用地审查报批管理办法》第7条规定："市、县国土资源主管部门对材料齐全、符合条件的建设用地申请，应当受理，并在收到申请之日起30日内拟订农用地转用方案、补充耕地方案、征收土地方案和供地方案，编制建设项目用地呈报说明书，经同级人民政府审核同意后，报上一级国土资源主管部门审查。"

判、处置和回应机制，针对重要舆情、媒体关切、突发事件等热点问题，按程序及时发布权威信息，讲清事实真相、政策措施以及处置结果等，营造了良好的舆论氛围。

（三）征地信息公开渠道日益多元

近年来，除了张贴公告、广播宣传、报刊电视等传统公开载体和途径外，各地高度重视运用信息化技术手段提高信息公开的服务水平。目前，国土资源部层面，自 2015 年起，除涉密项目外，报国务院批准建设用地批准文件由依申请公开调整为主动公开，并通过部门户网站及时向社会公开全文；市县落实责任要求，在政府门户网站或者国土资源部门网站普遍设置《征地信息》专栏，主动公开征地信息，检索、下载、查询等服务功能也不断优化。一些地方还充分运用"互联网＋"科技信息手段，借助微博、微信等大力推行征地信息网上查询制度，为公众提供征地批复、范围、补偿、安置等信息查询服务，使得公众获取政府信息更加方便快捷。

（四）征地信息公开信息化建设取得重大突破

2016 年 12 月，针对一些地方在征地信息网上公开中存在的栏目设置不规范、公开内容不清晰、查询获取不便捷等问题，国土资源部下发了《关于加强省级征地信息公开平台建设的通知》（国土资厅发〔2016〕43 号），在全国部署开展省级征地信息公开平台建设工作。省级征地信息公开平台是由省级国土资源主管部门统一建设，由省、市、县国土资源主管部门分别填报，实现省域范围征地信息统一对外发布的网络平台。按照"谁制作、谁公开"的要求，省、市、县各级国土资源主管部门依据征地工作职责分工，分别填报各自生成的征地信息，由省级征地信息公开平台统一对外发布。省级征地信息公开平台支持市县政府或者市县国土资源主管部门门户网站同步公开有关信息，实现了三级信息共享，避免了重复填报、资源浪费。至2017 年 6 月底，31 个省（自治区、直辖市）和新疆生产建设兵团省级征地信息公开平台已经全部建成运行,涵盖了除西藏部分地市外全国所有市县征地信息,实现了省域范围内征地信息公开统一平台、统一规范。在省级征地信息公开平台建设运行中,一些地方还结合本地实际,进一步充实完善了平台的服务功能。例如,山东对平台的网上查询服务功能进行完善,基本实现了项目位置、项目名称、批复文号、批准时间等关键字段查询或模糊查询;浙江、广西等省区在平台中增设了《征地动态》《知识问答》《申请公开》《问题咨询》等栏目,有利于群众及时了解征地管理工作的前沿动态。在省级征地信息公开平台成功运行的基础上,国土资源部进一步推动全国征地信息共享平台建设,即充分利用信息化技术手段,打通各省(自治区、直辖市)公开的征地信息,在部级层面建立全国征地信息公开共享平台,实现信息归集整合、互通共享。目前,全国征地信息共享平台已经基本形成,相关数据整合、功能调试工作正在稳步推进。

三 征地信息公开的地方实践

在按照国家规定和要求,扎实有效做好征地信息公开工作的同时,一些省份因地制宜,创新工作机制,提升服务能力,主动加大公开力度,积累了可贵的实践经验,取得了良好的社会效果。

(一)山东:率先建成省级征地信息查询系统[①]

山东省国土资源厅高度重视征地信息公开工作,主动转变思想观念,积极作为,变"要我公开"为"我要公开",将构建全省统一的征地信息公开查询系统作为全面提升征地信息公开水平的重要抓手。山东省按照"统一平台、整合资源、各负其责、依法公开"的建设思路,积极推进平台建设工作。在多方共同努力下,山东省征地信息公开查询系统于 2017 年 1 月 1

---

① 参见周怀龙、李现文、周鹏《把征地信息"晒"在阳光下——1月1日,全国首个省级征地信息公开查询系统,在山东省国土资源厅开通试运行》,《中国国土资源报》2017年1月9日,第1版。

日全面上线运行，实现了"统一发布、自助查询、实施监管"三大功能，有力地维护了群众的知情权。

一是征地信息统一发布。征地信息公开查询系统主动公开 6 项征地信息：征地相关法律法规和政策文件、国务院和省级人民政府用地批复文件、拟征收土地公告、拟征收土地补偿安置方案、"一书四方案"和征收土地公告。按照"谁制作、谁审核、谁公开"的原则，由省、市、县国土资源主管部门分别负责，从已制作的文件和建设用地审批系统后台抓取，通过征地信息公开查询系统统一发布。其中，省级国土资源主管部门负责公开国家、省征地相关法律法规、政策文件和国务院、省政府建设用地批准文件；市县国土资源主管部门负责公开本级征地相关法规、政策文件和拟征收土地公告、拟征收土地补偿安置方案、"一书四方案"、征收土地公告等。为减轻市县工作量，"一书四方案"由省级国土资源主管部门负责导入系统，发送市县，由市县负责对有关内容核实确认后进行发布公开，确保征地信息全面准确、协同一致。

二是征地信息自助查询。山东省将全省征地信息公开查询系统应用程序植入门户网站，方便社会公众在国土资源主管部门应用系统查询相关信息。查询人进入系统后，可以在查询区域选择"所属市、县（市、区）、乡镇街道"名称或键入"村庄名称、批准年度、项目名称、公告名称"等任何字段关键词，准确查询所需要的征地信息，满足了对征地信息自助、及时查阅的需求。同时，查询人可以在任何地区利用互联网络查询相关信息，实现了信息的远程调阅和数据共享，极大地方便了群众及时获取相关征地信息，做到了"信息多跑路、群众少跑腿"。

三是征地信息公开情况实时统计查询。征地信息公开查询系统设置了统计、监管模块，省、市、县国土资源主管部门可以从后台随时统计各类信息公开情况，实时查看"已公开"和"未公开"数量，并对公开事项的数量和质量进行监管，建立了系统运行情况监督考核机制，对各地系统运行情况、征地信息公开发布情况进行检查通报，并采取有效措施予以规范，使得征地信息公开更加规范有序。

（二）贵州：建立征地信息省、市、县三级联动公开机制①

近年来，贵州省持续规范推进政府信息公开工作，将征地信息公开平台建设纳入年度国土资源保护政府目标考核的重要内容，积极探索创新征地信息公开工作机制，形成了征地信息省、市、县三级联动公开，起到了良好的示范带动效应。

一是明确市县的主体责任。2015 年，贵州省国土资源厅严格落实国土资源部信息公开的有关要求，明确了市县两级作为征地信息公开的责任主体，要求市县应当在 2015 年 4 月底之前，在本级政府门户网站和国土资源主管部门网站开通《征地信息》专栏，全面、主动公开包括国务院、省人民政府依法批准用地的批复文件在内的有关征地信息。

二是省级层面搭建《市县征地信息公开》专栏。为进一步落实和推进征地信息公开工作，2015 年 5 月，贵州省在国土资源厅门户网站正式开通了省级统一征地信息公开平台，即《市县征地信息公开》专栏，并印发了《省国土资源厅办公室关于开通厅网站"市县征地信息公开"专栏及相关工作的通知》（黔国土资办发电〔2015〕16 号）。根据要求，省国土资源厅负责公开省政府批准文件和转发国务院批复文件等本级行政部门制作的征地信息，并上传至门户网站《市县征地信息公开》专栏各市县子栏目，市县国土资源主管部门及时在各自栏目分类补充上传市县人民政府履行征前"告知、确认、听证"程序的相关材料、"一书四方案"（或"一书三方案"）、批后实施征地公告及补偿安置方案等国土资源部要求主动公开的政府信息，同时在本级政府门户网站和国土资源主管部门网站的《征地信息》专栏上传要求主动公开的相关征地信息，形成了省、市、县三级联动的征地信息公开机制（见图1）。

三是划分阶段，积极稳妥推进历史征地信息公开。以《市县征地信息公开》专栏为基础，本着有利于维护社会和谐稳定的原则，贵州省还积极

---

① 参见张晏、张鹤林《贵州实现征地信息省、市、县三级联动公开》，《中国国土资源报》2017年5月3日，第1版。

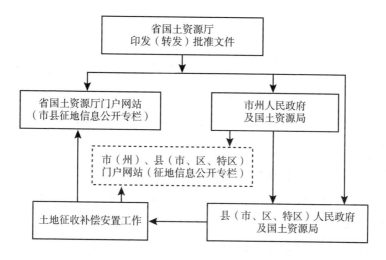

图1　贵州省信息公开流程

稳妥地推进历史征地信息公开工作。对于 2015 年 4 月 1 日以来批准征地的批复文件，部分征地"一书四方案"（或"一书三方案"）、听证告知书、征地公告、征地补偿安置方案公告等信息，均在贵州省国土资源厅门户网站《市县征地信息公开》栏目进行了公开；对于 1999 年 1 月 1 日《土地管理法》修改之后至 2008 年 4 月 30 日的征地信息，通过国土资源主管部门的"公告栏"或张贴公告等方式进行了公示；对于 2008 年 5 月 1 日《政府信息公开条例》颁布施行之后至 2015 年 3 月 31 日批准的征地信息，通过各级国土资源主管部门的门户网站《征地信息》专栏进行了公开。

得益于扎实有效的征地信息公开工作，贵州省因征地引发的行政复议和行政诉讼案件明显减少。2014 年以来，全省因征地信息公开引发的复议案件仅 8 起、诉讼案件仅 3 起，征地信息公开取得了明显成效。

四　征地信息公开存在的问题及原因分析

虽然在各级政府和国土资源主管部门的大力推动下，征地信息公开的力度不断加大，但是征地信息公开工作依然面临一些问题和挑战。

（一）征地信息公开工作面临的问题

一是依申请公开呈现高位徘徊和"错位"现象。近年来，各地国土资源主管部门受理的征地信息公开申请数量高位徘徊。以国土资源部为例，2014年国土资源部受理各类政府信息公开申请949件，其中征地类信息公开申请673件，占比70.9%；2015年，受理各类政府信息公开申请897件，其中征地类信息公开申请585件，占比65.2%；2016年，受理各类政府信息公开申请1045件，其中征地类信息公开申请753件，占比72.1%[①]。征地信息公开申请数量总体较大，占比较高，由此引发的复议诉讼案件也逐年攀升。分析当事人所申请信息公开内容发现，涉及近期征地信息的数量明显减少，但涉及历史征地信息的较多。而且大部分信息均由市县制作，应当由市县进行公开。但是，申请人往往舍近求远，把本应由市县公开的事项向省或国土资源部提出公开申请，呈现"错位"现象。

二是信息公开相关法律规定不明确。《政府信息公开条例》等法律法规对信息公开的规定总体较为原则，实践中对于主动公开、依申请公开和不予公开的范围，国土资源主管部门与司法部门，乃至不同司法部门之间的认识还不统一。例如，按照"谁制作、谁公开"的原则，征地"一书四方案"是市县制作，理应由市县公开，但是有些地方的法院认为"一书四方案"是征地报批的重要组成部分，也应由审批机关负责公开，市县是征地信息公开的主体并不免除国土资源部、省两级对征地信息公开的法定义务等。此外，对于征地审批过程性信息、审批备案信息等能否公开、由谁公开也都存在认识分歧。制度规定不明确，给各级管理部门落实征地信息公开有关要求带来了一定困扰。

三是信息公开申请权滥用现象较为突出。从征地信息公开申请办理的实践来看，近年来，多次发生多人先后申请同一征地信息、群体申请同一征地

[①] 参见《国土资源部2014年政府信息公开工作报告》《国土资源部2015年政府信息公开工作报告》《国土资源部2016年政府信息公开工作报告》，国土资源部门户网站。

信息、一人申请全县征地信息、一人向不同机构多次重复申请同一征地信息、申请人已被告知网上已主动公开却仍然要求依申请公开等各种情况。对于少数申请征地信息公开者而言，申请信息公开已经超出了维护群众知情权的范畴，成为向上级表达诉求，向下级施加压力，获得高额补偿的一种手段，出现了"信息公开信访化"的不良倾向。这些多次申请、缠诉滥诉的行为给国家增加了大量行政成本和司法成本。

（二）存在上述问题的原因

一是征地工作涉及面广，信息公开需求量大。现行征地制度运行多年来，为工业化城镇化发展提供了充足的用地空间，为社会事业发展提供了有力的资金支持，为国家经济社会发展提供了有力的支撑和保障，但是涉及的被征地农民数量庞大。以近几年征收工作为例，初步统计，2017 年前中国每年征收土地 40 万公顷左右，每年安置农业人口 200 多万，考虑到历史因素，涉及的被征地农民数量将更加庞大。而且征地补偿安置工作关系被征地农民切身利益，不同年份、不同地区征地依然存在一定差异，因此，被征地农民对征地信息公开的需求量巨大，意愿也较为强烈。

二是市县工作落实不到位，群众知情权保障不充分。虽然近年来征地管理不断规范，但是少数市县还不同程度存在思想认识不到位、信息公开不规范不全面、信息提供不便民等问题。有的担心征地信息公开后，引发群众抢栽抢种、乱搭乱建，影响征地工作开展；有的担心公开历史征地信息，农民会翻旧账，带来不必要的社会矛盾；有的未对网上公开的征地信息进行系统归类，缺乏检索、查询等功能，不便于群众获取；有的答复不及时、不准确、不完整，群众难以有效获取征地信息等。由于市县信息公开宣传不到位、公开不规范等，群众对基层征地工作以及信息公开工作产生不信任的心理，因此，宁愿舍近求远向国土资源部和省申请征地信息公开，力求向高一级政府求证征地行为合法合规性。

三是法律规定存在滞后性，需要进一步修改完善。《政府信息公开条例》于 2008 年颁布实施，对推进中国政务公开工作起到重要的作用。但是，随着社会经济发展，《政府信息公开条例》已经难以满足公众不断增长的政府信息公开需求，突出表现为制度规定较为原则、公开范围不够具体、公开义务主体不够明确，对于哪些信息应当公开、如何公开等不同地区、不同部门存在不同的理解和认识等。上述问题的存在不利于征地信息公开的具体执行，亟须修改完善相关制度。特别是法律对信息公开申请人和对所申请信息的年限都未作限制，加之申请信息公开和提起行政复议和诉讼的成本又相对较低，这成为征地信息公开权利滥用的一个重要因素①。

五 进一步加强征地信息公开的建议

一是以平台建设为重点，继续做好征地信息主动公开工作。一方面，继续改进和完善省级征地信息公开平台。按照全面、及时、准确公开和便民利民的服务要求，督促地方改进完善。不断总结推广各地好的做法，充实公开内容，健全应用功能，不断提升征地信息公开水平和服务质量。另一方面，加快推进全国征地信息共享平台建设和上线运行工作，尽快实现全国范围内征地信息数据的共享交换和统一发布，强化查询检索功能，为被征地农民及时有效获取相关征地信息提供更加便捷有效的服务。同时，继续加强对市县征地信息公开情况的检查和督促，不断增强基层工作人员的法治意识，确保市县将征地信息公开的有关要求落实到位。

二是加强改革试点探索，加快推进征地信息公开标准化、规范化。为进一步推进政务公开工作，2017 年 5 月，国务院办公厅印发了《关于开展基层政务公开标准化规范化试点工作方案的通知》（国办发〔2017〕42 号），在北京、安徽、陕西等 15 个省（自治区、直辖市）的 100 个县（市、区）

---

① 《政府信息公开条例》第 27 条规定："行政机关依申请提供政府信息，除可以收取检索、复制、邮寄等成本费用外，不得收取其他费用。"《行政复议法》第 39 条规定："行政复议机关受理行政复议申请，不得向申请人收取任何费用。"《诉讼费用交纳办法》第 13 条第（五）项规定："行政案件按照下列标准交纳：1. 商标、专利、海事行政案件每件交纳 100 元；2. 其他行政案件每件交纳 50 元。"

开展政务公开标准化试点工作。其中，黑龙江、浙江、安徽、四川、宁夏5个省区按照要求，重点围绕征地补偿、拆迁安置等方面开展探索。山东也结合本省实际，在征地补偿等方面开展了相应的实践探索①。因此，有必要及时跟踪试点进展，总结试点经验做法，并以之为基础，不断提升全国征地信息公开标准化、规范化水平。

三是加快推进《政府信息公开条例》修改工作，为做好征地信息公开提供坚实的法制保障。目前，《政府信息公开条例》修改工作正在稳步推进②。建议以此为契机，进一步明确各级、各部门在征地信息公开工作中的职责。将"谁制作、谁公开"作为信息公开的首要原则，明确市县政府在征地信息公开方面的主体责任，上级机关没有责任和义务替代下级机关公开其制作的征地信息。同时，加强对申请人反复、大量提出信息公开申请等权利滥用行为的约束，使信息公开回归制度设计初衷，把上级机关从烦琐的信息公开答复和复议应诉中解脱出来，着力做好政策制定和完善，切实将征地信息公开矛盾纠纷化解在基层、消除在源头。

---

① 参见《山东省人民政府办公厅关于印发开展基层政务公开标准化规范化试点工作实施方案的通知》（鲁政办发〔2017〕74号）。
② 2017年6月，国务院办公厅、法制办起草的《政府信息公开条例（修订草案征求意见稿）》已在中国法制信息网全文公布，征求社会各界意见。

Abstract

Annual Report on China's Rule of Law No. 16 (2018) (*Blue Book of Rule of Law*) analyzes various issues in the fields of legislation, judicial reform, civil, commercial and economic law, social law, human rights protection and crime situation, summarizes the developments of the rule of law in Internet finance, stock market, pilot Free trade zones, administrative public interest litigation, investor protection, asset management business supervision and artificial intelligence in China in the year of 2017, and forecasts the development of the rule of law in China in the year of 2018.

The Blue Book of Rule of Law continues to feature a series of assessment reports on indexes of the rule of law. Based on the information obtained from official web portals and using such methods as websites browsing and verification by phone call, the Innovation Project Team on Rule of Law Index of CASS Institute of Law has carried out assessment of the government transparency of 54 departments of the State Council and the governments of 31 provinces (autonomous regions, province-level municipalities), 49 larger cities and 100 counties (cities, districts), the judicial transparency of the Supreme People's Court, higher people's courts of 31 provinces (autonomous regions, province-level municipalities) and intermediate people's courts of 49 larger cities, the procuratorial transparency of the Supreme People's Procuratorate, procuratorates of 31 provinces (autonomous regions, province-level municipalities) and procuratorates of 49 larger cities, as well as the judicial transparency of 10 maritime courts in China. In 2018, the *Blue Book of Rule of Law* features the report on indexes of the transparency of police affairs from the perspective of the web sites of the public security organizations of 4 province-level municipalities and 27 provincial capital cities for the first time.

The Blue Book of Rule of Law also features a series of investigation reports on the national situation of rule of law, covering such issues as information-based efforts to govern according to law, rule the schools by law, construction of peaceful society, protection of children's rights and information disclosure of land expropriation, and analyzes the achievements and predicts the development direction of rule of law in related fields.

Contents

I General Report

Abstract: In 2017, China has made relatively large progresses in the fields of legislation, the construction of a law-based government, judicial reform, construction of a legal system of clean and honest government, civil, commercial and economic laws, and social law. In the field of legislation, the work of adoption, revision and interpretation of laws and regulations has been carried out in an orderly way, thereby laying a sound institutional foundation for the deepening of the reform; in field of construction of a law-based government, the procedure for soliciting public opinions on the revision of major administrative regulations have been initiated, and various reform measures, such as streamlining administration and delegating powers to the lower levels, reforming the administrative approval system, and applying Internet plus technologies to the handling of government affairs, had been implemented in an orderly way; in the judicial field, the reform has entered into the deepening stage at which difficult problems have been tackled and the court informatization has reached a new level; in the field of building a clean and honest government, a landslide victory has been achieved in the fight against corruption, comprehensive reform has been carried out on the state supervisory system, and contributions have been made to the construction of international anti-corruption mechanism; in the field of civil, commercial and economic laws, major breakthroughs have been made in the codification of the civil law and the market economic supervisory system have been greatly improved; and in the field of social law, continuous reforms have been carried out in the areas of social security and environmental protection and social governance has become increasingly refined.

Keywords: Rule of Law; Legislation; Law-Based Government; Judicial Reform

Ⅱ Special Reports

B. 2 Legislation in China in 2017   *Liu Xiaomei* / 028

Abstract: The year 2017 is the final year of the term of the Twelfth National People's Congress and its Standing Committee, an important year in the implementation of the Thirteenth Five-Year Plan, as well as the year of deepening of the supply-side reform in China. In this year, China has been focusing its legislative work on the improvement of the legal system of socialist market economy, the legal system of national security, and the systems of social, cultural, and ecological laws, speeding up the legislation on taxation, actively implementing the principle of taxation by law, and making timely decision on the authorization of pilot reforms, thereby providing a solid legal basis for the smooth implementation of the reform.

Keywords: Adoption, Revision and Abolition of Laws; National Anthem Law; Socialist Core Values; Filing and Review

B. 3 Development of Human Rights in China in 2017

Zhao Jianwen / 045

Abstract: In 2017, which is the 70th anniversary of the Marco Polo Bridge Incident and the 80th anniversary of Nanjing Massacre, the right to peace has become a focus of attention in China. Drawing a lesson from history, Chinese people cherish their hard-won peaceful environment of development and unswervingly adhere to the road of peaceful development. The relevant provisions in the Constitution, the Law on National Defence, the decision of the Standing Committee of the National People's Congress on establishing Memorial Day for the Victory of the Chinese People's War of Resistance against Japanese Aggression and National Memorial Day for Nanjing Massacre Victims, and National Anthem Law are all directly related to the safeguarding of Chinese people's right to peace. China, as a permanent member of the United Nations Security Council, has made important contributions to the upholding of international peace and security. In 2017, China has accomplished much in the safeguarding the right to development. It has found out a road to safeguarding people's right to development with Chinese characteristics, established corresponding institutions, carried out successful practice of poverty alleviation and development, and accumulated rich experience in assisting developing countries in their development. China is having a greater say in international discourse about the right to peace and the right to development and the idea of "a community of shared future for mankind" advocated by China has gradually become an international consensus in the field of human rights. In the future, China will better safeguard the people's right to peace and right to development and make greater contribution to the realization of the right to peace and the right to development of all mankind.

Keywords: Human Rights; Right to Peace; Right to Development; Community of Shared Future for Mankind; Voice in International Discourse

B. 4　Crimes in China: An Analysis of the Situation in 2017 and a
　　　Forecast of the Trend of Development in 2018　*Huang Fang* / 056

Abstract: In 2017, the rate of violent terrorist crime has decreased dramatically, the rate of crimes of endangering production safety and food and drug safety has been stable with slight decline, and the rate of traditional violent crimes has continued to drop in China. However, duty-related crimes have increased markedly and occured in a wide range of fields; the crime of endangering environment and natural resources are still prominent, and the crime of pyramid selling remains rampant. In 2018, violent terrorist crime will continue to be kept under control, and there will be a slowdown in the growth of crime of damaging the environment and an effective crack down on the crime against the citizen's personal information and the crime against intellectual property. However, the crime of pyramid selling will continue to spread; the situation of duty-related crimes will change along with the progress of the reform of the procuratorial system; and it is still necessary to maintain vigilance against the resurgence of crimes of telecommunication fraud and cyber crimes.

Keywords: Duty Crime; Pyramid Selling Crime; Destruction of Environmental Resources to Protect Crime; Criminal Policy

B. 5　Judicial Reform in China in 2017: Advancing towards a
　　　New Age　　　　　　　　　　　　　　　*Qi Jianjian* / 071

Abstract: In 2017, which is a crucial year in the current round of judicial reform, China has made comprehensive progresses in areas of the judicial system, the work mechanism, and the safeguarding of litigation rights. The Supreme People's Court and the Supreme People's Procuratorate have completed their reform tasks assigned by the CPC Central Committee, partially completed the reform of the judge quota system, further implemented the judicial accountability system, continued to improve the mechanism for the operation of judicial power with unification of powers and responsibilities, and ensured the independent exercise of adjudicative power by people's courts and the independent exercise of procuratorial power by people's procuratorates; further improved the mechanism for the operation of judicial power through such measures as accelerating the development of intelligent and professional administration of justice, strengthening judicial openness at multiple levels, advancing in a deep-going way the trial-centered reform of the litigation system, carrying out pilot reforms aimed at incorporating procedures for the investigation of duty-related crimes into the supervisory system, establishing the system of initiation of public interest litigation by procuratorial organs, standardizing the enforcement of civil judgments, and developing international judicial cooperation; and further strengthened the judicial protection of human rights by strictly excluding illegal evidence, expanding the scope of legal aid, improving the protection of and the supervision over the exercise of the practicing rights of lawyers, safeguarding and regulating the exercise of administrative litigation rights, and strengthening judicial protection of valnerable groups.

Keywords: Judicial System; Judicial Power; Mechanism for the Operation of Judicial Power; Litigation Rights

B. 6   Chinese Internet Financial Law in 2017   *Liao Fan* / 094

Abstract: "Financial innovation" and "standardized development" are the two key words in the field of Internet finance in 2017. The priorities of and progresses made by China in this field in 2017 include: carrying out special campaigns aimed at controlling the risks of Internet finance, strengthening the security of Internet finance through the implementation of Cybersecurity Law, strengthening the regulation of financial technologies by taking the prevention of systematic risks as the bottomline, and standardizing the provision of third-party payment services by non-banking institutions. The main problems in the practice in this field include: the imperfection of the relevant laws and regulations; the inability of the existing regulatory mode and method to meet the actual needs, the lack of clarity of the overall regulatory logic, and the weak protection of customers' rights. In view of the above facts, China should focus on the following aspects of work in the field of Internet finance: strengthening overall regulatory capacity on the basis of improving relevant laws and regulations; actively exploring regulatory means and methods that meet the needs of the development of financial technologies, rasing the overall level of protection of customers, and giving fuller play to the role of organizations of industrial self-regulation.

Keywords: Internet Finance; Regulatory Mode; Standardized Development; Financial Innovation

B. 7　Development of the Rule of Law in Chinese Securities Market in 2017　　　　　　　　　*Yao Jia* / 107

Abstract: In 2017, the focus of the construction of the rule of law in Chinese securities market remained on the revision of the Securities Law, strict regulation, and protection of investors. Because of the rapid development and the constant change of situation in the securities market in recent years, China has adopted a very cautious attitude towards the revision of the law, which took the expansion of the definition of "securities", the reform of the registration system, and the all-round improvement of concrete institutions as its main content. It took the "prevention of systematic financial risks" as the main thread of the construction of the rule of law in the securities market, continued to adopt a strict attitude and regulatory measures, and increased the number and severity of punishment, thus making 2017 the year of the "strictest regulation of securities market" in Chinese history and laying down a solid foundation for the realization of the basic objective of protecting investors. In 2018, China will continue to take preventing risks, strengthening protection and promoting openness as the themes of construction of the rule of law in the securities market, so as to realize the healthy development of the rule of law in the securities market and increase the international influence of the Chinese capital market.

Keywords: Securities Law Revision; Strict Regulation; "Institution" Stock Market; A-share Internationalization

B. 8 Policies on the Investment Openness and Market Regulation in Pilot Free Trade Zones: Reflections and Proposals

Huang Jin / 121

Abstract: In recent years, China has established eleven pilot free trade zones, made remarkable achievements in investment openness and market regulation, and accumulated some replicable and propagable experiences. To further promote the development of pilot free trade zones and the formation of a new pattern of all-round openness, this report systematically reviews the policies on and practices of investment openness and market regulation in China, including those relating to openness to domestic and foreign investment, pilot reforms on commercial registration and separation of permits from license, comprehensive market regulation law enforcement system, the linkage between industrial regulation and criminal justice, and the construction of regulatory information platform and social credit system, points out the problems in pilot policies on investment openness and market regulations, and puts forward corresponding suggestions.

Keywords: Pilot Free Trade Zones; Investment Openness; Market Regulation; Supervision in Process and Supervision Afterwards

Abstract: Judicial interpretations are the explanations of concrete issues of application of law in the trial work given by the Supreme People's Court. They should be incorporated into the Civil Code because they have detailed rules and very strong practical value, and are able to fill up many gaps and loopholes in current laws. However, because judicial interpretations are very large in number and cumersome in concrete rules, it is not appropriate to incorporate all of them into the Civil Code. Moreover, because judicial interpretations are real-time rules continuously made by the Supreme People's Court in light of the actual needs of social development, many of them have already become outdated. Therefore, when incorporating judicial interpretations into the Civil Code, it is necessary to filter out all outdated, redundant and contradictory rules through the process of "substraction" while incorporating all the innovative rules into the Code through the process of "addition".

Keywords: Specific Provisions of the Civil Law; Judicial Interpretations; Tort Liabilities; Codification of the Civil Law

Abstract: The provisions on public interest litigation in the 2017 Chinese Administrative Litigation Law formally legalized administrative public interest litigation system, which had been experimented on in China for two years. From the point of view of local policy experimentation, procuratorial and administrative organs in administrative public interest litigation are in a complicated relationship of both confrontation and cooperation, and procuratorial proposal, as a pre-trial procedure, has an important filtering function. Local judicial organs have carried out many innovative experiments on the case source mechanism. In the future development of the system of the administrative public interest litigation system, China must, firstly, face up to and take into consideration the potential influence of the reform of the state supervisory comission system; secondly, appropriately deal with the issue of procedural linkage between the public interest litigation mode and the traditional subjective litigation framework; and finally, further examine through policy experimentation the expansive incorporation of food and drug safety cases into administrative public interest litigation.

Keywords: Administrative Public Interest Litigation; Policy Experimentation; Procuratorial Proposal; Reform of the Supervisory Commission System

B. 11 The Exercise of Shareholders' Rights: An Investors Protection Mechamism with Chinese Characteristics   *Zhang Pengfei* / 164

Abstract: China Securities Medium and Small Investors Service Center Co., Ltd. (ISC) was established in 2014 with the approval by China Securities Regulatory Commission to overcome the difficulties faced by investors in upholding their rights and better protect the lawful rights and interests of medium and small investors in the securities market. By upholding shareholders' rights, resolving disputes, supporting litigation, and educating investors, ISC has realized its functions of demonstrating the protection of rights, providing market warning, supplementing supervision, and promoting market development. This innovative institutional construction has realized the integration of the role of the government and the role of the market and the combination of public law means and private law means. It is rooted in and supplements the current Securities Law. In the future, China should clearly establish the position of ISC and improve its internal institutions, so as to give full play to its role as the "spokesman" of medium and small investors.

Keywords: Investor Protection; China Securities Medium and Small Investors Service Center Co. , Ltd. ; Exercise of Shareholders' Rights

B. 12 Bringing Asset Management Business in China under the

Rule of Law   *Xia Xiaoxiong* / 179

Abstract: The practical problems in the development of asset management industry in China are partially caused by the impefections in the current mechanism for the regulation of asset management industry in the country. From the perspective current practice, the mechanism for the regulation of asset management industry in China is faced with the following problems: lack of awareness of the common legal nature of different asset management products; lack of unified legal basis of regulation; failure to realize responsive regulation and the existence of regulatory vacuum; inconsistency of regulatory standards and the resulting regulatory arbitrage; lack of sufficient in-process and after-the-event regulation; and weak law enforcement and investigation of legal liabilities. To solve the above problems, it is necessary to examine from the theoretical point of view some fundamental issues involved in the optimization of the regulatory system, so as to determine the concrete measures for the imporvement of the system. Based on the ideological spirit and systematic logic of the rule of law, the author of this report believes that China, in restructuring the regulatory system of the asset management industry, should focus on the followings works: adopting the law on trust industry, so as to lay a sound legal fundation for the regulation; maximizing the system of regulatory principles and strengthening prudent macro-regulation; adjusting the regulatory mechanism and restructuring regulatory competence; strengthening in-process and after-the-event regulation and reducing before-the-event regulation; and strengthening the investigation of legal responsibilities and concretizing and substantiating the obligation of trustees.

Keywords: Asset Management; Trust Legal Relationship; Responsive Regulation; Obligations of the Trustee

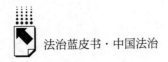
法治蓝皮书·中国法治

B. 13 Challenges to the Intellectual Property Law Posed by

Artificial Intelligence　　　　　　　　*Yang Yanchao* / 199

Abstract: Artificial intelligence (AI) has quietly entered into people's daily life and the current intellectual property system is faced with challenges posed by a series of concepts, such as creation, art, invention, algorithm, and big data. Many questions relating to AI, such as whether the works created by AI have copyright, whether a robot can become the subject of rights, whether the copyright of the works created by a machine can be extended to the signer of the machine, how to protect the algorithm and big data of a machine, are subverting the traditional philosophical understanding of intellectual property. In order to meet the needs of both the development of the industry and humanistic care, it is necessary to reflect on the ways of improving of intellectual property law against the background of AI and to restructure the value system of intellectual property law in the new era, so as to realize the positive interaction between and the mutual development of AI and intellectual property.

Keywords: AI; Intellectual Property Law; Big Data

Ⅲ Indices of the Rule of Law

B. 14 Report on the Index of Government Transparency in

China (2017): From the Perspective of the

Disclosure of Information on Government Websites

Innovation Project Team on Rule of Law Indices,

CASS Law Institute / 215

Abstract: In 2017, the CASS Center for the Study of National Indices of Rule of Law and the Innovation Project Team on Rule of Law Indices of CASS Law Institute jointly carried out assessment of the situation of the openness of government affairs of 54 departments under the State Council, 31 provincial-level governments, 49 governments of larger cities, and 100 county-level governments in the fields of decision-making, administrative service, enforcement actions and results, the disclosure of government information in key areas, explanation of policies and response to public concerns, and disclosure of government information upon application. This report analyzes the progresses made and problems faced by the targets of assessment in the openness of government affairs and puts forward corresponding countermeasure proposals.

Keywords: Openness of Government Affairs; Government Transparency; Rule of Law Index; Government Websites

B. 15 Report on the Index of Judicial Transparency in China (2017): From the Perspective of the Disclosure of Information on Websites of Courts

Innovation Project Team on Rule of Law Indices,

CASS Law Institute / 246

Abstract: In 2017, with the continuous deepening of judicial reform and the construction and improvement of judicial openness platform of the Supreme People's Court, judicial openness has become a consensus among courts at all levels and in all areas, the scope, the width and depth of disclosure of trial information has been increased continuously, the disclosure of enforcement information has played an important role in basically overcoming difficulties in the enforcement of judgments, and judicial reform has become more open and transparent. In the future, in order to meet the need of deepening the comprehensive supporting judicial reform, China should pay more attention to the details and user-friendliness of judicial openness, rely more on informatized means to optimize the platform, deepen the judicial openness in light of the public need, regulate the mechanisms for openness, give full play to the role of the openness of big data, strengthen the operation and maintenance of websites of courts, further

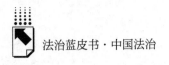

improve the quality of judicial openness, and enhance the public trust in the administration of justice.

Keywords: Judicial Openness; Judicial Transparency; Rule of Law Index; Court Informatization

B. 16 Report on the Index of Procuratorial Transparency in China (2017): From the Perspective of the Disclosure of Information on Websites of Procuratorates

Innovation Project Team on Rule of Law Indices,

CASS Law Institute / 271

Abstract: In 2017, the Innovation Project Team on Rule of Law Indices, CASS Law Institute, on the basis of the assessments carried out in the previous years, fine-tuned the indices of assessment, and, by taking the disclosure of information on websites as the mainline, carried out quantitative evaluations of the openness of procuratorial affairs on the websites of the Supreme People's Procuratorate, the higher people's procuratorates of 31 provinces, autonomous regions and municipalities directly under the Central Government, and the people's procuratorates of 49 larger cities. This report reviews and analyzes the current situation of, and achievements made and problems encountered by China in, the work of procuratorial openness with respect to basic information, procuratorial guideline, procuratorial activities, and statistical summarization, and puts forward corresponding countermeasures for the develop in depth and breadth of procuratorial openness with respect to the content, the channel, the procedures and mechanisms of openness.

Keywords: Procuratorial Openness; Web Portal; Quantitative Assessment

Abstract: The openness of police affairs in China has the dual attributes of openness of government affairs and openness of judicial affairs and is of special significance in the dimensions of people's livelihood, the rule of law, administration of justice, and good faith. In 2017, the Innovation Project Team on Rule of Law Indices of CASS Law Institute developed a system of indices of transparency of police affairs in China and, based on the information disclosed on the websites of public security organs, carried out assessment of the openness of police affairs of the public security organs of 27 provincial capitals and four municipalities directed under the Central Government. The assessment shows that police affairs in sunshine, as a benchmark or a model of openness of government affairs, mainly manifests itself in online service and service in sunshine, partial intensification of openness, disclosure of information about agencies, openness of budgets and expenditures as normal practice, the apprent tendency towards openness of data, and public announcement of punishments. In the future, to meet the need of deepening the reform of the public security system, public security organs in China should further strengthen the openness of personnel affairs, improve the openness of financial affairs, integrate platforms of openness, standardize the openness of documents, and establish the big data of police affairs.

Keywords: Transparency of Police Affairs; Openness of Police Affairs; Openness of Law Enforcement; Big Data of Police Affairs

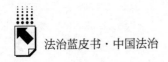
B. 18   Report on the Index of Maritime Judicial Transparency in
China (2017): From the Perspective of Disclosure of
Information through the Websites of Maritime Courts

Innovation Project Team on Rule of Law Indices,

CASS Law Institute / 308

Abstract: In 2017, the Innovation Project Team on Rule of Law Indices
of CASS Law Institute carried out the fifth assessment of the situation of judicial
transparency in ten maritime courts in China. To increase comparability, the
Project Team also carried out assessment and comparative study on the higher/
intermediate people's courts in places where ten martime courts are located. The
assessment shows that the maritime judicial transparency in China has been
increasing steadily, the situation of judicial openness of maritime courts is
generally better than that of ordinary courts, and marked progresses have been
made in the publication of typical maritime cases and the white paper on
maritime trial. Meanwhile, some problems discovered in the previous assessments
remain unsolved: there is no improvement in the phenomena of "zombie
columns" and the dispersion of publishing platforms and the pattern of
polarization continues to exist. To better serve the national strategies of "Belt
and Road" and constructing China into a big martime power, maritime judicial
transparency in China should be institutionalized, normalized and
internationalized. China should continue to increase the transparency of maritime
justice, improve the system of openness and related work mechanisms, unify
publishing platforms, and periodically publish typical cases, guiding cases, and
white paper on maritime trial.

Keywords: Maritime Justice; Transparency; Judicial Openness; Rule of
Law Index

B. 19   Protection of the Rights of the Child in China: Current

Situation and Third-Party Assessment Index System

Innovation Project Team on Rule of Law Indices,

CASS Law Institute / 322

Abstract: The rights of the child are important components of human rights. Their protection depends on laws and the effect of their protection directly affects the future of the country. At the international level, China has already jointed the public system of international conventions on the protection of the rights of the child, with the Convention on the Rights of the Child as its core, and the system of private international law system on the protection of the rights of the child constructed under the coordination by the Hague Conference on Private International Law. At the level of domestic law, the Chinese Constitution and main branch laws all contain special provisions on the protection of the rights of the child and special laws on the protection of the rights of the child, such as the Law on the Protection of Minors and the Law on the Prevention of Juvenile Delinquency, have been continuously improved. Moreover, some policy documents are also very important to the protection of the rights of the child. By construction the index system of legal protection of the rights of the child through emperical methods, we are able to objectively reflect the achievements and problems in the protection of the rights of the child in China and push the theory and practice of the protection of the rights of the child onto a new level.

Keywords: Rights of the Child; Human Rights; Legal Protection; Empirical Law Science

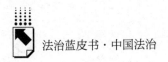

IV Investigation of the Rule of Law

B. 20 New Paradigm of Restructuring Grassroots Social
Governance: Investigation Report on the Promotion
of Governance by Law through Informatization in
Yuhang District, Hangzhou City

Innovation Project Team on Rule of Law Indices,
CASS Law Institute / 339

Abstract: Informatization has brought opportunities as well as challenges to state governance and government administration and become one of the key elements in the modernization of state governance system and capacity. In recent years, the Government of Yuhang District, Hangzhou City has constructed an intelligent governance system in a planned and step-by-step way in accordance with the requirements of construction of law-based grassroots governance and in light of the characteristics and actual needs of the development of informatization at the current stage. The experience thus formed has given effective response to the problems urgently to be dealt with by the government in the process of promoting grassroots governance through informatization. In the future construction of informatization system, the Chinese government should continue to adhere to the ideas of big integration, big sharing and big application, gradually improve the intelligentalization of perception, prcision of management, and convenience of service, thereby enhancing the level of intelligence of social governance and bringing it under the rule of law.

Keywords: Informatization of the Government; Social Governance; Public Service; Law-Based Governance

B. 21   Experiments on Law-Based School Governance Carried out

by Primary and Secondary Schools in Jiangyin City,

Jiangsu Province

Innovation Project Team on Rule of Law Indices,

CASS Law Institute / 355

Abstract: Law-based school governance is the main way of realizing scientific and democratic administration of school affairs. Currently China is faced with many problems in the construction of law-based school governance system, including over-generalization of the responsibilities of the school, imperfect regulations and institutions, impediments to the popularization of law in schools, the lack of coordination of various relations, and campus violence. In the process of advancing law-based school governance, schools in Jiangyin City have concientiously implemented the relevant provisions adopted by the CPC Central Committee and taken many innovative measures, thereby providing new models and new examples of law-based school governance. Popularizing the experience and practice of Jiangyin City is of great significance to promoting law-based school governance in the whole country.

Keywords: Law-Based School Governance; Openness of School Affairs; Primary and Secondary Schools

B. 22   The Construction of Grassroots Public Security System from

the Perspective of Social Governance: Taking the Practice

of Zhuhai City as an Example

Innovation Project Team on Rule of Law Indices,

CASS Law Institute / 365

Abstract: The emphasis and the difficulties as well as the vitality and driving force of social governance are all at the grassroots level. In recent years, the

Government of Zhuhai City has focused its efforts on the construction of the public security system, promoted the fine management of the construction, expanded the scope of public participation, attached importance to the basic work of public security at the grassroots level, strnegthened the construction of a three-dimensional crime prevention and control system, and, while doing a good routine work of social governance and construction of public security system, has carried out explorations and innovations on a mode of construction of public security system with unique Zhuhai characteristics. Strengthening and innovating on grassroots governance and constructing "Safe China" depend on the top-level design and overall institutional arrangements made by the Central Government. China should, on the basis of summarizing local experiences, continuously improve the social governance system led by Party committees, dominated by the government, participated by the public, and safeguarded by the rule of law and comprehensively enhance the socialization, legalization and intelligentization of the construction, so as to create a social governance mode jointly built, managed and shared by all members of society.

Keywords: Construction of a Public Security System; Social Governance; Built, Governed and Shared by all Members of Society; Rule of Law Safeguard

B. 23 Exploration on Bringing the Disclosure of Land Requisition
      Information under the Rule of Law   *Liu Zhiqiang* / 383

Abstract: The disclosure of information about land requisition is an important content of openness of government affairs in the field of land and resources and doing a good job of openness of government affairs is an important safeguard for the standardization of land requisition management and for the protection of the rights and interests of farmers whose land is requsitioned. In recent years, departments in charge of land administration at various levels have earnestly implemented the major decisions on and arrangments for advancing the openness of government affairs made by the CPC Central Committee and the requirements of the Regulations on the Disclosure of Government Information and other relevant laws and regulations and taken the people's needs as the orientation of their work. In doing so, they have achieved positive results in disclosing information about land requisition, building relevant institutions, expanding the scope of disclosure, and diversifying the channels of disclosure and made breakthroughs in the informatization of disclosure of government information.

Keywords: Land Requisition; Openness of Information; Openness of Government Affairs

权威报告·一手数据·特色资源

皮书数据库
ANNUAL REPORT(YEARBOOK) DATABASE

当代中国经济与社会发展高端智库平台

所获荣誉

- 2016年，入选"'十三五'国家重点电子出版物出版规划骨干工程"
- 2015年，荣获"搜索中国正能量 点赞2015""创新中国科技创新奖"
- 2013年，荣获"中国出版政府奖·网络出版物奖"提名奖
- 连续多年荣获中国数字出版博览会"数字出版·优秀品牌"奖

成为会员

通过网址www.pishu.com.cn或使用手机扫描二维码进入皮书数据库网站，进行手机号码验证或邮箱验证即可成为皮书数据库会员（建议通过手机号码快速验证注册）。

会员福利

- 使用手机号码首次注册的会员，账号自动充值100元体验金，可直接购买和查看数据库内容（仅限使用手机号码快速注册）。
- 已注册用户购书后可免费获赠100元皮书数据库充值卡。刮开充值卡涂层获取充值密码，登录并进入"会员中心"—"在线充值"—"充值卡充值"，充值成功后即可购买和查看数据库内容。

社会科学文献出版社 皮书系列
SOCIAL SCIENCES ACADEMIC PRESS (CHINA)

卡号：489355812319
密码：

数据库服务热线：400-008-6695
数据库服务QQ：2475522410
数据库服务邮箱：database@ssap.cn
图书销售热线：010-59367070/7028
图书服务QQ：1265056568
图书服务邮箱：duzhe@ssap.cn

S 基本子库
SUB DATABASE

中国社会发展数据库（下设 12 个子库）

全面整合国内外中国社会发展研究成果，汇聚独家统计数据、深度分析报告，涉及社会、人口、政治、教育、法律等 12 个领域，为了解中国社会发展动态、跟踪社会核心热点、分析社会发展趋势提供一站式资源搜索和数据分析与挖掘服务。

中国经济发展数据库（下设 12 个子库）

基于"皮书系列"中涉及中国经济发展的研究资料构建，内容涵盖宏观经济、农业经济、工业经济、产业经济等 12 个重点经济领域，为实时掌控经济运行态势、把握经济发展规律、洞察经济形势、进行经济决策提供参考和依据。

中国行业发展数据库（下设 17 个子库）

以中国国民经济行业分类为依据，覆盖金融业、旅游、医疗卫生、交通运输、能源矿产等 100 多个行业，跟踪分析国民经济相关行业市场运行状况和政策导向，汇集行业发展前沿资讯，为投资、从业及各种经济决策提供理论基础和实践指导。

中国区域发展数据库（下设 6 个子库）

对中国特定区域内的经济、社会、文化等领域现状与发展情况进行深度分析和预测，研究层级至县及县以下行政区，涉及地区、区域经济体、城市、农村等不同维度。为地方经济社会宏观态势研究、发展经验研究、案例分析提供数据服务。

中国文化传媒数据库（下设 18 个子库）

汇聚文化传媒领域专家观点、热点资讯，梳理国内外中国文化发展相关学术研究成果、一手统计数据，涵盖文化产业、新闻传播、电影娱乐、文学艺术、群众文化等 18 个重点研究领域。为文化传媒研究提供相关数据、研究报告和综合分析服务。

世界经济与国际关系数据库（下设 6 个子库）

立足"皮书系列"世界经济、国际关系相关学术资源，整合世界经济、国际政治、世界文化与科技、全球性问题、国际组织与国际法、区域研究 6 大领域研究成果，为世界经济与国际关系研究提供全方位数据分析，为决策和形势研判提供参考。

法律声明